難訳・和英ビジネス語辞典

松本道弘
Michihiro Matsumoto

さくら舎

まえがき

　外交、国際ビジネス交渉となると、脅しに弱い日本はいつも後手に回ってしまう。言語だけの問題ではなさそうだ。その理由は、1. 英語力、2. 情報力、3. 人間力の三点。そしてそれらを貫く思考のロジックだ。外国人のビジネスパーソンは、日本人の思考にはWHYとWHAT IFとHOWの3点が欠落しているという。だから国際ビジネスが不向きな民族だと速断されてしまう。

　ビジネス・コミュニケーションには、インプットとアウトプット、攻めと守りがある。ところが、「なぜ」というストレートな攻撃に対する防御が弱いのが、日本の英語使い。

「なぜこれまでの天皇は亡命しなかったのか」

　このストレートなwhyのシュートにbecauseで即答できる日本人は何人いるだろうか。

　英語力の問題ではなく、情報力のそれであろう。それにロジックという武器が使えず、無防備のままだから、始末が悪い。

　もし、天皇が亡命したらどうなるか、という背理法のロジックで考えたらどうなる。そのifを否定するしかない。天皇は国民の父であり祭司であり、亡命はできない、するべきではない、だから、将来もありえない、と。

　これは、数学でいう補助線であり、ビジネス交渉でもよく使われる。欧米人のビジネス・コミュニケーションは、きわめて数学的でロジカルである。ところが、日本で英語のできる人というのは、理数系的発想が苦手で、英語を語学、したがって文系と仕分けしがちである。ビジネス交渉で使う英語は、そしてそのロジックは、きわめて数学的なのだ。

もう一つの例を挙げよう。外資系企業の面接でこんな突拍子もない質問が投げられた。
「マンホールはなぜ円いのかね」
　同じ問題をいろいろなクラスで投げたが、解答はほぼゼロに等しかった。
　一人だけ、ifを使ったおかげで、why攻撃をbecauseでかわすことができた。「もし、マンホールが三角や四角だったら、転がすことができず、その地点へ運ぶことができないでしょう、だから（because）円くなければならないのです」と。
　これはまるで数学の補助線を使った思考ではないか。
　では、商社や大手のメーカーの中で、語学屋さんとして敬遠されがちな語学スペシャリストや偏差値で勝負してきたエリート社員がビジネスの場で活躍する道はありませんか、と問われたら、読者諸兄はどう答えるだろうか。
　英語ができなかったら、筆記試験や面接ではねられ、もしできすぎると、その社員は、英語が必要でない部署に回されたら、外資系に引っこ抜かれてしまいかねない。この人事配置上のジレンマをCatch22と呼び、日本のどの組織でも頭を抱えている。つまり、how（その方法）が摑めないままだ。日本企業内では、組織が大きければ大きいほど、社内ではスペシャリストより、ゼネラリストとして教育・訓練を受けるので、いろいろな部署へタライ回しにされる。総合的な人間力を鍛えるには、この方が効果的（effective）なのだが、ムダを嫌う外資系企業では適材適所は効率的（efficient）に行なわれるので、臨機応変に違った環境に溶け込めるresourcefulな（機略と問題解決能力のある）人材が望まれる。
　だが、まだhowの問題に答えていないので、質問者はいらいらする。

私ならズバリこのような方向性を示す。

　社内語学教育より、新入社員にはディベート教育（まずは日本語で始めるのがてっとり早い）を実施すべきだ。私は、そのような社員訓練を長年やってきたので、社員に異文化間のビジネス・交渉にはディベート教育（私の方針は、あくまで「究論道」という道を重視してきた）が不可欠だと思う。「道」であるから、人間力強化（character building）に繋がる。

　3点にまとめてみると、ディベート訓練をすれば、1. 英語がロジックと共に学べ、2. 情報量が膨れ上がり、3. 体験量と共に人間の器が大きくなる。

　今回の「難訳辞典」の狙いは、ビジネスである。のっけから 1. why 2. what if 3. how という、恐るべき（世界では当たり前だが）見えざる敵に負けないような手作りの和英辞典を編むことが急務だ。この見えざる敵を一言でいえば、悪魔（the devil）となる。悪魔は日本人が得意とする「笑い」や「泣き」、そして、素直といった情理を嗤う。ロジックに強い悪魔はひねくれている。日本人の 1. 英語力、2. 情報力、3. 人間力を小馬鹿にする。素直（un-critical）だ、と。

　平和と聞けば、日本人は戦争のない状態と単純に考えてしまう——ロジック・エラーを犯していることに気づかずに。ロジックで考えると、上空から眺めることができるので、「平和」とは二つの戦争の間に挟まれた短い期間と定義することができる。

　こういう思考を身につけるには、欧米の遠近法（perspective）が要る。わが国の辞書では、言葉の置き換え（word for word）が多く、英語教育（日本は筆記試験の花ざかり）は、直訳が中心となっている。単語はdots（点）だが、センテンスは、線（lines）で繋ぐ（connect）ことなしには、意味が通じない。単語、水面の泡（bubble）のようなもの。小波（ripples）では勝てない。その小波も中波（waves）には勝てず、中波は大波（swell）には勝てず、その大波も、津波（tsunami）には勝てない。世界を舞台に働くビジネスパーソンは、表の情報（information）のみでなく、津波を起こす素(もと)となる世界情勢（intelligence）にも強くあらねばならない。

　情報なき英語は無効──というのは、英語を生き物として捉える英語道の根本哲学だ。

　ロジックは冷たいというのが平均的日本人の情感だ。だからこそ悪魔はロジックとAI（人工知能）を味方に加えて、日本人の"情理"に挑み続ける。日本の英語教育も辞書編纂者も、このままではAIロボットに征服されかねない勢いだ。

「言(こと)向(む)け和(やわ)す」という神道用語の訳は本文に譲(ゆず)るが、相手を論破せず、「説得」し優越感に酔うのではなく、異文化のビジネス支援者を「納得」させたいのだ──知的にも情的にも。

難訳・和英
ビジネス語辞典

あうんの

aun-no-kokyuh
阿吽の呼吸　　in perfect sync with each other

　二人は阿吽の呼吸でビジネスをやっている。The two are doing business in perfect tune. ライターと編集者は阿吽の呼吸が要る。Writers and editors need perfect timing between them. 私好みの英語は、Both of them need to get each other's vibes. 呼吸をvibrations（振動）と置き換えたいからだ。Why? Because they need to be in the same wavelength to get what they want.

aete-hanron-shimasu-ga
あえて反論しますが。　　Let me play the devil's advocate.

　ビジネス感覚のある人しか使えない、クロオビ英語だ。こんな英語が使えるのは、取引というゲームができる人に限られる。
　「先生は辞書なしで、*TIME*や*The Economist*が速読できるとおっしゃっていますが、まったく単語力のない人にも『辞書を使わずに』と言い切れますか」
　このあとだ。I'm just playing devil's advocate. と言えば、プロの英語の使い手だ。読者のために、あえて反論させてください、と取引をしているのだ。「が」を加えたのも、取引のうちだ。その質問者は、「先生のことはよくわかっているのですが、理解に苦しむ多くの人を代表して、いやな（天の邪鬼的な）質問をしているだけです」と、悪魔っぽく（devilishly）、ホンネに迫りながらもビジネス取引をしているのである。
　「釈迦に説法と存じますが」にも、「老婆心ながら」という前置きにも使える。「あえて言う」ならI dare say, だが、悪魔にしゃべらせるという発想は日本にはない。天の邪鬼が敬遠されるのは、「素直」を愛でる日本の情理であった。これまでは。

akushu-de-hito-ga-wakaru
握手でヒトがわかる。　　Handshake tells.

　なぜか。Power tells.（力がモノをいう。）からだ。Handshake makes a lot of difference.（握手がモノをいう。）力といっても、相手の手がくだけるような（bonecrusher）握手は気をつけた方がいい。相手をコントロールしようとする権力欲がミエミエだ。なよなよとしたlimp handshakeは男の場合、避けた方がいい。私はfirm handshake（しっかりと力を込めた握手）を勧める。

　握手した手がフアフアしているflabby handshakerとは、あまり会いたくない。大物同士のhandshakeになるとpower playが見え隠れする。ケネディ（John Kennedy）はニクソン（Richard Nixon）と握手するときも、腰より上で握手を交わした（どちらも権勢欲がある）。いつもupper handshakeを好むケネディは、必ず自分の手を相手のニクソンの上に置き、相手をunderneathにした。そもそも、政治とはパワーゲームなのだ。

akuma-chan
悪魔ちゃん　the devil

　自分の子を「悪魔」と名付けた親が、世間から袋叩きにされたことがあった。その悪魔とは、devilか、それともSatanなのか。同じ意味で使われることも多いが、意味論上、かなりの温度差がある。devilはまだ人や神と取引ができる。妥協もできる。しかし、その交渉に負けるとやばい。You sold out.（魂を売ったんだね。）とレッテルを貼られる。だが、まだ取引の段階だから、悔い改めれ（repent）ば、改悛の情を汲んでもらえる。相手がSatanだと、そうはいかない。

aseranai-de
あせらないで。　Not so fast.

　中国の一帯一路計画が崩れ始めた。マレーシアのマハティール首相が「待った」をかけたときから、「狂い」が生じたようだ。中国のなりふり構わない投資（corrupt investment）が周辺諸国を借金の罠（debt trap）に追い込み、反感を買っていたところだから、世界はこぞって「あんまり焦りなさんな」と本音をもらし始めた。今、このニュースをYouTubeで聞きながら書いているがNot so fast.という、よく耳にする決まり言葉が気に入って、ペンを止めて一言つけ加えた。

asobi-ja-nai
遊びじゃない。　We mean business.

「本気だ」「マジだ」という場合にも使える「真剣勝負」とはplay for real と訳せると、前著（「語感辞典」）でも述べたが、今回の難訳企画は「ビジネス・交渉」の巻であるから、身が引きしまる。

「お遊びではない」という編集サイドの意図は "We mean business." である。

よく使われる This isn't a game. は状況により許されるが、あまり勧められない。ゲームも真剣勝負で行う競技でありえるからだ。ただ game にはルールが伴う。スポーツに近い。しかし business という真剣勝負の場では、ゲームのルールを変えることもあるので、戦争に近い。決してお遊びではない。

勝つためには、ルールをも変えるのが、戦争だ。War? Win whatever it takes. That's the name of the game.（戦争？ どんなことがあっても勝つこと、それが戦争の狙いなのだ。）ちょっと、この文章、長すぎる。パンチの効く表現でいこう。We mean business. ん？ 発音が悪い？ じゃあ、カタカナ通りに発音しよう。ウイ　ミーン㋥ベズネス。

atama-de-kate
頭で勝て。　　Outsmart them.

ユダヤ商法と大阪商法が似ているのは、闘わずして、敵の裏をかくのがうまい点だ。大阪人は、将軍のいる東京では、勝ち目がないことを知っている。闘って勝てなければ、闘わずに勝つのだ。それが知恵（wisdom）と度胸（guts）と笑いだ。大阪商人もユダヤ人も non-fighters。闘わずに勝つ方法は闘わないことだ。そして笑いだ。だから大阪の商売は笑売ともいう。

Win a fight not by fighting. とコメディアンのジャッキー・メイソン（Jackie Mason）が、自著 "Jackie Mason" の中で述べる。勝つために、敵の「裏をかく」。これが out だ。Outsmart する（頭で出し抜く）ことだ。

彼の言葉でしゃべらせよう。

So, they had to find ways of winning the fight by avoiding it, outsmarting their opponent, outmaneuvering him, coddling him, lying to him, hiding from him. (p7)

闘わずして勝つには、①敵より、より賢く、②敵を裏で出し抜き、③おだてて、④ウソをつき、⑤隠れる、より他はなかったという。

名前を隠し、騙し、へつらい、敵を出し抜くというのは、決して

間違った行為ではない。しかたがなかったことなのだ。大阪弁でいう「しゃーないやないか」だ。

(atama-no-naka-wo) katazuke-nasai

（頭の中を）片づけなさい。　Get organized.

直訳すれば、Put it away. モノを移動させるだけだ。

Let go of it. それは、ただ未練なく捨てるだけで、価値観が感じられない。

ディベートや交渉の術は、一種の「片づけ」の術であるから、捨てるだけではない。整理整頓しなければならない。それがorganizationだ。きちんと整頓されたスピーチ（ディベートではa case）には、導入部（introduction）と本文（body）と結論（conclusion）がつながっている。ディベートでは、これをprima facie caseと呼ぶ。一見しただけで理解できる明白な立論のことをいう。

一貫した議論がディベートや交渉の手始め（opening gambit）として提示される。一貫であって、二貫ではない。ましてや伏線を含めるなど、聴衆や交渉相手を惑わせてはならない。きちんと、議論（arguments）を整理しなければならない。Make an organized speech.

プロの片づけ師と、ディベートセミナーを共同企画したことがあるが、ディベートでいうムダを省くorganizationとは、まさに、やましたひでこ氏の提唱する「断捨離」（Letting go）のことだと見解が一致した。「捨てる」とは、「大切なものを残す」こと。ディベート術が片づけ術と一致したのは、このorganization（整理整頓）のことだ。

atama-wa-masshiro

頭は真っ白。　Go figure.

アメリカ人は自然に使っているが、どういう意味だと聞くと、四苦八苦する。「オレに聞いてもムダ（聴くな）」というニュアンスかなと、一人の中年米人が言ってくれた。

いったん、頭が真っ白になると、意識が戻ってくる。こんなふうに使える。Go figure. My mind isn't organized. Neither is yours.（察しろよ、オレの頭は真っ白だ。お前の頭もだ。）最近のアメリカ人は、F-wordsをひんぱんに使うようになった。fireのようにフッと

点いて、フッと消えるという語感が好まれるようだ。
atarashi'i-shokuba-de-ganbatte-ne
新しい職場でがんばってね。　Good luck on your new job.

「がんばる」とはどう訳すか、真剣に考えたことがある。「試験でがんばれ」なら、Good luck with your exam. でよい。柔道部の友人が、仲間が新婚旅行に出る前に「がんばってこいよ」と励ましていたときのことを思い出す。Good luck on your honeymoon. でいいのかな。成田離婚（quickie divorce）もあるから、問題はない。間違いなく使ってよい英語はこれ。

「道中に気をつけて」Good luck on your road.

「気をつけて」はTake care. でもいいが、やはりGood luck. がベスト。

ato-doredake-matsun-desu-ka
あと、どれだけ待つんですか？　How's it look?

　時間にうるさいビジネスパーソンはせっかちだ。長い列に並んでいると、いらいらする。Do I have a long wait?（長引きそうですか）よりも、How does the situation look? の方が、より紳士的だ。

　これを1秒以内に縮めると、How does it look? さらに縮め、How's it look? と一息でたたみ込めば、ハウゼルッ（ク）と1/2秒になる。

「あの話はどうなった」は、How did it go? でさらに短く、How'd it go? 日本人の耳には、ハウデゴと聞こえる。「どうなっているの」と現状を確かめるのなら、ハウゼゴウイン（How's it going?）

anata-niwa-watashi-ga-tsuite-iru
あなたには私がついている。　You have me.

　こういう心強いセリフが女から発せられると、男冥利に尽きる。この殺し文句（killer phrase）は、男が女に対して使っても効果がある。You can count（depend）on me. とかYou can lean on me. より、もっと迫力がある。

　You've got me.（きみには、ぼくがいるじゃないか。）きっとこの表現（ユーヴガッ（ト）ミー）で、彼女は君のものになる。This will get her.

　男女間だけではない。職場の中にも仲間にも、守られるべきルー

ルがある。火事場に仲間を残すな（Never leave your comrade behind.）という掟だ。「オレはお前を残して逃げない」というニュアンスがYou've got me.に含まれる。斬れる表現は短い方がよい。

anata-mo-kitara
あなたも来たら？　　What if you could come?

I suggest you come along too.は文法的に正しいが、押しつけがましい。自然体の英語にはifが入る。そう、日本の学校では高校になるまで教えない、仮定法だ。この「たら」をwhat if ～に置き換えると、英会話がラクになる。「彼女を誘ったら」なら、What if you'd ask her out?

「いやだといったら」What if she said no?「いつだったらいいの」What if you said, "then when?" こういう掛け合いは、映画で学べる。What if ～が軽く使えれば、クロオビ。

anata-mo-nihongo-ga-hanase-masu
あなたも日本語が話せます。　　Yes, you can.

外国人から、「ワタシニホンゴハナセマセン」と言われたら、「いいえ、あなたは話せます」だろう。「いいえ」だから英語に訳すと、NOを使いそうだが、正しい英語はYESなのだ。Yes, you can speak English. そう、「いいえ」がYes.

ビジネストークの基本は、YesとNoを間違えないことだ。

まったく見込みのない人でも、努力すればできますよ、と言いたいなら、canをcouldに変えること。仮定法が使えるようになれば、「英語ができる」と言える。お世辞抜きで。

anoh-dehto-ni-sasotte-mo-i'ikai
あのぅ…デートにさそってもいいかい。　　I've been wondering if I can ask you out.

「あのぅ」という間が、そしてこのモジモジ感が交渉に大切だ。いきなり、"I want to get a date with you."はないだろう。よく使われる英語表現がある。I've been wondering if I can ask you out. 日本人英語は、学校英語に影響を受けて、wonder ifと続けて発音してしまう。プロの英語は、そこに「間」を入れる。I'm been wondering――if I could ask you out.と、canをcouldに変えるだけで、さらに、遠慮が加わる。

もっと相手の心を引き寄せようとするなら、couldのあとにperhapsとさらに身を引く。引くことにより、相手の心を惹くのも、「間」だ。「あのぅ」と聞いたら、I've been wondering... と思い浮かべていただきたい。そこで間をとって、ifを入れる。ビジネス交渉には、この間（pause）が大切だ。
ano-matsumoto

あの松本　*the* Matsumoto

あの松本が、という風に「あの」がイベント案内につけられていると、うれしくなる。「オレもまだ忘れられていないな」とつぶやく。するとアシスタントが、「広告宣伝会社がよく使う手です。知らない人でも、知らなかったら、流行に遅れてバカにされる、という心理的効果を狙ったものです」とクールに答える。急に意欲が萎えてしまった。たしかに、「知る人ぞ知る」とか「静かなブーム」には、証明といったものはない。ひょっとしたら私は *the* Matsumoto（本人以外ではないホンモノ）ではなく、a Matsumoto（松本を名乗るただの人）なのか。

NHKテレビの英語番組でレギュラーを務めていた頃は、機内でも客室乗務員に話しかけられたものだ。あのNHKの松本先生ですか（Are you *the* Matsumoto?）と。本人だと知って、ビジネス・クラスにグレード・アップ（upgrade）されたこともある。のどかな時代であった。

今は、マツモトって、誰？（Matsumoto who?）と、周囲の眼は私を犯罪人扱いする。たしかに、松本姓は多い。There are many Matsumotos. He's *the* Matsumoto. の代りに「ヤツがそうだ」（He's the one.）とささやかれると、「本命」以外に、「真犯人」という意味になる。

シャーロック・ホームズを操る、作者のコナン・ドイル（Arthur Conan Doyle）なら「渦中の女」（a woman in the midst of turmoil）を *the* womanと名を伏せ、読者の好奇心を誘うだろう。I'm not a Sherlockian; I'm *the* Sherlockian.（私はシャーロック・ホームズの一ファンではない。私こそホームズマンだ。）

あほ

aho
アホ　clueless

　大阪ではアホ、東京ではバカ、名古屋ではターケー。大阪は、アホと見上げて、東京人をいちびる（pulling their legs）か、裏で舌を出して、エエカッコシイを小馬鹿にする。東京はバーカと、地方の成り上がり者を見下げる。アクセントに注意。必要はないか。試験には絶対出ないのだから。

　ところで、名古屋の「田分け」は、ターケーと、きしめんのように横に伸びる。田を分けるバカがどこにおる、ターケーとなる。

　バカはfools、英語バカはnerds。foolishかnerdyが形容詞で使われる。軽い日常会話ではKeep it simple, stupid.（もっと簡単にしろ、アホ）と、stupidをさらりとくっつける。このKISS原則はビジネス英語の要だ。

　スティーブ・ジョブズ（Steve Jobs）はStay foolish.という名言で、高い評価を得た。日本語の言い回しや抑揚の方が面倒だ。あぁ人間同士のコミュニケーションはしんどい。

aho-yana
アホやな。　Stupid!

　阿呆を辞書で引くと、a fool, an idiot、それから…。「アホ。阿呆が英訳できると思うてんのか。Stupid!」。文脈からいけば、stupidしかない。イギリスではスチューピッド。東京ではケンカ言葉。「辞書が読破できるとでも思っているお前はバカだ」といえば、カドが立つ。

　大阪ではカドが立たない。ホメ言葉や強調語に近いのがアホ。例をあげよう。Sexual harassment? It's not about sex. It's about power, stupid.（セクハラ？　セックスの問題やない。パワーの問題や、そんなことも知らんのか。アホ）

ama
アマ　non-professional

　アマチュアとは amateurのことだ。an amateur chorus group とかアマチュアカメラマンがan amateur photographer と呼ばれているように、amateurism そのものは、non-professional。ところで、英語ビジネスはmoney English（英語術）に傾きやすい。プロの強

さは、ショウビズであれ、人気こそパワーそのものであるという哲学にある。

パワーはgoodなのだ。He's good.が「彼はプロだ」と同義に使われるのだ。だから、「彼はまだアマだ」は、その反対にHe isn't good yet.となる。アマの域を出ないとは、He's yet to prove himself professional.

だから、私はアマをnon-professionalと訳す。「誠実だがゼニがとれない」「ぼくは負けたけど一生懸命闘った」という「甘え」は、non-professionalismだ。プロは結果のみ。過程に甘えるのは、アマだ。英語の道やモノ書きの道とて同じだ。

アマは「未熟」というけなし言葉だから、慎重に訳してほしい。*You're ama.*では通じない。You're an amateur.（あんたはド素人）では露骨すぎる。アマが参加するオリンピック選手はほとんどamateursなのだから。私のお勧めはa non-professionalだ。

映画『タイタニック』("Titanic")で、主人公の青年画家のためにかつて船室でヌードモデルになった老婦人が質問を受けた。「そのあと、彼とやった（do it）の？」という質問に対し、He was professional.と答えた。プロの絵描きとは、下心を持たず、描くことに専念し、それを貫くことのできる人だ。business（公）とpleasure（私）とを混同（mix）しないのがビジネスのプロだ。

ama-sugiru (jibun-ni)
甘すぎる（自分に）。 You're too soft (lenient) on yourself.

「甘い」はsweet。「甘い誘惑」は、sweet temptation。「甘い声」はsugary (-sweet), seductive voice、「甘いマスク」はhandsome looks。

さて、「甘い話」はtempting offer。temptingの段階では、まだ食指が動く。「でも、やめろ」という場合には、That's too good to be true.という忠告がいる。

「君は自分に甘すぎる」の訳は二通り考えられる。

You're too soft (lenient) on yourself.とYou should be harder on (strict with) yourself.

私のオススメはsoftだ。Our society is too soft on drunken-drivers.（私たちの社会は飲酒運転する者に甘すぎる。）

あますぎ

あ この辞書を読破すれば、英語がペラペラになる。その考えは甘い。このときは、softやsweetは消える。That's your wishful thinking.「希望的観測にすぎる（too optimistic）」と言いたい。

> ☕ **コーヒー・ブレイク**
> ### アメリカの国歌は「酔っ払い」の詩
>
> 交渉はダンスだ。歌と酒を友にして、踊ろうではないか。アメリカの国歌（*The Star Spangled Banner*）を聞いてみよう。O'er the land of the free and the home of the brave. 大祭典では必ずソプラノ調で歌われる国歌は、聴衆を奮い立たせる。とくにthe land of the freeと、the home of the braveは、国威の発揚をもたらす。音楽の力をさらにパワーアップさせる歌詞は、周囲を酔わせる。ディベートには音楽や酒は不要だが、交渉という"芸"には、ムードの盛り上げは欠かせない。
>
> 感情の高まりは、ときとして言葉やロジックを抹殺させる。執筆旅行先に向かう車中で読んだ、作曲家ジョン・パウエル（John Powel）の"Why You Love Music"（Little, Brown and Company刊）は、私のコチコチの心をメロメロにしてくれた。
>
> アメリカの国歌（national anthem）が、酔っ払うための歌（drinking song）であることは、古代ギリシャの詩人Anacreon（アナクレオン）に捧げられた、続く節（verse）の内容によって証明されるという。（p19）
>
> "...And besides, I'll instruct you like me, to entwine the myrtle of Venus with Bacchus's vine."（…そしてさらに、私のように、バッカスのブドウの木とヴィーナスのギンバイカの木をからませることを教えよう。）
>
> 諸君！歌おう。バイオリンを弾こう。笛を吹こう。おれたちと一緒にけたたましく、酔い、狂おうではないか。
>
> myrtleとは、ギンバイカの低木。Venusの神木と考えられていた。花言葉は「愛」。性交（オーストラリアの俗語）をも意味するというから、穏やかではない。ヴィーナスは性をシンボルとするローマの女神で、バッカスは酒の神というから、まさに、ギリシャのディオニソス好みの乱交パーティー（orgy）ではないか。

あますぎ

アメリカの国歌が乱飲乱舞のThe Anacreontic Songであったとは。

アナクレオン（582 B.C.-485 B.C.）とは、イオニア出身のギリシャ人で、酒（バッカス）と恋（ヴィーナス）に酔った、抒情詩人であった。酔わせる。これが交渉のコツではないか。ドイツの音楽を流すと、ドイツワインが売れ（フランスワインの2倍）、フランスの音楽を流すとフランスワインがバカ売れする（ドイツワインの5倍）という。

交渉相手が高級（posh）か、低級（lowbrow）かにより、バックグラウンド・ミュージックを変えるというのも、隠し杖だ。高級な人（the posh）には、クラシック音楽を、バック音楽などまったく気にかけない愚鈍な人（the rabble）には、俗受けする音楽をかけるのも一案だ。音楽用語でemotional arousalという。（emotionalであって、sexualではない——念のため。）

ある店で、クラシック・ミュージック（英語ではclassical music）をかけたら、客が貴族的な気分になったのか、高級品が飛ぶように売れたという。音楽の効果はnatural logicによれば、次のように恐ろしい。

音楽は㊵のように心を開かせるopennessがあり、

㊁のように、良心に従わせるconsciousnessがあり、

㊋のように、エネルギーを外向的に飛翔させるextroversionがあり、

㊌のように、好意的に周囲に融け込ませるagreeablenessがあり、

㊴のように、情緒を不安定にさせるneuroticismといった5大特徴があるという。

風は、energetic and rhythmicで、ラップ、ソウル、エレキなmusicが適う。石は、reflective and complexで、クラシック（classical）、ジャズ、フォークやブルースが似合う。火は、intense and rebelliousでロック、オールタナティヴ（代替）、ヘビーメタルに酔わせる。水は、upbeat and conventionalで、ポップ、サウンドトラック、宗教、カントリーのように、ムードや「流れ」に融け込ませる。このように、音楽は狂わせる。「空」の

> 情緒不安定（emotional instability）とは、隙（スキ）のことではないか。虚を衝くことが、武道家好みの戦術とすれば、音楽は、敵を欺く、emotional manipulation（情報操作）手段としても使われる。ビジネスライクな悪魔はこの「空」に便乗する。

akogi
あこぎ　cruel

　エルビス・プレスリー（Elvis Presley）の"Don't Be Cruel"（「冷たくしないで」）をドンビークーと聴きとって歌っていた頃は、私の中高時代だ。ruthlessやcruel businessは、阿漕のことで、「どこまでもむさぼる（grabby）」「しつこく、ずうずうしい（pushy）」「押しつけがましい、厚顔（thick-skinned）」というふうに、どこか音のイメージが使われている。耳には同じように響くCool.は、意味が違う。

　こちらは、今風に言えば「いいね」に近い。発音は、クールよりもコー⑪。Cruel.は、コるぅ⑪だが、ネイティヴは、その違いがわかる。最近、日本人がえげつない（egregious）ビジネスをブラック企業と呼ぶようになったが、このblackをcruelと置き換えたら、通じると思う。unethical（非倫理的）というよりも、あこぎ（残酷）なビジネスと、漢字をひらがなで表記した方が、耳にも快く響き、絵にもなる。同じルでもrとlの違いに気をつけること。

asobi
遊び　broken symmetry

　遊びを直訳すればplay。しかし、日本人に必要な遊びの「心」となると、一瞬にして難訳に変形する。欧米人の美は、symmetryの美に代表される。左右対称の美は、日本人の眼から見ると退屈だ。それでも秩序を重んじる体制側から見ると、左右対称の方が、バランスがとれていて好ましい。

　かつて文科省がこだわっていた、ゆとり教育の「ゆとり」が英語に訳せず、汲々としていた（no chemistry）頃があった。時を同じくして、私は「ひも理論」に関心を持ち始めており、文科省が目指している「ゆとり」とは、対称（symmetry）のことではと感じた。tentionに対するbreak（release）。つまり、息抜きをさせることが

「ゆとり」。緊張に対する弛緩というシンメトリーの片方が「ゆとり」だった。

カリキュラム通りの授業では、「遊び」がない。バランスがとれない。左右非対称（asymmetrical）で、生徒や父兄がかわいそうだ。だから、もっとシンメトリカルにしようとしたのが、「ゆとり」の正体だ。そこに無理があった。その意図の下に押し込められた「ゆとり」（symmetry）を破るには、本来の「遊び」が必要だ、を超訳すれば、Break the symmetryとなる。本来の「ゆとり」とは、broken symmetryのことではないだろうか。「超ひも理論」でいえば、遊びとはsupersymmetryになる。こんな「遊び心」（playful spirit）で生まれたのが、この難訳シリーズだ。

操る　manipulate
ayatsuru

パワーのある人が、ない人を操り人形（a puppet on a string）のように操る行為は、一言でいえばmanipulationとなる。背後で糸を引く（pull strings）人は、ビジネス界ではwire-pullerとかpuppet masterと呼ばれるが、近くにもそんな人間がゴロゴロいる。パワフルな女は、夫を手玉にとることができる。女をマニピュレートする男は激減している。しかし女によるemotional manipulation（涙で落とすのもその一つ）は減らない。

一昔前は、女が男に「遊ばせて稼がせる方法」（これもmanipulation）は「手綱をゆるめる」（英語ではgive him enough rope to hang himselfと表現）に限るといわれた。これも、危険だが夫を「操る」ための賢明な方法であった。女が男に使うI trust you.というセリフの裏は、Don't you ever fall for a female (sexual) manipulator. 女狐（female fox）呼ばわりすれば、本物のキツネのメスに訴えられる。

今、YouTubeで "Exposing How Women Manipulate Men" という番組を聴きながら書いている。美人だが、shady-looking woman（かげのありそうな女）が、男をころがす手の内を明かしている。女性心理学のことをpsycho-ologyと呼ぶそうな。ologyとは学問分野のことをいう。私は女の研究のために、猫を実験台に使う。追うと逃げ、じっとしていると来る。あの抱かれてゴロゴロとノドを鳴

らすしぐさは、愛の貸しなのか、借りのゼスチャーなのか、と。
Cats manipulate both men and women.

ayamari-nasai
あやまりなさい。 Say you're sorry.

　日常会話はこれだけで十分。Apologize!（謝罪せよ）は、あまりおだやかではない。初めてロンドンで観光バスに乗ろうとしたときのことを思い出した。

　ガイドが私を案内してくれたグループは、なんと日本人ばかり、十名近くいたのだ。全員がシーンとしている。まるでお通夜。ディナーのときでも食事がノドを通らない。いつも海外での私は、このときとばかり日本人のツーリストを避けて、いろいろな国の人との会話を楽しむ。ところが、この葬式のような沈黙はなんだろう。

　イギリスの婦人ガイドを呼び出して、苦情を述べる。「私は、はじめてのロンドンの地で、異国の人たちと交わりたいのに、なぜ日本人だけのグループに放り込んだのか」と。その時イギリスの中年の婦人が「日本人は英語を話さない国民だから、日本人だけの…」と言い出した。割り込むように、「私は日本人だけど英語をしゃべっている。差別じゃないか。Apologize!」

　日本では「謝罪しろ」なんて言ったことはない。しかし、ここは外国。そして英語は外国語。声も大きくなる。その婦人、"I apologize."と謝罪して、他のグループに変えてくれた。英語を使う国民に遠慮はいらない。

arigatai
ありがたい。 Thank Heaven (God.)

　天を神より優先させた。この地球にはGodをオールマイティーだと教え込む一神教の民族ばかりではない。天国を too good to true と考え「天国は甘いとこやおまへん」と、大阪のコメディアンのようなひねくれもの（cynics）も多い。

　感謝する相手は、両親から預かった自分の中に在る生命遺伝子である、と考える人たちもいる。外の神より内なる先祖から引き継いだ遺伝子に感謝すべきだという考えに、ホッとした。と同時に、親不孝であった自分自身を責め、猛省して、いつの間にか癒された。

　先祖とはありがたいものだ。Thank all my ancestors. では、直訳

すぎるうえに、あまりにも私の個性（アク）が強すぎるのではと、遠慮して見出しから外した。

arigta-meiwaku
ありがた迷惑。　You're doing us a disservice.

unwanted favorとかdo more harm than goodとか、直訳的に訳すのも悪くはないが、直訳すぎると英語のリズムが乱れることがある。よく使われる英語は、do someone a disserviceだ。善意のつもりがあだになるという意味だ。serviceをdis-で否定するから、ネイティヴ感覚に合う。

ひどい仕打ちであることは間違いないが、serviceを与えている、という相手側の気持を込めてみた。異論もある。どうしても、この訳にひっかかる人には、次のような工夫を加えてみたらどうだろう。

As it turned out, they did us a disservice.

Embarrassingly, what they did us was a disservice.

こんな拙訳でも、まだしっくりこない。『新和英大辞典』（研究社刊）のように、misplaced kindnessか、an unwelcome favorと、直訳的に、いや詩的に置き換えた方が好まれるかもしれない。

I hope I haven't done you, readers, a disservice.

are-wa-yarase-datta
あれはヤラセだった。　That was set up.

やらせとは、シナリオ（script）通りに演出されることだ。だから、That was scripted.でも通じる。本人が納得していないのに、ハメられて、演出させられたのであればShe was supposed to perform the role she was set up to do.となる。That was set up.の代わりに、That was a setup.と名詞として使われることもある。

もし、操られていた（be manipulated）という状態を形容するなら、操り人形をイメージすればよい。She was just a puppet on a string. パペット同様とはひどい話だが、一流になる前の芸人は、「守」の段階では、操り人形に徹した方がいい。個性の尊重など、夢物語だ。

anta-towa-kaku-ga-chigau
あんたとは格が違う。　Who do you think I am?

「格」を直訳する必要はない。「私に向かって、よくそんな口がきけるな」(格が違うだろう)は、Who do you think you are?

もっと語気を荒げて「私を誰だと思っているんだい」(Who the hell do you think I am?) と言うこともできる。あまり勧められない。「あんたとは、格が違うのに、私にそんな質問をしてもいいと思っているのかい。」ちょっと例文が長くなりすぎた。英訳は逆に短くしよう。You don't know me. とにかく、「格」の英訳にこだわらないことだ。

anta-ni-iware-taku-nai
あんたに言われたくない。　Look who's talking.

「やはり、オレも歳か。78歳でいつまで現役が続けられるのかな」と私が言えば、聞き手が「そうですね、ふつうなら、もう引退するときですよね」と、相槌(あいづち)を打つ。そのとき私が使う英語表現が、Look who's talking.「その口で」「お前が言うな」(お前もオレと同じ歳じゃないか)「お前に言われたくないね」「とっくに現役から逃げたお前にはオレに説教する資格がないはず。」

私の、78歳は引退の時期である、という命題を正論で崩しているわけではない。ディベートのルールでは、ラテン語でいうargumentum ad hominem(対人論証＝相手の性格・地位・境遇に乗じる)になる。人に訴えるといった偽りの論証のことだ。しかし、この発言が日本ではなぜか笑いで迎えられる。そこには交渉を有利に進めるcalming effect(癒し効果)があるからだ。

anta-niwa-don'na-meritto-ga
あんたにはどんなメリットが？　What's in it for you?

この言い回しは、交渉英語のイロハのイだ。セールスや交渉の達人は、まず相手の立場を考える。お客様とは、サギ師にとり、マークしたカモ(marks)のことだ。youがキーワード。防御側に立つ我々は、そのyouという玉(ぎょく)を逆手に取ることだ。「なるほど、私にとってメリットがあることはわかった」と、間をとって、「ところで、あなたにとってどんなメリット(advantages)が」と問い返すことだ。What's in it for you?

「私にとり、メリットなんかまったくありません。お客様のためを思ってですよ」と答える人がいれば、その人は間違いなくサギ師（con artist）だ。なぜか。Too good to be true.（うますぎる話）のオファーに気をつけるのは常識だ。

ところで、日本が使う「メリット」は、ディベート用語ではadvantagesか、benefits。だが、big words（大げさな言葉、難しい言葉）には気をつけよう。ビッグワードや、カタカナ英語は、サギ師がよく人を欺くトリックに使うからだ。

anta-mo-dohzai
あんたも同罪。　　You're another.

ラテン語でTu Quoc（You're another）。日本人好みの刺し違え論法だ。環境保護団体のGreen Peaceが日本の壹岐(いき)の漁民はイルカを殺害していると報じ、人類の友であるイルカを殺す日本人は非道だと決めつけた。長崎の五島でも、鯨を撲殺している写真が大々的に報道された。私は壹岐へ取材に出掛けて、聞いた。

イルカは、漁民の生活の糧(かて)である他の魚を食い乱し、漁民の生活をおびやかしている"害"だということがわかった。イルカは壹岐の漁民にとり、人類の友なんかでなくて、敵だった。そして、イルカは神であるシャチから人間を守ったという話は、文字通り神話であって、Dolphins are food.なのだ。

これが正当な議論なのだが、日本の風土には、ディベートという知的格闘技が育たなかった。「察し」だけでコミュニケーションができる島国であったのだ。だから、「そこまで言うなら、言わせてもらおう、あんた方は、牛や豚を殺して食っているじゃないか」と開き直ってしまう。この論法は、ギリシャ・ローマ時代に禁じ手とされたTu Quoc論法だ。ラテン語を英訳すると、You're another.（あんたも、同罪）となる。

なぜ、日本人はディベートをしないのか。イルカの定義と、イルカの捕獲、殺戮(さつりく)は正当防衛であることを立証できないのか。反証せず、「あんたも」と言えば、まさにどちらもが刺し違えすることになる。

愛猫と暮らす地元、高蔵寺（愛知県）の喫茶店で、ディベート必要論の構想を練っていたときに、テレビ画面に映ったのが、日大対

関学のアメフト試合で生じた悪質タックル事件だ。球を持たぬ関学のクォーターバックにタックルをかけている。人間に対する攻撃で、アメフト用語では、unnecessary roughness（不必要な乱暴）のルールを犯したことになる。憎いのは、あの強いクォーターバックだから、球よりヤツを狙えというのは、スポーツのルールに反する。ディベートも同じだ。人と議論（ボール、球）を切り離すのがルールだ。

Break his argument. But don't break the debater. Chase the ball. Never chase (tackle) the footballer.（彼の議論を打破せよ。しかし議論する相手をやっつけてはならない。ボールを追いかけよ。決してフットボール選手を追いかけては《タックルしては》ならない。）

anta-rentai-hoshohnin-daroh
あんた連帯保証人だろう。　You need to bond him out.

連帯保証人だけにはなるな、というのが松下幸之助の口ぐせだった。この難訳語の「連帯保証人」は（joint）guarantorにとどまらず、collective responsibilityとかcollective accountability（私の造語だが、まだ使った人はいない）ではないかと記したことがある。しかし最近観始めたNetflixオリジナルの『知られざる刑務所の話』で耳にしたbond outという口語表現からヒントを得た。

刑務所から解放されるにもbond（保証金）がいる。両親か誰か他に、頼りになる人に、Bond me out.と頼み、オーケーが出れば自由の身になれる。連帯保証や身元保証人について、いろいろアメリカ人に聞き回ったが、bondしかなかった。会社か、どこかの組織がそのリスクをかぶってくれるという保険意識のなかった私が辿り着いた、このbondとgive bond to 〜の和訳は「保証する」であった。

保証金を積んで、「ここ（借金地獄）から出してくれ」というときの表現は、急を要するのでneed。したがって超訳解答はこうなる。You need to bond him out.

himはherでもよい。bondが自然に使えれば、英語で考えていることになる。英語で考えるとは、浦島太郎を耳にして、Rip Van Winkle（リップ・ヴァン・ウインクル。Catskillsの山中で20年眠り続け、目覚めて村に帰って、周囲の世界が一変して驚いた人物、

Washington Irvingの"The Sketch Book"の主人公）を瞬時に思い浮かべるbicultural senseのことだ。

　米大使館で同日通訳の修行をしていた頃、Somebody, please bond me out.と叫びたくなったことがある。

i'ikagen-na
いい加減な　sloppy

　いい加減なやつとは、いい加減な仕事（half-hearted job）しかできない、whole-hearted（全力で）やることができない、half-ass（中途半端なやつ）のこと。ビジネス面でも、手抜きをする企業リーダーはsloppy business leadersと呼ばれる。もっと固い英語を使えばirresponsibleがお勧め。酒を飲んでも崩れないビジネスパーソンは、responsible drinkersと呼ばれる。

　ところで談合は、いい加減な（sloppy）business practiceではない。同業界の仲間にとり、responsible consensus makingである。しかし競走相手を排除させるから、不平等で、したがって不法となる。だから、リニア新幹線の敷設工事を請け負える技術をもっている、自他共に認められている4社がすべてsloppyと見なされ、企業犯罪とされた。各社はなぜディベートができないのか。

　談合とは効果的（effective）なムラ思考であるが、マチ型思考で考えると、全業者が平等な参加を決めないから、非効率（inefficient）でevil（邪）となる。ディベートができない日本企業は外来魚、いや外国企業に食われてしまう。

i'ikagen-ni-shiro
いい加減にしろ。　Enough.

「のろけはそこまで」「ごちそうさま」という場合はEnoughである。ところが、笑いで済まされないときがある。そのときは、怒りの表情で、英語でEnough.（いい加減にしろ）と声を荒立てることだ。That's the last straw.（堪忍袋の緒が切れた）もいい。しかし音感的にいえば、強音で、しかも文章は短い方がいい。ノドからEnough.（イナフ）と高音を発声するよりも、ハラからEnough.（アナファ）と低音で、強く息を吐き出すことだ。

いいじゃ

i'ijanai-ka
いいじゃないか。　　Okey-doke.

「ええじゃないか」という幕末の庶民運動はokey-doke movementと訳せそうだ。べつに反旗を翻しているわけではない。現状の悪に勝てないのだから、どっぷりつかっちゃえという、やけっぱちな態度だ。これをオーキードーキーという。よく耳にする。

　*TIME*はこんなふうに使っている。"People become delusional and think they're not black anymore because they're accepted――It's the okey."（Aug. 9, 2018, p44）アメリカ社会の一員として認められた（accepted）と勘違いしている（delusional）――これがオーキードーキー。

　映画監督のスパイク・リー（Spike Lee）は、アメリカの歴史とは、原住民の大量殺戮と奴隷制度であったと言う。オーキードーキー（ええじゃないか）の眠りから、ぼつぼつ「目を醒ませ」「真の愛国者はこの国では歓迎されていない黒人じゃないか」というのが、彼等の警鐘（a wake-up call）なのだ。

i'inari-ni-naru-na
言いなりになるな。　　Don't give'em what they want.

　男は女に対し、甘い。Men give women what they want.「甘い」という難訳語を避けるのが、私が得意とするgiveとgetを用いた超訳法だ。男に対し、「女のペースにはまるなよ」という時は、Don't give women what they want.と言い、女に「男の言いなりになるな」と忠告するときも、Don't give men what they want.と言う。

　久米宏がビートたけしと、テレビの品格について語っている。テレビに品格がないのは、視聴者にも品格がないからだという旨を、インターネットでだらだら語っている。TV give viewers what they want. TVは観衆に甘い。だから「品格」とは、すべてをgiveしないこと。TV shouldn't give everything what they want.となる。品格が訳せなかったら、知恵を絞って、giveとgetで考案（figure out）すべきだ。それが我々にとり、品格だ。That's the way TV should be.

i'inikui-koto-daga
言いにくいことだが、　Maybe I shouldn't tell you. But …

　気を悪くするかもしれないが（ズバリ言わせてもらう）、という場合の「枕詞」に使われる表現だ。こんな話をYouTubeでふと耳にした。Maybe I shouldn't tell you. But … 人生ドン底の黒人青年（a down-on-his-luck young black）がテレマーケティングの仕事についた。最初に受けた忠告がこれ。稼ぎたけりゃ、白人の声を使うんだね（You wanna make some money here? Use your white voice.）Yes-but構文は、交渉には役に立つ。

　Don't sound black.（黒人声は困る）がホンネだ。日本で英語講師としてネイティヴを雇う英会話学校のホンネは、Sound white. でなくLook white. ではないか。racismだけの問題ではなさそうだ。これを無視するとビジネスが成り立たない。たとえ英語ビジネスでも白人アクセントはpleasant（快く響く）、educated（教養を感じさせる）、attractive（魅力的な）、confident（自信に溢れている）、trustworthy（信頼できる）、そしてrich（深い）と、*The Economist*（Aug. 4, 2018）が伝えている。

i'i-ne
いいね。　Cool.

　一昔前は、「かっこいい」がCool. であった。超かっこいいが、Way cool. か、Supercool. もっと前は「しぶい」という言葉があった。この日本語に対する英語がCool! であった。粋がcoolで、不粋はuncoolであった。あのしぶい味はどうなったのか。

　インターネットの時代は、大衆消費主義を推し進め、言葉が軽くなった。「しぶさ」に甘味料が加わった。パソコンやスマホの中は、「いいね」（Cool!）でいっぱい。英語も大衆化路線を一直線に進んできた。Very well. もUh, huh. もすべてcoolで間に合わせる。

　ヒストリーチャンネルのドキュメンタリー番組 "Bushido" でhistorianとして紹介された私は、番組制作者たちと、日常を共にしたが、多くの人がオーケーの代りに、Cool. を乱発していた。読者も映画やドキュメンタリーをご覧になるときは、耳を澄まして聞いていただきたい。

　クールとは、耳に入らない。くぅーる（う）は日本語。母音をカ

ットすると、クー。まだ母音の「う」が入っている。kの力に近いルが含んでいる「う」をとり、ついでにl音もとれば、日本人の耳に入らなくなる。coolを、子音を中心に発音すると、耳に入るのは「カ」だけ。まるで「蚊」。

ieteru
言えてる。　You could say that.

He's in love with himself.（あいつは、ナルシストだ。）
You could say that.（言えてる。）
He's always talking to himself.（自分自身の言葉に酔っている。）
How true!（言えてる。）

解説より例文の方が、説得力がある場合もある。読者から、われわれ編集スタッフも、ナルシスト集団かもねと言われると、私はどう答えればいいのか。……答えによっては、私の人格が疑われる。──無難な答え──I guess you could say that. This dictionary is the apple of my eye.（この辞書は目に入れても痛くないほど、いとおしい。）いとおしいとはpainfully lovelyのこと。

ieru (kamo-ne)
言える（かもね。）　You could say that.

You're a lab rat for your company.（お前は、会社のモルモットだ）と言われて怒る人は多い。誇りのあるうちは。しかし、いい時は終わる。「なんのために、この会社で働いているのか」という疑問が生じ始めると、自分がguinea pig（「ギニアの豚」ではなくモルモット）ではないかと感じることがある。

私もそんなふうに感じたサラリーマン時代があった。人間モルモット（human guinea pig）になると思って、蒸発を決意した。映画で耳にするモルモットは、実験台のネズミ（lab rat）だ。

友人にYou're like a lab rat.と言われて、「言える」（You could say that.）と言ったこともある。しかし上京して、米大使館で同時通訳の仕事をしているときも、同じように感じた。紹介者の西山千師匠の前では言えなかったが、訪問者にモルモットかと言われたときに、「かもね」You could say that.ともらしたことがある。

コーヒー・ブレイク
怒りを抑える方法 Anger Management

　コントロールでも悪くはないが、交渉学では、angerが必要悪とされることもある。だからcontrolではなくmanageする術が問われるのだ。ここが怒りを締め出す日本の交渉と根本的に違う。日本人の交渉学は、「和」につきる。怒りは敵。常にニコニコ、いつもハッピーが日本では受ける。だから国際交渉に向かない。

　映画"Anger Management"の邦題が『N.Y.式ハッピー・セラピー』とは。思わず笑ってしまった。何かに向かって怒鳴りたくなるとき、映画に出てくるプロ・トレーナー（主演のジャック・ニコルソン Jack Nicolson）は、エスキモーたちが魂鎮めのために使う、「グース（息を吸う）フラバー（息を吐く）」を勧める。

　アメリカ文明は、angerというアから始まっている。しかし、縄文文化はウから始まるというのが私の言霊学の基本だ。スペルは知らないが、あのグースフラバーという音霊が気に入った。Gはglobe、groundと地に根づいている。エスキモーの長老（guru）たちが、地中の響きを怒りを抑圧する効果を知って用いたのであろう。

　持論だが、日本のビジネスパーソンに必要なセラピーとは、嫉妬管理（jealousy management）だと思っている。jealousyやenvyは、キリスト教では邪視されるが、日本では、manageすべきであってcontrolするものではないと考えられてきた。私は、このjealousy managementを私塾紘道館のカリキュラムに取り入れ、実践してきた。お互いに闘わせ、professional jealousyをかき立て、それを巧みにmanageさせるといったもの。それは人生の通過儀礼（a rite of passage）であり、「祭」の思想だ。

　2019年で32年目になるICEEというお祭り型検定試験も一種のjealousy managementである。英語の優劣を競うのでなく、バカやアホになって、みんなと一緒に、歌い、踊れるか、という"空"（ゼロ磁場）を実践するための「おまつり」なのだ。私の英語道の人生は、このomatsuriによる共生き（co-living）に支えられている。祭の効用は、文化人類学的にも証明される。

ikezu
いけず　mean

『新和英大辞典』で、京都人の特徴としてよく用いられる「いけず」という形容詞を引くと、「関西地方で意地が悪いこと、たちが悪いことの意」として、spiteful, malicious, nasty, meanがリストアップされている。適訳としては、一番無難といえよう。

京都人は多少、マナーにおいて冷たいところがあっても、決して「悪意に満ちた」人たちではない。見知らぬ人に対しては、過度に慎重なだけだ。それほど伝統を重んじる。表情をあらわにしないところ、ネコ的だ。京都人を嫌えば嫌うほど、その人はイヌ的なのだ。straightな思考のイヌ人間は、裏表のある邪悪（crooked）なネコ人間を嫌う。

「いけず」じゃなく、相手に「察し」や「忖度（そんたく）」を求めている気配りなのに、それがわからない都会人は、難儀な（snobbish）イヌたちどすな、とあしらわれる。

(iken-wo) tataki-au
（異見を）叩き合う　brainstorm

日本の文化は、「愛」ではなく、「合」である。お互いに話し合う、ひらめきなどを交換し合う。これらを英訳すれば、brainstormingになる。

ブレーンストーミングというカタカナ英語で通じるが、近い和訳はないものか、と考えてみると、叩き合いしかない。kick aroundともいう。要するに、いろいろなアイディアやひらめきをぶつけ合うことだ。

「叩き合う」そのものに、「殴り合い」と、減らず口などを「言い合う」という二つの訳が考えられるが、そこに「合」がある。欧米人の好きな「愛」もその中に含まれるのだ。

ishibashi-wo-tataite-wataru
石橋を叩いて渡る　take calculated risks

riskとは、避けるものではない。警戒しながらも、とるものだ。riskが「危険をおかす」と訳されてから、「リスクを避ける」というような、意味論上のミスが増えてきた。

ビクビクして、riskをとろうとしない人はrisk avoidersではなく、

risk-averse guysなのだ。石橋を叩いて渡るとは、十分計算をし尽くして進むこと。think twice or thrice (cautiously) before taking a riskのことだ。

コーヒー・ブレイク
一神教の悪魔の思考

Jekyll Island is an island known for the meeting place for con artists.（ジェキル島は、詐欺師たちが会合を開く場所として知られている。）こんなことがplain Englishで語られているインターネット時代は ありがたい。長生きしていてよかった。そして、英語を学んだ甲斐があった。

銀行の悪(ワル)どもが集まって、陰謀を企んだ場所がジェキル島だ。ここで画策されたthe Federal Reserve Act（連邦準備法）では、好きなだけ紙幣を刷ってもいいよ（Print money as you see fit.）というお墨付きが与えられた。課税もなしで？ そう、だからfraudulent practice（詐欺行為）なのだ。

ここまではplain Englishで間に合う。誰でも知っている、国家がらみの金融詐欺がこの陰謀島で行なわれた。何度もYouTubeで話されると、もう耳にタコができる。今日も、夜、また観た。今回のタイトルが"Enslavement"（奴隷化）。アメリカの金融資本主義は、奴隷制度の延長なのだ。それでも、まだアメリカは崩壊していないのが奇跡だ。ロスチャイルドやロックフェラーの闇のパワーは無視できない。

アメリカはトップダウンで決まるマトリックス社会。タテなのだ。ところが日本は、ボトムアップで政権を交替させることのできるサークル社会、むしろ空気が支配するヨコ社会（タテ社会と言ったのは誰か）。島崎藤村の『夜明け前』を読めば、日本を変えたのはボトムだと言える。明治維新は、裏の勢力によるトップダウンの陰謀を見抜いたサムライが、ハラ芸で勝負に出たボトムアップ革命であった。

明治維新は、青い眼からみると、Samurai Revolution（サムライ革命）ということになる。草の根の革命思想は、古学という地湧(ゆ)の「思い」（底意(ハラ)）であった。本居宣長の墓の中から呻(うめ)き声が

> 聞こえる。「私は純粋すぎた。日本は、純粋や素直だけでは勝てない…多くの古学者に迷惑をかけた。一神教の悪魔の思考を学ばねばならない。」

iji-wo-shimeshi-nasai

意地を示しなさい。　　Prove yourself.

　男の意地はprideである場合が多いが、女の意地はself-esteemが近い。self-esteemとは、心に秘められたプライドだ。自己尊重は、見せびらかすものではない。しかし、譲ってはならない、人間としてのボトム・ラインである。ストレートに訳してみよう。Prove yourself.（意地を示しなさい。）自己証明か。これなら、「女の意地」を貫く場合にも使える。

　男のハラは女の過去を問わない。女のハラは男の未来を問わない。――私の人生体験から編み出した名句だ。どの国でも受けた。しかし、この命題が正しいかどうか。今後とも、証明（proof）し続けていく。

　"I'll make it big as a consulting detective."（諮問(しもん)探偵として大成してみせる。）

　"Prove it. Mr. Sherlock Holmes."（証明したまえ、シャーロック・ホームズ。）

iji-wo-haru-na

意地を張るな。　　Don't get personal.

　ディベートも交渉もチーム・プレーだ。スピーチは個人プレーで許されるが、交渉は戦争と同じように、すべてがteam playersである。だから、闘ったあとは戦友（war buddies）のように仲良くなる。

　オバマ元大統領が父の思い出本を書くといえば、出版社は喜んだ。そこでオバマは注文をつけた。May I personalize it?（感傷的になってもいいかい？）と。本来、筆者は自己を抑えようとするものだ。この本に関しては感傷的にならざるを得ないと判断したのだろう。本文の中で涙のシーンが多い。

　交渉では自己を抑えるべきだ。だから後述する交渉名人のJohn Ilich（ジョン・イリッチ）氏は、こう述べる。Avoid making personal attacks on your opponent——they irreparably damage the negotiation.（交渉相手に個人的攻撃をかけてはならない。交渉に致命的なダメージを与えてしまう。）("Winning Through Negotiation", p167)

　交渉がディベートと共通する点はここだ。どちらもゲームでありスポーツである限り、ルールがある。それは、個人攻撃（personal attacks）は許されないということだ。

itami-wake
痛み分け　win a little lose a little

『オーレックス和英辞典』（旺文社刊）の日本人離れした、この訳が気に入った。いいネイティヴのインフォーマントがいたはずだ。

　多くの和英は、a drawとしている。間違いではない。どちらもおもしろくないのが引き分けだ。いや、日本人は、どちらかが勝って、どちらかが負けて、恥をかかせるなら、引き分けにしよう、という。この優しさが、仇を招くことがある。happy compromiseこそ、交渉者が望むところ。

ichimai-kamu
一枚噛む　be in on it

　なんらかの役割（立場）をもって、なんらかの悪だくみ（陰謀のようなもの）に巻き込まれることがある。「お前も一枚噛んでいるのか」と、ズバリ聞く人は少ないが、人は陰謀（plot）を胡散がるものだ（see the plot with suspicion）。

　What are you plotting? なら聞きとれるが、Are you in on it? と聞かれても、もうお手上げだ。アーユーインノネ？ in on itがインノネ。英語のやまと言葉といえるphrasal verbs（句動詞）は、日本の英語学習者が最も苦手とするところ。耳が痛い（That hurts!）と言われるだろうか。もう少し我慢していただきたい。

　I'm in it. どっぷりつかっている。I'm in on it. との「企み」から逃げられない。inは「どっぷり」、onは「べったり」。Are you part of it? これなら、それ（「企み」でなくてもいい）に加わっているのか、巻き込まれているのか、という問いだ。

　YouTubeニュースでは、FOXとCNNを交互に聞く。FOXニュースは、CNN is in on it. とキャスターが伝えている。ロシアを巻き込

んだトランプ（Donald Trump）落としの陰謀にCNNまでが一枚噛んでいる、というニュースだ。スィーエヌエヌズエノネ。このカタカナ通りに発音すればネイティヴに通じる。ペンを走らせながら、今の、膿(うみ)でドロドロとなったホワイトハウスの渦状が私の右脳に融(と)け込んでくる。

itte-kurereba-i'inoni

言ってくれればいいのに。 You didn't ask.

あのとき、言ってくれれば、私も助けたのに——この「のに」というのは曲者(くせもの)だ。あとになったら、なんでも言えるから、ある意味で卑怯だ。「一声かけてくれたら、私も力になったのに」は、無効だ。この「のに」も難訳だ。ここに仮定法が入る。

「私なら、できただろう"のに"」I would've done that.

一言で「やった"のに"」I could've done that.

「できたかもしれない"のに"」を一言(ひとこと)で言えばI might've done that.

ユダヤ人も、この仮定法を使うのがうまい。

You paid way too much for this camera. I could've gotten you the same camera for HALF the PRICE.（このカメラでそんなに高値で買わされたの。ぼくだったら、同じカメラなら半額で買ったのに。）

本当に？ You didn't ask me.（言ってくれればいいのに。）

いい加減なものだ。日本人からみれば、ユダヤ人は、しゃべりすぎ。ユダヤ人から見れば、日本人は黙りすぎてソンばかりしている、となる。

You didn't tell me that.と言えば、ユダヤ人は、You didn't ask.とくる。しかし、この攻撃性はバカにできない。

ippon-torareta

一本取られた。 I give you that.

英会話に必要なのは、ちょっとした息抜きの部分（a breather）だ。話し上手な人より、聞き上手な人の方が、セールスがうまい。そして、よく聞く人の方が大物といわれる。聞く人の方が女性に、いや異性にもてる。話の途中に、「その点は認める」（I give you that.）と。

I accept that for a fact.と譲ることが、ビジネストークに欠かせ

ない。もっとオーバーに You got me.（参ったなぁ）と、さらに深く折れれば、議論に負けて交渉で勝つことになる。

inaoru
居直る　tough it out

「このハゲ…！」とか、車の中で「死ね」、「お前、民進党のスパイだろう」、「赤信号でも止まるな」と、数々の暴言を吐いて、世間のブーイングを受けて、消え去った（booed out of sight）国会議員がいた。「そばにいろ」と怒鳴ったあと、「なぜいるんだ」とは、まったくロジックがない。

ご本人に対する「なぜそこまで言われて辞めないの」という疑問を世間が投げ、もし彼女が、これはメディアのいたずらで、私はヤメないというのなら「居直り」だ。英語では tough it out。周囲の抵抗を無視してがんばることだ。これを「居残る」という。

もし、「ヘン、私をクビにしてみろ。この会社のトップ陣も世間の恥、それでもいいの」と言えば、bluff it out。同じ開き直りでも、こちらには、脅し（bluffing）というフェイク・ゲームになる。

☕ コーヒー・ブレイク

CATS AND DOGS DEBATE Part I　犬猫模擬ディベート

ビジネス交渉に勝つためには、準備段階でディベートを済ませておくことだ。debate と negotiation の大きな違いは、アカデミックな社会と実社会で行われるゲームの違いだけではない。定められたルールに忠実（縛られる）か、ルールまでもねじ曲げてしまう自由も認められるか、という違いがある。ディベートが図上演習なら、ネゴシエーションは戦争ゲームにつながり、陰謀らしき取引（art of the deal）がリング外で行なわれることもある。

コーヒー・ブレイクでは、あまり固い哲学の話はやめて、解説つきの実践をお聴かせしよう。

「実用英語は、猫よりも犬から学ぶべし」という論題を、遊び心（playful spirit）で六角ディベートしてみたい。

空龍：司会は、犬も猫も好きな、空龍が行ないます。まず石（rock logic）の立論は犬さんから。

犬：最近の日本人はたるんでいる。政治討論はまるでワイドショ

一。日本人はマイペースの猫に狂っている。差別された犬はすべて「犬ヶ島」に棄てられ、自己中の猫が日本の社会を支配してしまった。猫的（feline）英語は国際的に通じない。文科省が笛を吹いても、先生方は踊らない。明治時代で武士道を失ったツケは大きい。日本列島は、英語をアクセサリーとしてしか考えていない猫族に支配されてしまった。国難に立ち向かう英語の使い手はいない。攻撃的な遺伝子（genes）は哭(な)いている。犬を復活させなければ、メディアに牛耳られた日本はローマのように内部から滅びる。なぜ犬か。犬は人間の友人で、菊（天皇）に従う、武士（刀）のように忠実である。英語学習者よ、犬から学べ。

〔解説〕

　これを立論（constructive speech）という。議論は3分以内で収まるように整理（organize）されている。

1. 問題――猫的な日本人英語は国内でしか通用しない。
2. 日本人の女々(めめ)しいEnglishを雄々しい犬のビジネス・交渉英語に変えるべきである。
3. 犬は人間の友であり、忠実だから、犬をロール・モデルにすべきだ。

　こういう一貫した議論（caseという）は、一見したところ、筋が通っているので、prima facie議論と呼ばれている。

空龍：それでは、猫さんから主に3点に絞って、反対尋問をお願いします。

猫：持ち時間3分ですね。それでは、まず第一点。猫的な女々しい日本人英語を定義してください。

犬：狭い家の中でしか通じないペット英語のことです。可愛いが、野外では役に立たない学校英語のことです。

猫：第二問。尻尾(しっぽ)を振っている飼い主の方向が間違っていても、犬は盲従しますね。

犬：左翼的な含みのある質問ですね。尻尾を振るのではなく、忠実に上司に従っているのです。それが正しい方向なのです。

猫：あなたの意見を聞いていると、ヤクザの組織は、きわめて犬的だということですね。親分が気にくわないやつを殺せと言えば、素直に従う。

犬：それはちょっと極端な…。

空龍：時間です。

〔解説〕

　反対尋問（cross-examination）は、日本史上、存在したことはありません。もし東京裁判に反対尋問が許されていれば、パール判事のいうように、日本の被告（戦犯）は全員無罪になっていたでしょう。（ご反論をどうぞ。）

スピーチが「表」なら、質問は「裏」です。国会での討論はまるで白州裁きで、反対尋問が許されません。「まるでやくざ」という斬り込みは、帰謬法（間接証明の一種）で、有効な議論です。誘導尋問を好まないジャッジもいますが、品格を失わないかぎり、オーケーしています。しかし、reduction to absurdity（背理法）も行きすぎると、笑えなくなります。こういう議論の遊びは、西洋では一流の政治家も、用います。そしてユーモアはポイントにつながります。

空龍：では、猫さんの立論お願いします。

猫：犬さんのご説には、飛躍があります。日本が猫化し、英語までも猫化とはどういうことでしょうか。お上に尻尾を振る日本人は犬化しているのではありませんか。政府に、学校の、あるいは進学塾の先生に勧められた教科書に忠実に、そして大学に入学した生徒は一人残らず、英語オンチ——いや失礼、放送禁止用語でしたか——。実用英語ができず、グローバルなビジネス外交ができない。国際舞台では、書かれた英語のスピーチを棒読みするだけ。ただ犬のように吠えているだけで、コミュニケートしているとは思えない。

　猫はマイペースではありません。自分のテリトリーを守り、自己尊重——セルフ・エスティームとでも申しますか——を貫いています。猫はつんとしている（play hard to get）と犬さんはお思いでしょうが、コンサルタント業に向いている猫は、クライアントの領域にワリ込んだりはしません。そして飼い主の手を噛むようなことは決してありません。

　犬のハードパワーは、戦争に突っ走りますが、猫のソフトパワーが発揮できる外交は、犬が真似してもサマになりません。フラ

ンス人、そして世界に散っているユダヤ人は、きわめて猫的ではありませんか。吠えるだけの英語は学生の英語スピーチ・コンテストで十分です。

〔解説〕

　日本人のディベートでは、あらかじめ準備した原稿をただ読み上げるだけというのが多いようですが、ディベートの立論には、即興性が期待されるのです。猫さんの立論は、相手（犬）の議論をいかによく聞いていたかを物語っています。

　スピーチは、the art of speaking、ディベートは、the art of (critical) listening とよく私は述べます。critical listening は、できるだけ早いうちにカリキュラムに入れるべきです。今やスマホの時代。答は多すぎるので、質問の質を高めるコースを設置する必要があります――できるだけ低学年から、早期英語教育より早期日本語ディベート教育の必要性を説き始めてから、すでに20年以上になります。

空龍：では、犬さんから3分間、反対尋問をお願いします。

犬：定められた教育行政に従うことは、尻尾を振ることですか。あなたがた、猫さんは、組織のルールに従わないことが自由とおっしゃるのですか。

猫：いえ、自主性のことを申し上げているのです。お上の命令だから「やらされている」という気持では「志気」が鈍りますよね。

犬：社会にはルールがあります。ジャンケンに負けた人が、勝者に向かって、ズルーいなんて言いますか。次の質問、英語オンチは、現行英語教育の責任ですか。あの松本道弘という知的怪獣も、日本の英語教育だけで育ちましたね。

猫：あの人は、犬のルールを破って大成したのです。もともとあの人は、猫が大好きな文筆家です。

犬：犬も好きですよ。最後の質問に移ります。猫は自分のテリトリーを守るって本当ですか。飼い主に対する忠実でなく、安心して、食っちゃ寝できる家に対する執着が本心じゃないでしょうか。

猫：おっしゃる通り、猫は現実的です。間違っていますか。じゃ

あ、お聞きしますが、くさりにつながれている飼い犬が家以外のテリトリーを守れるのですか。

犬：質問は私の番です。

（猫さん、ごめんと、舌をペロッと出す）

〔解説〕

「従う」「従わされる」とは、微妙な表現の違いですね。こういう言葉の使い方がポイントにつながりますから、ディベートは言葉の訓練にもなります。国語教育にもディベートを導入すべきです。松本道弘という人物にも「陰」と「陽」があることを知っているからこそ、クールに論議ができるのです。

「じゃあお聞きしますが」はルール違反。日本人の質問には、スピーチが多く、事実と意見の混同がみられ、ついに質問で攻撃しようと、早とちりをします。英語ではjump the gun（ヨーイドンの前に飛び出す）といいます。ディベート訓練は、ビジネスに必要な時間管理術（time management）に役立ちます。

inu-mo-arukeba-boh-ni-ataru

犬も歩けば棒に当たる。　Everyone can get a break.

「棒」は、ネガティヴ（不覚）ととるより、ポジティヴ（幸運）ととる方が多いだろうから、棒をa breakとした。big break（大当たり）でなくとも、通常a breakといえば、予期しなかった幸運となる。門前払いを食わされ、落ち込んでいるセールスマンに、「犬も歩けば」は、きっとはげまし言葉になる。Everyone gets a break or two.

あんたは、一流大学出で、モテモテのエリート社員。ビジネスは順調。今は豪邸に住んでいる。どうしてあんただけがツキがいいのか。簡単な英語でしめくくってみよう。Why do YOU get all the breaks? youにアクセントを置こう。

ifuh

威風　a commanding presence

威風堂々としている（designated）人は、周囲を圧倒（awe）させるだけの人だけではない。高層ビルにはan imposing air（arrogant-lookingと表現するネイティヴもいる）を感じさせる何かがあ

るが、人には威嚇(いかく)（intimidating）以外に、威風を与えることもある。

He throws his weight around.というように、重力感を感じさせる人もいる。しかし、これは風格とは違う。風格には、気負ったところがない。風のようにフアフアとし、weightlessな状態でありながら――いや、だからこそ――周囲が動く。His presence is felt for his effortlessness.とでも訳してみようか。

imasara
いまさら　　too late to ~

いまさら～をやっても。日本人がよく使うフレーズだ。そのあとはどんな表現でもいい。「英語を勉強しても、年寄りの冷水(ひやみず)ってもの」It's too late now.（いまさらもう遅いよ。）が基本形とすれば、You're too old for you to start studying English now.となる。いまさらあわてても始まらない。

ima-ni-hajimatta-koto-ja-nai
今に始まったことじゃない。　　This isn't new.

「そりゃ初耳だ」はThat's news. このnewsのsを取り除くと、newだけ。I'm not from here.（外モノだ。）I'm new here.（ここじゃニューフェイス。）と、日常会話に役立つ形容詞だ。ちょっと練習。「トランプの女性問題は、今に始まったことじゃない」(Trump's scandals with women aren't new.)

これだけで、わかる。I'm not surprised.は蛇足。

imehji-ga-subete
イメージがすべて。　　Perception is everything.

カタカナ英語には注意すること。Image is everything.では通じない。イメージしたことを真(ま)に受けること（これがperception）は危険だ。その反対に、いや見たものをそのまま本当として受けるのが成功する経営のコツだ、といった企業の幹部がいる。それがENRON（エンロン）だ。

企業はイメージで勝負するのだという経営方針で、新入社員を歓迎するときにも娼婦もどきのモデル女性を招いて踊らせる、ド派手なパーティーを開く。Perception is everything with ENRON.という映画英語が私の記憶に生々しい。

未実現の収益（virtual asset）を給料に充当するといったでたらめをしても、内面はどうでもいい、とにかく、見栄えがよければ、と銀行に信用され、メディア受けする。そしてエンロンは消えた。虚（fake）ははかないものだ。内面（substance）より（style）を優先させた企業は、散るときも早い。

　perceiveとは、解釈を求めて、目先の問題をイメージすることがあるが、人々の目、つまりperceptionそのものが目的になってはならない。エンロンの悲劇はそこにあった。Perception isn't everything. Perception can't be everything. Perception shouldn't be everything. それぞれ数回音読してみよう。

iyada-to-iu-nara
いやだと言うなら。　Or else.

　断るというなら。これだけで、あとが「こちらにも覚悟がある」と続く。しかし、口にされないことが多い。日本語は「察し」の世界だ。こんなときに、よく使われるのがOr else。たったそれだけ？　それだけ。最後通牒（an ultimatum）というビッグワードを使わなくてもいい。あの悪名高いハル・ノート（Hull Note）という最後通告（a final warning）も、オア・エルスなのだ。信者獲得にやっきとなっている新興宗教がよく使うのもor else。「信者にならないと、不幸が起こる」という脅しの類だ。

iya-da-to-ittara
いやだと言ったら　What if I said no?

　what if（ワリフ）という英語は何度耳にしたことか。そして、いかに日本人がこんな便利な交渉英語を使っていないか。日本人が著す交渉（外交を含め）のノウハウ本の中に、なぜか、1 脅し、2 なぜ（why）、3 仮定法（what if）の三点が欠落している。

　日本には、「和」という「しばり」がある。脅し（bluffing）は、不粋（uncool）でダメ。Why? は、相手を疑うことであり、"素直"（ザ・スナオ）というルールに反するから、ダメ。What if?は"想定外"の質問だから、タブー。だから、ダメ。ところが、欧米では、このwhat ifがよく使われる。

　チャーチル（Winston Churchill）が地下鉄の中でインタビューしたときの質問にも、このwhat ifがあった。もし、平和交渉に持

ち込み、弱さを見せ、ドイツ軍に占領され、隷属を強いられたら、と。当然、No.と答えた。そして結論がWe shall never give up.となり、反対の多かった議会でもこのwhat ifの問いかけで、空気が変わった。

そして、Conquer, we shall.（我が国は、武力で征服する）とチャーチルは、世界に向かって吼えた。shallが何度、使われたことか。willと違ってshallの言霊（ことだま）は、もう引っ込みがつかない。不退転の意思表示なのだ。

what ifを使ったら、メディアは逃さない。ただちに沖縄では、首が飛ぶだろう。もし、中国が攻めてきたら、という仮定法もタブーなのだ。井沢元彦氏は、私との対談で、日本人の「言霊」信仰が合理的判断を狂わせ、未来予測を不可能にするから、ディベート教育に期待をしているとの声援を受けたことがある。

日本の英語教育にも、このwhat ifがない。仮定法は、中学から、いや高校から始まると聞いて諦めた。ifは、外国では子供の頃から始まるのだ。言葉ではなく、思考の問題なのだ。過去の日本の大物リーダーは、このwhat if思考をフル活用した。英語は道具なんかじゃなくて、武器にすべきだと吼（ほ）えてきた。もし、日本のリーダーが、世界に向かってshallを使って吼えることができ、日本人が、英語を日本刀として使えるようになるまで、私は英語道教育の必要性を説き続ける。I shall never give up. There'll be no what-if. おぉっと、これは蛇足か。Oops. Cut it out.

iyadane-otoko-tte-yatsu-wa
いやだね、男ってやつは。　　I hate it. I hate it. I hate it.

男でもいい、女でもいい。どちらの性もバカだ。incurably foolishだ。お金より、渡世の仁義を立てるために、身体（からだ）を張って、悪奉行をやっつけようと出掛ける仕事人のプロは、カネをとらなければならないから、一枚のコインを懐（ふところ）に入れて、"死地"へ向かう。そんな男たちの背中を見ながらの捨てゼリフ。「バカだね、男たちは」と、悲しそうな姐（あねご）の言葉に、男が涙する。残念ながら、観客の90%は女性ばかり。

大衆演劇の舞台でこっそり咲く男のロマン。虚の世界だが、ロマンを求めるのは実への渇望。虚から実を学ぼうとしない今の日本。

男が男になれば、女は女になれるのに……。

iya-tondemo-nai-kaisha-da
いや、とんでもない会社だ。　No, it's a bad company.

　ニューヨークのPホテルにチェックインした。部屋に入ると、清掃作業員らしき人が数人たばこを吹かしている。「ひどいホテルだ」というつもりで、It's the wrong hotel. と言ったら、*TIME*のランス・モロー（Lance Morrow）がNo. It's a bad hotel. と返した。

　このときに、wrong（ふさわしくない）とbad（誰にとっても、ふさわしくない）の違いがくっきり見えた。とんでもないホテルに入ったのは「あんたのせいではない」と弁護してくれたのだ。ちょっと復習してみよう。

　...He (My husband) hits me and my daughter every night. It looks like I've married the wrong man.

　No. You've married the bad man.

　…彼（私の夫）は毎晩私と娘を殴ります。私は結婚する相手を間違えたようです。

　いや、あなたはそもそも、とんでもない相手と結婚したのですよ。

iwanai-koto-ja-nai-daroh
言わないことじゃないだろう。　Told you.

「言っただろう」に置き換えられる。言い続けてきたことなら、I have told you. となるが、こんな大切なことは、一言（ひとこと）でいい。過去形でいい。I told you. には、怒りが込められている。米英語では、Iも抜き、Told ya.（トルジャー）が使われる。I warned you.（言わないこっちゃないだろう）も、よく使われる。

iwanu-ga-hana
言わぬが花。　The less said, the better.

　"Hitler's Circle of Evil"（邦題『ヒトラーの共犯者たち』）をNetflixで観て、組織がいかに生まれて、いかに死滅していくのか、よくわかった。凶悪な取り巻きどもが凶悪なリーダーを逆に演出させるのかもしれないと考えると、血が凍るような感じがする。The Netflix series made my blood run cold.

「その一言が多かった」ですまされない悲劇が生じる。ふと耳にし

た The less said, the better.が気に入った。It's best to leave it unsaid.のことだ。でも、何も言わないことは、最悪の事態を招く。The least said, the worst.

こういう説も、英語も私のものだ。ディベートでは沈黙は同意と見なされ、減点となる。沈黙が加点となる神秘の国・日本では、ザ・ハラゲイも社交術、つまり、芸のうちになる。

inchiki (torihiki)
いんちき（取引） monkey business

monkey business（猿芝居）と聞けば、いんちき、ごまかしなどに、いたずらっぽい「不正」の臭いがする。よく使われる。

When it comes to sharing profits, nobody likes monkey business.（利潤分配となると、誰しも「ごまかし」を警戒する。）

金融会社Kotak（コータク）の広告（*The Economist*）がふるっている。モンキー・ビジネスとは、不正なのだ。それも賢い猿のように、おちゃらけでやる、おふざけだから、油断できない。我々のような一流の企業は、決してnaughty solutions（いたずらっぽい解決）など信用しない、と自負している。

uso-da-to-itte
ウソだと言って。 Say it ain't so.

小泉進次郎は、父に「お父さん、ウソだと言って」と訴えている。YouTubeで知った表現だから、その声音までは判別できない。小泉元首相の二人の息子には、育ての母がいる。産みの母はどこか、と問われても、困る。父には父の事情がある。

Tell me that's a lie.とは、直訳。よく耳にする英語は、Say it ain't so.だ。なぜtellではなくて、sayなのか、と問われても困る。決まり文句だからだ。it isn't soも、it ain't so.

uso-wo-tsuku-koto-wa-tsumi-nano
ウソをつくことは罪なの？ Is it a sin to tell a lie?

ウソがばれて刑務所に入れられることはない。アメリカというルール支配の国家では、ウソがばれるまではマコト。しかし、法律のルールは甘くない。I'm under oath.（宣誓している）と言ったあと、ウソがばれたりすると、やばい。偽証罪が待っている。I just had a change of heart.（心変わりしただけ）で済まされないと思うから

だ。

　日本では『聖書』の上に手を置く習慣がないから、すべてのウソがwhite lies（状況により許されるウソ）。これはa sin。しかし、アクの強いユダヤ人なら、Is it a crime to tell lies? と開き直るだろう。後でも触れるモリー・カッツ（Molly Katz）女史は、ユダヤ人は、法的な罪でなければ、すべてのウソやオーバーな発言は許されると思っているかのようだ。

　Yes, I've murdered my parents. But you see, I'm an orphan. Is it a crime to kill someone for survival?（ええ、私は両親を殺しました。でも、私は孤児です。生き延びるために人を殺すことは犯罪ですか？）

　この種のジョークはフツパ（hutzpa）と呼ばれ、笑いで許されるが、非ユダヤ人（ゴイム）が使えば、ちとやばいかも。

uso-wo-miyaburu
ウソを見破る　spot a lie

　誰でもウソはつく。(Everyone lies.) 問題は、人を傷つけるウソの深刻さである。ウソを見抜く方法とはそのことだ。悪質なウソつきを見破る（spot a dirty liar?）方法はあるだろうか。逃してはならない悪質なウソつきを見破るなら、spotよりcatchがいい。Can you catch a liar? となる。

　悪質なウソつきは、ウソがばれまいと用心深く、ずる賢くなる。Catch me if you can. という遊び心がどこかにある。もっと悪質なウソつきは、自分がウソをついているという自覚のないpathdogical liars（平気でウソをつく人）だ。"善意"（人のため）を口癖にするウソつきは、最も厄介だ。反省がないから、世間に迷惑をかけ続ける。

utsu
ウツ　(D-words) depression

　鬱（ウツ）の診断は難しい。落ち込んでいるmelancholicな人（a person down in the dumps）がすべて精神病と決めつけることは危険である。ひきこもりはウツなのだろうか。夫婦間でもケンカが絶えなくなることが多い。

　世の中には、セールスに向かない人間も多い。失敗が続くと、ウ

うつ

ツから、通常のうつ病（major depression）、obsessive-compulsive disorder（強迫性障害。後述するダダモ博士によると、血液型Ａタイプがかかりやすいという）や、bipolar disorder（双極性障害、以前はmaniac depressive illness《躁鬱病》といわれた）から、schizophrenia（統合失調症）と深刻な症状に発展する。

　The Economist（June 30, 2018）は、どこから精神疾患が始まるか、と示唆に満ちた記事を載せた。こじれると、アルツハイマー病（Alzheimer's disease）やパーキンソン病（Parkinson's disease）に始まり、癲癇（epilepsy）、発作（strokes）、偏頭痛（migraines）にまで発展するという。

　今、日射病（sunstroke）から逃げ、汗だくになってこの原稿を書いている。熱中症（heat stroke）で狂いそうになる。正常人でも、環境の変化により変態（metamorphosis）し続けるのだ。病的に異常か正常かの定義がますます捉えがたく（slippery）なっていく。

　周囲の英語依存症者（English addicts）を見ていると、英語がペラペラであることだけが自慢という、誇大妄想狂（megalomaniac）タイプがいる。ビョーキではと思うことがある。英語だけでコミュニケーションができない、と落ち込んでいる間は、救いがあるが、いつまでもhigh spiritsの人は、abnormalである。

　結論を言おう。落ち込む症状はすべてD-wordsなのだ。disorderもdiseaseの一部であろう。兵役を終えて帰国したアメリカ人には、PTSD（post-traumatic stress disorder＝心的外傷性ストレス障害）が多いが、戦争体験がない両親から生まれた多くの日本の幼児の中には、ADHD（attention-deficit hyperactivity disorder）が激増している。

　正常であれ、異常であれ、disorderというD語から逃げることはできない。英語という科目は、a depressing subject that gives you bipolar disorderと忠告しておこう。ソウ（maniac）になったり、ウツ（depressive）になったりする繰り返しだからだ。英語で悩んだことがない人は、重病患者だ。

ukkari-shitsugen
（うっかり）失言　Oops!

　ウーップス。口からの失言はa slip of the tongue (*c.f.* He made another slip of the tongue.)とか、a gaffe（faux pas）のこと。大使の問題発言（politically incorrect remarks）も、失言の類だ。日常会話で口をすべらせると、Oops. I put a foot in my mouth.（オッと、口がすべってしまった。）

　失言癖は、foot-in-mouth disease。こんな人が、また失言をやると、周囲はThere he goes again.（またいつもの失言だ）と言う。このウーップスは、げっぷ（belching, burping）のように、ノドの奥から出るもので、押えが利かない。

umi-no-kurushimi
産みの苦しみ　growing pains

　よく見出しにも登場するgrowing painsとは、青年期の情緒的不安定のことだ。成長期に生じる手足の神経痛のことだから、縮めて成長痛となる。そのまま英訳するとgrowing pains。どんな組織を立ち上げるにも「産みの苦しみ」が伴うものだ。約30年前のICEEも頭初は、英語道検定試験（道検）と大上段に構えて、何度も頭を打った。そして、ICEEに継ぐ、英語道と究論道（hexagonal debate）の普及のための実行部隊「狼の森」（Forest of English Wolves）も、growing painsを蒙っている。

> **コーヒー・ブレイク**
> ### 膿を出すが、いつの間にかdrain the swamp
> 「膿」の訳との闘いは、40年前から続いている。もう「因縁の対決」といってよい。前著、『難訳・和英「語感」辞典』の出版記念会（於：八重洲ブックセンター）で、私が「和英辞典の裏話」というテーマで話をしていたときも、やはり、「膿を出す」という言葉が飛び出した。得意なテーマなのだ。恍惚状態で語っていた時、一人の女性から手が挙がった。「ウミとは何ですか？」
>
> 瞬間、私は言葉を失ってしまった。女子高校生の質問であったから、無呼吸状態になった。That stopped my heart.「辞書では、clean up the mess. を使いましたが、他にもいろいろ訳が考えら

れますね」と、その場を糊塗した（managed the situation）が、内心忸怩たる思い（felt a little embarrassed）であった。

あのモンゴル出身の横綱白鵬でさえ、土俵上で、観客に向かって「日本の相撲協会の膿を私が出す」と言ったぐらいで、誰でも知っている日本語だと思っていたが、女子高校生には通じなかった。不覚！この難訳シリーズでも世代差や年齢差を考えないと、と発想転換（shifting my mental gears）を始めた。

たしかに、40年前に採用したlance the boilはめったに使われない。無理やりに「膿」（boilは、はれもの、おでき）を直訳するのではなく、欧米人はどう表現するのだろうかと"超訳"に転じた。手元にある*TIME*（Apr.8, 2018）は、scab（かさぶた）を巧みに使っていた。

キング牧師（Martin Luther King, Jr.）の暗殺後も、人種偏見という膿はたまり続けている。人種的憎悪による犯罪も増えつつある。まさに、かさぶた。これを破ったのが、ドナルド・トランプだという。証拠を示そう。Donald Trump has ripped off the scab of the nation's racial politics, ...（p21）さすがに*TIME*の英語。

しかし、外国人特派員協会の英語はもっと冴えている。映画『サムライと愚か者――オリンパス事件の全貌』のプレヴューを知らせるニューズレターであるだけに、気合が入っている。

Watching it all unfold, as "Samurai and Idiots" forensically peels back layers of the onion to reveal more rot within.（『サムライと愚か者』が腐った部分をこれでもか、これでもか、とたまねぎの内皮をはぐように、暴き続ける。）

まさに快挙。外人投資家による訴訟で、利益隠匿が明るみに出た、2015年の東芝事件も、カルロス・ゴーン（Carlos Ghosn）に振り回された日産も、日本の企業体質から生じた膿は出ずじまいだ。なんとかならんか。D.トランプ好みの口語英語を使えば、こうなる。The swamp needs to be drained. 外来魚に乗っとられた日本の古池の底を抜く必要がある。

いつの間にか、膿がswampに変わってしまった。キリスト教信者にとり、日本の精神風土は、沼のままだ。

uragiru-nayo
裏切るなよ。　　Don't double-cross (turn on) me.

通常は、「私を裏切らないでね」という場合、Don't let me down. かDon't fail me. でよい。「あちらにもいい顔をして、こちらの私を裏切ったりしないでね」はDon't double-cross me.

Don't cross me.（私を怒らせないで）もひどいが、crossがダブルになるから人間性までが疑われることになる。crossのシンボルは、十字架であり、両義性をもつパワフルな英語だ。Xはプラス（cross one's self）にもマイナス（Don't cross my name off the list.）にもなる。本当だ。神に誓って申し上げる。"I'll cross my heart." だから、主よ、私を裏切らないでください。So, don't turn on me, my Lord.

この「難訳辞典」編纂は、まさに「行」、その覚悟はできている。"I've taken up the cross." 十字架（cross）は、試練（trial）、受難をシンボライズするものだから、中途半端な気持では十字を切るべきではない。私を裏切らないでほしい。Don't turn on me.（turn on ~ が自然に口から出るように、舌に覚えさせよう。きっと映画の英語がもっとよく聞きとれるだろう。）私の真意を疑うなら、私を反対尋問してください。Cross-examine me.

前にも触れたが、東京裁判でcross-examinationが許されていたら、パール判事の意見が通り、日本に無罪判決が下ったに違いない…日本はクロス（エグザミネーション）が許されないblind justiceのままの国だ。国会での予算審議にはディベートが許されず、野党からの一方的な糾弾に終始する。日本の国会は、一方的に裁く白州裁き（Kangaroo court＝リンチに近い）よりひどい。お互いに反対尋問が許されて、初めて、民主主義国家なんだと胸が張れるのに。

uwaki-wa-yurushi-masen
浮気は許しません。　　I trust you.

男女間のややこしい問題はビジネス関係でも通じる。握手し合った仲間が、同じ条件で他社と話を進めていたとしよう。情報はツツ抜け。「他社と取引するなよ」とは、「浮気をするなよ」（Don't have an affair.）と同じ意味だ。そこまでdouble dealing（二重取

引)が進んでいなくても、他社にもれた事を知った場合は？ I feel short-charged. 釣銭をごまかされたような感覚になるもの。I will not allow you to have an affair. という関係は、すでに信頼関係が揺らいでいる証拠だ。

　お互いが疑心暗鬼を抱かないような関係を保つには――これはあるアメリカの夫人から聞いた言葉だが――黙って、相手（夫）の眼をにらんで、I trust you. と言うに限る、という。ビジネスパーソンもよく使う。プロのビジネスパーソンなら、もう一言加える。Trust me. と。

uwasa-wo-shinjicha-ikenai
噂を信じちゃいけない。 Don't believe everything you hear.

　よく耳にする英語だから、とっさのときに口から出るように、数回音読してほしい。
「松本と申します」「あの英語道で有名な…」「人の噂を信じないでください」（どうせ悪い噂も耳に入っていることでしょうから。）
　こんなときに、丸暗記した文章が役に立つ。
"Don't believe everything you hear (about me.)"
ちょっと練習。
　Word is around you lost your wife.（奥さんに逃げられたって噂ですが…) Don't believe what they say about me.

uwabe-dake
うわべだけ　hollow

　幕末の江戸を一言で表現すると、武家支配の空洞化（hollowization of military class）となろうか。「武士に二言はない」（Samurai's words are the bond.）といっても、うわべだけ（that sounds hollow）になった。米より貨幣を重んじる「貴金賤穀」（Respect money, contempt grain.）が進み、武士の義気がすたれてくると、市井の空気が怨嗟に変わっていく。やばい（bad）。

　なんとかせねばと、農業振興や幕藩体制の強化にやっきとなって、ドロナワ式に生まれたのが、松平定信の改革であったはずだ。勇ましい掛け声の倹約、綱紀粛正がデフレを生み、田沼系官僚の悪政を立て直すための寛政「改革」も失速。今の日銀のデフレ改革のようなものだ。経済評論家がインフレを待ちこがれるところまでき

た。

　歴史は繰り返すのか。「田や沼や汚れた御世(みよ)を改めて清く澄ませ白川の水」という狂歌も、こんなふうに逆流する。Sadanobu's promise proved "hollow" too.「白川の清きに魚も住みかねて元の濁りの田沼恋しき」と。今のアベノミクスの評価も、二転三転する。Every promise made by any lawmaker sounds hollow these days. 日本の経済政策に関する限り、当時（those days）も今（these days）も同じくhollowに思えてならない。

un-don-kon
運鈍根(うんどんこん)　The harder I work, the luckier I get.

　成功するためには、幸運に巡り会うこと（運）、根気のよいこと（根）、粘り強いこと（鈍）の3つが必要だ、というたとえ。運鈍根でもいい。要するに大切なのは、3の音楽があるかどうか。そうだ、音楽だ。

　映画プロデューサーのサミュエル・ゴールドウィン（Samuel Goldwyn）が残した次の言葉は、きわめてmusicalだ。"The harder I wonder, the luckier I get."（うまくいかないのではと思うときほど、私にはツキが回ってくる。）

　音楽家のジョン・パウエル（John Powell）は、これを本能に結びつける。"The harder I work, the more talented I get."（熱心に働くほど、私はより有能になる。）私も、こうつぶやきたくなる。「努力すれば、英語にも音楽が生まれる。」（The harder I work, the more musical my English gets.）

　なぜ、私がそう思うのか。musicalになれば、「のり」（on a roll）が生じ、疲れなくなる。今、深夜1時半。夕食は8時半にすませる。たらふく食べ、飲んだらすぐに寝る。4時間ぐらい熟睡する。創造的な夢を見ることもある。ペンを走らせていることもある。冷水を飲んだから、頭は冴えている。

　松本家には音楽家はいない。The Matsumoto family isn't musical. しかし、根気よく、英語道を歩み続けるには音楽がいる。英語ができる教え子には共通点がある。音楽用語でtimber（素質）というが、必ずmusicがある。私の中高時代の英語には、音楽がなかった。これをamusic（tone-deaf＝音痴）という。amusicは辞書には

ない——amusiaはある——が、音楽家のJohn Powellが使っている。たとえ辞書になくても音楽があれば使える。

asexualのaは、否定だ。無性（性別、性器のない）、セックスに無関心、無性生殖、今の日本の若者は、asexual friendshipを好むan asexual generationという傾向にあるようだ——変態以外は。asexualな人は、amusical（エイミュージカル）ではないかと思う。

 コーヒー・ブレイク
AI社会はeffectiveになりうるか

The Economist（March 31, 2018）誌のAI大特集（p10）を読んで、身の凍る思いがした。AI進化は、企業の効果を上げている。よりスピーディーになり、より賢くなり、より身軽になっていく。しかも、人間に感情移入でき、人材の発掘、採用、解雇までAIが管理するようになると、ビジネス人間はすべてAIの管理下に置かれるようになるのでは、と思う。

AIの監視カメラにかかると、人間がスケスケに見えるようになるという。"We can see through you."この見出しが不気味だ。職場がもっとefficient（効率的）、safer（より安全）、creepier（より不気味）になるという。creepierは、「もっとキモくなる」と訳してもいい。データに管理（data-driven）されると、ビジネスの人間側面までも監視されてしまう。カメラに写っているぞ、スマイルだ。(Smile, you're on camera.) たしかに、仏頂面の社員は、データに入り実績に響くから、人事評価はマイナスになる。

過労死（death by overwork）の恐れも、happiness meterを設置すれば未然に防げると、日立幹部は語る。日本企業らしく、effectiveness（効果性）を意識している。この大特集では、efficiency（効率性）という言葉が5、6回も使われているのに、全体的効果に触れられていない。

efficientとは、「時間やモノのムダを省く」という欧米型の経済コンセプトだ。ところが、effectiveには、時間のムダという概念はない。時間をかけても、効果（effect）がよければよい、という意味だから、これこそ日本的経営の要諦であった。

コーヒー・ブレイクだから、もっとわかりやすくイメージ感覚

を使って語ってみよう。

　efficientとは、個とチームワークを大切にするハチの経営で、effectiveとは、組織の結束を重視するアリの経営感覚だ。アリ（蟻）は義の虫で、義理人情を善しとする。「情理」が働く。

　合理化（streamlining）はハチ経営だが、有効なムダなら許すというアリの感覚には馴染まない。あくまでbottom up型の湿った組織だ。みんなが丸く収まればいいというvirtuous circleの社会だ。しかし空中にぶら下がっているハチ型の経営は、効率の悪い社員は容赦なくレイオフする乾いた職場だ。日本のアリ組織もいつの間にか、リストラ（downsizing）の波に乗って、ハチ化、またはハチアリ化し始めている。忖度ができなくなってきた。ウェットがドライになると、トップダウンの指揮系統が余儀なくされる。

　この延長がジョージ・オーウェル（George Orwell）の監視社会であり、そのうちにすべての日本人のprivacyが奪われてしまう。それに手を貸すのがAIとなれば、AIそのものはヤヌス的（two-faced）になる。ヤヌス（Janusとはローマの神で、初めと終わりの両側面を持つという）が、支配する社会になる。もっとキモい（creepier）社会になるという可能性もある。どうなる。さぁー。That's debatable.

依怙贔屓をする　play favorites
eko-hi'iki-wo-suru

　どの社会にも、依怙贔屓をする人はいるものだ。差別がある間、必ずエコひいきは現象として存在する。

　My father continues to play favorites even from the grave.（父は墓場からでも、依怙贔屓を続けている。）

　墓場からでも、まだ差別している（He's being partial.）ということだ。

「ママ～、聞いて～」と目を腫らしてくる踊り子に対し、後述するbig woman（斎藤智恵子）は、こう答える。「おまえよりいい女ができたんだから、しょうがないじゃないか。ママだって一人でやってきたんだ。しばらくママの真似をしてごらん。いっぱい働いてい

っぱい稼ぐんだ。稼いでから恋したって遅くはないんだから。」

こんなセリフは一度言ってみたい。私の弟子でできるやつらは女傑ばかりだから、一度はガツンと言ってやりたい――松本軍団のボスの威信にかけて。彼女のようなチーママが私の部下にいたら、教育界を牛耳る（call the shots）ことができる。彼女と私が共通する点は、彼女の次のセリフ。「私は売れっ子もブスも、依怙贔屓は一切しませんでしたよ。」

この I've never played the favorites. というセリフはなかなか使えるものではない。

e-ni-naru-eigo
絵になる英語　　visual English

芸術は目も耳も同時にとらえる。視覚に訴える美的な英語は、聴覚的にも優れているはずだ。ビジネスに必要な企画書は、絵になる（visual）ばかりでなく、耳にも（audial）快く響く（euphonic）ものでなくてはならない。しかも timber がしっかり建てられていなければならない。ディベーターが用いる立論（constructive speech）のように、快音調の建築物でなくてはならない。

architecture は frozen music（凍れる音楽）だ。music は flowing architecture というではないか。固定と流動は構成に関しては同位体だ。たしかに、音楽は pattern recognition（パターン認識）そのものだ。音楽には予知能力が備わっており、先が読めるように工夫されている。

「君の考えは見えないよ」という苦言は、「その企画は耳に快く響かないよ」と同義だと考えてよい。It looks good. と It sounds good. を融和させれば、It feels good. となる。そんな英語を求めてみないか。説得力のある英語には艶がある。

en-ni-mihana-sareru
縁に見放される。　　It's just bad luck.

人との縁を大切にする人は、別れるときも「縁がなかったのね」と言う。その場の気まずさを隠すために、再会に一縷の望みを託すときは、「もし縁があったら」という。この「縁」が英訳できない。欧米人は、good luck と bad luck に二分する。サギ師に騙されても、クヨクヨしないという態度を見せる必要がある。そんな時に堂々と

見栄を張るための英語がある。

　Yes. I've fallen for that. But I've already written it（less）as a matter of bad luck. 縁がなかったのさ、とその過失を消却したという高尚な表現だ。もっと簡単に、It's just bad luck. と言える。I've run out of luck. （運が尽きた）というより、さらに健康的だ。Lady Luck won't give up on me. （幸運の女神は決して私を見捨てないだろう。）日本語の縁とは、人と神の「間」にあるので、責任はどちらにもある。

　「縁があったら、またお会いしましょう」という場合、会いたいのか、会いたくないのか、という本心は隠されたままだ。この「縁」を、英語でどう言うか、どんなビジネス交渉で用いられるか、なぜ、「縁」カードが有効か？　こういう質問が、英語で英検一級の二次試験の面接時にネイティヴ受検者に出題できれば、英検も、バイカルチャル検定試験として、再開花するだろう。

　英検と、道検（ICEE）のコラボが実現すれば、いずれ夢は開く。それも「縁」があれば、の話だ。If we're lucky. やはり、口からポンと出るのはluckか。「縁がなかったのね」と言われると、「その通り」と頭を垂れる時もYes, tough luck. となる。縁、運命の神に見放されたまま、ならI've been out of luck. と現在完了形を用いてみよう。

en-no-shita-no-chikara-mochi
縁の下の力持ち　　unsung heroes

　公の場で、讃美（sung）されることのない兵士はunsungのままだ。浮かばれない人たちだが、裏では、thankless jobを果した英雄として崇められる。こういう人には、unで始まる形容詞が花束のように墓前に飾られることが多い。unsung, unrewarded, unappreciated heroesと。名が知られたとしても、underappreciated（まだ評価不足の）heroesという讃辞が述べられる。

enma-ni-shita-wo-nukareru-zo
閻魔に舌を抜かれるぞ。　　You'll burn in hell.

　日本語の決まり文句は、英語の決まり文句に超訳してみたいもの。直訳は通じない。Enma will pluck out your tongue if you tell a lie. が『新和英大辞典』の例文にあった。You'd burn in hell, if you lied to me.の方が自然だろう。天国も地獄も、よく耳にする英語だ。灼熱地獄よりもっと残酷なのは、腐敗し、うじ虫がわくまで地獄の一丁目で放置されることだろう。

You'll rot in hell.というネイティヴ英語を耳にしたときは、身震いがした。そんなことが起こらないように、約束を守れよ、という場合なら、I trust you.だけで十分。「わたしを裏切ったら、あなたの眼玉をくり抜いてやる」(If you cheated on me, I'd gouge your eyes out.)などと、文法に忠実に訳する必要はない。

enman-kaiketsu
円満解決　civilized compromise

「円満」はあてにならない。会社を辞める人の気持は複雑(complicated)なはずだ。しかし、挨拶状には、円満退社(happy leaving)と書くならわしとなっている。happyだろうか。お互いに別れるときは「不満だった」という表示だけは避けたい、という配慮があったはずだ。それならcivilizedを選ぶ。

プーチン夫妻が離婚したとき、妻がロシア語で語った。英語はIt was a civilized divorce.であった。うまい訳だと思った。

oitsume-rareru
追いつめられる　on the ropes

痛いところを突っ込まれると、誰でも追いつめられ、たじたじするものだが、ノックダウン寸前にまで追い込まれることがある。最近まで「剣が峰に立たされる」という相撲用語が使われていた。超訳すれば、He's on the ropes.となる。

YouTubeの見出しでは、こんなふうに使われる。"The Clinton-Bush Criminal Deep State is on the ropes"(クリントンとブッシュの闇の犯罪組織は、崖っぷち。)

oumono-no-tsuyosa
追う者の強さ　second-mover advantage

The Economist（July 21, 2018）の、この見出しが気に入った。六角形の頭を持つ、昆虫のようなウイルスの姿がなんとも不気味だ。バクテリアを襲うウイルスは 最初は宿主と仲良く、仲間を繁殖させた挙げ句は宿主のバクテリアをbacteriophage（殺菌ウイルス）が皆殺しにするという、おぞましい(horrific)戦略だ。

私がニュースキャスターを務めるNONES CHANNEL（ノーネスチャンネル）のインターネット番組Global Insideで、God created everything, except viruses.と英語で言い切った。the Creatorを盲信するクリスチャンなら反論するだろう。しかし私は、いや、Viruses are non-living, almost. And they curse God.と再反論する。続きは牧師たちとディベートをしてもいい。人間を天敵とするウイルス集団は狼のように集団で行動をする。Viruses hunt in packs like wolves.私が尊敬する清水次郎長（a pack leader）は、まさに狼群団（wolf pack）の首領だった。

　話を戻し、見出しの英語であるsecond-mover advantageという経営用語に注目しよう。パナソニック（松下電器）の戦略は、マネシタと揶揄されるぐらい、先発隊のソニーの動きを学んでいた。そして追い越した。私もfirst mover advantageは必ずsecond moverに追い越されるという、ジンクスに悩まされ続けたものだ。

　ディベート教育は、後発軍団に追い越され、苦境に立たされたが、開発を重ね、今や、世界初のhexagonal debateを開発し独走を続けている。パイオニアのfirst-mover advantageもバカにしてはならない。いや、追い越されたくやしさで、後述する「六角ロジック」が開発できたのだから、やはり「追う者の強み」だともいえる。

　I played the leader. The followers caught up on me. They got me. I'm playing the follower to get even. I'm getting there.（私が先頭を走った。追随者たちが追いついた。追い越された。彼らに並ぶため追走している。間もなくたどり着く。）

　追われる側が、追う側に回ったら強くなる。ビジネス界のマーケット戦略も、しょせん、このようにたわいもない（childish）ものだ。

 コーヒー・ブレイク

Viruses are too small to fail.

　ウイルスの言葉が出てくると、脱線したくなる。ウイルスは、バクテリアより①小さい、②抜け目ない、③自己完結だから強い。あまりにもtoo small, too shrewd, too self-sufficientなのだ。

> だからtoo small to fail.
> 　一つずつ説明しよう。
> 1. バクテリアは、明るく、大義名分を掲げて（わが社は社会のためetc.）増殖する。多くの日本企業は、このように社会正義をふりかざす。しかし、ウイルスは、それらを冷笑する。「ゴタクを並べるんじゃないよ」（Bullshit them.）と。too small to failの知恵を活かすメディアは、このようにしてウイルス化（go viral）する。
> 2. ウイルスにとり、バクテリアの弱さはミエミエ。スパイとして潜り込みやすい。自己を守るために、宿主（host）に、抜け目なく、とり入ることができる。
> 3. ウイルスは、半分無機体（つまり、死に体＝virtually dead）だから、有機体であるバクテリアのように死なない。我々パラサイト（parasites）は、宿主（hosts）なしには生きていけない、と謙虚だから強い。too modest to failだ。だから、よそのメシを食いながら、自分たちだけのidentityを失わず、ちゃっかりと増殖していく。ウイルスを拡大鏡で見れば、蚊のような姿をしており、六角形になっている。このヘクサゴナルが自然の姿なのだ。強いはずだ。

ooh-hanyuh-ga-mata
おおー、羽生がまた！　Wow! Hanyu did it again!

　Hanyu moved（wowed）people in Japan.（羽生は日本国民を感動させた。）このmoveは、ムーヴとU音が強く響く。

　Hanyu got the People's Honor Award. Wow!（羽生が国民栄誉賞を受賞。おったまげた。）
「おったまげた」というのがWow! オォーは、英語ではウワウに近くなる。感情を抑えきれなくなって、発声された感嘆詞だ。ウーゥと唸ってもよい。

　He was oohed. もし裏目に出たらブーイング。He was booed. ウーもブーも、どちらも母音のウ音が響くので力強い。そもそも羽生結弦という名にU音が多い。Hanyū Yuzuru、4つのウに守られている。いくら叩かれても、ニューッと出てくる力強さがある。

淡路島の弓弦羽(ゆづるは)神社の宮司がこっそり私に教えてくれた。ある霧の日に、羽生選手が境内にニュウッと現われて、フィギュア・スケーターのように踊り始めたかと思うと、あの森の中へ、スゥーッと姿を消されました、と。この幽玄の舞を目撃した宮司は、「この神懸った男、きっと金メダルを獲る」と予言されていた。彼には、"華"がある。

この"華"を英訳するなら"wow" factorという。ウワウだから、左右のU音に憑依されている。ウという、前著でも述べた縄文音（natural sound）には、霊が宿っている。空龍（Kuryu）の異名を持つ私が言うのだから間違いない。音霊（sound spirit）をばかにしてはいけない。

人が産まれるときも「ウ」、息を引き取るときも「ウ」。「ウ」は人工的でなく、天然の響きなのだ。

o'oki'i-koto-wa-i'ikoto-da
大きいことはいいことだ。　Size matters.

It pays to be big. と同じ意味。短くてパンチが効く——しかも品位が高い——のは、Size matters. モノ（matter）が大切という意味で、ネイティヴは、Matter matters. という言葉遊びが好き。決まり文句は、Mind over matter.

武道は、体力より知力というから、小兵(こひょう)であった私の生き様でもある。体重無差別の頃の柔道参段だから、近所では無敵であった。「武道はアタマ」（Mind matters.）を今でも信じている——そしてスピード。この両者が揃わないと、変化球に強い知力と体力が試される、この「難訳辞典」に挑(いど)めない。今も超多忙の私は、時間をやりくりして、ペンを走らせている。

 コーヒー・ブレイク
大阪弁とイディッシュは滅びるか

Yiddish（イディッシュ）とは、ヘブライ語とドイツ語の混血語といわれている。ユダヤ人の中には、ストレートにJewish語だという人もいる。Jackie Masonというコメディアンもその1人だ。"ジャッキー・メイソン"という名前を初めて聞いたのは、私がテレビ朝日の深夜番組の「CNN Day Watch」でニュースキャ

おおきい

スターとしてデビューしたときのことだ。

　ディレクターから、私が格別意識していたラリー・キング（Larry King）に衛星インタビューをするかとのオファーで舞い上がったことははっきり覚えている。CNNオフィス（アトランタ）へ「マツモトという人物は、元NHKのインタビューアーで……」とPRしてくれたが、相手の窓口は「NHK？ 知らん。マツモトの英語は上手いか、下手かなんかではなく、impeccable（非の打ち所がないもの）かだけを知りたい。その男の英語を試す、不意打ちのインタビューをしたい」と言ってきた。

　指定した時間は、深夜であった。構えた。世界に出るチャンス（big break）だと待ち構えたが、その心配はなかった。

　当日、90分のぶっつけ本番では、私もラリー・キングの真似をして、サスペンダーをつけて、登場した。私のインタビューも相手の意表を突くものだ。What does it take to get on the show like yours, hutzpa or matzo?（あんたのようなショウに出るには、何が必要なのか。ド根性か、マッツォか。）そのとき世界一のインタビューアーと称せられたCNNのラリー・キングは、ニッコリ笑って、「ミッチー、その言葉は美しいユダヤ語だ。私はユダヤ人だ」と答えを返し、それから二人の呼吸が合った。

　氏の答は「フツパだ。Jackie Masonというコメディアンを知っているか、彼の成功はフツパだ。イディッシュを使いまくって、出世したんだ」であった。それから、オフ・ブロードウェイでJackie Masonショウを観た。イディッシュ語ばかりでウンザリする。

　東京で大阪弁を絶対変えない人間に会ったら、東京人はつきあいにくいだろうな、とふと考えた。Jackie Masonの本も買って、読んだ。ユダヤ研究をするには、彼らの言葉まで分析するに限る。案の定、のめり込んだ。

　Yiddish is definitely a dying language.（p3）ユダヤ人も三世代になると、もう使わなくなるから、イディッシュはガラパゴス言語になるという。ん？　では大阪弁も？ 純粋な名古屋弁はalmost dead。

　名古屋弁で売り出している政治家の河村市長も、私の調査によ

> ると、「あれは名古屋弁じゃにゃー。調子こいとる」となる。どうやら、純粋な大阪弁は、「死に体」（virtually dead）というところか。大阪弁は死にまへんで〜。

ohbune-ni-notta-kimochi-ni-natte-kudasai
大船に乗った気持になってください。　Lean on me. / Trust me. I'm honest.

　big boatは省いてみよう。Depend on me.では弱すぎる。「依存」とはどちらかを弱い立場に置くことになるから、説得力はない。大人同士の会話では、Trust me.か、Count on me.だろう。資金援助などを当てにするときなど、Count on me.は打ってつけの表現だ。

　当てにする、とは計算も含まれているから、外交用語としても使われる。アフリカ諸国は、中国に経済援助が期待できるだろうか。(Can African nations count on China for economic assistance?) しかし、中国は大船ではない。外交はそんな甘やさしいものではない。

　野村元監督は、女房の大船に乗った気持でいた。(Nomura counted on his wife's broad shoulders to lean on.) そう、lean on someone（誰かにもたれかかる）が一番のお勧めだ。onには、よっかかる相手がいる。「自分自身によっかかれ」（自力本願）は、Lean in。onから、inに変わるだけで、これだけ意味が違ってくる。

　かつて企業訓練会社（MDI）の社長をしていた頃、バイリンガル・ビジネス交渉のトレーナーとしては、競合相手の追随を許さなかった。それが、人材倒産で会社を閉めざるをえない窮地にまで追い込まれた。しかし、意地として、やり残した某官庁のディベート訓練だけは続けたかった。「今後は、人任せでなく、私が陣頭に立ってやります。どうか大船に乗った気持で…」と胸を張って言ったところ、相手に「大船がドロ舟になりましたな」とイヤミを言われ、腐ったことがある。

　民間よりお上は態度がでかい。pompous assめ、と心の中は煮えくりかえっていた。この役人が言ったのは、I believe you. But we can't trust you. ということだった。trustされなかったら、ビジネス界では食べていけない。trustableな人とは、裏表のない人のこと

だ。だから、"The Art of Deal"の著者のドナルド・トランプ（Donald Trump）は、I'm honest.をしょっちゅう口にする。ちょっと物真似しよう。Trust me. I can afford it. Have I lied to you?（大船に乗った気持になってください。私にはできる。諸君に私が嘘をついたことがありますか？）

ohmohke-ga-dekiru

大儲けができる。 It's big business.

bigの前に、冠詞のaはいらない。口唇（こうしん）に覚えさせよう。

"Internet is big business, isn't it?"（インターネットはビジネスになる。大阪弁では、ごっついでぇ。）

"So is crime."（犯罪もカネになる。）

"Hacking pays. It' also big business."（ハッキングも、儲かる。これがビッグ・ビジネス。）

"After all, Internet business is a shame. I mean it's monkey business."（やっぱり、インターネットビジネスも一種の詐欺行為、つまりちんけな商売ってことよ。）

okage-sama-de

おかげさまで。 Happier than I deserve.

「おかげさま」は、英訳できない。Thank God.と神に感謝するわけでなく、世間に対して、発せられた言葉だから、そこには、自分を滅する日本的心情がある。ネイティヴは使わない。しかし、近い言葉はないか、とハントし続けてきた。こんな言葉があった。Good morning; Anastasia. How are you feeling? "Better than I deserve," I mumble.（"Fifty Shades of Grey", p66）

このbetter than I deserveは、「もったいないくらい調子がいい」ということだが、これを「ありがたい」とか「おかげさまで」に置き換えることはできないのか、と考え、こんな英訳を考案した。Happier than I deserve.（ま、いいか）はよく耳にするが、deserveを使った方がより国際的に通じる。

okane-ga-subete

お金がすべて。 (It's) Money, money, money.

英語は音楽ではない。しかし、音楽的である。そして、音楽的であればあるほど英語は美しく響く。その心はrepetition（繰り返し）

にある。政治家は小説家ではない。スピーチも愚民にわかるようなrepetitiveなものにする。Jobs, jobs, jobs. と。「雇用を重視する」というよりも、選挙民にはより快く響く。

アバ（AБBA）の歌にある、Money, money, money. It's a rich man's world. は絵になる。Needless to repeat, we value money. では、精彩を欠く。needlesslyは、音楽の世界ではneedlessなのだ。

The Economist（May 5th-11th, 2018）の次の見出しには、音楽がある。Manet, Monet, Money. マネ、モネ、そしてマネー。耳から入る情報の相乗効果によりsurprise効果が活かされている。D. ロックフェラー（David Rockefeller）が莫大なコレクションから高価な美術作品（セザンヌやピカソ）をセリにかけて売り出すというビッグ・ニュースだ。エドゥアール・マネ（Eduard Manet）やクロード・モネ（Claude Monet）は本文にはないが、マネーの語呂合わせの巧さに、音楽を感じた。

ogyohgi-yoku-furumai-nasai
お行儀よく振舞いなさい。　　Behave.

Behave. 一語でよい。properlyはいらない。マナーは、英語ではmannersと複数形で用いられる。映画 "The Beguiled"（邦題『ビガイルド 欲望のめざめ』）で、修道士の長が、格調の高い英語でStop giggling manners. と命令する。クスクス笑う（日本の女性が仲間同士で笑い合うのもgiggling）のは欧米のマナーに反するとされている。

男が女性にちょっかいをかけようものなら、相手からBehave! と注意される。英語は短い方が、パンチが効く。

okuba-ni-mono-ga-hasamatta-i'ikata-wa-yamero
奥歯にものが挟まった言い方はやめろ。　　Stop playing the (word) games.

奥歯にモノがはさまった話し方とは何か。40年前は、mealy-mouthedを使ったが、今でも使える。では、読者に勧められるか、となると、モゴモゴ（mealy-mouthed＝言葉を濁す）せざるを得ない。もし直訳すれば、talk as if one were concealing somethingとなり、日常では、ますます使いにくくなる。これもダメ。

私のお勧めは、play the（word）gamesだ。映画などでよく耳に

する。それに、使われる領域が広くなる。「ああ言えばこう言う」（give sb as much as one gets）場合でも使える。argumentative（前著「語感辞典」p7参照）は「口論好き」という意味。

word gamesは、「言を左右にする（equivocate）」、「三百代言（だいげん）的なことを言う（split hairs）」という意味でも、胸を張って使える。回りくどい表現としてはbeat around the bushというイディオムが勧められる。ひっくるめて、play the（word）gamesといこう。

遅れてごめんなさい。　　Sorry, I'm late.

I'm sorry to be late.は正式な謝罪で、次の〜という期待はない。相手にとり親しい人が亡くなったと知ったときなどもI'm sorry.（ご愁傷さま）しか許されない。

そのために相手に深い傷を負わせたなら、My apologies.と速やかに謝罪すべきであろう。

交通渋滞などで遅れたときなど、映画でこんな表現を耳にした。Sorry. Traffic. Won't happen again. 短かった。

「二度とこんなあやまちは繰り返しません」の主語をIかWeにすれば、原爆を投下された広島市民の英語になってしまう。（It or That）won't happen again.と主語をボカした方がよい。

起こるべくして起こった。　　What's supposed to happen happened.

直訳した方が迫力がある。「起こることになっていたこと」が「起こった」ことだ。

ちょっと格調を高めて、超訳してみよう。

I saw it coming.（私には最初から見えていた。）

と、くだけた方が日常会話でも使える。

That was a foregone conclusion.（最初からそうなることがわかっていたはずだ。）

教えてあげただけなのに。　　Don't shoot the messenger.

「人はあんたのことを〜と言っている」と言われて、ムキになる人がいる。私の意見じゃなく、そういう噂がある、と事実を述べてい

るだけなのに。

　そんな場合、Don't shoot the messenger. と言う。メッセンジャーを責めても解決にならない。もし、「これは私の意見ですが」とか、「老婆心から申し上げているんですから」（I'm just playing the devil's advocate.）と自説で臨めば、相手が本格的に怒ることがある。Don't cross me. と。

oshikari-wo-ukeru
お叱りを受ける　get a slap on the wrist

「お叱り」というふうに、「お」を加えるだけで、深刻さは薄められる。非合法談合（bid-rigging）が発覚したら罰せられる。

　しかし談合の中には、許される範囲内でのprice-fittingがある。そんなときは、これからは気をつけるように、との勧告を受けることがある。行政指導も目こぼしでなく、勧告にとどまる。これがa slap on the wrist（手首をピシャリと叩く）の実体だ。私はこれを「お叱り」と超訳する。get a slap in the faceは、「お目玉をくらう」ほどのショックに変わる。onとinの使い方にも気を配ろう。

odatete ~ saseru
おだてて〜させる　sweettalk someone into 〜 ing

「おだてる」とは「叱る」の反対概念だ。今の子供の教育は叱る（tough love）のではなく、おだてる（soft love）に変わっている。T語からS語に変わっている。He was sweettalked into becoming a sugar daddy's slut.（彼はおだてられて、あのふしだらな女のパトロンになった。）

　sugar daddyとは、パパ、おじさま。それから政治活動などに気持ちよく援助を与える人。パトロン（angel）に近い。甘言はsweettalk。これが動詞として使われる。男はこのS語に弱い。寝る前に"Sweet dream."と電話で囁かれると、独り者はうっとりする。

　ビジネスでもsugarcoated languageがよく使われる。言葉に糖衣をかぶせる、とはよく言ったものだ。女は媚びるのがうまい。Nothing personal. 漢字の「媚」は、女偏になっている。Blame the Chinese character.（責任は漢字にあり。）

　「口車に乗せる」という時もsweettalkが他動詞で使われる。口を使わなかったら、他の手段で勝負するビジネスパーソンもいる。彼

女は女を使って、トップの座を得たに違いない。(She probably slept her way to the top.)

やはり、ビジネスではこんなhardな手段よりsoftな手段の方が好ましい。「ゴマスリ」や「おべっか」を使うときはsoft-pedalやsoft-soapという表現が用いられる。

ochiru-tokoro-made-ochiru
落ちるところまで落ちる。　There's nowhere to go but up.

人間というものは、落ちるところまで落ちたら（nowhere to go but up）立ち上がるものだ。こういうtough love教育は今日では期待できない。後述する"The House of NOMURA"で高く持ち上げられている明治の大御所、奥村綱雄は、プレイボーイであったとされているが、それだけにスケールのでかい人物であった。

裏街道でしか勝負のできない私の父（松本三郎）の名前を聞いて、「あなたはあの三郎の息子、すばらしい人でした」と目を大きく開かれて、私の方が驚いたことがある。多分、父と奥村氏と共通したのは、"無言の教育"（hands-off education）に関してであったはずだ。弟子たちを突き放す英語教育は明治の父から受け継いだものだ。

人間は落ちるところまで落ち（hit the bottom）たら、必ず這い上がる（bottom out）ものだ、という自然の法則がある。陰が極まれば陽になるのだ。この「難訳辞典」は、谷底から這い上がるような気持で書いている。頂上を登りつめたら、落ちるしかない。Nowhere to go but down.

マクロバイオティックの久司道夫博士がよく歌っておられた。
——イン　アンド　ヤン　陰と陽　山高けーれば　谷深し——

ossharu-tohri
おっしゃる通り。　Words out of my mouth.

映画『犬ヶ島』("Isle of Dogs")から、多くの日常英語表現が学べる。

Rex: I don't think I can stomach any more of this garbage.（こんなゴミだけでの生活はごめんだよ。）

King: Same here.（同じく。）

Duke: Words out of my mouth.（おっしゃる通り。）

The Japan Times ST（June 1, 2018）の「STシネマ倶楽部」は、翻訳家の岡山徹氏が担当されている。この「おっしゃる通り」の訳が気に入った。
「瞬間に字幕翻訳ができる人には勝てないだろう、先生！」と問いつめられると、「おっしゃる通り」と答えるしかない。その時の英語は、Guilty as charged.

べつに、映画の英語のすべてが勧められるわけではない。たとえば、Dukeの "Suicided. Hanged himself by his own leash." にひっかかった。Suicided.（自殺しちまってね）は、Killed himself. でいいのでは。commit suicide が文法的には正しい。抽象名詞を動詞的に使うのは、アメリカ英語の特徴だが、イギリス人は顔をしかめる。He was hospitalized. だって。He was in hospital. と「正しい英語を使えよ」と言うかもしれない。

なんらかの陰謀で、自殺にみせかけた他殺なら、He was "suicided."（自殺に見せかけた他殺だ）という言葉も使われる。イギリス人も、これならうなずくだろう。引用符の "〜" は書き言葉だが、話し言葉なら、quote suicided unquote と使う。

 居酒屋トーク

おつきあい　social obligation

おつきあいを一言（ひとこと）で直訳すると、social obligation となる。これではネイティヴに通じない。go along to get along（右向け右）だろう。会社が引けて、「ちょっとつきあえよ」と言われても、「女房と約束しましたので」と私情を述べることは、まずい（bad）。会社は「公」なのだ。そして家の延長だから「私」でもある。つまり会社は「すべて」なのだ。

ところが、最近のサラリーマンの発想は違っている。会社は骨を埋（う）めるところではない。出世（get ahead）する通過点となっている。今の若者にとり、社員旅行は負担になり始めている。外資系とは、そういうドライな職場環境で、今の若者に受ける。東大出の半分以上が外資系を目指すほど、日本人同士の人間関係もドライになってきた。古い時代に育ったビジネス畑の私など、あのウェットな人間関係が懐かしく思うことがある。

おっとか

> 　会社がイエなら、業界はムラだ。イエ同士が株を持ち合いすることはあたりまえだ。安定株主とは、村落内の家族だ。株の持ち合いも、もちつもたれつという相互扶助が美風であった。しかし、外国人から見ると非衛生的に映ることがある。後述するオリンパス事件のマイケル・ウッドフォード（Michael Woodford）にご登場を願おう。
> 　But to sell off a large slice of the company to a 'friendly' Japanese giant without a shareholder's vote would have been a classic Japanese cross-shareholding stick-up.（"EXPOSURE" p204）
> 　（しかし、株主の権利など無視して、会社の株を大量に「親しい（株の買い戻しなど許されない）」大企業に売却する行為は、伝統的な日本企業の「株の持ち合い」というしがらみを無視する行為だ。）
> 　stick-upは「縫い合わせ」だから、お互いの会社にほころびがないように縫合しあうという風情だ。これは欧米人が見ればcorrupt（腐敗）に映り、犯罪視されやすい。しかし、法律という近代的なルールはベタベタした関係を嫌うのだ。だから、総会屋やヤクザといった企業に巣くうダニは法律という殺虫剤で絶滅させられる運命に遭う。総会屋というバクテリアを退治したあとは、どこかの国から妥協を嫌うウイルスが侵入してきた。
> 　オリンパス事件やカルロス・ゴーン騒動、これからの日本企業にとっても、一過性の台風だ、とタカをくくることなど、決して許されない。あなたの上司、いやあなた自身のクビがいつ飛ぶかもしれないのだ。

otto-kara-me-wo-hanasanai-de

夫から目を離さないで。　　Watch my husband.

　夫の浮気が気になる女房の言葉。彼女は常に甘えさせてくれる男を求めている。どんな男？ A kind of guy, watching over me from afar.

　overがつくだけで、「見守ってくれる」という、いい意味になる。
　夫を犯罪者扱い（putting her husband on the watch list）にする女房なら、ネコの方がいい。おつきあいとは、右向け右（go along

to get along）ことなのだ。
otsuri-wo-kudasi

お釣りをください。　　Give me change for this.

　大阪弁に変えると、気がラクになる。アメリカのコンビニで100ドル紙幣を崩してもらうときに、Could I get some change?という代りに、大阪弁で大声で（いや、大阪弁を使うと大声になる）「こまかいのん、おまへんねん」と怒鳴った。

　キャシャー（cashier）の中年女性も大声でオーケーと、笑顔で応対してくれた。100ドル出して、大声。changeの前にsomeを入れるかどうかなどで煩う必要はない。

　吉本興業の英会話マニュアルの1ページ目の英語例文はGive me a receipt.（レシートください）であった。This is a pen.なら英語の勉強も暗くなるが、ギミーれぇシー（ト）といえば、明るくなる。

　日本語でも言える。「レシートほしい、と言うてまんねん」。どの国でも通じる。しかし、This is a receipt.はやめて、Here's your receipt.ぐらいは覚えておこう。

 コーヒー・ブレイク
男と女の交渉英語はgiveとget

　近くの吉野屋で朝食に鮭定食を選んだ。ところが鮭の味がいつもと違う――べつに気にしなかったが、「あのう、これ鮭ですか」と、パートらしき女店員に聞いた。その時、彼女の返答が、「これ高いんですから」であった。怒りが込められていた。

　なぜそんなに感情的になったのか。これは女性の防御本能からきている。スーザン・フォーワード博士（Dr. Susan Forward）は、自著のバンタム社による"Emotional Blackmail"（邦題『ブラックメール――他人に心をあやつられない方法』NHK出版）の中でこう述べている。

　Emotional blackmail becomes their defense against feeling hurt and afraid. (p11)（感情的脅しは、傷ついたり、恐れを感じたりすることに対する防御になる。）つまり、「これがシャケですか」という私の質問が、「シャケがこんな安い魚にとり替えられたのか」というお叱りだと、とらえられたのだ。女性の攻撃は、

恐怖からの防御からくるものと知って、少し女心が読めるようになった。

Give women the benefit of doubt. 女性を追いつめてはならない。Push women too far, and they tough it out——emotionally blackmailing you.

スーザン・フォーワードは、女性の柔軟性には戦略があると述べる。その英語が短く、詩的に無駄がない。この見事な英語の見出し。We Bend, We Give, We Take, We Bounce Back. まず女は折れる、譲る、奪う、復讐する。そして、それでは終らない。Bend（Give）your way. I give a little. Take（Get）a little. He gives a little. He gives in to you. Bounce back. Give sb as much as we get.

この、ペースを崩すな（Women get their own way.）とは女性の戦略なのだ。

otoko-no-hanamichi
男の花道　a face-saving out

「女の花道」は聞いたことがない。木馬館で『男の花道』を何度も観た。男には、女にない「顔」（履歴書）という値段がついている。リスキーなビジネスで失敗（get one's fingers burnt）し、世間の信用をなくしても、かつて華やかなりし人に、せめてもの男の花道を、という場合は、give someone a face-saving way が使われる。「花を持たせる」（give someone what she or he deserves）という場合は、女性に対しても使える。男性のprideに対して、女性にも意地（self-esteem）がある。花には変わりがない。

otoko-no-roman
男のロマン　adventure

　male romance と訳そうと思ったが、やめた。まるでゲイの世界になっちまう。やはり、無難なadventureにとどめておこう。romanceは男女の関係に限定されそうだから、loveという英語はめったに使わない。男の世界では、love（恋愛）はdirty wordであった、そんな時代に育った私は、古ーい人間でございます。

odoshi-no-gaikoh-wo-shiro
脅しの外交をしろ。　Play on fear.

　北朝鮮の金正恩の交渉術は、play on fear、playing on the fear factorのこと。日本外交は「そこをなんとか」と「情」を交渉の場に持ち込むのでplay on emotionsになる。センチメンタル（tear-jerking）外交といえよう。しかし、金正恩は、内心怯えているのだ。He's in fear. そして、その恐怖を見せないから、ポーカーゲーム外交をしている。He's playing in fear. となる。He's playing poker. （pokerの前に冠詞はいらない）

　外交にポーカー・フェイス（straight face）がよく使われるので、少しポーカー外交の手（hands）を強さの順に述べてみよう。

　1. five of a kind　2. royal flush　3. straight flush　4. four of a kind　5. full house　6. flush　7. straight　8. three of a kind　9. two pairs　10. one pair

　アメリカ映画をよくご覧になると、必ず、以上の英語（10は除いて）を耳にするだろう。ヒラリーとビルは、似た者夫婦、という場合、They deserve each other. これが達人英語。しかし名人英語になると、They are two of a kind. というポーカー英語が使われる。チェルシーが加わると、three of a kindとなる。トランプのホワイトハウスは、私ならアメリカ人好みのfull house（満席、スリーカードとワンペアの組み合わせ）と超訳する。

　しかし、まだ上がいる。straight flushやroyal flushに勝てない。中国やロシア外交は、fearを見せず、five of a kindというカードをちらつかせて微笑外交（charm offensive）をかけてくるから、恐ろしい。とにかく、アメリカ文化はトランプ（card games）だ。ポーカーを学べば、アメリカ外交が見える。ホワイトハウスは疑いもなくカジノ化している。

odosu-tsumori-kane
脅すつもりかね？　Is this a threat?

　ハーバード法学院主催のNegotiation Workshop for Lawyersの受講生であった私が学んだ最大のレッスンは、Bluffing works.（脅しは効く）ということだ。しかし、リスクが伴う。Is this a threat? と相手に問われるとまずい。交渉ゲームで私が少し高飛車に出る

（come on strong）と、相手のアメリカ人に、Is this a threat? としっぺ返し（a slap on the wrist）を受けた（got a slap on the wrist）。

日本人は交渉にifを用いないが、この日本人の私は――弁護士ではなかったが――ifという切り札を使った。いなされた。(He threw me off balance.) ハル・ノートを叩きつけられた日本の外務省はビビって、黙った。Is this a threat? と問い返しただろうか。

「では、あなたの日本に対する理不尽な要求を、アメリカのメディアに流してもいいのかね」と言っただろうか。日本人から、まさかの「脅し」を耳にして、顔色を変えた相手は、きっとIs this a threat? と切り返すだろう。交渉は、将棋と同じく、攻撃が最大の防御なのだ。英会話に強い外務省のエリート官僚が、ディベート交渉術を使っていたら、ひょっとしたら、太平洋戦争（大東亜戦争）の開戦そして屈辱的な敗戦はなかったかもしれない。

「もしも」は歴史にはない。外務省は、謝罪は得意だが、ディベートは苦手なのだ。それに外交特権（diplomatic immunity）がある。切腹は免除される。日本という社会は、永遠に「失敗の本質」から、学ぼうとはしない。Am I threatening the Ministry of Foreign Affairs?

otona-dohshi-no-kaiwa
大人同士の会話　civilized conversation

日本人同士の会話では、当り障りのないベイビー・トークになることが多い。英語をネイティヴとしゃべっただけでハッピーな人たちは、まだ英会話ごっこで、コミュニケーションにまで至っていない。現実的な（existential）話題に至って、ようやく一人前の会話となる。この「一人前の」がcivilizedなのだ。

ときには、お互いに言いたいことを抑えながら、間を保ちながら語り合うことも大人同士の会話（civilized talk）となる。

　二人とも子供のおしゃべりね。もっと大人の会話をしなさい。(You've been too chatty. Carry on more civilized talk.)

oni
鬼　a demon

鬼は辞書によると、an ogre、a demon、a fiendと見慣れぬ単語が並ぶ。しかし、使えるだろうか。その前に、思考を遊ばせてみよ

う。かつて、両親から「悪魔」と名付けられた子が、日本人の話題をさらった。国際ディベート学会でもその是非を論題として取り上げた。ところが「心を鬼にして」(harden one's heart)とか、「仕事の鬼になる」という表現は日本人の耳に快く響く。

　鬼は「隠」が変化したもので、死者の霊魂や精霊を鬼(隠れた人)とすれば、英霊(wardeadsとかdead heroes)も、身近な存在となる。しかし、人にたたる幽魂となると、遠ざけたくなる。仏教の羅刹と混同され、餓鬼地獄の青鬼に赤鬼が登場すると、逃げ出したくなる。陰陽道では、人間の姿をし、口は耳にまで裂けた夜叉(female demon)となる。

　夜叉(she-devil)のような美人サギ師は狙ったカモ(suckers)の骨までしゃぶる(suck somebody dry)から、おっかない。映画『エクソシスト』("The Exorcist")を思い出す。日本の鬼は、せめて嫉妬に狂った歌舞伎『道成寺』にみる、蛇に化けた鬼女どまり。西洋では、人間に化けて、男を食い殺す美しい人魚(mermaid)がテーマになる。

　日本は？　古学者で小説家の島崎藤村なら、こうつぶやいたことだろう。古来より日本人のやまと心では、そういう西洋の絶対悪とは無縁であった。明治学院で英語を学んだとき、やっと日本が見えた。明治という言葉ほどサギっぽいものはない。明治維新が、devilsやSatanなどのウイルスを呼び込んだのだ。皇室にまでGODが入った。だから、その陰のSATANウイルスまでが迷入したのだろう、と。怨霊に支配された日本は沼地のままなのか。

　菅原道真は、人であって鬼なんだ。その「間」だから、「魔」だ。道真は、人として畏れられたが、死後怨霊と化して恐れられた。だから崇めなければ祟られる。正解はやはりdemon。ギリシャ語のdaemonは、geniusと同義だ。神と人の間に位置する超自然的な存在だ。ソクラテスが、自分はダイモン(守護神的天才)と言ったことで、周囲(アテネ)の人間の恨みを買った。

「私は英語の鬼(the demon of English)」と自負するのもホドホドにしておこう。

おひま

ohima
おヒマ？　Do you have time?

たしかに、ヒマがない、時間がない、というときに、I haven't got time. という。断るときの言い訳も時間のせいにする。I have no time for pleasure reading. と、多忙にかこつけて読書を避ける。通常はthe をつける。Do you have the time? と。the を省くとヤバイ。しかしthe を省くと哲学的な話ができる。Time is money. なら、Time flies.（光陰矢のごとし。）

アインシュタイン（Albert Einstein）は、いい女と話をしていると、時間が短く感じるが、いやな女といると時間が長く感じると言った。最初の女と離婚するときの英語にもムダがなかった。"If you give me divorce, I'll give you money."（離婚してくれたら、お金をやる）と言った。で、私の場合は、Uh..., time's up.

ohiru-doh
お昼どう？　Free for lunch?

「お昼」といえば、ランチが思い浮かぶ。絵になっていて、響きもいい、耳にフレンドリーな英語とは、3秒以内（ソニーの井深大会長の説）、そして、私は1秒説に立つ。

Free for lunch? とか、Free for dinner? は1秒以内。「今は手が離せない」なら、Not now.「今取り込んでいます」なら、(I'm) Busy now. と。できれば1/2ぐらいにまで縮めると、かなりお互いが仲がよい。(Very close.)

ofukuro-no-aji
お袋の味　chicken soup

日本的な味といえば、味噌汁とごはん。しかし、アメリカ人にはmiso soup and rice では通じない。こうなれば、異文化を越えた超訳しかない。chicken soup はユダヤ人好みの朝ご飯の定番だ。すべてに効く薬、とくに整腸剤。all-purpose medicine で cleanser。

ユダヤ人が好むおもてなしの食べ物で、近付きや友情の証となる。京都人の「ま、お茶漬けでも」は、決してhospitality の証ではないが、How about chicken soup? は世界中で通じる。chicken soup は非ユダヤ人のピッツァ、フランクフルト、アップルパイを混ぜ合わせたようなモノで、love でもあり、warmth でもあり、健

康的でもある。

　何がユダヤ食を、日本のお茶漬けに類似させるのか、それは一つにユダヤ料理の普遍性（広がり）、そして安上がりで節約になるという点だ。ポテトとチキンスープだけだから、貧乏なユダヤ人は飢えを防ぎながら貯金ができる、So they can save money on dinner. という合理的な食べ物だ、となる。

　友人のジャーナリストであるボイエ・デ・メンテ（Boye De Mente。白人の非ユダヤアメリカ人）は、超訳の得意な言語学者でもあるが、ある意味で「まともな」（適法の）という意味の、斬れる英語表現はkosherである、と書いた。なぜヘブライ語かといえば、ユダヤのKosher（コシャー）料理は、世界中にちらばっていて、知らない人はいないから、という理由であった。

　Kosher料理は、正常な食品という意味だから、ユダヤの律法に照らしても適法だということだ。だからお袋の味もKosher foodになるのだろう。

omedama-wo-kurau-ne
お目玉をくらうね。　You're going to get it.

　getとgiveを置き換えることができる。They're gonna give it to you. このitは「お叱り」のことだ。itは、病名であることもある。状況によるが、こんな風にも使える。

　If you get it, give it to someone else. You'll get well.（もし風邪をうつされたら、誰かにうつせばいい。治るんだから。）このitは、風邪のような伝染病でもよい。

　itは、男女の関係で用いられると意味深になる。Give it to me.（いかせて。）itはオルガスムのこと。I gave it to him.（彼に処女を与えた。）このitは処女のこと。

　どうせ、こういうのは、検定試験に出ないので、ここでもう少しつきあっていただこう。日本語では「処女を奪われた」と受身形で用いられるが、giveとgetを使うと、もっとカラッとする。「られる、される」をgetに変えるだけで、英語感覚が身につく、というのが私の教えだ。ちょっと引用してみよう。

　So, you've just slept with him, given him your virginity, a man who doesn't love you.（だから、あなたは軽い気持で彼と寝て、愛

してもいない男に、処女を与えたのだ。)("Fifty Shades of Grey" p126、下線筆者)

英語的感覚はgiveとgetで始まると書いたが、まだ終わっていないような気がする。指揮者のバーンシュタイン(Leonard Bernstein)なら、私にこう言うだろう。"Your book on GIVE and GET must've given you an intellectual orgasm." と。「知的オルガスム」と言ったのは、バーンシュタインで、私ではない。これ以上書けば、編集者から、物言いがつくだろう。I'm gonna get it from editors.

omedetasa

おめでたさ　naivety

ナイーヴを耳にして、繊細と解釈する人がいる。トンデモ。英語のnaiveとは、能天気、あるいは、「おめでたい」お人柄というケナシことばになる。その名詞形がnaivety(ナイーヴェティー)。ロバート・ツチガネ氏は、日本人の「おめでたさ」が、世界に知れ渡っている、とこんなエピソードと共に述べる。

日本人の旅行者が、土産(みやげ)を買いすぎて、超過重量料金を請求されるケースが少なくない。他の国なら、事務的に金で済んでしまうのだが、ロシアではそうはいかない。航空会社と官憲とがグルになっているわけだが、料金はルーブルで支払えと要求する。相手がルーブルを持っていないことを見越してのことである。

そして、ドルで支払う場合はと持ちかけ、途方もない換算率を要求するのだ。その差額が、賄賂(わいろ)になる仕組みになっている。それでも、たいていの日本人は黙って支払ってしまう。欧米人は、徹底的に抗議する。だから、ロシア側も、相手が欧米人なら、この戦術は取らないらしい。(『ニッポン人取扱説明書』ロバート・ツチガネ著、祥伝社刊、p110)

日本人はカモ、カネモチはもっとカモ。日本人は私を含めて、袋小路(in a no-win situation)に追い込まれる(being set up)と、言われたまま、カネを払ってしまう。カネに縁のない私でもひっかかるのだから、カネモチはまさにカモネギ(easy mark)だ。

omotenashi
おもてなし　spontaneous hospitality

　ぜいたくな（extravagant）饗応（dine and wine）は、おもてなしの興を殺ぐことになる。一般的な「もてなし」はhospitalityだ。南部の人の「おもてなし」（Southern hospitality）はcountry hospitalityのことだ。笑いでも大都会の笑いは不自然な（いや、plasticな）big-city smileであって、田舎の人の自然なcountry smileではない。

　田舎の接待（rustic hospitalityが私の好みの訳）は、「不意の客」をも、嫌な顔もせずにもてなす。利休は前ぶれもなく、知り合いの茶人の家に立ち寄る。私もよくやるが、どうして先に連絡してくれなかったのか、と叱られる。「不意の客」の待遇を期待しているからだ。利休ならわかってくれる。そのわけを話したい。

　利休を迎えた亭主は、庭の柚子をもいで柚子味噌にしてもてなしたが、その不自然さに利休はムッとした。この茶人は、酒とおつまみだけでなく、ぜいたく品である蒲鉾まで出し、盛り上げようしたのだ。この行き過ぎたもてなしに興ざめとなった利休は、途中でプイと姿を消してしまった。この茶人は利休が立ち寄ることを誰かから聞いてわざわざ取り寄せたことに気づいたかららしい。利休が望んでいた、さりげのない「もてなし」ではない。きわめてartfulでeffortfulなサービスであり、おもてなしの「粋」というべき自発性（spontaneity）を殺いでしまったのだ。（『武道』2018年8月号、p14より）

「おもてなし」には、奉仕精神がこもっていてもいい。しかし、その「心」はさりげなく（effortlessly）、わざとらしくなく（artlesslyに）察せられるべきだ。

　英語のserviceとは、ラテン語のservusから派生し、召使い（servant）や奴隷（slave）を派生させた。本来、奉仕することが義務、あるいは仕事の一部（part of the job）であった。

　しかし、日本人の「おもてなし」は決して卑屈なものではない。「もてなす」の「もて」という接頭語は「意識して〜する」意を付加し、「もてなす」とは「意図的に、あるいは作為的に、為すことをいう（『古典基礎語辞典』角川学芸出版刊）。みずから（自主的

に）働きかけるという能動性が不可欠だ。おもてなしの原点は自主性にある。決して「やらされた」行為ではない。だから、私は自然体（spontaneous）にこだわる。

oya-ga-kawareba-kodomo-mo-kawaru
親が変われば子供も変わる。 When parents change, children change.

　好奇心の強い私は、最近ふと足を止めて、倫理研究所の話を聞いてみた。とくに「親が変われば子供も変わる」というセリフが気になった。この「変われば」を、ifを使って、頭の中で同時通訳した。しかし、その場で買った、『親が変わる 子供も変わる』を読んで、ifでなくwhenではないかとの疑問がわいた。ifは「確率」だ。親が変わらなければ、子供はもとのまま。これじゃパンチが弱い。

「親子相関の原理」を立証している本書を読めば、立証されているだけに、ぐんと説得力は増し、いっそさらにwhenに変えた方がよさそうに思えた。私も過去投影して、こりゃやばい、と思った。耳が痛い。That hurts. 親のオレは、いったい何を教えてきたのだろうと反省（self-debate）した。

　反省すれば実践（行動）に移すという、倫理研究所の教えは、陽明学の行動哲学に近い。親自身の自己改革か、まず、環境作りの薫化か。紘道館には、子を持つ親が学びにくる。そして、NONESの番組Global Insideで私が実践するセルフ・ディベート（自己検証ディベート）を勧める。「子供を変えるのが先か、それとも親自身を変えるのが先か」、このテーマで、セルフ・ディベート（mirror debateと呼ぶ）をやってみないか。

「死にたい」という息子や娘を持つ親は、どう立ち向えばいいのか。そんな親たちが増えてくると、悩みが多い私も身につまされる。Yes, you are me. という英語も自然に口から出る。whenもifも省いても通じるような気もする。You change : they change.

　コロン（:）で同格にすることに抵抗を感じれば、セミコロン（;）に変えてもよい。英語より、思いだ。When you change, your English changes. やはり、ifよりwhenにしよう。中国語には、ifはない。しかし文中に含まれている、と高田直志（紘道館塾頭）は述べる。たとえば、「きらいだったら、ここにはいないわよ」（I wouldn't be here, if I didn't.）という英文は中国語ではこうなる。不想你不在这。たしかに、ifがなくても通じる。

ori'itte-tanomitai-koto-ga-aru
折り入って頼みたいことがある。　Would you do me a big favor?

「折り入って」だから、specialかbig favorとなる。Do me a special favor.のあとでFor old time sake.（昔よしみで）をつけ加えておくのも、「折り入って」という「意外性」を中和させることになるだろう。

　あなただからこそ頼める、という特殊な関係を強調するなら、specialという形容詞がよい。逃げられたくない相手を、さらに接近させる、決めぜりふがある。You're special.（きみは特別だ）だ。だから、私は（他に頼めないなら）a special favor を勧めたい。

ori'itte-hanashi-tai-koto-ga-aru
折り入って話したいことがある。　We need to talk.

「折り入って」はneedがあれば、省ける。needには時間的なあせりがある。We want to talk.は、ただ近くで話がしたいだけ。「近くで」がwant。I want her here.は、彼女が「そば」にいてほしい、という意味。（「愛している──心から。」の項参照）

　We love to talk.は、「ただ二人でだべりあっているだけで幸せ」という感じだ。時間、空間、そして最後はtime-spaceを超越したアインシュタインの世界。

　needは、愛や親密さとは無関係。今すぐ話さなくっちゃという緊急性があり、アメリカの文化ではneedが最もよく使われる。

 コーヒー・ブレイク
オリンパス、いじめられたガイジン社長のハラ

　あの世界に冠たるオリンパス。今や、傷だらけの巨人（pitiful giant）と化した。国際企業というイメージを保つために、日本人がよく使う外圧（foreign pressure）を用いた。

　マイケル・ウッドフォード（Michael Woodford）を社長に就任させ、喜ばせ、解任し、泣かせて、そして、ついには日本企業を討つぞ、とハラを決めさせた。腹（belly）から胆（grit）になり、

肚（made up mind）と、ますますハラを固めて、内部告発（whistle blowing）をするという。愛する会社を裏切らざるを得なくなった青眼のCEOの"哀"愁に満ちた人生。

アイシュウの「哀」は、「愛」の裏返しとなった。ほろにがいbittersweetな、いやpoignant（ポイニャントは前著参照）なストーリにはアイ（ai）という母音が多い。ちょっと、私の語感を披露してみようか。

He was hired and fired and refired. Why? Gaiatsu. To be silenced, threatened to hide his corporate embarrasments. His mind was made up ――to fight back.

私の英作文に下線を施すのも気が引けるが、あえてai母音を並べ、語呂合わせを試みたところ、3行で8回も使ってしまったことになる。このヒラメキはどこで得たのか。英国人のマイケル・ウッドフォードが書いた、前出の話題作"EXPOSURE : From President to Whistleblower at Olympus"（邦訳『解任』の表紙に使われたleadの3語だ。Silenced, Threatened, Time to fight back. この語呂が私の音感を働かせた。このfight backはpay back（倍返し）と置き換えてもいいはずなのに、fight backとaiの母音が使われている。

家族からも「なぜ日本に行くの？」（Why go to Tokyo? We have a good life here?）と止められたが、ウッドフォードのハラは決まっていた。His mind was made up. もう開き直っている。彼も、ハラがわかってもらえた、と書いている。She knew what I was like and that my mind was already made up. (p13)

当時、会長だった菊川剛という腹黒いボスが、マイケル・ウッドフォードをこう懐柔している。

'Michael, I would like you to be our next president. I haven't been able to change this company, but I believe you can.'（「マイケル、わが社の次期社長になってほしい。私は会社を変えることができなかったが、きみならできると信じている。」

ここまで言われると、豚でも木を登る（Even pigs can fly. と私なら超訳する）。なにしろ、内視鏡（胃カメラ）の世界市場が70％を超すというオリンパス。世界中に散らばった4万人の誇り

高き社員の舵取りが、「君ならできる」と言われて雀躍しない男はいない。

このマイケルにも不安があった。友人は彼の耳元でささやいた。

If you're expecting Japan to be very Westernized, you're astonished at how oriental it remains. If you're expecting it to be very oriental, you're dismayed by how Westernized it has become. (p17)

(日本がとても西洋化されていることを期待しているなら、東洋的なものがいかに残っているかに仰天するだろう。日本がたいそう東洋的であることを期待しているなら、いかに西洋化されているかにびっくりするだろう。)

まとめると、日本は一皮むけば、それほど西洋化していない。しかし、日本のままというわけでもない。「もう感覚は西洋人なんだ」という、友人の忠告だ。

ore-wa-baka-datta
オレはバカだった。　I now know better.

反省する態度を、日本人は高く評価する。スミマセンの国家だから、自己を低め続けなければ、尊敬されない。だから、東京では、「私はバカだった」と身を低くすれば、civilized personというパスポートが得られる。だが、大阪は違う。「昔はバカだった」と言う相手に、「今もちゃうか」と突っ込む。

東京でも大阪でも受ける、斬れる英語表現はこれ。I'm old enough to know better. クロオビ英語はこのように、視点を現在に置ける人のことだ。

「くよくよするな」はDon't dwell on the past. よりMove on.の方がよい。バカだったと自己卑下するより、間違ったのは判断だけ、ということになる。もっと忠実に訳せば、I should've known better.（間違っていたことを知っておくべきだった）となる。まだ、もどかしい。齢を重ねた今なら、間違っていたことがわかる（I now know better.）と思考をジャンプさせることができる。

オレを試してみろ。　　Dare me.

ore-wo-tameshite-miro

「よくもまあ」というときに使うHow dare you?のdareを使った。シンガポールで、(2018年6月12日) 金正恩と初対決すると覚悟を決めたトランプの外交スタンスは、*TIME*（June 25, 2018）によると、The 'DARE ME' Doctrineであった。

映画『シェーン』("Shane")の中でも、相手の胆をためそうとする場面（a game of chicken）が登場する。アメリカ人のパイオニア魂を表わす英語表現としては、Try me. Test me. Prove it. などがある。だから、日本人には難解と思えるBring it on.（逃げるなよ）というonのニュアンスが、くっきりと輪郭を表わしてくれる。

I'm on. とは、「逃げないぞ」という意味だ。onは「〜の上」ではなく、この場所に密着しており、「逃げられない」という悲愴な覚悟を感じさせる。アメリカの文化は、Wild West時代からfight or flight（闘うか、逃げるかのいずれか）の文化だ。つまりORという発想だ。Trick or treat.（いたずらか、もてなしか）やTruth or Dare（真実かウソか）という、真ん中のない発想なのだ。

その文化の行き着いたところは、今の混乱せるアメリカの状態だ。United, they stand. Devided they fall. という瀬戸際まできている。トランプのDare Meという心理作戦も失敗している——本人は勝ったと思っているらしいが、*The Economist*はKim John WonとUnがwon（勝った）と断定しているではないか。Kim John Un dared Trump and won. と私の日記の見出しはこうなった。Evil meets bad.（悪と邪の対決。）二回目の対決は引き分け。ホッとしたが。

『ジャパンタイムズ』の社説は、Style over substance.（中身なし）と冷笑している。*TIME*も、ショウ（showまたはpageantry）を総括して、マキャベリアンの金正恩の勝利をしぶしぶ認めている。独裁者はノリノリだ。The dictator is on a roll.

war gamesはshowではないことを、まざまざと見せつけられた。strong menが登場し始めてきた。アメリカは、女性が台頭し、その逆を行っている。「難訳辞典」の顔（the face）としての私が選ぶ見出しと、世界各地のメディアが選んだ見出しと、競争しようか

――私を招いて。Dare me.
owabi
お詫び　a friendly gesture of apology

「詫び」は、apologyで謝罪のことだが、詫び方によって物議をかもす。「詫びりゃいいんでしょう」は、口論(こうろん)の延長となる。だが「お詫び」となると、誰も反論はしない。それほど「お」には効果がある――日本では。しかし日本人にはピンとこない。そこで、私は、a friendly gestureを加えた。友情あるゼスチャーとカタカナ英語で訳すと、相違感も緩和される。

　日本語は、他言語と混ざると、化学的に融(と)けてしまう。この辞書では、物理学的に、いや悪魔的に妥協せずに自説を貫き通したい。化学的とは、水素と酸素のように、馴れ合い、妥協に傾くことになる。物理的とは、水と油のように、距離を保つことだ。アメリカの黒人と白人は、表向きは（ハリウッド映画によれば）化学的な「和」を保っているが、最近は、トランプ現象がMake America White Again.と黒人サイドから批判され、再び物理的な「和」に変りつつある。そこで、ジャーナリストは中立的な表現を使い始める。「叱る」が「お叱り」になる。

　今YouTubeをB.G.M.として、この原稿を書いている。大統領候補と噂されているオプラ・ウィンフリー（Oprah Winfrey）女史がトランプ夫妻（イヴァンカもエリックも長男のlittle bossバロンもいる）をインタビューしている。このプロ司会者がどんな英語を使うのか、ペンを走らせながらも、頭と耳を傾けている。
「あんたは、3度目の女房、再婚してもう6年目。Your marriage has mellowed.」うーんと唸った。このmellowという言葉には微妙な"匂い"がある。「熟す」、「枯れる」、「マンネリ化する」。白黒はっきりさせるアメリカ人でも、発言に気を配ることもある。そのときのオプラ・ウィンフリーの気配りのあるこの英語表現にしびれた。
「お詫び」とは、同じ謝罪でもfriendly（好意ある）なgestureを加えたものだ。本来gestureは、示すべき社交術なのだから、否定的な意味合いはない。an empty gestureとなれば別だが。

on-gaeshi
恩返し　repay

　恩返しとは、あまりにも東洋的な発想だが、中国では今でも使っている。かつて中国全土を揺るがせた風狂英語(ルビ: ファンクォンインユイ)（Crazy English）のスローガンの一つが、Learn English and repay your parents. であった。「英語はカネになる。日本人の英語は国際的に通じない。あの発音はなんだ。我々が、日本へ行って、英語を教えてやろうじゃないか」と、声高らかにアジっていた。ガイジンに英語を学ぶというのは、中国人の面子(ルビ: めんつ)（face）に係わるとでも思っているのであろうか。

　経済的には、日本よりもはるか劣位に立っていた頃の中国では、日本に倍返し（double payback）したい気持でいっぱいだった、に違いない。paybackは、借金を返済するだけでなく、復讐という意味もある。revengeも親孝行もpay backなのだ。「倍返しだぜ」なら、It's payback time.

onko-chishin
温故知新　adapt old ideas and adopt new ones

　古い考えは、温めるべきだ。そして、そのうえに、新しい考えを採り入れるべきだという考えを一言でかっこよく訳したい、とかねがね考えていたところ、こんな英語が見つかった。

　The methods in which scientists adapt old ideas and adopt new ones can also be viewed as the different ways and string theory is all about adapting old ideas and adopting new ones. ("String Theory for Dummies", p58)

　（科学者が古い考えに順化し、新しい考えを採り入れる方法論は、違った方法でも考察される。ヒモ理論は、まさに温故知新そのものだ。）

　ちょっと、飛躍しながら訳してみたが、このヒモ理論は私の人生観でもある。

☕ コーヒー・ブレイク
温泉の湯船で独り言「なぜ文豪は温泉を好むのか」

　文豪に憧れる私は、独り旅と、温泉が大好きで、よく湯船で思考を遊ばせる。なぜ温泉が創造的思考を促すのか。夏目漱石、川端康成も常宿でペンを走らせた。独り旅行と温泉がなぜ、人を詩人に化身させるのか、「旅は行(ぎょう)なり」と言い切った民俗学者の柳田國男に問うてみたい。

　独りはaloneness。孤独はloneliness。前者は美、後者は醜。その違いは、どこからくるのか。alonenessは、孤高の境地にあり、俗世界から乖離(かいり)していても、自然に囲まれているから、決してlonelyやlonesomeではない。

　こういう環境から生まれたのが、hexagonal logic（六角論理）だ。古代ギリシャに生まれた三段論法の延長と、この形式論理（formal logic）がいかに隙だらけなのか、温泉で気がついた。

　人は、そして人の性が善であるか、悪であるか、神か悪魔か、と二項対立させる論理思考は、coolで科学やテクノロジーの進歩に寄与したことは、確かだが、人類に幸福をもたらす上で本当に有効だったのか。分裂より、融合のためのスパイラル・ロジックに開眼し、六角ディベートを創始した私は何者なのか。神（善）でなければ、悪魔（悪）でもない。しかし、どちらでもある。ネットTVのジャーナリストを続けながら、1年間で1冊の辞書を書き下ろす、この難訳ハンターは、まさにdemonicであろう。鬼!?

　今回の企画でもdevil（悪魔）に憑依されて、狂ったように書き続けた。その秘訣は、独り旅と、温泉地にある。温泉は、文筆家を指揮者にさせる。conductorは、楽器を奏でない。「空」になって、オーケストラそのものを奏でるのだ。Conductors play the orchestra. Period. ふと、そう考えると、ペンが指揮棒（タクト）に変わってしまう。

「空」は指揮者だ。どんな楽器に対しても聞く耳は持っている。悪魔思考の渦となって旋回し始める。

石：英語の流れを止めるのは、無謀すぎる。やめるのは今のうちだ。This is it!

風：今の日本は英語教材の洪水。あなたの辞書は、受験に不向き

> だ。人は現実を求める。Fleeting life.
> 水：相手は、実用英語ファンだけでなく、目先の受験戦争に勝ち残れる英語だ。Get what's real!
> 火：この木曽川を堰き止めた福澤桃介という狂人は、資金繰りに苦労したが、故人は幸せな人生だったと言えるか。You never know what he went through.
>
>   予想した通りの反論であったが、私（空龍）は"台風の眼"（the eye of the typhoon）の化身となって、「空」のタクトを振り続けた。私は今を活きているのだ。Carpe Diem.（Seize the day.）

ondo-wo-toru
音頭を取る　call the shots

「君が音頭をとってくれるかね、社内の根回しは終った」と、社長から正式な依頼を受けたときが、コンサルタントとしては最高の名誉だ。外部役員には頼めない。社長（CEO）の胆略（hidden agendas）は、周囲にも聞かせてはならないものだ。社内参謀ではいつ寝首をかかれる（to be stabbed in the back）かもしれない。Because they know too much. 弱さを見せてはならない。

CEOとは、社内の人間関係（office politics）や銀行との関係（relationships with banks）で翻弄される毎日で、猫の手でも借りたくなるときがある。コンサルタントが猫の手になる。ネコは、水素の中の酸素のような、さわやかな役回りをしてくれる。

もともと音頭とは、音楽用語だ。歌などの音頭はbeat time、lead a choir of singingというように使われる。組織内で音頭をとれる人は、力量が認められた参謀に限られる。

肩叩きされた（tapped）コンサルタントが名誉に感じるとは、そういう意味だ。口頭での約束（verbal agreements）でもいい。しかし、両者の握手による昔ながらの取引（the old handshake deal）はもっと強固だ。NDA（Non-Disclosure Agreement）以上に効果がある。

コンサルタントという名の家ネコは——たとえこれまでは野良ネコ生活をしていた身柄であっても——CEOにとり、忠誠を誓った犬（いつ飼い犬に手を咬まれるかもしれない）より、忠誠を誓わな

い（誓えない）ネコのようなコンサルタントの方が、使い（使い捨て）やすい。

　いや、この外部の参謀が諸葛孔明のような名参謀になれば、いずれは「将」にまで昇格するかもしれない。いやネコは好まない。煮干し（顧問料）がたっぷりもらえるだけで幸せなのだ。CEOとコンサルタントの関係は、「水魚の交わり」の如しであろう。

(on'na-no) gakubatsu
（女の）学閥　old-girls' network

　学閥とは、an old-boy network（ties）とかacademic cliqueと相場が決まっていたが、最近では、ノルウェーあたりからan old-girls networkという現象が猛威を振い始めている。

Gender quotas on board level in Europe have done little to boost corporate performance or to help women lower down.（*The Economist*, Feb. 17-23, 2018, p58）

（一定比率以上の女性を役員にするヨーロッパの制度は、企業の業績を向上させたり、女性の雇用を促進したりすることにほとんど役立っていない。）

　職場の効率を上げるのが、女性パワーの向上なのか。女性役員のノルマをめぐる話題が賑やかになってきた。

　女性を役員にせよ、というノルマ騒動は、ヨーロッパから始まっているが、女性役員に対する"見えざる壁"（glass-ceilingは前著「語感辞典」で解説した）は、北欧やヨーロッパ系のトップ（スウェーデン、ノルウェー、アイスランド）から見れば、日本はまだ28位。しばらくの間、old-girls' networkという言葉は話題にならないだろう。それまでold-school tieか、old-boy tieで間に合わせておこう。

on'na-no-kusatta-otoko
女の腐った男　a worm

　田嶋陽子が『ZAITEN』（2018年6月号）で、また火を吹いた。何度でも言う、安倍晋三は「女の腐った男」だ、と。4月1日放送の大阪、読売テレビ『そこまで言って委員会NP』で同女性学研究家が「女の腐ったの」みたい、といったことで、物議を醸（かも）している。英語のAbe is DISGUSTING.よりひどい。そこまで言っていいのかい！　英訳するにも困る。Abe sucks.（安倍はサイテー）どころ

ではない。The Abe cabinet is rotten to the core.（安倍内閣は芯まで腐っている）よりもっとひどい。個人攻撃（personal attack）も度を超している。

「桜のように潔く散る」という、父から学んだ美学に反するというが、そこには「なぜ」がない。生理的に合わない。虫唾が走る。そうだ、ムシにすればよい。英語国民は、虫、とくに地を這う虫を毛嫌いする。顔をしかめてYou're a worm.といえば、相手は真っ赤になって怒る。うじ虫といわれて怒らぬ人はいない。

私が安倍なら、「あんた（田嶋陽子）は、『男の腐った女』だ」と倍返しする。あくまで仮定法（もしも）だ。これも英訳できない。やっぱり、眉をひそめて、You're a worm.（お前の顔を見ると、ムシズが走るぜ）と、声を低くするより他にないか。読者諸兄は、誰に対しても決して、You're a worm.なんて言わないこと。

on'na-wo-sute-nasai
女を捨てなさい。　　Get yourself desexed.

「髪の毛を振りかざせ」とは、let your hair down（こちらはリラックス）ではなく、その正反対で、一瞬たりとも気を抜いてはならないこと。よき妻であることは、プロの通訳の仕事と両立はできないという、冷酷なreality principle（現実原則）である。

同時通訳のプロを目指すなら、それでも男より、女の方が向いている、と言える。自己をPRしているヒマなどない。一人前になるには、どれほどの下積みがいるか、孤独に強い人でないとやっていけない。

egoの強い人は、確実にひしがれる。病気になる、狂う…。恥ずかしい。だから、日頃から目立たない方がいい。しかし、この「狂い」を超越しなければ、本当の「狂い」を演じることができない。

同時通訳者は忍者。耐え忍ぶこと。狂って狂わない美学が貫けるか。あまりにも多くの犠牲者を目撃してきた私は、「抜け忍」（忍者を廃業した元忍者）の一人だが、これ以上語れない。ただ、これだけは言える。もし私が大企業のボスだったら、プロ同時通訳者（無名を条件として）をお庭番として、いや参謀として、三顧の礼を尽くして（with respect and respectful amount of money）雇う（hire him away）。

on-wo-ure
恩を売れ。　Let him owe you a favor.

「恩を着せる行為」は醜い。しかし、映画『白い巨塔』のシーンには、袖の下（bribe）がよく使われている。「お願いがあるんです」（Do me a favor.）と頼まれて身構える人がいる。身構えることなく、喜ぶ人が、闇金融業者だ。（これで、やっとカネで縛れる、ふっふっフッ。）だが私などは、借りたい人を最も恐れる人種だ。「ない袖は振れません」（I can't give you what I don't have.）と、カネに困っている相手から逃げるより他に道がない。印税で生活ができる時代は終わった、といっても通じる相手ではない。『白い巨塔』に登場する、医学界の重鎮は、カネがうなるほどある（buried in the tons of money）から、恩の売買が常識となる。

「恩を売れ」をGive him a favor.と、giveを使ってみたが、しっくりこない。Give him a big favor so he'll have to repay your kindness.といってもピンとこない。親孝行は、repay one's parents' kindnessでいいが、これはkindnessだろうか。『ジーニアス和英辞典』（大修館刊）の訳が近い。I put him in my debt by doing a favor for him.

『白い巨塔』で、ゴロちゃんの父は、ワイロを差し出し、「これで恩を売っておいたら、あとあとまで役に立ちまっせ」と言う。字幕風に訳したら、こうなる。This will sell him out. He'll owe you a favor for the rest of his life. で、Make it look likeはgiftを加えればパーフェクト。

gaiken-ga-taisetsu
外見が大切。　Appearances matter.

外見が大切なことは誰でも知っている。「大切」はimportantであるが、まだ軽い。matterを勧めたい。「大きいことはいいことだ」はSize matters. リズムは短い方がよい。

　Money talks in New York.（ニューヨークでは、お金がモノをいう。）

　Money talks on Wall Street. Power speaks on Washington D.C.（ワシントンでは、権力がモノをいう。）

　Idea（technology）talks in L.A.（ロサンゼルスでは、アイディア

《テクノロジー》がモノをいう。)

「死人に口なし」はThe dead tell no tale. 短い方がよりpoeticで、よりpersuasiveなのだ。だから、Elegance is an attitude.（風格はにじみ出るもの）の広告英語に私はしびれるのだ。

> **コーヒー・ブレイク**
> ### ガイド通訳にも必要なif思考
>
> *TIME*の最後の11 Questionsは、私の好みのコラムだ。いい質問とはどんなものか、プロ・インタビューアーとプロ・インタビューイーが火花を散らす瞬間を垣間見ることができる。今回は、81歳の女優Glenda Jackson（グレンダ・ジャクソン）だ（Apr. 16, 2018）。俳優業は35年。2回もオスカーを受賞。英国議会で23年のキャリアを積み、再び俳優業に戻り、今も現役という才女だ。歳をとり悲しいことはと問われ、It irritates me that I can't cut my own toenails.（足の爪が切れず、イライラするわ）と、見事な応答。
>
> 人生で何を学んだかと問われ、I have realized how much I don't know.（どれだけ無知なのか、わかったわ）と答え、返す刀で、70歳になり、知識が増すというのはナンセンス（rubbish）と、常識をたたっ切る。
>
> 78歳になった私も、唸ってしまった。次のインタビューでも予期せぬタフな質問に対して、グレンダ・ジャクソンは、さらりとタフな回答で返した。そのまま引用する。
>
> Who have the bigger egos, actors or politicians?（どっちのうぬぼれが強いのかしら、俳優？ それとも政治家？）
>
> The egos that I saw in Parliament wouldn't have been tolerated for 30 seconds in the theater.（議会で見たうぬぼれやさんは、劇場で演技をしたところで30秒ももたなかったでしょうね。）

kao-ni-sekinin-wo-mote
顔に責任を持て。　　Get a look you deserve.

直訳すれば、Be responsible for your face. となり、アブラハム・リンカーン（Abraham Lincoln）も使っている。しかし、私は氏の

英語に違和感を覚える。faceは、生まれつきの「顔」で、整形手術をする以外に変えようがない。ところがlookは変わる。Get a new look. とは、イメージチェンジ（get a new makeover）のことだ。オペラ歌手のマリア・カラス（Maria Callas）が弟子の若い歌手を教えるトレーニング風景（N.Y.のブロードウェイで観た"Master Class"というお芝居）が壮絶であった。

「私が若くて、声に張りがあるから先生は嫉妬されているんだわ」と、弟子が師に対し、ムキになって反抗する。そのときのマリア・カラスの苦しまぎれの回答が印象的であった。You haven't got the look. 年季からくる表情。変わるからfaceではなくlookなのだ。雰囲気とか風情――華を含む――のことを言っているのだろう。*TIME*（Aug. 5, 2002）の大特集（Changing Faces）があまりにも圧巻で、お蔵入りさせたまま、今でもときどき使う。バンコクでも、整形手術が流行している。

"Plastic Dreams"（儚い夢）という見出しでは、their new lookという英語を使っている。相当流行っている（a big business）らしい。男の場合は、整形手術を受ける（get a plastic surgery）必要はない。ビジネスで「行」を積めば、男は40歳から自分の顔に責任がもてる。男の顔は履歴書、女の顔は請求書（Men's look is an I.O.U.《I owe you.》Women's look is a You Owe Me. 超訳）。もっと真面目に訳そう。"Men gotta have the look they deserve, when they hit forty."

kao-pasu

顔パス。　They let me in. Because they know me.

「彼は顔パスが利く」は超訳するより他はない。faceは使わず、こう訳せばよい。Everyone let's him in. Why? Because everyone knows him. (He can be tolerated.)

「顔が利く」もEveryone knows him. ツケがきく人でもある。Trustworthyとか、credit-worthyが形容詞として使える。knowの中には、顔が含まれている。「顔が広い」とは、He has a broad face. ではなく、Everyone knows him. のことだ。

Everyone loves him. でもいいが、これは、俳優などメディアに盛り上げられた虚像で、この人たちの顔が、コネとして使えるかど

うかは別だ。映画（テレビでもいい）俳優がいくら保証人を頼んでも、銀行は金を貸してくれない。顔パスが利く人物は、よほどの目立たない大物か、ヤクザの親分だけだ。

kao-wo-ure
顔を売れ。　Get contacts.

　コンサルタントが必要とする顔とは人脈のことだ。faceではない。顔が広いとは、broad contractsをもつ人のことだ。契約をとる（get contracts）にも、顔（contacts）がモノをいう。Get contacts to get contracts.と覚えておこう。

　転職経験の多い私はan aggressive networkerであり、人脈（networking）を大切にする。コンサルタントに必要な交渉力（negotiating skills）には、質問力（questioning power）が問われる。そして人間関係のリスクを恐れないこと、willingness to take risks。

　一度決めた職場で骨を埋める（die on the job）覚悟が美学とされた時代は、終りつつある。むしろ、転職先を求めて、面接で、これまでの職歴を誇らしげに語れる人材が歓迎されるコンサルタント時代に変わりつつあるようだ。つまり、顔（contacts）の時代だ。

kao-wo-tatete-hoshi'i
顔を立ててほしい。　Give me face.

「立てる」は、きわめて日本的な表現だ。「男を立てる」も同じ意味だ。Save me face.でも使える。faceの前にmyを入れなければ、これで通じる。「武士の情」として、逃げ道を与える場合なら、give somebody a face-saving out.がいいだろう。

　ところが面子にこだわる中国人が、日常でもゲイウォイーガミエンツ（Give me a little face.）という表現を使うことを知った。それでアメリカもGive me face.という英語を使っていることを知って、思いきって取り上げた。

　孔子の子孫にあたる孔健氏を、私がキャスターをつとめるNONESのスタジオにゲストとして招いた。ふと英語にできない「ごくろうさま」を、そのまま中国語で辛苦了（シンクーラ）と言うと、謝謝（シェーシェー）と即返された。

kaku-ga-chigau
格が違う　in a different league from 〜

　イギリス人がこだわる「格」とは、classのことだ。品がないというときに、He has no class. という表現が用いられる。The British are class-conscious.（階級を意識する。）アイルランド人はFamily-conscious、スコットランド人はclan-consciousだといわれている。

　インド人は、caste-consciousで知られている。インド人の四大カーストは、Brahman（司祭者）、Kshatriya（王族、武士）、Vaishya（庶民）、Sudra（賤民）。社会性昆虫の代表とされるハチの職能形態とよく似ている。

　casteやclassは、格式と同じように固定されたものだが、日本社会で使われる格はもっと流動的なものだ。誰でも、努力すれば、業界のトップ（相撲でいえば横綱）になれる。郷土の誇りとなり、「らしさ」を超越した「風格」に期待が寄せられるようになる。外国人力士や、外国人経営者に対しても同じだ。

　とくにビジネス交渉のテーブルでは、相撲の「立ち合い」に近い正念場（the moment of truth）だけに、呼吸が合うまで、時間がかかる。お互いの格が違えば、どちらかが「待った」をかける。幕下や十両の力士が、幕内の三役力士と闘うことは許されない。They're in a different league from us. マイナーリーグ相手に、メジャーリーガーは立ち上がらない。

　同じく、格が違うといっても、血統や人種が加わってくると、a breed（品質）も問われる。

　The inter-racial marriage won't work, because they are a breed apart.（国際結婚は失敗するだろう。ご両人は格が違う。）

kakugo-ga-aru
覚悟がある。　I'm committed to it.

　ウソの研究家M・スコット・ペック（M. Scott Peck）氏は、悪に立ち向かう（日本人は、逃げようとする）ことが、healing（癒し）になるという哲学の持ち主だ。その人を支える信念がキリスト教だ。

　My commitment to Christianity is the most important thing in

かくしだ

my life and is, I hope, pervasive and total.（私がキリスト教に献身していることは私の人生で最も重要なものであり、そしてそれが、全面的で全体的であることを願っています。）("People of the Lie" 邦訳『平気でうそをつく人たち』、草思社刊、p11）

この世のためになるという信念が、覚悟ということだ。覚悟とは、そのために、責任がとれる——スミマセン（ユルシテクダサイ）の意でなく——心の準備ができていることだ。ハラを切る、ユビを詰める。ヤクザの交渉が強いのも readiness（ハラ）ができているからだ。ヤクザよりもっと強いのが、死を賭した武士の交渉力だ——これには「公」を意識した大義名分（moral high ground）がある。

kakushi-dama
隠し玉　an ace in the hold

"The complete IDIOT's Guide to Winning Through NEGOTIATION"から学んだ英語だ。この本は、「隠し玉」の効用としてBATNA（Best Alternative to a Negotiated Agreement）という妙案について、述べている。

最初の狙い（primary base）に代わる、secondary base は、もっと「すごい」ぞ——隠し玉として——が力説されている。悪いが、このBATNAの解説に関しては、私に自信がある。かつて、ハーバードの Law School が主催した、1週間にわたる交渉セミナー（Negotiation Workshop for Lawyers）を受講したときのメイン・テーマであったからだ。バトナ、バトナ、バトナと何度耳にしたことか。世界から集まった300人以上の弁護士たちの「合い言葉」がこのBATNAであった。

どうしても、給料のベースアップ（a raise）が不可能なら、もっと休暇がほしいと要求するというふうに、primary base より secondary base の方が、ハラの中（in the hold＝手の内に）では主な狙いであることが、ままある。

そうか。譲って、勝つか？　負けることも戦略として使えるのか。気が大きくなった。この種の交渉に長けた日本人はあまりいない。これまでの日本人外交官は、できる人であればあるほど、どこか悲壮感を感じさせる。遊びがない。the art of giving に弱い。も

しA案がだめなら、いきなり譲り（give）、次のB案を出すというふうに、alternative（代替案）で勝負に出るといった、戦略的柔軟さに欠けている。

とにかく、引き下がることは敗戦とばかり、「そこをなんとか」とねばる。土下座外交も辞さない。脅しができないから平謝り、というのが、伝統的な日本外交だ。第二のオプションがないから、最後は口論（ケンカ）になり、脅かされ、のっぴきならない戦争状態にまで追いつめられる。なんとかならないか、日本外交。

kakushi-teru-na-wake-wo-ie

隠してるな。ワケを言え。　You're evading. Give me a reason.

You're hiding. でもいい。しかし、言を左右にする（evasive）ことだけで、真実を隠していることになるから、私はYou're evading.を好む。玉虫色的な発言はすべてevading.

ワケはa reason（理由）。べつにgiveを使わなくてもいい。There must be a reason. と、やんわりと相手の心を開くこともある。とくに、ワケはa reason（理由）であっても、日本では、situations（事由）が重要。理由より事由なのだ。事の成り行きが、情状酌量（extenuating circumstances）になるのだから。

欧米ではright or wrong（善か悪か）。そしてGuilty or not guilty（有罪か無罪か）。日本には、グレイゾーンが多い。有罪といえばウソになる。日本人のすべてがguiltish（有罪っぽい）なのだ。Why? 私のこれまでの人生は、あまりにもホコリっぽかった。Because I've been guiltish all my life.

kakushoh-wa-ari-masu-ka

確証はありますか？　Any smoking guns?

決定的証拠の発見は、芸能レポーターの腕の見せどころ。有名人の後をホテルまで追いつめ、一晩待機して、二人が出掛けるところをカメラに収めるまで帰宅できない、とは因果な職業（a lousy job）だ。

彼らが求めている決定的な証拠（critical evidence）は、通常smoking gunと呼ばれるもの。煙が出ているピストルは、発砲の動かざる確証（irrefutable evidence）になるから、smoking gunだ。これは、話し言葉。書き言葉では、conclusive evidenceか、hard evidenceとなる。ディベートでは、疑う余地のない（beyond the shadow of doubt）証拠が揃うと真実と見なされる。

kakete-miru-ka
賭けてみるか？　　Wanna bet?

　耳に入る英語は「ワナベ」だ。イントネーションは尻上がり。子供でもわかる英語だ。イギリス人の目からみると、アメリカ人は、ギャンブルが大好きだ。大人の3人に2人はいつもどこかで何かに賭けて（place some sort of stake）いる。そして10人に1人は運試し（try their luck）のために、ラスベガスを訪れるという。

　1992年にネバダ以外の地で、ほとんどのsports gamblingは禁ずるという法律（the Professional and Amateur Sports Protect Act）を発効させた。そして、ギャンブル好きなアメリカ人は、スポーツ・ギャンブルを禁じた法律をアメリカの最高裁が破棄するかどうか、と賭け始めたという。

　スポーツの賭け（sports betting）を法的に認めるべきでないという声は、3人に1人だというから、3人に2人のアメリカ人はどうしようもないギャンブラーだ。（Two in three Americans are incurable gamblers.）だから、アメリカ人と交渉するときは、Wanna bet?を使う。

　コロンビア大教授のジェラルド・カーティス（Gerald L. Curtis）氏（政治学者）が外国人特派員協会の夕食会で新誕生のトランプ政権について講演をしたとき、あとで個人的に聞いてみた。

　トランプ政権を迎え、4年以内に南北戦争（Civil War）級の内乱が起きるかどうか。彼は、NOと答え、私はYESと答えた。大物の相手だからWanna bet?とは言わなかったが、「賭け」のつもりで話しかけたまでのこと。他意はない。

kageri
翳り　　a sad side

　ビジネス取引に詐欺行為（con game）はつきものだ。人を欺す人は、目を見ればわかる。Look'em in the eye.（目を見よ）という。しかし、プロは瞳（pupil）を見る。目でも騙すことができる。con artist（詐欺師）も有段者級になれば、目をキョロキョロさせることもない。

涙で相手を陥れるのが得意なemotional manipulatorもいる。イケメンや美人が多い。だから私は、瞳（瞳孔）を見よ、Look'em in the pupil（of the eye.）と言う。しかしcon gameも、名人級になると、まるでエイリアン。感情を殺すこともできる。そんなときは、相手の背中を見よ、と言う。Watch his back.と。

Why? Because the backs tell. 男の「かげり」は、背中を見ればわかる。He has a sad side. His back tells. そう、tellだけでよい。ゴルゴ13は、背後から撃たれないように、壁を背に座るか立ったままでいる。私もその習慣が身についたのか、背中を見せまいとする。

ニューヨークは生き馬の目を抜くと言われている。They say, "Watch your back in New York." 本当か？

*TIME*が日本特集をした頃、編集主幹のランス・モロー（Lance Morrow）に大阪の夜の街を案内したことがある。感激して、こんなことを言った。"Nobody watches your back in Osaka. Osaka isn't New York."

このランス・モローにもかげりがあった。ときに、目が曇ることもあった。I saw sadness in his eyes. 語りたくはない。

kajoh-han'noh-suru
過剰反応する　　overreact

ビジネスでは、overreact（過剰反応）することも、underreact（過少反応）することもある。おしなべて、ユダヤ人は前者で、日本人は後者だ。ユダヤ人の表現もオーバーで、日本人のそれはアンダーだ。

Molly Katz（モリー・カッツ）女史は、オーバーという日本人好みの形容詞に、色をつけてbig wordsで語る。All our expressions are maximums, superlatives and extremes. ユダヤ人の表現は極限、最上級で極端という。

こんな難訳な言葉をちりばめるのも、ユダヤ人好みかな。I got caught in the rain. は昔（then）。今（now）なら、I got drenched in a downpour.

I'm warm. ならI'm boiling. I'm cold. ならI'm freezing. I'm hungry. ならI'm starving to death.（私なら、I can eat a cat food. と。ウソ

や。) I'm allergic. なら、I'm violently allergic. というのが、今日のユダヤ人の言語感覚（Jewish phraseology）だという。

そういえば、私もずいぶん、アメリカ英語、実はユダヤ英語の影響を受けてきたものだ。Is it a shame? の代りに Is it a crime? とオーバーな表現を使うこともある。

gasu-nuki
ガス抜き　　let off steam

ガスを gas と同義と考えて、release gas と言ってもピンとこない。飛行船のガス抜きは deflate だけでよい。gas は大切なもので、抜いてはいけない。スタミナが切れてきた、は I'm running out of gas.

だから、Give him gas. を使おう。ガスを抜かず、「ガスを入れてやれ」と give を使うのだ。give と get といった簡単な言い回しを勧めたい。

他に let it steam や、Let's let off a bit of steam.（ちょっとガス抜きでもやろうか。）という表現もある。やはり、型は give と get。

gappuri-yotsu-ni-kumu
がっぷり四つに組む　　take the bull by the horn

牛の角を摑むといえば、『空手バカ一代』の大山倍達（元極真会館館長）を思い出す。通常がっぷり四つに組むとは、難題が降りかかってもびくともしないこと。相手が猛牛であっても。ガチンコ（play for real）好みの人は、猛牛の角を恐れない。正面から（逃げずに）挑むのは、やはり take the bull by the horn だろう。

kane-no-dashi-oshimi-wa-dame
カネの出し惜しみはだめ。　　You get what you pay for.

前著「語感辞典」では「安物買いのゼニ失い」のときに使った、斬れる英語表現だ。いい買い物にはカネがかかる。いい投資は高くつく。値切ることは簡単だが、かえってゼニ失いになる、というときに You get what you pay for. がよく使われる。

この表現を好むユダヤ人は、高く売りつけるときにも、この表現を使う。カネを出しただけの価値のある品物が手に入るということだ。こんなふうに使える。

"They play hard to get."（彼らは安売りはしません。）
"So what. Go for it."（それがどうした、思い切って買え。）

"You get what you pay for."（その方が損はしないもんだ。）

kane-wa-shoaku-no-kongen

カネは諸悪の根源。　Money is the root of all evil.

よく耳にする格言だ。金の亡者(もうじゃ)といえば、大阪人とユダヤ人の代名詞のように思われるが、これは勘違いによるものだ。ソロバン思考は、大阪人のプラグマティズム。ケチ（吝嗇）ではなく、計値(けち)なだけだ。

そしてユダヤ人もカネに関してはクリーンだ。契約にはうるさいが、私の経験が及ぶかぎり、カネには寛大な人が多かった。モリー・カッツ氏はユダヤ人がカネに執着するのは、worryとfoodが中心（80％以上）で、その次に学問にカネを使う。その他のものを求めるプライオリティーはきわめて低い、という。

彼らは言うだろう。Loving of money isn't evil. Loving money too much is evil. と。耳にはしていないが、その方が多分間違いない。

kanemochi-wa (mina) kechi

金持ちは（みな）ケチ。　The rich are stingy (mean).

金持ちはなぜケチ（tight-fisted）なのか。口語的にはcheapも使える。The rich are all cheapskates. いろいろな人に聞いた。「ケチだから金持ちになれた」という答も多かった。私の答はもっと論理的だ。金持ちに集まるのは、おすそ分けを望んでいる人が多いから、油断ならない。詐欺っぽい人が増える。defensive（防御的）にならざるをえなくなる。来てほしい人が来ず、来なくてもいいやつらが来る——これが富豪家のホンネだろう。もっと知的に解明してみよう。こんな諺がある。Self-preservation is the first law of nature.（自己保存は自然の第一法則。）

kanojo-no-koto-wa-wasurero-yo

彼女のことは忘れろよ。　Get over her.

「忘れる」と耳にして、forgetを思い浮かべることは危険。別れた彼女も、相手にとっては、忘れがたい存在。いきなり「忘れよ」というのも酷だ。せめてその辛さを「乗り越えよ」ぐらいしか、言えない。Get over her. と相手を励まそうとすれば、もっと前向きな言葉がいい。

Get another one to get over the old one.（前の彼女のことは忘れ

て、新しい彼女を見つけよう。)

big wordは使わなくとも通じる。She's not the only fish in the pond.（池の中で泳いでいる魚は彼女だけではない）というcliché（クリシェ。決まり切った文句）を使うよりも、日常会話は簡素な方がいい。

kanojo-wa-otoko-desu
彼女は男です。　　He!

ニューヨークのレストランで、Is she a male?と知り合いのアメリカ人に聞いた。すぐに答が返ってきた。He!（いいえ、あの人は男です。）私の英語が文法的におかしかったのか。ただちにHe!と返されて、縮み上がった。

同性ならthe same sex（同性婚はthe same sex marriage）で、異性はthe opposite sex。What's the sex of the new baby, male or female?は長文すぎる。Was it a boy（girl）?だけでよい。

「性交する」はhave sex。a sexとなると意味が違う。性別になる。

Does Sophia have a sex?（AIロボットのソフィアに性別はあるの？）

彼女はこんなふうに答えるかもしれない。Fish have a sex. But I doubt if robots have a sex.（魚には性別があるわ。でもロボットに性別があるかしら？）

kanojo-wa-omae-no-saifu-ga-nerai-da
彼女はお前の財布が狙いだ。　　She loves YOUR money.

とっさに、訳せるかな。文脈により、アクセントの置き場を選ぶべきだ。実用英語の運用能力は、これで決まる。

SHE loves your money now.（金が欲しいのは彼女だ。）

She LOVES your money now.（彼女はおカネを愛しているに過ぎない。）

She loves YOUR money now.（彼女はあなただけの金が欲しいのだ。）

She loves your MONEY now.（彼女があなたから欲しいのは、お金だけだ。）

She loves your money NOW.（彼女がカネに困っているのは今だ。）

英語の名人、とくに通訳者にとり、耳が肝腎だというのは、そういう意味だ。

(gaman-shite) yuzuri-nasai
（我慢して）譲りなさい。　Settle for less.

「譲り」は日本文化では美学。妥協とは、譲ること。兄弟げんかが起これば、母は「お兄ちゃんだから譲りなさい」と言う。これはsettle for less。「もっともっと」とねだることをsettle for moreと呼ぶ。これは弟に譲り、兄の方がsettle for less した方が日本ではうまくいく。

夫婦げんかでも、日本では強い方とされている男の方が、弱い方とされている女に頭を下げてsettle for lessを選んだ方が、夫婦間ではうまくいくというのが相場だ。女が必ず男より弱いか？　今はちょっと微妙。Complicated.

kami-wa-kimi-wo-aishite-iru-yo
神は君を愛しているよ。　God loves you.

この短いセンテンスを耳にして、情景が浮かぶだろうか。プロの同時通訳者なら、これくらいのイメージ・パワーがほしい。神が天地を創りたもうた、というキリスト教の牧師が一番苦手とする相手は、無神論者で、世界的に著名な故ホーキング（Stephen Hawking）博士だ。トランプ大統領はan evangelical Catholicで、アメリカにChristian nationalism（正しくは、Judeo-Christianism）を確立した、と息巻いている。

ドイツ系の牧師が、「キリスト教をバカにするきみよ、神は（それでも）きみを愛しているんだよ」と痛烈なバイブル・パンチを浴びせている。Pity you.（気の毒だね）に近い。You'll get scorn.（きみは嘲笑されるだろう）とも言いながら神（イエス）の懐の深さを強調する。それがGod loves you.（神は君を愛しているよ）なのだ。God pitys you.ではなく、God loves you.の方が効き目がある。Outch! 痛い。京都人が同じセリフを使えば、イケズ（sarcastic）といって顰蹙を買うが、「神はそれでもあなたを愛する」と言えば、反論の余地はない。

かもね

kamo-ne
かもね。　You could say that.

「あんたは側近の人をクタクタにさせる」と言われると、なるほどと思う。しかし、「不幸にする」と言われると、「それは、側近にも問題がある」と心中では、自己弁護したくなる。なるほどと思われるフシがあるからだ。だから、たとえ (if)「その事実 (that) を発言する (say) としても許される (ifが隠れているからcouldになる)。」これが英語でよく耳にする、You could say that.（言えないこともないね——かもね）となる。

kaya-no-soto-ni-okareru
蚊帳の外に置かれる　be kept in the dark

I was sidelined. とか、I was kept out of the loop. 蚊帳をa mosquito netと直訳しても通じない。loop（輪、ループ）の中の人はinsidersで、外の人はoutsiders。

あまり、情報を与えても、消化不良になる。

Too much information gives you too much indigestion.

消化にいい英語をちょっと加えてみよう。I used to be one of them, now I'm out of them. もっと縮めよう。Once I was "them." Now I'm "us." 蚊 (mosquitoes) を外へ出そう。

kara-wo-yaburu
殻を破る　break through

殻と聞けば、欧米人は、boxを思い浮かべる。殻の中で思考をすることをthinking inside the boxと表現し、卑しめる。Think outside the box.（殻を破って考える）と、高らかに唱える英語道を人生道と同次元で捉える私は、この殻を卵の殻（egg shell）になぞらえる。物理学的に考えると、黄身はpotential energyである。大物になる器とは、このyolk（黄身）の部分だ。その潜在能力を発揮させるのが、白身の部分であるkinetic energyである。

世間は甘くない。味方であると同時に、敵、つまり「鬼」なのだ。黄身が白身と闘い、shellという殻ができる。これを内部のシンメトリー（internal symmetry）という。これがidentity。こういう人格までもかなぐり捨てないと、風格は生まれない。人格もアイデンティティーも、法則と考えると、ヘソの緒と共に、破り捨てる

必要があるという。専門用語でいうと spontaneous symmetry breaking となる。つまり、惜しみなく自己を捨てよ（let go of yourself）ということだ。

Some laws were made to be broken. 法律は破られるためにある。これがヒモ理論。

kare-wa-futoppara-da
彼は太っ腹だ。　　He's got a big heart.

ギリシャ人と、よく腹について語ったが、かみ合わなかった。ヨーロッパ人には日本人の腹 big stomach は通じず、big heart であるべきだと、答えられた。メガロスタマヒ（big stomach）とは、中年のビール腹のことだと答えたから、アメリカ人と同じ反応だ。「腹が出てきて」という日本語は、英語では I'm getting a (beer) belly. 中国では「肚子大起来」。太っ腹には肚は用いない。

中国語で「彼は太っ腹だ」というときは「他度量大」という。度量（dùliàng）がハラというから、日本語の度量と近い。しかし、日本人がよく使う腹は、中国語でも「心」になるから、中国人の思考は欧米人に近い。肚の中で笑うは、「心中暗笑」だから、相手の腹（心中）は、中国語では「想法」になり、決してストマックではない。

どうしても腹（stomach）そのものを中国語で使いたいなら、肚だ。「腹が痛い」なら、肚子疼でよい。しかし、かつて日本人が用いた肚（grit に近い）は、今の日本では死語扱いとなった。武士道は肚（grit）だ、と言い続けてきた私には、少し淋しい。

kare-wa-bonbon-da
彼はぼんぼんだ。　　He's naive.

「あの人は、ナイーヴだ」というカタカナ英語を耳にすると、ほとんどの日本人は、「繊細な人」だと誤解してしまう。いずれカタカナ英語の危険性についてまとめてみたい。

naive は、「うぶ」「ぼんぼん」「世事にうとい」というネガティヴなトーンのある形容詞なのだ。その名詞は naivete だ。naivete（naive な行動）の発音はナイヴェティー。*TIME* はこんな英語を使っている。

Some have called Zuckerberg naive, in attempting to explain his privacy oversights.（Apr. 12, 2018, p40）（ザッカーバーグはプライバシーに無頓着だと説明しようとしたボンボンだよ、と非難している人もいる。）ザッカーバーグはボンボンというのは、プライバシー漏洩の重大性に気づかなかったことなのか。

　FacebookのCOOのシェリル・サンバーグ（Sheryl Sandberg）と二人で、広告部門で大成功をしたが、急激に拡大したビジネスはどうしても足腰が弱くなる。同社に風当たりが強くなったのも、プライバシーに関するリスク管理の甘さであった。

　マーク・ザッカーバーグ（Mark Zuckerberg）のことをZuckと呼ぶ、彼のhumanityのためという大義名分は、まさにholy grail（聖杯）であり、疑うべくもない。Zuck is a near god. と人は呼ぶ。で、氏の欠陥は、そのナイーヴさ加減だ。He's too trusting of other people's intentions.（他人の善意を信用しすぎてしまう。）

　私がnaiveteをボンボン気質と訳すのは、そういう意味だ。よく詐欺にかかった吉田松陰も、人を信じすぎるゆえに、よく騙された。ある意味では、どうしようもないぼんぼんだった。Yoshida Shoin was incurably naive in a way. 末席を穢すようだが、私もお二人に似たぼんぼんだ。身につまされる。They are me.

　Zuckは言う。My top priority has always been our social mission of connecting people.（私の最大優先事は、常に人々を結びつけるという、社会的使命であった。）そして松本空龍は言う。My highest mission has always been 'taming' and 'humanizing' English, the untamable language.（私の使命感は、常に、グローバル言語の英語という激流を鎮め、英語に血を通わせることであった。）

kare-wo-shinasadame-shinasai
彼を品定めしなさい。　Size him up.

「品定め」とは、相手の人間の才覚や努力を見極めること。人間の値打ちを定めるのだから、値段がつく。彼女はなんぼのもんじゃいという場合なら、Size'er up.（サイザラップ）となる。よく使われるから、何度も音読して覚えておこう。ついでに、

　They're sizing each other up.（お互いに相手の力量をさぐりあっている。）

　Do they look happy with each other?（お互いにうまくいってい

ますか。）

No. Embarrassed silence.（いや、気まずい空気だ。）

Neither is giving anything away.（お互いがスキを見せていない。）

karoh-shi
過労死　Killed by overwork

Karoshiは英語になった。*The Economist*でもよく取り上げられる。日本では、1日12時間勤務は当たり前。新入社員の有給休暇は年10日だが、平均的サラリーマンは5日とれればいいところ。日本の父親の育児休業（paternity leave）は認められていても、その恩恵を受けるのは5％に過ぎず、過労死が絶えないという。クールビズでネクタイを外す（dress downと表現）官僚がいても、銀行の従業員を真似る度胸のある人はまずいない（rarely dare）。自宅出勤（work from home）の許可が出ても、上司が率先して背中を見せる（lead by example）ことがなくては、日本のシステムは変わらない。

直訳すれば、death caused by overworkだろう。もっと深く考えよう。なぜ人はそこまで働くのか。money？　それともfear（過労を避けることによる恐怖）？同期に負けたくないという、意地？　面子？　ならば、peer pressure（同調圧力）になる。

death from old ageはわかるが、death from overworkとはなんだろう。自殺に追い込むのは、death from underworkやfrom no workの方が多く、こちらの方がより深刻ではないだろうか。

論理的に考えたら、dieよりkillという他動詞を使った方がスッキリする。ちょっと例題を。Diabetes kills people. Sugar kills people. これを和訳すると、「人は糖尿病で死ぬ。砂糖で人は死ぬ。」この日本語を逆に英訳したときに、killが使えるだろうか。

kanji-no-i'i
感じのいい　pleasing

男は度胸、女は愛嬌。愛嬌はcharmingでattractiveと辞書に出ている。では、男がもてる資質は？　やはり、男女共通の好感度は「明るさ」だろう。成功の法則について著したナポレオン・ヒル（Napoleon Hill）は、一言で言えばpleasing personalityだという。pleasingとは、第一印象が感じのいい人で、やはりネアカなタイプ

だろう。

pleasing（好感度の高い）は、日本の和英辞書にも使われていないが、この英語はネイティヴにもぐっとくる。女性の場合は、とナポレオン・ヒルに問わば、congenial（感じのいい、気性に合った）を使うだろう。

"Miss congeniality"（邦題『デンジャラス・ビューティー』）という美人コンテストを扱った映画があったが、とびきり美人ではないが身近に感じる女（girl next doorといったところ）が主役で、サンドラ・ブロック（Sandra Bullock）が演じている。

She's a congenital host. といえば、性格美人（pretty inside）のことだろう。ビジネス交渉に向く人は、男ならpleasing、女ならcongenialだろう。

kanjoh-inyuh-ga-dekiru
感情移入ができる　empathetic

ダダモ（Peter D'Adamo）博士は、AB型人間を直感的（intuitive）で、emotional（情動的）、passionate（情熱的）、friendly（友好的）、trusting（信用できる）、empathetic（感情移入ができる）と分析されている。

O型はextroverted（外向的）で戦略的（strategic）——breaking pointまではクール。一挙に崩れるが、立ち上がりも早い。

A型はintroverted（内向的）で神経過敏な（sensitive）——いつも不安で情緒不安定だがbreaking pointで開き直る。

B型はindependent（独立的）で主観的（subjective）——breaking pointがない。

AB型はintuitive（直感的）で共感的（empathetic）——tensionとbreakのリズムを楽しんでいる。しょせん芸術家仕事も趣味のうち、と分類されている。

私は、AB型を芸術的で職人気質の持ち主だと勝手に決めつけている。そのために実験もした。都内の英会話喫茶のオーナーは、AB型が多いに違いないと演繹推理を立てた。MDI（マネージメント開発研究所）のCEOを務めていた頃から、調査のためという大義名分を振りかざし、一斉に調査をしたものだ。その結果、調べた英会話喫茶のオーナーの90％は、AB型だった。

こぢんまりした空間で、色彩豊かな（AB型は多彩を好む）絵画や飾り物で、アトリエ風に店を飾り上げ、クラシック音楽などを流すといった、入念さは、AB型の芸術気質そのものだ。AB型は、大組織に決してなじまない。こぢんまりしたアトリエ的空間を好むというわけだ。

　ビジネス交渉には、血液型性格分析は欠かせない。交渉する最初の相手がAB型なら、趣味の話をし、趣味が合いそうな社内の仲間を紹介してもらって、直接交渉することだ。商談成立は難しいだろう。AB型社員が大企業のキーパーソンになることはまずない。相手がB型なら、のるが、交渉成立の可能性は50%。O型の上司を紹介してもらって、直接交渉することだ。さらに根回し相手はその上の上司のA型につないでもらう。商談成立はようやく80%。

　さて、最初に会った窓口の相手がA型であったら、商談成立の可能性はゼロに近い。A型の相手は、きわめて慎重で、相対取引で意思決定することはまずない。根回しがなくては、責任分担が果されない限り動かないのがA型リーダーだ。A型はB型人間に支配されたベンチャービジネスに向くはずがない。このように、日本の大企業は、A型支配に君臨されることになる。

kan'nin-bukuro-no-o-ga-kireta
堪忍袋の緒が切れた。　　Enough is enough.

「もういい加減にしろ」とか、「もう（おのろけは）十分だ」というぐらいならEnough!で十分。しかし、口にしたご本人は、まだ「キレた」（pissed off）わけではない。堪忍袋の緒はまだ切れていない。

　切れたときは、Enough is enough.となる。これがexplosionの段階だ。爆発寸前のイライラしている状態は、まだimplosionだ。「今、超怒っている」ならfume。Trump is fuming.は、He's about to explode.に近い。

kan-wo-shinjiro
勘を信じろ。　　Trust your guts.

「世間の人たちの言葉を信じるな」なら、Don't believe what they say. 二人の意見が対立することが常だ。Which should I believe? と言えば、その答は、Trust your gut.

頭のintuitionより、腹の感覚（gut feeling）の方が、当るものだ。年輪を重ねた人（男）のgut（勘）の方が、信憑性は高い。女の直感（female intuition）は年齢と関係なく鋭い。夫の浮気はすぐに見抜ける。My wife doesn't believe what I say. And I don't believe everything she says either. But I trust her intuition. And she trusts my gut. We're even.

女は男のハラ（gut）を信じ、男は女の直感（intuition）を信じるから、おあいこ（even）というが、本当だろうか。even（偶数）じゃなくて、奇数（odd）ではないだろうか。ほとんどの夫婦は、odd couple（不釣り合いの夫婦）ではないだろうか。

おしどり夫婦（perfect couples）が珍しい時代になった。我々はおしどり夫婦（well-matched couple）だと自負するヒトに会ったことがない。もし、いれば白々しい。

私の超訳では、おしどりカップルはplastic couple（無色で、柔軟で、無機的な夫婦）となる。偏見であることは認める。英語民族が耳を傾ける悪魔（devils）とは、そういう冷めた観方をするものだ。

kiki-johzu

聞き上手　a good listener

交渉英語の第一歩は"耳"である。アウトプットの前にインプット。「話す前に聴く」は、英語道の基本である。You can't pronounce the words you can't hear.（耳に入らない言葉は発音できない）は、音声学者であるアルフレッド・トマティス（Alfred Tomatis）博士の基本哲学である。

聞（聴）くとは何か。『日本国語大辞典』（小学館刊）で「きく」（聞・聴）を調べて、驚いた。

1. 音、声、言葉などを耳に感じること——これはhearだろう。
2. 言い伝え、うわさなどを耳にする。耳を澄まして聴く（listen for meaning）より、耳に入ってくる音に対する感受性が問われる——やはりhearに近い。
3. 人の言葉に従う、承知する、聞き入れる——これはacceptだろう。「従う、承知する」はhearとlistenのあとにくるものだ。
4.（答を耳に入れようとして）人に尋ねる。考え、気持などを問う

——askやquestionだろう。

翻訳しにくい日本語が山ほどある。人工知能に任せていいものか。

5. 是非を判断する、判断して処置する——interpretのこと。

判断して処置するとなると、翻訳家の仕事でもあるから、translateも含まれる。

6.（「聞香」の訓読みからか）においをかぐ——おや、「匂い」よ、お前もか。smellを聞くなんて。

7.（酒）を味わってみる。味を試して違いを知る。——tasteからdiscriminateにまで拡がっている。

8. 当てて試みる。釣り合いを見る——feel outのことだろう。

今、流行りの忖度(はや)(そんたく)も、feeling outのこと。この分野の達人は、人間よりもゴキブリたち（cockroaches）だろう。地球上の生物が滅びたあと残るのは、ゴキブリとサソリだけだとある科学者は述べている。（*The Economist*より）

9.「訊く（問いただす）」(き)(inquire)を私なりに加えた。ディベートでいう反対尋問（cross-examine）が、日本語の中に入っていない。

10. ついでにもう一つの「きく」を付け加えてみよう。効く、効き目がある。「目利き」の利くもあるが、これは、workのことだ。口をきく（put in good words）とは、speak for 〜となり、「きく」がアウトプットに結びついている。日本語はまさに悪魔の言語（devil's language）だ。

　　——やれやれ、『広辞苑』の翻訳はAIロボットでも無理だろうな。私が言うのだから間違いない。

kigyoh-wa-yahari-rieki-da

企業はやはり利益だ。　　Profit. That's the bottom line.

　この基本的なロジックをマーク・ザッカーバーグは忘れていた。*TIME*（David Kirkpatrick）は論じる。Zuckerberg hardly prioritized the company's bottom line.（ザッカーバーグは、自社の利益追求という基本をないがしろにしていた。Apr. 12, 2018, p39）と。

　企業で重要なことは利益の追求だが、ザッカーバーグは、それを最優先に扱わなかった。たしかに、売上（revenues）と収益（profit）の違いがわからなかったことでも有名だ。だからビジネス肌の姉御(あねご)のSheryl Sandberg（シェリル・サンドバーグ）女史に広告戦

略を任せたのだ。「フェイスブックは、私に任せて。広告ビジネスの金鉱（gold mine）になるわよ」と豪語した。政界に顔の利く彼女には説得力があった。

しかしこのスキ間をザッカーバーグは埋めたであろうか。社の使命（mission）は、利益（profit）と矛盾しない、とサンドバーグの立場を守ってやっただろうか。いや、ヒーローのSteve Jobs（スティーブ・ジョブズ）のあとを追うように、世界に向かって旅立っている。

広告がカネになるか、というより、世界をつなげる方法（how the world needs to get connected）を模索していたという。He got to the bottom line.（彼はそれを収益に結びつけた。）今やフェイスブックは、世界の21億人を結びつけている、その天文学的な広告収入はバカにならない。あとはzuckの哲学が問われるだけ。

kiku-wa-ittoki-no-haji
聞くは一時(いっとき)の恥。　　Fear of asking. Fear of learning.

これを聞くと、あとの句が浮かぶ。「聞かざるは一生末代の恥」と。「恥」（shame）が出てきた。恥が出てくると、日本の文化。罪を優先させる国の人たちは、平気で質問をする。ガイジンは、勇気があるな、平気であんな恥ずかしい質問をして、と思ったことがあった。勇気とは無関係だ。質問が恥とは結びつかないだけのことだ。

では、この日本的であまりにも日本的な発想をどう超訳すればいいのか、探しまくった。ついに見つけたのが、このデンマークの諺だ。The man who is afraid of asking is afraid of learning.（質問することを恐れる人は学ぶことを恐れる。）

恥や罪が消えて、恐怖（fear）に変わっている。これが私の勧める、異文化に橋を架ける超訳だ。このまま見出しにしたかったが、「聞くのは一時の恥」と止めたのだ。そして、中国人好みの四字熟語的な訳に変えた。

If you fear asking, well, it means, you fear learning.
Fear of asking equals fear of learning.
もっと短くすると、四字熟語っぽくなる。
Fear asking. Fear learning.

kikubari-ga-dekiru
気配りができる。　sensitive to the needs of others.

　A型は繊細で、自己抑制的なる点、外国での調査結果と一致するが、ダダモ博士は、内省的（introverted）で気配りのA型人間と、とらえている。後述する能見正比古博士は、perfectionist（完全主義的）傾向があると、その非妥協性を指摘されている。

　武士道をはじめ、茶、花、そして英語まで、あらゆる芸事や趣味までもすべて完成度を求める「道」にまで"昇華"させてしまう。沖縄のジャンヌ・ダルクと呼ばれている我那覇真子（がなはまさこ）や、彼女を支えた熱血漢の父も、どちらもA型だということが判明したとき、私の血（A）も騒いだ。

kiku-mimi-wo-motteiru
聞く耳を持っている。　I listen.

　聞く耳がI listen. だけ？　そう。He's a good listener. は、「あの人はよく人の話を聞いてくれる人」という意味もある。社交術（social skills）の一つだ。好かれる上司は、a good listenerで、嫌われる人は、部下の話を聞かずに、部下を説教したり、叱ったりすることが好きなa bad（poor）listenerだ。

　I'm a good listener. は、ちょっと手前味噌すぎる。まるで、自分はよきビジネスパーソンと自負しているようだ。だから、私は、I listen. を使うのだ。「私のボスには聞く耳がない」は、My boss doesn't listen. これだけでよい。He just talks. を加える必要はない。「オレのいうことを聞け」（Just listen to me.）とか、「最後まで聞け」（Hear me out.）と、上からの目線で話すことも、ときには許されるが、日本で理想的なリーダーとされる人は、those who listenだ。「私は（頑固そうに見えるが）聞く耳は持っているつもりだ」、これを訳すと、I do listen. となる。

kikeba-jikan-ga-kasegeru
聞けば時間が稼げる。　Listening buys you time.

　交渉の名人（a master negotiator）は、すべてgood listenersだ。耳を傾けて、相手を身近に感じさせる（make others feel involved）。受け身ではなく、能動なのだ。

　おしゃべりが得意な人は、攻撃的に見えて、受けに弱い人が多

い。常に話をしていないと不安な人は、自信がなくて、それが素振り（tells）に現われる。質問されることを恐れる人は、交渉に向かない。

交渉の達人は、Listening buys you time.（聞けば時間が稼げる）と言う。時間が稼げれば、質問ができる。Questioning also buys you time. 攻めの上手な人は、守りにも強い。

時間は常に聞き上手の味方だ。（Time is always on the side of good listeners.）が私の交渉哲学だ。

記者倫理　journalist ethics

「テレ朝」女性記者は、セクハラ被害者を演じて、財務省の福田次官という大魚を生け捕った。録音という動かぬ証拠だから、この「網」から、相手も逃れられなかった。She trapped him. とか、She tripped him up.（口をすべらせるよう仕向けた）とか、テレビ朝日が狙ったカモをはめたのだろう（TV Asahi probably set him up.）と、世間の雀たちは騒いだ。

セクハラ問題は、moral issue。しかしこっそりと、録音をしかけるというのは、記者倫理に反する（go against the journalistic ethical standard）のでは。記者の志操（journalistic integrity）を疑う。日本ではmoralとethicalの境目は、きわめてgreyishだが、西洋では、とくにアメリカでは、法的な垣根が設けられている。

言葉じりを捕えるために、「録音してもいいですか」と断る女社長もいた。こっそりでなく、堂々として、スキを見せなかった（たぶん、悪徳弁護士の差し金だろう）態度は、評価できるが、もうそのビジネスパーソンとは仕事をしないことにした。私の美学（emotional aesthetics）に反している。ビジネスにとって大切な信頼感は、武士道の美学（samurai's integrity）ではないか。

きたない言葉　dirty word

きたない手は、dirty hand（手をよごすはget one's hands dirty。）

きたないお金は、dirty money（不正な取引によるbad money）。

きたない言葉は、dirty word（不潔な言葉にはdirtyかfilthyとい

う形容詞が使われる)。

きたない手口は、dirty trick（不正なトリックとはplay unfairのこと)。

きたないとは、よごれのこと。組織のトップがdirty gamesを始めるとよごれが目立ってくる。dirtyがcorruptに変わる。大相撲のなれあい組織（たとえばモンゴル会）は八百長の巣窟（そうくつ）になりやすく、外国人の眼から見ると、そういう力士はcorrupt wrestlersになる。

「きたない」も、腐敗が続けば、corruptに発展する。すべての組織はdirtyからcorruptになると、腐敗する。一人のbad apple（主犯）が、組織を腐らせてしまう。

Power corrupts. Absolute power corrupts absolutely.（権力は、腐敗する。絶対権力は、絶対に腐敗する。）腐敗を神道用語で「よごれ」と訳すと、もっと日本人の美意識に入りやすいかもしれない。

kitanai-shigoto

きたない仕事　hard, dirty and menial tasks

3K（きつい、きたない、きけん）という言葉が日本で流行（はや）ったことがある。英語でも、menial（卑しい）を加えると、ストレートに通じる。西洋では、奴隷制度（slavery）の流れを汲むが、日本の事情とはかなり違う。

アメリカのことわざに、"Work is for Negroes and dogs."（仕事は黒人と犬に任せろ）があり、植民地時代の南アフリカでは"It's a shame to work with his hands."（手を使う仕事をするなんて恥ずかしい）という言葉が日常でも使われていた。アメリカでは、work like a nigger.といって、manual（手を使う）、menial（卑しい）jobは露骨に嫌われていた。

奴隷制度を支持する人は、それでも奴隷制度のおかげで、白人たちは3Kの仕事から解放されたんだから、せめてものなぐさみじゃないかという。

poetic justice（詩的な正義）という言葉――勧善懲悪もこの類（たぐい）――が、ふと私の頭の中に浮かんだ。

きづかれ

ki-zukare

気疲れ　compassion fatigue

　AIロボットなんか、しょせん機械、思いやり（caring）なんかない、という人は、ますます時代遅れになる。*The Economist*誌のAI特集を読んで、ゾクッとした。AI can make business more caring.（AIは、もっと思いやりのあるビジネスを実現させる）という。

　録音されたロボットの声が、Your call is important to us.（あなたさまのお電話はわれわれにとり、命なのです）であったら、あなたはどうお感じになる。いや「どうお感じになりますか」という女性の声だったら、ビビってしまう。そうAIはIQからEQにまで進出している。あとは、ハラ（これはSQに該当する）だ。

　このspiritの部分が、この「難訳辞典」を支えている私の意地（self-esteem）だ。過去の商取引の実績までが、記録として残されると、商取引の基本となる「信用（credit）」や「ノレン（good will, good name）」までが、AIに奪われる（いや任せられる）時代がくる。この「難訳辞典」は、私にとり、守るべきノレンを背負っている。

　I'm running a reputational risk on this audacious dictionary. 武士の意地を守り、安売りをしないぞと、片意地を張っていると、気疲れがする。これをcompassion fatigue（共感疲労）と呼ぶ。気疲れのことだ。「共感疲労」（empathy fatigue）でも通じる。AIは、顧問のコンパッション・ファティーグを測定する、AI会社（Cogito、MetLife）を登場させているという。まるで興信所ではないか。

kiten-ga-kiku

機転がきく　witty

　ビジネス交渉に大切なのはwit（機転、機知）だ。ユーモアよりも深い。ジョークは軽すぎる。使用に当たっては、注意を要する。witには水（water）や井戸（well）の「深さ」があり、のどの乾いた周囲の人を寄せつける、いやし（healing）になるハーモニーがある。

　速読・速聴以上に大切なのは速考（fast thinking）ではないだろうか。速考力は、即興性（improvisation）のあるウィットで試される。ウィンストン・チャーチル（Winston Churchill）は、機知に富

んだ政治家として知られている、quick thinkerだ。速考を促すには、「機転を利かせろ」という意味でUse your head.もよく使われる。Think quick.か、Be witty.のことだ。

Lady Astor: Winston, if you were my husband, I'd poison your tea.（ウィンストン、もし私があんたの妻だったら、お茶に毒を入れるでしょう。）

さて、この「いやみ」に対し、どんな「突っ込み」がかけられるか——ウィットを武器に。解答はこれ。

Churchill: Madam, if you were my wife, I'd drink it.（マダムよ、もし君が僕の妻だったら、その毒茶を飲むだろう。）

Winston was a quick-witted statesman. こういうemotional climaxにもユーモアで返せるのが、一流のビジネスパーソンに欠かせない、いやユーモラスな外交センスだ。そこには、場を和ませるharmonyがある。

ki-ni-shinai-de
気にしないで。 Forget about it.

日本人にとり、NOと断ることはつらい。できればYESで通したい。いい回答ができなかったとき、いろいろ弁解したくなるものだが、外国人は、「気にしないで」という意味で、Forget about it.をよく使う。フォゲラバウレッは、「じゃあ、いいよ」という場合もあれば、「しかたない（関西ではしゃーない）」もある。「くよくよしないで」という場合にも使える。

kihaku-da
気迫だ！ Get a fire in your belly.

同時通訳の泰斗であった故・西山千氏が、なぜ通訳の基が「気迫ですよ」と日本語で述べられたのか、今でも気になる。正確な訳が見当たらない。fighting spirit、passion fire、killer instinct、それとも、と、日系米人であった師の心情を忖度し続ける、複雑な心境の今の私だ。そんなときに、最新のTIMEでこんな表現に出くわし、ヒザを打った（snapped my fingers）。

"I have a fire in my belly," she says. "There's not one minute of the day that I don't learn."（「私は腹の中に火を燃やし続けているの」と彼女は言う。「私には学んでない時間なんて1分もないの

よ。」)(Feb. 20, 2018, p44)

　ニューヨークのマンハッタンに60年間住んでおられた、90歳のマリー・アッシュダウン(Marie Ashdown)女史の言葉だ。the Musicians Emergency Fundのexecutive directorである。彼女はこの街が大好きで、一歩も動かず、この仕事が天職とばかり闘志を燃やし続けている。腹、いや肚の中に、火を燃やし続けている。こんな凛とした婦人に会ってみたい。師も、あの世から、そうだ、通訳者に必要なのはこれ(a fire in one's belly)、この種の気迫なんだ、と言われることだろう。

　このニューヨークの婦人の歳(90)に近い頃、師は、ふらっと紘道館に顔を出された。80代の中頃だった。同時通訳の練習で部下たち全員に、同時通訳をさせ、ジャッジをお願いしたところ、悠然と立ち上がって、「ぼくにもさせてください」とモデルを示された。私の仙骨に響いた。80を越えた、同通の神様が、まだ挑戦される。(Sen sensei had a fire in his belly, still going strong at his late eighties.) 西山氏のおかげで全員の士気が高まった。(He lifted everyone's spirit.)

ki-muzukashi'i
気難しい　cross

　直訳すればhard to pleaseだが、この「気難しさ」は一つの形容詞で間に合わせようとすると、crossとなる。十字架(cross)は、耐えがたい痛みを意味する。意味論的に、I was cross.とは、かなり不機嫌な状態だ。ひねくれた人は、cross-grained person。「私を怒らせるんじゃない」はDon't cross me.だ。

「センセイは、クリスチャンですか、十字架の意味も知らずに」とからんでくる相手には、やんわりとかわす。Are you cross-examining me? と。「質問で私を怒らせようとしているのかね(Are you crossing me?)」は、日本人に馴染みのない反対尋問に近い。

　NONESの独りディベートでは、「自分自身にツッコミ(sidekick)をかけている。そうだ、関西人のツッコミは、crossでいいのだ。

Osakans enjoy cross-examining each other, but Tokyoites feel cross, when cross-examined.(大阪人は、反対尋問を愉しむが、東京人はつっこまれると、ムッとする。)

I was foolish.（オレはバカだった。）
You still are.（今もちゃうか。）
I'm not bald.（ハゲていない。）
You'll be soon.（もうすぐハゲるがな。）
She is beautiful.（彼女は美しい。）
She was.（昔はなぁ。）
I'm forgetful these days.（最近もの忘れがひどくて。）
You have been.（前からやないか。）

これらのツッコミ（cross-exam）は、大都会の東京では、控えること。ちょっと格調を高めるためにイギリス英語へ飛ぼう。The reporter was cross that Olympus was stonewalling him and refusing to answer any questions.（オリンパス側が質問に答えず、妨害したことで、そのレポーターは、不機嫌だった。）("EXPOSURE" p40）

 コーヒー・ブレイク

CATS & DOGS DEBATE Part II
表情を見せない猫の交渉術 (No expression work)

ネコ：なぜ、文筆家の人たちは思い詰めるのでしょうね。死に魅せられた人は哀れだわ。私たちには「今、ここ、Here and now.」がすべてで、楽しく生きていくことしか考えていません。日本人が、英語ができないのは、あの思いつめよね。

イヌ：思いつめがなぜいけない。日本人が、英語ができないのは、先生や先輩の教えを忠実に学ばなくなったからだ。今の日本は、ネコ化してしまっている。いいところに住ませてもらって、居候（いそうろう）をさせてもらっていて、まったく感謝の気持もない。英語の学習も、快楽の追求（pursuit of pleasure）のためだから、まるでアクセサリー。英語が身につくわけがない。教科書の英語、英文法をマスターして、文科省の指導に忠実に検定試験を受け入ればいい。人は、われわれイヌのように、ハンターでなくてはならない。

ネコ：あなたは三つの勘違いをしている。第一に、あなたの言うハンティングは、資格、認定書のことを言っておられる。勘違い

もはなはだしい。第二に、あなたの首は鎖でつながれており、自由にほしいものがハントできない日本人に英語をハントせよ、というのは無責任よ。第三、ネコ化とおっしゃった。なんという侮辱。日本はイヌ化しちゃっています。主人の顔色をうかがい、この教科書を使えと言われれば、尻尾を振りながらハイと言い、こんな検定試験を受けなさいとお役所や、先生方から言われると、ハイと、柔順に従うというていたらく。そしてアメリカのような大国のポチ（lapdogs）となった日本人は、永久に英語をモノにすることができなくなります。わたしたちネコは、べつに誰に命令されなくても、この「難訳辞典」がおいしそうだ、と見れば自己責任で読みます。I'll read it on my own, not on orders.

イヌ：ほう、あなたがたネコたちは、キャット・フード以外のものが食べられるのかね。もう、ネズミも捕えることのできない身の上。しかも避妊手術をしているから恋愛もできない。野をかけめぐることもできない。そんな身の上で、もっと自由に翔る人間さまの行動倫理を、よくとやかく言えるね……。How can you possibly discuss the code of ethics on humans' behalf?

ネコ：よくもその口で、Look who's talking? あなた方とは、わたしたちネコと同じ境遇にある。ドッグ・フードで育てられ、鎖につながれて、自由恋愛もままならない。散歩もご主人の監視付き。あなた方は、わたしたち以上の奴隷だわ。あなたはtu quoque「お前だって同罪だ」という議論のルールミスを犯したと言っているに過ぎないわよ。イヌは一方的に吠えるだけで、自分の考えの矛盾に気づいていないのよ。イヌは政治家や学者好みのスピーチが大好き。でもわたしたちは、自由主義派のジャーナリストで、もっとクールなディベートが性に合っているのよ。

イヌ：日本がこれ以上ネコ化してみろ、この国はおしまいだ。まずあんたがたは、チームワークってものを知らない。ネコにサッカーチームが組めるか？ 先祖のこともわからない──わかろうともしない。飼い主の国に対する思いも知らない。この日本人が大切にしている「国体」にも興味がない。主人に忠誠を誓い、そのために潔く命を捨てる覚悟といった崇高な武士道精神がない。ネズミを捕えることもできない、あんた方は、主人のなんの

役にも立たない。忠犬はいても、忠猫なんかいない。恩知らず……。You're worthless.

ネコ：〔……Silence……〕

　無表情（元からネコの眼には表情がない）。悔しがって涙をこらえている。いや,そもそもネコには、最初から涙がない。

　ネコが黙ったのは、紙幅（頁）がニャーくなったので、発言を控えたまでだ。ネコはしぶとい；Cats have nine lives.

kyuhryoh-doroboh
給料ドロボー　corporate dead wood

　窓際社員のように、何もせずただ出勤している社員は、サラリー・ドロボーというが、こんな英語はない。給料を盗むのは、embezzlerで、れっきとした犯罪者。さしずめ、deadwoodかparasites（寄生虫）で通じる。サラリーマン生活が長かった私の経験から、何もしないsalary thievesよりも、何かトラブルを起こし（朝から酒くさい息で出勤するはみ出し人間など）、周囲の時間を奪う時間ドロボー（time thievesは使われる）の方が、タチが悪い。

　組織人間（organization men）は、日本でもアメリカでも評価は低い。アメリカの企業で働く会社人間はまさにキュービクル人間（マンガの"Dilbert"を彷彿とさせる）で、きわめて存在感が乏しい。日本の大企業のトップは、corporate eunuch（企業宦官）と呼ばれることがある。

コーヒー・ブレイク
究論道はつらいよ。I accept that for a fact.

　このfor a fact（事実としては）が日本人には使いにくい。なぜか、日本人は、factとopinionを重ねてしまうからだ。ディベートをさせても、その気質がすぐに表われる。自分は今、否定側（NO）に立っている。だから、否定側の意見（仮説を考えた方がいい）にとり、不都合な事実をも否定してしまう。factとopinionは切り離すべきなのだが、日本の社会では、事実を切り離すことができない。factは日本人にとり、刺青のようなものと私が換言するのは、日本人に世界に通じるlogicを教え込みたいからだ。

名古屋外国語大学教授時代に、推薦図書とされていた、"Harbrace College Handbook"（Twelfth Edition）には、Critical Reading and Logical Thinkingという章がある。この個所は、日本にディベート教育の普及をライフワークとしている私から、critical（不可欠）なくだりとして紹介したい。

第一が、案の定、これ。Distinguish between fact and opinion. 事実（facts）とは、証明しうる（verifiable）情報のことで、信頼に値するものだとされている。それに対し、意見（opinions）は必ずしも事実に基づかない。判断（judgement）や、推論（inferences）のことだ。

両者は、「和して同ぜず」の関係にある。つねに同伴しているが、ベタベタな関係ではない。だから自分サイドにとっても耳が痛い。不都合な事実でも認めざるを得ない。それが、I accept that for a fact. だ。一つの事実を譲っても、意見を譲ったことにはならない。このルールが日本人、とくに政治家や、メディア人間により、守られていない。両者（factとopinion）を切り離すことをintellectual honesty（知的正直さ）と呼ぶ。これに対し、私が創成したhexagonal logic（六角ロジック）には、logicの対極にあるemotionのエネルギー（説得力）をも、加えている。

火のロジック（fire logic）は、ゲームだからといって、自分の心を裏切ることは許されない。これが、私が強調しているemotional honestyである。自分の体験まで捏造する（make up）ことは許されない。I accept that for a fact. それは決して自己を偽らないという究論道（The Way of Debate）の基本であり、その魂の潔さは武士道にまで遡る。求道疲労に悩まされると、私は西郷隆盛翁に戻る。道とは十字架か。

gyohgi-yoku
行儀よく。　　Behave yourself.

Behave. だけで通じる。英語は短い方が、パンチが効く。

Act your age. 年相応に振舞え。Act your place. 立場をわきまえろ。Play nice. 品行を正しく。これらは上からの目線になるので、使い方に気をつけよう。教科書的に語るなら、discipline（躾）のレ

ッスンになる。

What's discipline?（規律ってどんなこと？）

Well, there's a fine line between pleasure and pain.（そうだな、喜びと苦痛の間には微妙な違いがあるということだ。）

小説 "Fifty Shades of Grey"（by E. L. James）では、両者をこう解説している。They are two sides of the same coin, one not existing without the other. I can show you how pleasurable pain can be. (p221)

（コインは表裏一体であって、互いに、もう片方がなければ存在しない。私はどのように喜びに満ちた苦痛が生じるか、あなたに示すことができる。）

pleasurable pain という表現が気に入った。躾とは本来そういうものだろう。ペーパーバックから学ぶ実用英語は多い。

kyohfu-ni-obieru
恐怖に怯える　live in fear

恐怖に怯えている人はビクビクしているが、fearを見せない。見えないから、前置詞はinだ。何かの支えに寄りかかるときはonだ。She leans on her husband. というふうに。「大船に乗った気持で」と聞いて、Lean on me. のonがイメージできれば、プロの同時通訳者だ。プロなら、"Lean In"（邦訳『リーン・イン』）というベストセラーに飛びつく。イメージができない英語が気になる。アマは気づかない。live on fear との区別がつかないから困る。ちょっと練習してみよう。onは、見えるから、それ（fear）を生活の糧にして生きるビジネスになる。

話題の経営書 "Thriving On Chaos" by Tom Peters（トム・ピーターズ著）が、なぜ読まれたのか。inがonに変わっただけだ。in crisisは、危機に怯えながら栄えることで、onになれば、危機をチャンス（opportunity）と考え、稼ぎ回る方法となる。

kyohfu-wa-kohshoh-ni-tsukaeru
恐怖は交渉に使える。　Fear works in negotiations.

日本人には通じない発想だ。しかし巧妙な交渉者、いやセールスマンは無意識にこの技を使っている。今この株を買えば、あなたのお金は2倍になって返ってくる。If you buy this stock now, you

will double your money. このifとnowが一種の脅しになっている。
「他にも、この部屋をほしがっている人が数人います。今が買うチャンスです」と言われると、失いたくないというfearが生じてくる。"Unbeatable, one-day-only"（二度とないこの好機、本日限り）という広告。

Going out of sale.（You'd better buy today, or else...）という看板を見て、イタリア製の手提げバッグを買ったことがある。「店じまい」というfearに踊らされて買ったが、あの看板はしばらく消えなかった。このfearはあまり勧められない。

「あなたはもう若くない。ぼくと結婚するのは今のうち。」

彼女の賞味期限（use-by date）がすぐにでも切れそうな（fear）を与えるような交渉はよくない。交渉する相手を、欠陥商品と見なしてはいけない。もっとfearを生産的に使おう。

交渉学で使える三つの恐怖はこれ。

Fear of loss　　　　　失ったらどうしよう
Fear of the unknown　まったく見通しがつかないから不安
Fear of failure　　　　失敗したらどうしよう

ニューヨークで、"Fear is Good"という本を著したRobert John Keiber（ロバート・ジョン・カイバー）教授と会って話をして、意気投合したことを覚えている。多分、場所がマンハッタンであったから、身近な問題（existential issues）だと感じたのであろう。日本も急速にアメリカ化しているので、和を中心とした交渉学も軌道修正を迫られるはずだ。あなたの仮想敵があなたを狙っている。Negotiators play on fears.（交渉者は恐怖を餌にする）。

kyo-ni-tessure-ba-jitsu
虚に徹すれば実　Fake it till you make it.

虚と実は、皮一枚の違い（only skin deep）だ。術と道の違いも同じ。So are jutsu and doh.

術と道の違いは、欧米人には理解しがたいようだ。韓国人と中国人には英語術（English as an art）と英語道（tao of English）の違いが気になるようだ。「単なる」skills（techniques）of Englishとprinciple of Englishの違いを説明するのに骨が折れる。

欧米人はEnglish as a way of lifeで、ようやくわかってくれる。

本当にわかっているのか。日本人には直観的にわかるようだ——難しいことが。英語の「道」はtruthであることはわかるが、初心者には「術」が先ではないか、と多くの人が答える。

　英語の「心」を求める英語道（spirit English）といっても、総論賛成（agreement in principle）しても、各論（approaches）をめぐり、必ず反論される。英語の心も「型」から入るべき。だから、ネイティヴの物真似は避けられない、といえば全員が納得する。私の英語道のバイブルである世阿弥の『風姿花伝』は、物真似の重要性を説く。初心者には、能の形（時分の花）をマスターせよ、と。「心」自ずから咲く、真の花が。

　この心を口語英語で表現すると、こうなる。Fake it till you make it. ネイティヴ英語をそっくり物真似することはfake it、美術品でいえば、counterfeit（カウンターフィット）のことだ。ゴッホの絵を真似て、何万のヒマワリの絵を描いても、ゴッホになれない。

　オレはガイジンの物真似イングリッシュなんかではない、純粋のジャプリッシュを通すという豪気な人もいるが、どうも空しい。そこまでジャパニーズネスにこだわる人なら、英語をやる必要はない。死ぬまで日本語を使い続けるべきだ。その代り、死ぬまで日本語の「心」が摑めないままになる。なぜか、ゲーテの言葉を公理として、引用してみる。母語しか知らない人は、母国語も知らないことになる、と。

　やはり、英語をやるなら、ナチュラルな「音」まで物真似をするべきだろう——初歩の段階では。音は耳。活字から学べる眼には限界がある。英語道の基本は耳だ。フェイケッ㋐テロユウメイケッ㋐、これを1秒にして5回（トータル5秒）発音、いや発声してみよう。確実にネイティヴ英語が耳に入る。Your English won't be a fake forever. いずれ、本物英語に近づくだろう。

　英語の「術」をいくら求めても、ネイティヴに勝てない。ニューヨークのホームレスにも。しかし英語の「道」を求めようと心掛けたら、ネイティヴの英語をすでに追い越している。

きりふだ

kirifuda (okunote) wo-dasu
切り札（奥の手）を出す　play a trump

　ドナルド・トランプは、名前でトクをしている。ハートが切り札（Hearts are trumps.）だと考えると、それを使う。拉致問題で人道主義カードを使うのも手だ。Trump has some other trumps. トランプには、まだ他に奥の手がある。trumpsの代わりにtrump cardsを使ってもいい。

　日本語のトランプは、cardsのこと。カタカナ英語に惑わされるな！「笑いはポーカーフェイスでとれ」は、Play a deadpan (to get laughs.) = Be poker-faced. でもよいが、あまり使われない。

　いいコメディアンは、無表情で笑いをとる。下手なコメディアンは自分で笑いながら笑わせる。ジャック・ベニー（Jack Benny）というユダヤ人のコメディアンは、無表情（deadpan）と「間」（pause）のとり方の名人であった。

　Your money or your life? pause... ...I'm thinking it over.（カネか命かだって？……ちょっと考えさせてくれないか。）ユダヤ人はカネにうるさいことが常識になっていることを熟知したうえでのジョークだ。

kiwadoi-wadai-wa-sake-yo
きわどい話題は避けよ。　Avoid discussing touchy issues.

　touchingは、handshakeから始まりhugging, kissingと、社交術としては欠かせない。それが許される関係は、すでにtouchy-feely（温もりのある）環境ができあがっている。だが、ことtouchyな話題となると、ピリピリする。

　言いたいことが言えず、いらいらしてくると、相手にもそのあせりが読み取られてしまう。内向的な人は、爪を噛む（nail biting）し、人前でペンなどをクルクル回したりしている人は、かなり神経質かフラストが溜まった人が多い。そんなしぐさを見逃して、ズケズケと質問をすると、どこかで爆発する。

　その寸前の状況をtouch-and-goと表現する。飛行機の着陸やり直しから来ており、どんな結果になるか見当がつかない不吉な状況だ。しかし、touchは悪い意味よりもいい意味で使われることが多い。I was deeply touched. 深く心が動かされた。

よほどtouching story（心温まる話）だったのだろう。カタカナ英語のスキンシップ（誤解を招きやすい和製英語）は、physical touchingにとどめておこう。トップクラスの同時通訳者として知られた、故・村松増美氏は、skinshipは美しい英語で、逆輸出してもいいという意見の持ち主だった。

カタカナ英語は「英語もどき」だというのが氏の自説であったが、同じく同時通訳の名人であった故・西山千氏は、カタカナ英語は、悪い日本語（日本語もどき）だと定義されていた。ネイティヴの耳に入らなければ、正しい英語ではないという氏に賛同したものだ。これなどもtouchy issueだ。いずれ、カタカナ英語とオノマトペの辞書編纂には挑戦してみたい。

kuh
空（クウ）　zero gravity

空は道と同義なり、と宮本武蔵は『五輪書』で述べた。その「空」の適訳はいまだに見つからない。やっとたどり着いたのが、vacuumか、いやもっとパワフルなzero gravityだ。Hexagonal Debateが「狼の森」のメンバーと共に全国展開、いや、いずれ世界平和のために、究論（truth-seeking debate）として、世界初のspiral logic（渦状論理）と共に、宣教師も使わずに、世界中ににじませていきたい。

あるアメリカ人の武道家は、空龍をsky dragonにしては、と言ってくれた。私好みのvoid dragonでは、まるで、無効（力）な（nullified）龍になってしまう。まるで迫力がない。この無我状態（mindlessness）は、アメリカ人には通じず、いまだにmindfulnessというわけのわからない英語を使っている。

英語が泣いている。アメリカ人よ、Give yourself the eye of the tiger. 英語はそれを母語とするネイティヴにしかわからない、というのは思い上がりだ。古代ギリシャ人に聞くがいい。アメリカ文明を壊すのはhubris（傲り）だ、と。

ここまで言ってもhexagonal debateのトレーナーたちは「空」がわからなくて教えられません、と不満を述べる。そんな問いに対して私は必ず答える。「私もわからない。私は求道者で、いまも道を求めている。空とは道のこと。「空」のイメージが固定したら実

体を失うことになる。老子のいう道（タオ）に近い。川のように流れ続けよ。考えるな、とにかく動け。行け。私も道を求める学徒で旅人なのだ」と。

それでも、けげんな顔をする人に対して、英語でこう答える。

It's the eye of the typhoon. The eye is there.

It's still——peace and quiet. And yet its presence *is* felt. Things move around it. Why? Because it claims nothing. It proves nothing. "It" is a mysterious thing, like, ether. All the others are just puppets on its string, orbiting around it.

ざっと述べたが、これがmindfulな状態でないことぐらいはわかるだろうか。人を、そして自然を動かす"重心"（center of gravity）は、それ自体がmind-freeだからこそ、森羅万象がオーケストラとなって、響き合うのだ。響きの原点だから、the eye of the typhoonだ。空だから、周囲が動くのはzero gravity。

あなたは、すでに宇宙の中心。その心境で裁くことをラテン語でtabula rasaという。タブラ・ラサは、原初のままの純粋な状態を保つことだから、zeroの動は強力だ。

kuhki-de-kimeru-no-wa-kiken-da

空気で決めるのは危険だ。　Group thinking is dangerous.

危険は、riskyでもいい。このセンテンスで、熟慮してほしいのは、「空気」だ。空気が難訳中の難訳であることは、何度も述べた。社会性昆虫のpheromoneが近いという妙訳を用いた。とっさの思いつきだが、これまで一度も反論がない。超訳者は、状況にこだわる。

空気は強力だ。だから、フェロモンならわかる、だが、それが「危険だ」となると、シンボルからイメージへ、発想のギアチェンジ（shift the mental gear）をしなければgroupthinkの愚に陥る。かといってindividual thinkersによる独断はもっと危険だ。

シリアの有志から、「どうしてアメリカは黙っているの、助けてよ、お願い」という嘆願書がホワイトハウスに寄せられた。オバマが大統領であった頃だ。会議はぐるぐる回るばかり。その時に耳にした英語がgroup thinkingだった。

こんなふうに使える。Many Japanese "groupthink", but few "individual-think." ネイティヴに誤解されないように、引用符を用い

た。グループ思考者たちの日本人に、個人思考者になれというのは、ムリかな、という私の複雑な想いを例文にしてみた。集団思考者（groupthinkers）は、場の空気を読む力——察しや忖度ができる——が要求される。個人的な哲学や思考の邪魔になることがあっても、衆知（collective wisdom）を味方にする。

だが、私が推奨しているヘクサゴナル・ディベートは、"空気"をも味方にするので、日本でも広がりつつあるのだ。Hexagonal debate doesn't get in the way of groupthinking.（ディベートは衆知の邪魔にはならない。）

 コーヒー・ブレイク
「空気」に殺されたカルロス・ゴーン

オリンパス事件に引き続き、日産のカルロス・ゴーン（Carlos Ghosn）が逮捕されたと知り、人は「まさか」（Oh, my God.）と驚いたが、私は、「やっぱり」（I knew it.）と冷静に受けとめた。どこか共通点がある。まず日本の経営刷新のために、外圧（foreign pressureと訳される）を利用するという、伝統的な対処法（fix it）だ。表面張力（surface tension）に達したところで、クーデターではじける（burst）といった常道だ。

欧米人はtipping pointを使うが、私はあえて表面張力を使う。コーヒー・ブレイクはperfect stormのことだ。この表面的現象を日本人は、和（the WA）と呼ぶ。脆い（fragile）のだ——そもそも。オリンパス事件は、後に深く係わることになったが、最初は、見えなかった。しかし、日産は最初から見えていた。I saw it coming.（やっぱり。）

日本経済を高く評価されていたビル・トッテン（Bill Totten）社長は、カルロス・ゴーンが日本のメディアでもてはやされていたピーク時に、私とのインタービューでの質問に対し、"He's just a flash in the pan."（竜頭蛇尾に終る）と吐き捨てるように答えられていた。それだけではない、日本経営の「裏」のパワーを知っている、ビジネス畑上がりの私は、5、6年前からゴーン氏の失態を予期していた。ICEE（この「お祭り」を英語界のMMA=Mixed Martial Artと呼ぶ人もいる）の交渉ゲームでケースに使っ

たことがある。

　日産の売り上げが激減したときに、日本の担当者の責任にし、自分の給料カットは頑として認めないゴーン氏の態度に業を煮やした私は、かつてのICEEチャンピオンの2人に、こういう非日本的な経営方針では、必ず"墓穴を掘る"（He'll have it coming.）と、説得する役回りを振り、受けて立つカルロス・ゴーン（つづりをMr. Goneと変えた）のサイドに名優ネイト（アメリカ人ジャッジ）を立たせた。

　ムラ的な日本経営の価値観（労使が共に耐え忍ぶ=Both suffer.）を説明し、反省を求める、という難題を織り込んだケースだったが、相手を納得させることはできなかった。2人のプロ並みの英語力はMr. Goneを説得したかもしれないが、納得させることはできなかった。2人は英語がうますぎた。それが逆効果になり、2人とも、敗退。

　交渉はディベートと違って、立場を分析する必要があった。強い立場（position of strength）か、弱い立場（position of weakness）のどちらか、というパワー分析に対する考察が欠けていた。Mr.Goneという暴君社長を諌める側は、社内の有力者という設定であったから、間違いなく弱い立場であった。ならば、ifを使うべきであった。

　――もし、こういうトップダウンが続けば、いずれ「和」が乱れ、社内、そして業界が乱れ、メディアが動き、あなたの立場が悪くなります。今でも過労死が続き、社員の志気（morale）が下がり続けています。この過労死がメディアに知られれば、殿、いや社長、あなたの私生活の豪遊ぶりが暴かれて、いずれ日本の「空気」に裁かれます。これはあくまで仮定の話ですが、日本の企業風土は決してトップダウンを許しません。

　これは私好みの説得法だが、このように、自分の意見を押しつければ、強い立場の交渉相手の逆鱗に触れかねない。名優のネイトに訊いた。「私が反対の立場なら、『そこをなんとか』（Begging you.）と、低い立場から、流暢な英語を使わずに粘る」と氏は私に言った。

　交渉（negotiation）はdebateではない。ロジックと英語力で

勝てるものではない。負けて勝つこともある——いやその方が多い。流暢な英語は、かえってマイナスになることもある。

ハーバード大（法学院）の交渉セミナー（Negotiation Workshop）で私自身が学んだケース・スタディーは、今後のICEE（お祭り型英語コミュニケーション検定試験）にも役立てていきたい。

kuhki-wo-yome-yo
空気を読めよ。　Get the message.

前著「語感辞典」で、空気が読めない人間（KY）の訳には、She just doesn't get it. という、アメリカ人から学んだ英語も一例に選んだ。「読めない」は、この訳でいいが、「空気を読めよ」という場合は、Just get it. では通じない。こんな場合、Get the message. がよい。

「察しろよ」とほのめかされてもピンとこない人には、the message（意図された事柄）の方がストレートに伝わる。これなら、もっと広く応用が利く。「忖度せよ」という場合でも Just get the message. でよい。

gusai
愚妻　my other half

こいつはオレの餓鬼、こいつは愚妻といった、翻訳不可能な男のセリフは一昔前に耳にした。This is my hungry kid. And this is my foolish (bad) wife. なんて言えるわけがない。昔の日本のマッチョは平気で問題発言をしたものだ。「こんなバカ息子。種はいいんだが、畑（女房の胎）が悪いんでね」という女性侮辱発言でも、周囲は笑いで流してくれた。明治時代から変わった。この「難訳辞典」は、最愛の妻に捧げますと、敬愛の情を書き添える時代となった。

私ぐらいの歳格好の男性は恥ずかしくて書けない。愚妻を my better half と超訳する時代となった。どうも薄っぺらい。訳しづらい。思いきって、better or worse という形容詞を辞めて、the other（裏方）でいこう。前著「口語辞典」で愛人を the other woman と訳し、読者も納得したではないか。

half の前に other を入れるというヒントは、*The Economist*（April

7th, 2018)の次の見出しから得たものだ。

  Household smoke（家庭内の煙）

  How the other half cooks.（いかに妻が料理をするか。）

  アフリカのセネガルでは、まだ女性たちは、薪や牛馬の糞（animal dung）で火を起こしているので、台所は煙たく、暑いという。Cooking over an open fire is no fun, especially if you have to do it every day.

  女たちの仕事は、大変なのだ。wivesとは書かれていない。しかし、妻が多いことはたしかだ。独善と偏見で、これから自分の妻をmy other halfと訳すことにする。My other half, if any, would never allow me to thank and embarrass her in my future books.

  大変な主婦にこんな吉報——いや凶報かな——が手元の*TIME*（Nov. 19, 2018）で紹介された。朝鮮ピンク（hot pink）のドレスのビジネス・ウーマンが女性用のViagraを開発した。それをthe other pill（秘薬）と呼んだから、女性の回春の術に自信がありそうだ。

崩し　break
_{kuzushi}

  難訳英語のうちでも、perfectは日本人にはイメージしがたい。perfect couple、perfect storm。どちらも訳せない。今、恵那峡国際グランドホテルでperfect dam lakeを眼下に、この原稿を書いているが、どうも完璧なフォームというものは、完璧なシンメトリー（左右対称）と同じように、退屈で、肩が凝る。ダムまでも崩してみたくなる。魚道を造るなどして。この日本人の美意識はどこからくるのか、ひも理論でいうbroken symmetryではないか。完璧な（理想的）美女がもてないのは、美がピカピカ過ぎるとはshadyな陰翳(いんえい)が殺(そ)がれるからだ。谷崎潤一郎が美化する「陰翳」とは、「崩れ」の美学ではないか。「崩れ」がsexyなのだ。

  女性はビジネスや政治に向かないというが、では、女を捨てれば（英語ではto de-sex）、男並みに商談ができるだろうか。いや、そこにはちょっぴり女の色気や愛嬌(い)が要る。これも私にいわせれば、「崩し」の妖術だ。日本人の美意識は完全（perfection）を敬遠し、わび、さびのような不完全（imperfection）によろめく。保険のセールスウーマンにはパーフェクト美人はいない。かつて、腕利きの

セールスウーマンと呼ばれた日本生命のおばちゃんは、崩れた美（翳り美人？）で首位を占めてしまう。

　学校での「ゆとり教育」が失敗したのも「遊び」「ゆらぎ」という「崩し」(broken symmetry)がなかったからだ。私はこの「崩し」を柔道から学び、インターネットテレビ、NONES CHANNELの番組 Global Inside でもインタービュー術として応用している。

　構えている相手（とくに有名人）の心の隙に飛び込み、タテマエを崩す奇襲戦術は、柔道の醍醐味だ。スポーツ化しつつある今の「力の柔道」には、見出せないのが淋しい。敵と互角は perfect symmetry。これではいつまでも平行線をたどるばかりで、周囲をも白けさせる。武蔵はこれを嫌い、崩し（break）を用いた。『五輪書』を英語道のバイブルとしている私は、この「崩し」を遊びの妙技に変えた。なんのことはない、その極意とは、今私がはまっているヒモ理論の broken symmetry から盗用し、体系化したに過ぎない。

kuchi-ura-wo-awase

口裏を合わせる　agree to agree

　日本人の「和」を英訳するのに骨が折れる。超訳？　それもムリであろう。the wa しかない。Robert Whiting（ロバート・ホワイティング）は、『菊とバット』の中で、「和を以て尊しとなす」を You gotta have wa. と訳した。

　欧米人の「和」は、agree to disagree だ。これがディベートの精神だ。「お互いの意見の相違を尊重しあうことだ」と故・國弘正雄氏が NHK テレビの中級講座で強調されていたし、私もこれが日本人に必要なディベートの精神だと、二人は会ったときは呼吸があった。それなのに、二人の間には「音読か速読か」という英語教育哲学をめぐり、陰険なムードになったことがあった。

「和」とは、やっかいなものだ。会えばニコニコしても、腹の内ではどうも、しこりがある。日本の社会では、表面上は、agree to agree を好むようだ。disagree することを合意（agree）しあうことにより、友情を確かめようといった、からっとしたディベートやスポーツ精神はなかなか根づきそうにない。瑞穂の国の「和」は湿っているのだ。

kuchi-kiki-ryoh

口利き料　an honorarium

　口利きとは調停（mediation）を意味することもあれば、結婚話などで紹介するact as（a）go-betweenという意味で使われることもある。

　人に口利きを頼むとは、通常ask for one's good officesが使われる。正式な世話人（肝煎り）とは、スポンサーに近くなるので、the good（kind）offices of...という仰々しい表現が使われる。そのときは、口利き料（an honorarium）が発生する。巨額の口利き料やbig wordsを避けたい私などは、こんなふうに言う。Put in a good word for me, will you? と。昔のよしみで（for old times' sakeの方が、for the sake of old timesより短くていい）ぐらいは付け足しておこう。

kuchi-komi

口コミ　a word of mouth

　評判とは口コミ（a word of mouth）の話だ。The word is around you're a good salesperson.と面前で褒められると、素直に喜んでよい。マスコミ（the media）を通じて知られている人よりも、私は口コミ（The word is getting around.）を信じたい。人は誰しも信用を大切とする。

　超訳してみると、Everyone is running a reputational risk. 信用を失えば、世間から相手にされない、というから、現実は厳しい。空気の恐ろしさをイメージし、riskという難訳英語が軽く口から飛び出すようになれば、相当な英語のプロだ。

kuchi-dome

口止め　hush up

　東京医大の得点操作がメディアを賑わせた。紘道館では医療関係者とタイアップして、六角ディベートの特別トーナメント・プログラムを組んだ。女医を減らすべきかどうかという、問題発言スレスレのテーマを選んだが、前理事長の口止め「誰にも言うな」が世間を騒がせたことは、間違いない。

　He muzzled（gagged）his men. といえば、まさに犯罪行為に近くなる——ばれたらの話だが。だから、Hush it up.（だれにも言う

な）ぐらいが無難となる。タテマエとホンネの両面を活かすには、私が考案したhexagonal debateに限る。東京医大事件ですぐに思いついたのが、女性天下の外国語大学だ。2018年に初めて大阪で開催した、ICEE Youth（25歳以下を対象）で最後まで残ったファイナリストたちは、全員が女性だったから驚いた。

　タテマエでは、口が裂けても言えないが、外国語の筆記試験は女性の独壇場になることは避けられない。もし外大組の90％以上が女子学生になれば、どんな学長だって、「なんとかならんかね」（Can something be done about it?）と言って、忖度させたくもなる。忖度は、ときとして「口止め」と同じ、いやそれ以上の効果を持つ。

kuchi-wo-tsutsushime
口を慎め。　　Watch your mouth.

「言葉に気をつけろ」なら、Watch your language.「油断するな」なら、Watch your back.「足元に気をつけろ」なら、Watch your step.「頭上に気をつけよ」なら、Watch your head.（とくに外国の観光客用に必要。）「スカートの丈に気をつけなさい」なら、Watch your hemline.「肥らないように気をつけなさい」なら、Watch your waistline.「言葉に気をつけろ」はWatch your mouth.

　この中で、使いにくいが、役に立つのがWatch your back.だ。背中に眼をつけないと、いつカモられるかもしれないぞ、という場合にも使える。

gutto-korae-yo
ぐっと堪えよ。　　Hang in there.

　Hang tough.でもいいが、誰にでも勧められるのは、誰にでも通じる表現だ。だからHang in 'ere.（ヘンゲンネア）でいこう。「歯をくいしばって」というイメージにこだわると、Keep a stiff upper lipになる。使いにくい。

　鉄砲の好きなアメリカ人なら、Bite the bullet.（弾丸を噛め）の方を好むだろう。Be resilient.は、相手が教養人の場合のために、残しておこう。

ぐどうと

_{gudoh-to-kohdoh}
求道と弘道　learn the truth and tell the truth

　意外に訳しにくい。求道者は truth seekers だが、すべての「日本人の企業家は求道者たれ」を Every Japanese corporate leader needs to be a truth seeker. と直訳して通じるだろうか。ネイティヴに伝えるには Learn the truth, but also tell the truth（*TIME*, p42）がよさそうだ。

　Seek the truth. は、宗教者っぽく響く。かといって、利潤の追求が the truth であると、豪語してもいいものか。アダム・スミス（Adam Smith）もこのことで悩んだ。

　コーヒー・ブレイク
Creative English の時代

　今日は、クリエイティヴな英語の話をしよう。創造的な英語？
　変な顔をしている生徒がいる。このテーマで話をするというと、これだけ多くの生徒がこの喫茶店に押し寄せてくるとは。センター試験の英語が変わるのだから無理もない。クリエイティヴ・イングリッシュという非論理的な英語に魅かれてくるんだから、You're like moths drawn to a flame. ってところかな。creative なのは人間であって、道具である English と矛盾するという考えがロジカルなんだ。

　エモーションとロジックは矛盾する。英語は単なるロジックで、人間を変えるワケがないというのが、従来の英語「術」で、私は、「英検」が産まれるより前に、大阪で英語「道」という旗を上げてきた。死んだ英語（dead English）より、活き活きした英語（English alive and kicking）を学ぼうと立ち上がった私は、way ahead of times（早すぎ）だった。「今や、英検（STEP）の時代じゃないか」と嗤われ続けてきた。

　沖縄県では今でも英検一色だ。ここでは私は肩身がせまい。英語道が誕生してから半世紀の間、表の「英検」に対し、「道検」ナニワ英語道は裏に潜った（Eigo-do went dark.）。英検を公（表）とすれば、私（裏）の道検は、お色直しをし、2019年に32年目を迎える。ICEE（Inter-Cultural English Exchange）は「裏」

街道のままだ。Yes, I'm an old-fashioned guy. 古い奴ほど新しいものを欲しがるものでござんす。The Way of English has kept (up) with the times. 苦渋の道は続く。

　四半世紀前から「もうTOEICの時代だよ。道検なんか古くさいよ」とアルクのH社長にも嗤われた。ぐっと耐えた。そして、英語道の時代が近づいてきた。『週刊新潮』(2018年4月19日号) に、科学作家の竹内薫氏が寄稿している。センター試験の英語が変わって当然という論評だ。今や、第4次産業革命の時代 (AI、ロボット、IoT、Big Data) の時代で、200年以上前 (プロシア時代) の旧態依然とした暗記型の日本の教育システムとは、お別れのときだという。均一な学力、理解力をもった組織人間を創る軍隊用のテストでは間尺に合わないという。ようやくcreativityの時代が到来した。これからの英語は、聞き取れて、しゃべれて、読めて、書ける英語の時代だという。

　四技能は有機的につながっているというのは、半世紀前から、私が「行」として実践し続けてきたことであり、主張し続けてきたことだ。やっと裏の英語道 (spirit English、material Englishに対して) に耳を傾けてくれるようになった。Justice delayed. (遅すぎた判決。)

　いや、時代がやっと私に近づいてきた (The times have caught up with me.) と言い換えた方がいい。そう、英語は、人間と共に生き物なのだ。English is breathing twenty-four hours a day—like us.

　もし、英語が生き物でなかったら、人間は人工知能ロボットに降伏するより道はない。この「難訳辞典」も、無用の長物 (a white elephant) になる。人間の「道」だからこそ、AIの「術」と共存共栄 (ともいき) が図れるのだ。

kunshi-ayauki-ni-chikayora-zu
君子危うきに近寄らず。　You can't lose if you don't play.

　前著「語感辞典」で「危うきに近寄るな。」の訳として、Play it safe. を掲げた。「君子豹変す」(Wise men change their minds, fools never.) というが、「難訳辞典」シリーズを書きながら豹変し

続けている。常に読者にこう乞い続けながら——Correct me if I'm wrong. と。

君子は慎重で、めったに人の口車にのらない。つまり、play other people's gamesすれば、彼らのペースにはまるから、負けてしまうのだ。負けたくなければ、ゲームに加わらないことだ。こんな単純なロジックが*The Economist*（March 31st-April 6th, 2018）で見つかった。

You cannot lose if you do not play. ウィスコンシンの知事がいかさま選挙ゲームに乗らないぞと抵抗している。その見出しがまさに「君子危うきに近寄らず」という見出しだった。

kunshi-hyoh'hen-su

君子豹変す。　Wise men never settle.

君子をwise menとするのは賢明。wise guysは知ったかぶりをする、いやなやつら。ある和英辞典のWise people change their minds. には首をかしげた。しかし、解説を読んでなるほどと思った。A wise man changes his mind, a fool never. ということわざの前半を用いた、という。

まだ紛らわしい。Wise people break their promises, foolish guys their commitments. ではいかが。賢人は約束を破る、愚人は公約を破る。こんな訳を加えた私の訳にも、まだ納得はしていない。そこでWise men never settle. とした。武蔵の「固定は死」と、スティーブ・ジョブズ（Steve Jobs）のDon't settle. を融合させて超訳してみた。

keihaku-tanshoh

軽薄短小　small, smart and strong

四字熟語（four-word motto）を直訳すれば、light、thin、short、smallとなる。もっと英語のリズムに合わせて短縮できないかなと考え、butのあとにbigを加えたが、S語で統一することにしてstrongに変えた。

Peter Langan（ピーター・ランガン）氏は元『ファイナンシャル・タイムズ』東京局長で、今もFCCJ会長を務めるバリバリのジャーナリストだ。氏の日本経済論をワインに喩えれば、コク（body）がある。氏の次の文章には、82年という古酒（クース）独

特の芳香がある。

The aim was to shift the economy into new directions while reducing oil imports and, in the same breath, to steal a march on world markets with a range of products that western countries had not thought of. It worked.
（その目的は石油の輸入を減らしつつ、西側諸国が考えもしなかった様々な製品をつくり、世界市場で抜きん出るために、経済を新しい方向に転換することだった。それは功を奏した。）(*Number 1 SHIMBUN*, May 2018, p10)

日本経済のユニークで大胆な舵取りは奏効した、というのだ。ほのぼのとした香りが伝わってくる、イギリス英語だ。小さい（small、light）だけではなく、巧妙（smart）で、驚異的（big）で強靱（strong）だ、と私なりに解釈し、small、smart、strongの3Sでまとめた。

gei-wa-nusume
芸は盗め　adapt and adopt

Steal others' skills.このド根性（grit）がなければ、芸の世界では食べていけない。Steal one's ideas.なら、訴えられる。著作権の侵害はすべてstealingという違法行為から生じる。しかし、英語の学習をscienceというより、art（芸）ととらえる私は、あえて「芸は盗むべきだ」と主張する。

自分を捨てて、尊敬する相手に融け込むことをadapt（順応する）とすれば、それを積極的に採り入れることは、adopt（ゲットする）である。発言に気をつけよう。語呂合わせを狙って、adaptとadoptと並列したまでだ。懐に飛び込んで、師の芸を身につけよ、とは、私が師匠の西山千から同時通訳の技を盗んだ知恵に過ぎない。

kegare
穢れ　unclean / purify

穢れは、よごれよりも、より根が深くやっかいなだけに、ふきとりにくい。よごれは外見的に、dirtyでbadだが、cleanすれば消える。穢れはfilthyの上に、心そのものがpollutedなのだ。禊やお祓いといった神道行事が必要とされる。cleanでない身や心を洗い流すことだからcleanseかuncleanぐらいでは取りきれない。人種偏

見よりももっと複雑だ。

　日本人は我々が思っているほどracist（人種偏見主義者）だとはいえないのではないだろうか。穢れそのもの——内外のどんな人間に対しても——を敬遠するものだ。人の死（べつに伝染はしないのに）、女性の生理（決してuncleanではない）、被差別部落の人たち（純日本人なのに）、原爆などの災害の被害者（collateral damage＝非戦闘員だから気の毒な犠牲者）に対しては、距離を置いてしまいがちだ。

　歴史家の井沢元彦氏は、日本人が尊ぶ輝かしき「和」というシンボルの裏に、この「穢れ」と「言霊」という妖怪が潜んでいると見る。民俗学者（folklorist）の私が、いつの間にか、民族学（ethnology）に足を踏み込み始めた。そのきっかけは言霊と穢れだ。

ketsueki-gata-de-seikaku-ga-wakaru
血液型で性格がわかる。　　Blood type is personality.

　性格がpersonalityと訳されると知ったのは、アメリカの東海岸であった。最初、血液型は、気質（temperament）だから、characterに近いと思っていたが、私の説を聞いて、アメリカのジャーナリストたちは、personalityとした。ま、いいか。personality characterizationsは、能見正比古氏から始まっている。

	Type O	Type A	Type B	Type AB
能見正比古	Extroverted Strong Expressive 外向的 強い 表現が豊か	Introverted Perfectionist Restrained 内向的 完全主義者 自己抑制的	Free-thinking Independent Lacking ambition 自由志向 独立志向 野心に欠ける	Sensitive Distant Passive 神経が繊細 超然としている 受身的
松本道弘	バリバリ 活火山 (active)	ネチネチ 休火山 (dormant)	サラサラ 間欠温泉 (intermitant)	シュワーッ （線香花火的） 死火山 (dead but etherial)

（空龍と名乗ってから、血液型分析を「行」として研究を続け、今ではこれらの全てのblood-typerの気質を操ることができるようになったと自負している。）

しかし、もっと外国のプロの分析をも加えてみよう。

	Type O	Type A	Type B	Type AB
Peter Constantine	Extroverted Outspoken	Introverted Resolved Calm	Pragmatic Organized	Balance of extroversion and introversion
Raymond Cattell	Stable	Prone to anxiety	Self-sufficient	Alienated
Hans Eysenick	Extroverted	Calm	Highly emotioned	Introverted

以上の諸学者の分析と"Eat Right 4 Your Type"の著者であるDr. Peter J. D'Adamo（ピーター・ダダモ）氏の分析を加えて平均値をとると、O型は、外向的でリスクを恐れない強さがある。A型はいつも不安を抱え、内向的で、完全主義的なa long game player。B型は自己完結型で、移動にムダがなく、マイペース。AB型はAとBのバランスをとり、孤高を保つ自己抑制型。

ketsuekigata-wa-nandesu-ka
血液型は何ですか。　　What's your blood-type, if you know.

日本人から、「あなたの血液型は」と問われて、驚く外国人も少なくなってきた。日本の血液型性格分析（ABO式）は、来日する外国人の間で知られるようになっている。「はぁ？　輸血をしてくれるの」と勘違いする人も今ではなくなった。

西洋の世界では、What's your sign?（あなたの星座は）という質問が日常会話でよく飛び出す。私の勧めは、if you knowをさりげなく、付け加えること。それに、Why?（なぜ）と聞き返された場合に、Becauseでブロックできるよう、日頃から問題意識を深めておくことだ。

kemu-ni-maku
煙に巻く　　bamboozle

煙に巻く（mystify）は、当惑させる（confuse）という意味がある。これに「だまし」（fool）や「ペテンにかける」という「欺き」が加わると、bamboozleとなる。詐欺師とは、bamboozlerのことだ。語源は未詳だが、あまりにもよく使われるので、big wordとは思えない。

Readers are bamboozled by the double talk of the media.（読者は、メディアの二枚舌で、煙に巻かれている）。be fooledよりも、悪質なのだ。Never get bamboozled by that con man（artist.）（決してあの詐欺師の口車にのるな。）

> **コーヒー・ブレイク**
> ### 現実とはthe way it isのこと
>
> 日本人の理想像は、ユダヤ人の目から見ると快楽原則（the pleasure principle）の信奉者だ。では、日本人の眼からユダヤ人を見ると、現実原則（the reality principle）を優先させる人たちだ。聞いて、見てハッピーであれば、自分も人もハッピーになる、という考え方は、一神教中心のアメリカ人と、神道系の日本人に多い。しかし、アメリカのpositive thinkersたちの間には、かげりが見えてきた。happyよりhappyishでいいじゃないか、と反省し始めた。理想はas it should beだ。現実はas it is。「これ以上の現実はない」ならThis is as real as it gets.
>
> ジャーナリストとしての私は、この現実から目をそむけないために、日本のテレビや新聞はあまり見ないことにしている。日本のメディアは、司馬遼太郎に言わせると、国民が知って喜ぶことだけを報道する媒体ということになる。
>
> 今、手元に『中日新聞』がある。テレビを見ないから、コーヒーショップで新聞を読む。一面、二面、三面と、平昌オリンピック・ニュースのオンパレード。まるで、金メダルは、日本選手が独占したかに見える。
>
> ずーっとページをめくり、私が一番関心のある各国獲得メダル数を見る。メダル獲得数のトップはノルウェー、ドイツ、カナダ、アメリカ、オランダ、スウェーデン、フランス、オーストリア、日本がまだ出てこない。9番目に韓国、そのあとにスイス、そして12番目にやっと日本。トップ記事を飾った金メダル数最高というのは、あくまで日本人が対象だった。割かれたスペースは1/100。
>
> これがthe reality principle。太平洋戦争の頃を思い出す。あの時の大本営報道と似ている。日本が連勝、連勝と快進撃が続い

た。そしてバブルがはじけたように、日本は敗戦した。これが現実（This is the way it is）。

　意見ははさんでいません、とも訳せる。こういう観方をする人は日本ではひねくれた人と呼ばれる。しかし私は唱える。英語でビジネス交渉をする人は、必ず「現実」を見よ（Get real!）と。You, businessperson. Give yourself a reality check.（ビジネスパーソンよ、現実から眼を離さないように。）

　かつては、大統領選出馬も噂されたことのあるCBSキャスターのウォルター・クロンカイト（Walter Cronkite）はニュース解説を必ずこうしめくくった。That's the way it is. Walter Cronkite. かっこよかった。

kensetsuteki-na-giron
建設的な論議　debate

　AIロボットならconstructive discussionと訳すかもしれない、しかし、deep learningという「行」を積んだロボットなら、debateと一言で済ますだろう。2018年6月22日の『読売新聞』の社説に出た「延長国会　建設的な論議で役割を果たせ」の英訳が気になった。debateという英語が一度も使われていない。

　国会は空転するばかり。延長が続く。「与野党は審議を尽くし、国会の本来の役割を果さなければならない」という社説による訴えも、seriously discuss vital issuesでは、話し合いがズルズル続くばかりだ。

　discussはproblemsをめぐってなされるが、争点（vital issues）を扱う段階では、debateでなくてはならない。debateの意味論的な訳は「前向き」で「建設的な」言葉が含まれるからだ。*The Japan News*の直訳は、Diet should use extended session to engage in constructive discussions.となっており、猫パンチに近い。「甘噛み」かも。私は、ちょっと無理してこう超訳したい。No more discussions. Debate issues. Please!

gensoku-toshite-gyanburu-niwa-hantai-da
原則としてギャンブルには反対だ。　I oppose gambling in principle.

「原則として」はas a ruleでよい。これはタテマエ上。原則は破るわけにはいかないということだから、原則の「在り方」をめぐっては、弾力的な解釈も可能だ。I'll be negotiating on principle.は、原理・原則から「離れずに」という意味だから、まだnegotiableだ。しかし、in principleとなると、原則の中に隠れている（inのシンボル）から、ボカシながら逃げることはできる。

　前述したカーティス教授（「賭けてみるか」の項）は、アメリカ政府を代表して交渉をする場合でも、決して立場を崩さないであろう。たとえ、本心を隠した虚言（lies）であっても、liarではない。その原則を貫くことを信念という。英語では、こう表現する。He negotiated in good faith.（真偽は別として、誠実に交渉をした。）

genba-ryoku-da
現場力だ。　Be impromptu.

　センセイは、現場力がおありですね。大阪人を喜ばすには、この言葉に限る。そう、即興性（impromptu）のこと。an impromptu speech（performance）のように使う。

　アメリカ人はoff-the-cuff speechという言葉を好むが、使いやすいのは、このインプロという言葉の響きだ。大阪人は「使いやすさ」を「なんぼのもんじゃ」と同一視する。impromptu（その場で作る）という動詞もすぐに使えるではないか。この即興性は、ジャズ演奏家やrapperたちに好まれる。

　大阪の笑いには、楽譜（シナリオ）はいらない。They just play by ear.（They just improvise it.）大阪人がシナリオ（script）通りに進むスタジオに入ると、緊張する。ツッコミのない場では、大阪芸人は死ぬ。ミヤコ蝶々というナニワの漫才師が小さく見えたのはNHKのスタジオに立ったときだった。質問を受けた蝶々さんは、「そんな恥ずかしいこと言えまへんな、ここはNHKだっせ」と。急にNHKのスタジオが小さく見えた。これもユダヤ人のhutzpaに近い。

　The most enjoyable Jewish conversations are impromptu.（Molly

Katz）

（最も楽しいユダヤ人の会話は即興性だ。）（モリー・カッツ）

この現場力。芸能人にとりスタジオは戦場なのだ。英訳すると、The studio is where the action is for performing artists. 大阪では、教授も政治家も実業家でも舞台ではすべてお笑い芸人となる。They are all Jewish.

大学の教壇も舞台にすればよい。Let'em teach impromptu. And all colleges will survive.（現場力を教えよう。そうすれば、すべての大学は生き残る。）

kohketsu-na-hito
高潔な人　a person of integrity

高潔もintegrityも、どちらも難訳語だ。欧米人の見るintegrityとは、欠けたところのないwholenessを指すが、日本人の見る高潔とは、西郷隆盛のように、「無欲」とか「美学」とか「道」という動かざる倫理観が潜んでいる。官位も名誉もカネもいらない、という人は交渉相手としては、扱いにくい。こういう徳を具有している人をa person of integrityという。

kohra-wo-hitotsu
コーラを一つ。　Give me a coke.

必ずaを入れること。もしaを外すと、コカインになる。

次にもう一つ。colaと言えば、コカ・コーラかペプシコーラのいずれかになるので、給仕は困る。コーラ戦争とは、両社の争いのことだ。Give me a Pepsi. でなければ、Give me a COKE. と、はっきり母音に力を入れて、発声しよう。

三番目の忠告は発音。コウクとはっきり発音をすること。日本人が機内で、コーラと言ったら、waterがくる。客室乗務員は、乗客の母音を聞いている。「コーヒー」とカタカナ英語で発音したら、コーラ（coke）がくる。コーヒーのコという子音だけを頼りに、運ばれてくるのはコーラなのだ。

あるとき、そうした日本人乗客と客室乗務員の発話を横で聞いていた。注文したものがこない、とブツブツ言っていた日本人が気の毒だった。

こうしこ

kohshi-kondoh-wa-nashi-yo
公私混同はなしよ。　Strictly business.

　ビジネスパーソンにはワル（bad）が多い。情をはさまないから人目には非情（unfeeling）に映ることがある。007のような非情なスパイを崩すには、特別に美人で邪悪な（evil）女スパイ（くのいち）が選ばれる。

　最近観た"*Eva*"（邦題『EVA〈エヴァ〉』）という娼婦の悪女ぶりに惹かれる男が多い。「私の友達は、私の身体（からだ）におカネを払ってくれる人よ」と悪を超越した邪はそれなりに、devilishly charmingなのだ。悪いスパイを殺すのも邪悪な女スパイだ。

　なぜ「悪」のD.トランプが北朝鮮の「邪」の金正恩に交渉で負けたのか。ジャーナリストとしても私のコメントは簡単。Bad met evil. 悪は邪に負ける。devilはSatanに勝てないのは、決して「情」にほだされないからだ。悪魔は根本から魂を奪おうとする、その手段が、女やカネであったりする。

　Good businessmen never sell out. Bad businessmen mix business with pleasure.（悪いビジネスパーソンは、ビジネスにからませて、アバンチュールを楽しむ。）そういうワルの「下心」を見抜いた女性は、こう釘を刺す。「公私混同はなしよ」（Strictly business.）と。相手もStrictly business.と言って、Trust me.を加える。これは誓言となる。

kohshoh-no-yochi-wa-nai
交渉の余地はない　non-negotiable

　よく、ロシアの外交が恐れられるのは、次のような妥協なき交渉スタンスである。What's yours is ours. What's yours is negotiable. But what's ours is not negotiable.（あなたがたのものはわれわれのもの。あなたがたのものは、交渉しましょう。しかし、すでにわれわれのものは交渉しない。）

　これが強い立場からの交渉だ。Negotiation from the position of strength. ここが、アカデミック社会で用いられるディベートと違うところだ。そもそも、ディベートとは、両者が同じ立場から、同じ条件で闘う、ルールにしばられた論戦のことだ。ところがネゴシエーションには、平等の立場というものがない。スタートから違う

のだ。

　学生時代のディベートの雄が、社会でよく、和を乱し、敵を作ってしまうので、ディベートが禁じ手とされてしまった。debatableとnegotiableとの違いは、ミカンとリンゴ、そしてイヌとネコぐらいの違いがある。

　白いものが白いのがアカデミックの世界。白いものでもときには黒いのが実社会だ。「君の言っていることはよーくわかるんだが」と言われると、「ハハーン（そうか）、That's non-negotiable. という意味だな」とハラの中で察するのが世の中だ。

　すでに述べた。実際のビジネスでは、ハハーンもいらない。You're right for the wrong reason. のことだと察するべきなのだ。

　この「察し」がおぼつかないと、「そりゃ難しいな」と通訳者がそのまま "That's difficult." と直訳し、誤解を招くようなものだ。「難しい」の「点」の訳は、たしかにdifficultだが、「線」の訳は、No way. なのだ。実社会では、TPO（ひっくるめてcontext）がモノをいう。

　できないことは、できない（That's not an option.）と言おう。White isn't always white. なのだ。Black isn't black all the time, for that matter.（同じように、黒は必ずしも黒ではない。）これが、実社会でよく用いられる、「理外の理」（Reason beyond reason.）だ。

kohshoh-wa-ikioi (hazumi) da

交渉は勢い（はずみ）だ。　Negotiation needs to get momentum.

　交渉は勢いだ、とは誰でも言う。ヤクザでも、露天商人でも同じことを言う。かつて百科事典の販売でナンバーワンになったセールスマンも、「勢い」だと言った。「この百科事典は、おもろい、安い、役に立つ、他になにがおます？ サインしなはれ、ほれ、ここに。これでみんなはまりまんな」と。この勢い（はずみ）を、英語でmomentumと呼ぶ。gain（gather）momentumが決まり文句だが、紙幅の関係上、getに変えた。

　このノリ（roll on）を、宮本武蔵は、「拍子」と捉えた。ネイティヴ翻訳者は、「拍子」をrhythmと訳した。そうだ、リズムなのだ。最終的に、買わせることが狙い（primary base）なら、それに至るプロセスはメロディーだ。戦略だ。この戦略を際立たせ、強化

するのがmomentumの戦術なのだ。つまり、リズムを「流れ」（story line）にハーモナイズさせると、はずみがつく。寅さんのあの啖呵売りだ。

交渉者は、このリズムを質問の連続として用いる。

同時通訳ができたら楽しいだろうね	YES
かなり英語力が要るね	YES
情報力もほしいね	YES
かなり、時間とカネを投資しなくっちゃね	YES

——このブリタニカは、あなたにとって必要ですね。

もうYESしかない。これが交渉術に使われる、successive questionsだ。（ウィキペディアが登場する前の時代の話だ。）

法廷で使われる、誘導尋問（leading questions）に似ている。カモ（mark）を追い込むにも、はずみ（momentum）がいる。ペンものってくると、はずみがつく。

Your pen will begin to roll on its own.

kohfuku-no-tsuikyuh
幸福の追求　pursuit of happiness

"Homo Deus"（邦訳『ホモ・デウス』）の著者Yuval Noah Harari（ユヴァル・ノア・ハラリ。超ベストセラー "Sapience"《邦訳『サピエンス全史』》の著者でもある）なら、こう考えるだろう。ユダを殺したのは、アメリカン・ドリームが善しとする「幸福の追求」ではなかったか、と。

The biochemical pursuit of happiness is also the number one cause of crime in the world. (p40)（世界中の犯罪の最大の原因は生化学的な「幸福の追求」だ。）

この難訳シリーズの精神的支柱になっている英語道とは、pursuit of happinessではなく、その反対のhappiness of pursuit（追求の幸せ）であるから、ハラリ説に心から同意する。

gohrika
合理化　slim down / spin off / spin down

合理化とはstreamliningのことだが、再建（これがrestructuring）でやっきになっている今のアメリカ企業が直面している切羽詰まった問題は、まずリストラ（downsizing）だろう。

ダウンサイジングとは、あまりにも酷く、職場の士気を鈍らせる。そこで考案されたのがGMの3S語戦略だ。トマス・エジソンにより創業されたGeneral Electric（GE）は、the Dow Jones Indexから見放され、今ではすっかり色褪せた。新しく登場したドライなJohn Flannery（ジョン・フラナリー）は3Sの合理化戦略を打ち立てて、好調なスタートを切った。

1. Slim down　経営のスリム化、日本で使われるカタカナ英語はスリムアップだが、正しい英語ではslim down。ダウンはポジティヴな意味もある。

2. Spin off　GEは、コア・ビジネスが電力であったが、この部門が足を引っぱっていると見えて、大胆にスピン・オフすると発表し、ハゲタカのような業者に売却せず、GE株主に80％を供与した。新会社にスピン・オフするという愛社精神が受けた。

3. Spin down　ブクブク膨れ上がった重役陣を、少数精鋭制（sharp, useful people）に変えるという、ダウンサイジングのための大量解雇ではなく、量的にダウンさせ、質的にアップさせるという、イメージ戦略だ。アメリカ人好みの英語ではdouble downとなろうが、D語というネガティヴな響きを、S語に変えたとは、粋な計らいである。

合理化の直訳のrationalizationは勧められない。日本語的にあいまいだ。よく使われるのは、先述したstreamliningだ。これから流行しそうな英語表現は、以下のS語だ。1 slim down、2 spin off、3 spin down（double downよりsexyだ。）

kokyuh-ga-au

呼吸が合う。　Chemistry works.

交渉がディベートと違うところは、この点だ。当事者が衝突するのは議論の有効性だけではない。交渉の場では、極端な抽象化はタブーだ。身近で現実的な問題（existential issues）を扱っているときに、宙に浮いた議論（cosmic arguments）を持ち出されると、交渉の空気がまずくなる。それよりも、当事者同士の呼吸が合わなくなる。大切なのは、呼吸が合うかどうかだ。Chemistry matters. それは恋愛にも似ている。交渉開始は、開戦と同じく、相撲でいう「立ち合い」のようなものだ。

Tachiai is the moment of truth.（勝負は立ち合いで決まる）という人がいる。呼吸が合わなければ「待った」（I'm not ready.）がかかる。交渉学の大家は、口を揃えて言う。Compatibility counts!（相性が肝心）と。交渉者同士の「格」を揃えるのも大切だ。王手をかける（checkmate）人は、王将に近い「格」のある者に限られる。交渉者同士が呼吸を合わせるには裏工作がいる。

「交渉は誠なり」という人がいる。至誠は天に通じる、という使い古された言葉だ。この「誠」をsincerityより、goodwillではないかという人もいる。ノレン（暖簾）という無形固定資産だ。看板もノレンも永く使用されることになり、信用という名の光沢が増すばかりだ。

交渉の目的は、building the goodwill bridgeだと、John Ilich（ジョン・イリッチ）氏は言う。ゴールデンブリッジならぬグッドウィルブリッジだから、共通項は壊れないという信用（trust）ではないだろうか。ビジネス交渉のスタートに相性が大切だというのは、お互いのノレン（a bridge of trust）を品定め（scope each other out）せよ、ということだろうか。ディベートと交渉はこれだけ違うのだ。

交渉者は、ディベーターと違って、知的魅力（cognitive appeal）だけではなく、情的重力（emotional gravity＝私の造語）も日頃から研いておかなければならない。交渉者の研かれた人間力（a personal touch）は、きっと人から人に伝わっていく。これを波及効果（a ripple-like effect）という。ディベートに人間性を加えると、究論道（The Way of Debate）になる。

koko-ichiban
ここ一番　the moment of truth

歌舞伎でいう正念場も、真実の一時だ。もう逃げられない。白人ラッパーのエミネム（Eminem）も「ここ一番」というrap gameでは、全力で勝負に出た。そしてWhen the moment of truth comes, lose yourself.と。自分自身を失うとは、放心状態になって挑め、ということだ。

rapといえども、日頃からの準備がモノをいう。常にペンを持ちメモに書き込む。NONESの番組収録数日前は、臨戦態勢（combat

readiness) に入り、rap対決が始まる前のエミネムを意識する。
「井伊家の家訓を継ぐのは、私だ」と、覚悟を決めておられる、17代目の井伊主吉女史は「ここ一番では全力で挑むべし」というご先祖の教えを死守されている、たくましき女傑だ。私の番組(Global Inside)でも、自ら作詞された歌を必死に練習され、英語で唱(うた)われた。She lost herself, singing on the air the song she wrote and I "Englished". このビジネスパーソンは、人生では、絶対負けてはならない、正念場（the moment of truth）が無数にあると述べられる。

kokomade-kuruto-tsubusenai
(ここまでくると）つぶせない　too big to fail

「ここまでくると」を「これだけ大きくなると」と変えると、too ～ to ～の構文が見えてくる。オリンパスぐらい大きくなると、社会的影響が大きくなり、倒産させるわけにはいかない。Olympus has grown too big to fail. 失うものが多すぎる。ところが同社を狙う相手は小さいメディアや内部告発者で、失うものが少ないので、生き延びることができる。The whistleblowers were too small to fail.

　小説家の大下英治に言わせると、総会屋は、裏の政治家となり、裏だから強いのだという。Corporate gadflies (shareholder activists) are too small to fail. ヤクザ（organized crime）と同じく、影に回る（go dark）と、見えなくなるから、つぶれない。総会屋の大物は、ペンを剣に替えて、おたくの企業の膿を出して、世間に公表してもいいのか、とおどす。こういうgreenmailers（グリーンメールとは会社乗っ取りのおどしをかけ、株価を高値で引き取らせること。blackmail、恐喝は黒色だが、グリーンは緑色）が、メディアの主流となる。The yakuza are too small to fail. ヤクザも総会屋も、手を替え品を替えて生きていく。まるでウイルス…。

(kokoro-ni) hibiku-eigo
(心に）響く英語　the English that touches

　斬れる英語はthe English that worksのことだ、とこれまで述べてきたが、「斬れる」（cuts）という表現が日本刀を想起させるのか、時代がずれている（out of touch with reality）と反論された。私も

考えた。私は聴く耳を持っている。Yes, I'm listening.

そこで、急遽touchに変えた。English that touches me（touch me to the heart）なら、時代感覚に適う。感動させる——だから「斬れる」——英語に近くなる。しかし、touchyという形容詞は使えない。Touchy Englishは、英語がピリピリと怒りっぽい英語となり、擬人化がすぎる。

「英語で考える」（Think in English）なら、確実にAIロボットに負ける。feeling（touchingを含めた）とは違い、thinkingは、ロジックに密接するからだ。

kokoro-wo-oni-ni-shite-kotoware

心を鬼にして断れ。　　Harden your heart and say no.

外国人、そして最近の日本の若者は、心を鬼にしなくても、平気で「いやです」という。自分をYESに置くから、相手はNOになる。この当たり前のルールが、日本、とくに企業社会では守られない。

その犠牲者が、前述したオリンパスの元CEO、Michael Woodford（マイケル・ウッドフォード）だ。愛され、黙らされ、捨てられ、また復縁をせまられ、脅かされ、とどのつまりは、追い出された、気の毒なイギリス人だ。善良で善良すぎるa family manで、"EXPOSURE"を読みながら、友人になりたいと思った。

映画『サムライと愚か者』を二回見た。劇場で買った『解任』（早川書房刊）を読んで、これでは日本の企業の「和」は、国際舞台では、空中分解するのではないかと、内心戦いた。

バブル期の損失を隠蔽するための、不明朗な企業買収で「飛ばし」などの粉飾決算を暴いた記事を見た菊川社長は、真実かどうかと問われ、「部分的にイエス」と答えている。その通りではないか、と思うのが日本的心情なのだが、国際的にはPartially right.は通じない。

この灰色は必ず、Entirely wrong.とつぶされてしまう。これが国際基準なのだ。灰色志向の私も、白か黒かに塗りつぶされてきたという苦い経験がある。日本人にとり、相手の気持を忖度して、YESというより、忖度という足かせ（fetters）を外し、NOというには、心を鬼にしなければならないことがある。勇気がいる。この場合はSteel your mind.（心を鋼にせよ）の方がいいかもしれない。

kotoba-ga-tsuhjiru
言葉が通じる　intelligent

　This creature is intelligent. まるで宇宙人だ。耳と目があればわかるというのが、intelligent。動物らしきものがいても、知的に通じなかったら、「人」とは言えない。しかし、life in outer spaceでもある宇宙人の「人」がまぎらわしい。

　ところで、言葉が通じても猿同様の人間がいると、They're intelligent but not intellectual.と言える。物知りは、すべてintelligentだ。馬の尻に乗っていた学者がいた。「なぜ、尻に」と聞くと、「手綱が長いからだ」と答えたという。intelligenceがあってもintellectはない。学者バカの話だ。

　おさらいする。「言葉が通じる」とはintelligentだ。「話のわかる」はintellectualだ。もっとも両者はオーバーラップする。表の情報はinformationだが、裏の流れはintelligence。公表されたニュース（地上波がそれ）は、information。しかし、まだ眠っている情報はintelligence。

　この情報はバカにならない。マグマのようにいつ吹き出すかわからない。両者を識っていて、先が読める、賢い知識人のことをintellectual personsという。本来、インテリとはintelligentではなく、intellectualな人のことを指す。

kotomuke-yawasu
言向け和す　reason with logic and emotion

「言向け和す」という難解な神道用語がある。私が考案した六角究論（hexagonal debate）の狙いが、この「言向け和す」だ。logicで知的説得はできる。しかし、情理でなければ相手は納得しない。reasonとemotion。さらにrhymeを加えreason and rhymeとすれば、詩・韻文が加わるから、musicalになる。ミュージカルな『霊界物語』（出口王仁三郎著）に流れるテーマは、「言向け和す」である。軍事的手段ではなく、言葉と詩的な響きで、相手を納得させ、従わせる、という意味であるから、呼吸が合い、「和」が生じる。

『古事記』も「如此く荒ぶる神等を言向平和し」から来ている。『古事記伝』では言の字は借字であり、「事」の意だが、『古事記』では「事」の借字として「言」が使われている。武器でなく、あく

まで言霊の力で相手を説得するから、ディベート道そのものだ。

沖縄県私学教育振興会の安室肇(あむろはじめ)理事長は、「沖縄にも『言向け和す』に近い、ムカイカタミナティー(抑のように相手に和合すること)という言い回しがある」と述べられる。論破することで納得させることはできないという。やはり、沖縄は日本国だ。

kodomo-demo-wakaru-eigo
子供でもわかる英語　plain English

大人が好む、英語の「やまと言葉」はphrasal verbs（句動詞）だが、もっと簡単な子供向きの英語がplain Englishだ。

「見そこなうな」は、Don't underestimate me.では硬い。Don't take me for granted.は、英語のやまと言葉に近い。さらにplain Englishとなると、You don't know me.これだけで「見そこなうな」の意味が含まれる。インターネットの時代、plain Englishが情報収集には欠かせない。

kone-ga-taisetsu
コネが大切。　It's who you know.

Connection is important.と直訳すれば、周囲はシラける。誰でも知っていることだ。ユダヤ人はこういうcliché（クリシェ。決まりきった文句）を嫌う。「コネがある」とは、I've got pull.でよい。使いにくいと思う人は、I have a friend in court（their office.）でもいい。a friendだけでコネ。Everyone knows me there.だけで、顔が利(き)くという意味になる。

ビジネスでは人脈がモノをいうのは、ユダヤのnetworkingだけではない、中国人の関係（クアンシ）も不可欠だ。とくに、私がユダヤ研究とからめて、研究を続けている華僑（ホアチャウ）、とくに客家人(はっかじん)（クージャレン）のビジネス作法（modus operendi）はきわめてユダヤ的だ。親しみやすい。friendlyで常に「笑い」がある。長寿県で知られている沖縄の「模合」（もあい）もコネのうちだ。

英語もfriendlyなものを選んだ。「コネが決め手になる」はIt's who you know.クロオビ英語とは、このように簡単なものだ。

goneru
ごねる　complain louder

日本語のクレームは、complainのこと。クレイマーはcomplainersのこと。ゴネ得は、persistent complaints（『ジーニアス和英辞典』）、complaining loudly（『ウィズダム和英辞典』）、raise hell（『オーレックス和英辞典』）、grumble much（『新和英辞典』）と、いろいろの訳があって楽しい。しかし、目移り（too much choice）がする。

よく耳にするのが『ウィズダム和英辞典』のcomplain loud。私なら、It pays to squeak.という。squeakとは、チューチュー、キーキーと言うこと、ぶつぶつと不平を言うこと、という意味もあるが、あえて私が使いたいのは、ゴネ得にsqueaky wheelが使われるからだ。

It's the squeaky wheel that gets the oil. キーキーとごねれば、油がもらえる、という。『ランダムハウス英和大辞典』に載っていてホッとした。The squeaky wheel gets the grease.（大騒ぎするものほど注目を集める。）これだ！ ありがとう。この見事な引用文の中のsqueakを使った。ゴネ得は、squeaky wheelsで十分通じる。

gomaka-sareta
ごまかされた　feel shortchanged

「釣銭をごまかす」が原意だが、ごまかす（cheat）という意味でも使われる。How did the deal go?（交渉はどうなった）It went.（なんとか終わったよ）How did you feel?（感じは？）Short-changed.（うまくごまかされたって感じ。）

釣銭だから、たいした金額ではない。クレームを受けることもない。黙ったまま。しかし、どうもしっくりいかない。
「胡麻化す」「誤魔化す」などの当て字があるとおり、ゴマのように無数の種なら、多少の数量差は問題にならない。ごますり（胡麻寸雷）もそこからきていると、歴史的に解説されると、ホンマか、どうもごまかされたような気もするな、というのが、I feel short-changed.

komari-masu
困ります。　I just can't take it.

「手術中に何度もケータイに電話をかけられて、困ります」とある友人の看護師からメールのお叱りを受け、それ以来、没交渉となった。「困らせた」という心の傷はなかなか癒えないもの。「難しい」

という我慢の境界線を越したあとは、「怒り」の心境に近い。「そんなことを言われても困ります」は、I just can't take it. となる。「我慢ができる」は I can take it. その一線を超すと、I can't take it. となる。女性言葉とはいえ、きつい。I can't take it. のあとに、I'm afraid. ぐらい付け加えた方が、より diplomatic といえよう。

　メール交信が、よくトラブルの原因となるのは、日常会話の潤滑油として使われる枕詞（softener）が省かれるからだろう。「お急ぎのことだとはお察しいたしますが…」こう加えるだけで心は和む。私の方もガラケーを卒業してスマホに変えたばかりのときだったから、何度も指がすべって誤発信をしてしまった。

　あの「困ります」というメールにはショックを受けた。You're getting me into trouble. の直訳より、もっと短いから「もう電話をかけないでください」というよりも、効率的（時間節約的）である。しかし、効果的であろうか。

　Don't do this to me. か、We're done. は、たしかに efficient だが、気持よく別れるには、もっと余韻のある effective（効率的）な方法はないだろうか。しかし、別れたいときには、「困ります」は決定打となる。Don't do this to me again. の方が、パンチが利いている。

kore-ijoh-yuzure-nai
これ以上譲れない　　the bottom line

　企業が譲れないのは、利益だ。売上が伸びても、赤字が増えては困る。バランスシート（ストック）や損益計算書（フロー）を結びつけるのは、帳尻（the bottom line）だ。「もうかったかどうか」がすべて。

　大阪人が「ぶっちゃけた話」というのは、the bottom line のことだ。「やっぱ、ゼニやな」は、The bottom line is money.

　交渉術で使われるボトム・ラインは、これ以上負けられない、ぎりぎりいっぱいの線のことをいう。戦争外交で用いられるボトム・ラインは、the red line（この線を越えたら容赦しないぞ）だ。

kore-ga-saigo-tsuhchoh-da
これが最後通牒だ。　　This is it.

　ultimatum は、ビッグワードすぎる。「いつまでに返事を」という問いに対し、「今しかない」というなら、直訳して The time is now. テレビの影響を受けて「今でしょ」が流行った。ピコ太郎と同じく、すぐに「笑い」は消える。「時は今」という歴史的名言も消えた。

　流行語は空しい。変わらないのはシンプルで使える英語だけだ。それがThis is it. これはIt's now or never. か、This is final（answer）であることは、状況でわかる。オリンパスの内部告発者の発言を載せようとした、『ザ・ヨミウリ』の外人ジャーナリストを、やっとアメリカまで追い詰めたヤクザが、If you don't erase the story, we'll erase you. と言って、脅したという。

　抹殺という言葉が2回も使われたので、これは最後通牒に近いものだから、This is it. だ。This is it. という簡単な英語表現に、これだけ深い意味があるのだ。この「難訳辞典」で、一番言いたかったのは、このことなんだ、This is it.

　もし、「わかった。じゃ書かない。で、いくら（カネを）出すのか」と言えば、そのジャーナリストは、悪魔に魂を売ったことになる。The journalist sold out. 沈黙を売買するジャーナリストは、プロ・ジャーナリストの風上にも置けない。

　かつて、ニューヨークの魚市場（フルトン）でメリルリンチの取材をしたことがあった。河畔で魚釣りを楽しんでいた、ある日本のビジネスパーソンに丁重な手紙が来た。お互いのために、場をわきまえて釣りをしていただけないでしょうか…といった文言だったという。その日本人はそんなメッセージを気にせず、趣味の魚釣りを続けていた。──遺体が沖で発見されるまで。そのときウォール街近くの魚市場にもマフィアがナワを張っていたのかと身震いがした。

kore-wa-hatsuan-sha-wa-dare
これは、発案者は誰？　　Who conceived this?

「これは」を「このコンセプト」と置き換えてもいい。conceptはconceive（孕む）から来ている。べつにbig wordでもない。conceivableは、「考えられる」「想像できる」という意味でよく使われる。想像妊娠（pseudopregnancy）も、想像する（conceive）ことから、妊娠（conception）が生じたことだから、What you conceive is what you get. でも通じる。what you getはpregnancyのことだ。

"There's the medicine to prevent pregnancy."(避妊薬があるんだ。)

"Really?"(ほんとう?)

"How does it taste?"(どんな味?)

"It's inconceivably tasty."(想像できないくらい、おいしい。)「避妊できるほど」とかけている。

かつてFENで耳から学んだジョークだ。

You perceived it. But I conceived it.(気づいたのは君だが、思いついたのはぼくだ)というふうに使える。perceiveとはイメージすること。conceptionとは違う。エンロンは、イメージがすべてという会社だった。With Enron, perception was everything.

kore-mo-hatsu-taiken
これも初体験　another first

ビジネスとは交渉である。インタビューも交渉のうちなれば、まさにセックスもインターコース(交わり)になる。ジャズ歌手は、Jazz is sex.と言うし、世界的に著名なジャーナリスティック・インタービューアーのオリエナ・フエラチ(Oriana Fallaci)女史も、その攻撃性はsexとなぞらえる。ビジネス交渉にsexを加えよ、と言ったのは悪魔(devil)のささやきだ。

人は悪ふざけを好むdevilとは交渉するが、取引(deal)には気を配る。しかし、Satanとは、関わろうとはしない。devilがバクテリアなら、Satanはウイルスなのだから。そこに妥協はあってはならない。すべてを許す「邪」でもviciousでvirulentなvirusの「悪」(vice)だけは赦さない。だから、この悪魔の辞典(Devil's Dictionary)でもSatanは避けた。

異文化コミュニケーションに関しては、私はいろいろな分野に手を染めてきた。英会話はGiveとGetで始まるといった、奇抜なアイディアも、世界初と思われる。そして、日本人による悪魔の辞典の編纂(へんさん)も初体験(another first)である。

手元に"Fifty Shades of Grey"(邦訳『フィフティ・シェイズ・オブ・グレイ』)という、あやしげな(erotic)本がある。著者のE. L. James(E・L・ジェイムズ)による、富豪で生意気な色男(pompous ass)と、18歳の女性との恋のかけ引きの話だが、この成り行

きがビジネス交渉とよく似ている。

　主人公のGrey氏（灰色と掛けている）は、ビジネス名人であり、色事においても名人級だ。初体験が好きと見えて、Another first. という言葉を何度も使う。初モノが好きで、女をコロコロ替える。He doesn't like other women; he likes another first. anotherだから、これまでの女性をポイ捨てして、新機種に乗り換えるという意味。これでは、女性はまるでスマホ。最初は、白騎士（white knight）のように振舞い、すぐに黒騎士（black knight）に豹変する。

　M&A（合併・買収）専門の金融業者も、最初は救い主のように近づき、突如、白騎士の仮面を脱ぎ、黒騎士にシェイプシフトする。ビジネス交渉を得意とするビジネスパーソンは、すべてsexyなのだ。女にもてない男は、セールスに向かないといわれるのはそういう意味だ。私がガイジンハントをした、初体験はひどかった。My first time was horrid. 男が言うのはいいが、女がMy first time was terrible. と言えば、男は勘違いする。外国でも——。

 コーヒー・ブレイク

CATS & DOGS DEBATE Part III　犬のmalelogicは通じるか

　さあ、それでは、御前試合のPart IIIが開幕。
空龍：それでは、火の反駁(はんばく)（rebuttal）に移ります。スパイラル（曲水）の流れに沿って、犬さんから、反駁をお願いします。私的な話をドラマチックに語るのは、大いに結構ですが、自分の気持を偽ってはなりません。
犬：はい。数年前から私は私を拾ってくれたご主人に先立たれました。あれから何年も、ご主人とワルツを踊ったこと、一緒にお風呂に入ったことが忘れられず、夢の中でも、吠え続けています。

　私の先祖は狼なので、夜中に、ウォーンと遠吠えをしています。犬ヶ島の仲間も、先祖返りをしたように、コーラスで哭(な)いてくれます。残された奥さんは、猫派で、猫を飼っています。そして私は、この犬ヶ島へ送られてしまったのです。あの去勢された（neutered）猫は、私を捨てないで守ってくれたでしょうか。

　猫は本来非情なのです。この家を、そして国を愛するという情

念は、あらゆる哺乳動物にとり、共通の分母なのです。あと15秒でしたね…。ですから、斬れる英語表現とは、情（エモーション）のこもった犬型英語なのです。やれやれ間に合ったか。Phew.

空龍：では、猫さんどうぞ。

猫：ずいぶん、猫に冷たいお方ですね。なにか個人的な恨みでも。冗談はさておき、反論させていただきます。「犬ヶ島」は、まさに捨てられた犬の物語で、アニメ作品としては、一番完成度の高い作品だと思っていますが、鎖から解き放たれて、野犬化した犬さんたちは、あれで幸せなのではないでしょうか。人間相手に戦争をおっぱじめるというロマンが発揮できるなど、猫からみて羨ましい物語。

　家にとじこめられ、愛玩動物として、愛でられたまま、自分なんてない、猫ヶ島へ送ってください、という猫の気持が犬さんにはわからないようです。鎖につながれて、亡くなったら家中が泣く。猫は愛されて、捨てられていく。また次の猫が待っている（looking for a brand-new kitty）。猫は、恩返しをしないって？なんという、人間並みの偏見。猫は死に場所を、自分で決める。あくまで自己責任を貫く姿勢は、甘えん坊の犬さんには、わからないでしょう。人間と距離を置くというのが、猫のself-esteemです。giving each other distance.

　だから、わがままな文豪は、わがままに見えるわれわれ猫を好む。夏目漱石、三島由紀夫、川端康成、池波正太郎、村上春樹。彼らはすべて、猫に"間"（pregnant pause）を期待しているのです。おっと、あと15秒。

　英語もただペラペラと話す軽薄なものではなく、そこには「間」があって、相手にも同じように思索空間を与えるもの——それがビジネス・交渉英語ではないですか。犬には、そういう神秘的な英語が使えない。そもそも彼らはデリカシーに欠けますよ。

〔解説〕

　NONESの番組（Global Inside）で毎回行なっているワンマン・ディベートで、私は火のロジックを演じるときに、犬は犬、猫は

猫と、演じ切ろうとする。空龍と自らを改名したのも、この「空」に「身ごもった沈黙」を感じるからだ。猫の沈黙は禅に似ており、「間」を大切にする。

無我の境地は、猫の無表現の眼を見てもわかる。犬の眼の表現は、人間にもわかる。猫には、そういう「甘え」はない。人の心は変わる。この無常の気持を表わすのは、能面の「小面」(こもては無表情)に似ている。

火のディベートは、個人の経験を織り込むが、単なる言いっぱなしのスピーチであってはならない。ディベートの延長だから、何かを証明しなければならない。

犬はバウワウとけたたましく吠える。猫は笛を吹くようにミャオーと泣く。鳴くのか、泣くのか、哭くのか、相手の解釈次第。自らの気持をひたすら隠す。このいじらしさ。犬の過剰な愛情を「いじましさ」の次元にまで堕(おと)す。火はホンネで語るから止むを得ない。ただ、犬の英語、猫の英語というテーマから離れてはならない。

konsarutanto-doh
コンサルタント道　ethical principles of consulting

日本文化のキー・コンセプトは「道」だ。企業はカネもうけのための器だけであってはならない。公のため (for the public good) という大義名分 (moral highground) が必要だ。private goodのためだけのビジネスなら、経営術だ。

The Way of Management (経営道) と道を口にした以上、経営者はそこに high ethical standard を見いだす。「道」は the Way だが、欧米人にはまだ見えない。moral は宗教っぽくなる。企業経営が偽善ぽくなる。

だから、社会のルールを重んじる ethical (倫理的) principle の方が、よりグローバルなスタンダードになる。「ナニワ金融道」も Naniwa's Ethical Principles of Finance となろう。むしろ、銭 (ゼニ) 道に近いから、The Law of Money か The Ethical Standards of Money に近いかもしれない。

the Way を使うと、もっと高尚な感じがする。The Way of Businessは、法律に近くなる。しかし、コンサルタント業は、まだ雲を摑むような存在だから、より具体的に、ethical principleと中身を絞った方がよさそうだ。

sah
さー。　Just shrug.

　よくネイティヴが問う。あの日本人の「さー」とは何かね、と。これまでWish I knew.に近いと答えてきたが、日本人の「さー」はもっと深い。そして黙って、両手を広げ、肩をすくめるユダヤ人好みのゼスチャーも多彩だ。

1.「信じられない」（あんなバカ息子が社長になるなんて）"Unbelievable!"

2.「できっこないって」（ぼくが、あのあばずれと結婚って？）"Me? Marry that woman?" これは、a helpless gestureと呼ばれるもの。ユダヤ人のゼスチャーはオーバーで、カメのように首を深く潜める。彼らの表情も多岐にわたる。

3.「進退きわまった」"I'm stymied." 大阪のある学校での講演のあとのQ&Aで女子高校生に「センセに、他に好きなオンナの人がいますか」と意表を突かれた。答弁はしどろもどろ。ユダヤ人ならシュラッグ（shrug）で逃げただろう。

4.　どんな場合にも使える。All-purpose.（知りまへんがな。God knows.）自己弁護のために使うシュラッグは、音声にすればjustに近い。I just feel so.の代わり。肩をすくめる方法もある。ヒラリーが追いつめられている。これまでの犯罪歴が暴かれてタジタジしている。ゼスチャーがオーバーになり、首を大きく、亀のようにひっこめる。シュラッグ・ゼスチャーが目立ち始めた。これ以上攻めないで、に近いシュラッグ。

　以上、4つのケースでは、言葉はいらない。Just shrug. Save your voice.

　話は変わるが、ユダヤ人はゼスチャーがオーバーだ。ウディー・アレン（Woody Allen）も、ノーム・チョムスキー（Noam Chomsky）の若いときも、ゼスチャーがかなり派手だった。大阪人もユダヤ人も態度や声がでかく、派手だ。hutzpa（図太さ）を隠さずに背伸びをする。追いつめられた環境がゼスチャーを派手にさせるの

だろう。

かつて故・西山千氏から、「松本さん、ゼスチャーが大きいですね、ソニーの盛田昭夫さんを思い出します」と。そのとき、盛田氏も私も英語で表現できずに苦しみ、言語表現を助けるためにゼスチャーを使わざるを得なかったことを思い出した。その点、日頃から控え目な西山千氏は、米大使館仕込みゆえか、ゼスチャーはきわめて控え目で気品があった。

sa'a-sore-wa-muzukashi'i
さあ、それは難しい。　My gut reaction says NO.

交渉がコミュニケーションであるなら、断り方一つで相手を傷つけてしまうことがある。No.と言えないときでも、やんわり「難しいですね」と苦渋の表情を見せれば、相手は心中を察して引き下がる。しかし、欧米人には通じないことが多い。

通訳者が、Well, that's difficult.と訳したのを耳にして、難しいが、否定はされていないから、YESのままだと解釈する。聞き手の心中を察するなら、思いきってNOを口に出したほうが親切だ。

My gut reaction is（says）No.と直感に語らせるのも芸の細かいところだ。

sah-sore-wa-chotto
さー、それはちょっと。　I doubt it.

「さー」は、否定されたくない人の気を慮(おもんぱか)って、さりげなく否定する方法だ。日本語の「ぼかしの術」だ。英語ではもっとストレートにdoubtを使う。「疑う」より、はっきりいって、否定している。クリスチャンが恐れるのは、信者が神を疑い（doubt）始めたときだ。信仰にD-wordsはタブーだ。

doubtとは、making a pact with the devilのこと。神との同盟（the pact）を破ることだ。「信じる」か「疑う」か。A or Bで、その中間やboth A and Bという妥協はない。日本語には、その中間のshades of grayを表わす言葉が多い。

今日は、悪魔の難訳の話なので暗く考えてみよう。doubtはdiffer、deny、denounce、disagree、debate、damn、die——気が滅(め)入ってくる。How depressing!

信仰心の篤い人ほど、異教をdoubtする。それは、神と悪魔を定

義する（define）することから始まる。Scientists define themselves as value-free.（科学者は自分たちを、価値判断をしない人たちだと定義している。）彼らの宿敵である宗教家は、「ほんまかいな」（We doubt it.）と冷笑する。

コーヒー・ブレイク
*The Economist*が速読できるか

　*TIME*は私にとり古女房。アメリカ人の気質は手にとるようにわかるから、一冊の*TIME*のカバーツーカバーは、30分で速読できる。しかし、50頁から「難訳辞典」に使える表現はないかと考え、下線を施しながら読めば、やはり1時間はかかる（*The Economist*では、まだ2時間以上時間がかかる）。有名なアメリカの霊能者、ポール・ソロモン（Paul Solomon）氏と会って、速読のコツをうかがった。

　試験のための勉強をしないのは、どんな問題が出るか、予知できるからだ、と言う。では、「この*TIME*のカバーに手を当てて、何が書かれているか、当てられるでしょうか」という不躾な質問をした。こういう奇襲攻撃が私のスタイルで、生来の好奇心（curiosity）の成せる業だ。カバーに片手を載せられたポール・ソロモン氏は中身を語り始めた。私はすでに全ページ読んでいたので、事実誤認がチェックできる優位な立場にいる。たしか、75%ぐらい正しかったかと、記憶している。1/4は、ちょっとグレイゾーンであったが、ほぼ当っていた。

　青木宏之氏も、英語の達人（アントニオ猪木と同じくらい上手い）で、霊能力のある武道家（新体道の創始者）だ。私がNONESのスタジオで見せる、英語発声体操（ダンス）も、氏から大いなる影響を受けた。

　このとき以来、*TIME*や*The Economist*のカバーストーリーを見て、世界の「流れ」を数分間で摑む、イメージ速読法を開発することが夢となった。日暮れて、道遠しの心境だ。NONESの番組Global Insideでニュースキャスターを8年もやっていると、英語に対するウェイトが、ますます情報そのものに移ってくるからだ。直観から霊感の世界に迷入し始めている。

今、私は*The Economist*速読に挑んでいる。私自身が、量子飛躍の世界に入らなければ、霊能者の真似事などができるわけがない。手元にある*The Economist*（May 20th-June 1st, 2018）の速読に挑戦してみよう。カバーの見出しはThe Affair: Why corporate America loves Donald Trump。私の超訳はこうだ。「これはトランプの情事にとどまらず、国家ぐるみの醜聞（スキャンダル）だ。」

　なぜアメリカのビジネス界は、トランプを愛するのか？　状況がイメージできれば、速読がやりやすい。

1. まず、英語の言葉から入ろう。The affairとtheになっている。an affairは浮気だ。私事であり、one-night stand（一夜の恋）と同じく、すぐに消えてしまう。theは事件だ。the Olympus affairと同じように、歴史的なスキャンダルになる。アメリカのビジネス界はなぜかトランプにメロメロになっている。

2. 次はシンボルに入ろう。絵は写真と同じように、worth a thousand words.（一千の単語に匹敵する。）カバーイラストでは、中央の赤ネクタイのトランプのベッドを囲むように、15 〜 16名の男女が潜り込んでいる。同床異夢（same bed, different dreams）という情景だ。

　今のトランプはルンルン気分だ。株価は高騰を続け、経済は上向き。しかし、本文を読むと投資は"虚業"に相反するものが多く、ムダな投資も多く、2018年11月の中間選挙では、民主党に逆転されるだろう、という予測を立てている。

3. 最後は霊感に近い直観だ。イギリス人の「いけず」（意地の悪さ）、つまりsarcasmという気質は、カバーのマンガのネガティヴなメッセージの裏をかくはずだ。これはシャーロック・ホームズも用いる演繹法（deductive logic）によるものだ。アメリカとイギリスの意識ギャップがカバーになると、本文の世界の潮流の大きな流れは摑めるはずだ。*The Economist*への私の挑戦は始まったばかりだ。

さいりょ

sairyoh-no-mikata-wa-saiaku-no-teki-ni-naru
最良の味方は最悪の敵となる。　Best friends make worst enemies.

　映画の中にも出てきた英語だから、メモってみた。最大の味方に寝返られると、最悪の敵になるというたとえ。孫子の兵法に学べば、Keep your friends close, and keep your enemies closer. という人間関係の冷たい現実がわかる。

　接近する人ほど警戒せよ、とは人気スターが、熱狂的ファンを遠ざけようとする心境とよく似ている。私だって、盲信したファンが近寄ってくると警戒する。私の中には、人を失望させる要素があまりにも多いからだ。だから、この見出しの英語が身近に感じたのだ。

　私のディベート教育は、「最悪の敵こそ、最良の味方である」という教えから発する。ディベートを避けた友情は壊れやすい。お互いに本音で語り合え、ゲーム感覚で討論ができる関係をproven friendship（証明ずみの友情）と呼ぶ。お互いに痛いところに触れない水くさい関係は、unproven friendship（未証明の友情）だ。いい友人とは、自分を叩いて、目を醒ましてくれる友人のことだ。真友はtough loveを前提とする。

　王陽明はこう言った。「山中の賊を破るは易く、心中の賊を破るは難し」。王陽明は、私が最も心酔する中国人だ。明治維新の起爆剤となった佐藤一斎（私と同じく陽明学に酔った）も、この言葉にしびれた。心中に、最悪の賊が潜んでいることを知っていれば、いかなる賊を恐れることもない。

Keep your good debaters closer. Keep your worst debaters closest.

　arguer（口論者）は、人を殺さず、その人の議論を殺す。debater（究論家）は、人を殺さない。人を活かすために、議論を殺す。Break your debater's argument. But never break your debater.

　私の嫌いな人は議論好きな人（arguers）、私の好きな人は、究論者（debaters）だ。debaterは議論そのものを殺して、人そのものを活かす究論好きな人なのだ。

saegiru-na
さえぎるな。　Don't interrupt.

　日本の社会では、人がしゃべっているときは、割り込んではいけないという古来の教えがある。世にも珍しい国だ。なぜか、もししゃべりたい人だけが、しゃべれば、必ず発言の場が独占されてしまう。そうはさせないぞというのが、fairnessを重んじるディベーターだ。私が開発した六角究論（hexagonal debate）では、無意味な議論をさえぎるために、割り込むことを許している。しかし、それでもSpeak with one voice.（何人が同時にしゃべってもいいが、争点から外れるな）というルールは守らせる。

　二人が同時にしゃべるrapport talk（ラポール・トーク）は、決してreport talkと混同してはならない。報告のためのスピーチは上から下へ、一方的にしゃべってもよい、そうあるべきだ。rapport（ラポール）は、話者が聞き手と、融合しあっている状況だから、割り込むのは邪魔ではなく、共感と解釈される。英語道のクロオビの技だ。

　ディベートも同時通訳も、接近の術（art of engagement）だ。裏に徹するべき通訳者は決して、話者をさえぎってはならない――より目立ってはならない。Interpreters should not be interrupters. しかし、逐次通訳のときは、「あのう、それは、どういう意味ですか」と話者に、真意を問い質（ただ）し、一層の正確さを期待することは誠実さの証（あかし）であり、むしろ好ましい。

saegire
さえぎれ。　Interrupt.

「会話の途中に割り込め」と、ユダヤ人作家のモリー・カッツ（Molly Katz）は言う。知人が近くのテーブルにいれば、近づくんだ。彼ら（ユダヤ人）なら、テーブル仲間（tablemates）を紹介してくれる。Feel free to chat as long and as loudly as you wish. Ignore the glares of other shoppers――they're just jealous of the good time you're having.（好きなだけおしゃべりをしろ。他人の視線なんか気にするな――われわれの楽しい会話をひがんでいるんだから。）

　私もニューヨークでのランチ時に経験したことがある。まったく

面識のないユダヤ人女性がいきなり、我々のテーブルに割り込んできて、自己紹介をして、なんやら自己PRをする。誰も気にしない。気にする人間がまるで悪者とされてしまう。

「ひがんでいる」と大阪言葉で訳したが、このあたり大阪人とユダヤ人は似ている。男女二人が、仲がいいことを、周囲にみせて、ひがませてやれ（Shall we make others feel jealous of us?）。こんな発想は大都会の東京では、危険だ。そもそも「ひがませる」という言葉が通じない。

モリー・カッツの本は、大阪人的におもろいが、京都人的にいけず（positive insult＝露骨な侮辱）のことだから、一種のputdown（こきおろし）に近い。共通点は、なごやかな空気に水をさす（interrupt）ことである。

行儀の悪い子供が大声を出している。京都人は「お元気な子供さんどすな」というが、大阪人は、「やかましいというて、怒らんかい」という。ユダヤ人もこの手を使う。「あんたのご主人は、すばらしいダンサーですね」は表、apparent complimentでは、いつでも、裏には、「よくもまぁ、こんな不器用なとんま（klutz）と結婚したね」というputdown（けなし）が含まれている。これがhonest translation（忠実な翻訳。）

ところが、ユダヤ人は、裏を表に出すことがある。これが京都人のいけず（apparent insult）に接近する。表ではYou're crazy to buy a Jag. They break down in the rain.（ずいぶんジャガーに熱中ね。雨が降ったら壊れるわよ。）その裏のホンネ、"I wish I could afford it."（私も余裕があったら、買うわよ）は、隠したままだ。

sakana-wa-atama-kara-kusaru

魚は頭から腐る。 Fish rot head first.

タテ社会の組織はトップから腐る。日本政治が腐り始めるのは、巨大な組織（東京都庁）が機能しなくなり、腐り始めたときからだろう。トランプなら、Let's drain the swamp. と言うだろう。泥沼を排水すればThe Tokyo Government will not be rotten to the core. 悪臭の膿(うみ)が吹き出すだろう。 That will open the can of worms. 膿とはcorruptionのことで、直訳してpus（膿汁）と言っても通じない。前著「語感辞典」のclean up the messがベスト。東京都政を

cleanにするなら、debateしかない。もうすでに、押しても引いてもビクともしない（non-negotiable）状態になっている。

sakidatareta
先立たれた。　She died on me.

He died on me.を多くの日本人に和訳させると、おもしろい。一人や二人は、「腹上死」だと早合点する。だが違う。onは、〜をあとに残して、という意味だ。このonのシンボルが摑めると、英語のやまと言葉が身近に感じるようになる。

Don't walk out on me.（私を見捨てないで。）She turned on me.（彼女に裏切られた。）もうonがイメージできる。Don't die on me.（先に死なないで）の意味が。「死」とは停止のことだ。

再び、恵那峡を見下ろすホテルで、執筆している。流れてきた英語道の人生に、ピリオドを打つときか。川に向かって、Don't die on me.（オレを後に置いて流れないでくれ）と心の中で叫んでいたら、大井ダムが「だから、天竜川の流れを止めてやったんだ。I told you.」と反論する。

sashi-chigaeru
刺し違える　we'll (both) go down

直訳しては困る。Let's stab each other to death. あんたとは心中する覚悟だ、といっても、I'll commit love-suicide with you. もまずい。If I go down, you go down.のことだ。これも「心中」の一種だ。

死なばもろとも、というのは、「同期の桜」を好む日本人の同胞意識。独り勝ちや抜け駆けを好まない、日本人の心情はわかるが、相手まで巻き込むというのは、醜いものだ。むしろ、一蓮托生（We're in on it.）と言葉をやわらげた方がよい。日本人の耳には、ウィアエノネと響き、ほぼ聞きとれない。

You go down. I go down.ならどうだろうと、あるアメリカ人が訳した。苦しそうだった。We both go down.なら、かろうじて通じるという。アメリカ人に通じるのはI'll take you down.（引きずり下ろしてやる）という乱暴な表現だ。通じるということは、使ってもいいという意味ではない。Because you can use it doesn't mean you should use it.

sashitsukae-nakereba
差し支えなければ。　If I may.

　ビジネスパーソンは丁寧言葉にうるさい。相手を主にするYou-attitudeが尊重されるから、相手に気をつかう表現は、日頃から豊富にしておくにこしたことはない。そこにifがある。if I mayは、with your permissionより丁寧だ。「とりあえず」も、For now.とストレートに訳すより、If I may.か、Allow me to 〜とへりくだった方がいい印象を与える。

　Allow me to propose a toast to 〜 .（ご指名に与（あずか）りましたので、乾盃（かんぱい）の音頭を取らせていただきます。）

　ifはさほど難しくない。多少の気配りがあれば、I suggest you get a cat if you're lonely, wait a sec. If you're a cat person. と。交渉にifはつきものだ。日本人の交渉者がめったに使わない"手"だ。日本では、「ネコを飼ったら」で終わるが、気配りのある人なら、「あなたがイヌ派なら別だけど」と配慮のifを加えるだろう。

sasshiro
察しろ。　Go figure.

「言葉で証明してもわからない」「オレに聞いてもムダだ」「自分の頭で考えろ（Figure it out.）」と言うときに、Go figure. という。

　言葉でなく、「姿」で考えろ、とは「察しろ」に近い。この5、6年間、ずっと追い続けてきたが、この英語表現の姿がいまだに見えない。かなり定住権を得た口語英語だ。霧の中を運転する人の心境なのだろう。暗闇を歩み続けるしかない、という心境だ。fog（霧）の中をfigure（姿）にして進むのだろう。「行き当たりばったりで進め」ということになる。

sate-korekara-dohseyo-to
さて、これからどうせよと　Then what?

　ビジネス交渉も終った。「さて、これからは」というときは、短く、Then what? といこう。俳句もやまと言葉も短い方がいい。「それがどうした」という問いは、どう英訳すればいいのか。やはり短くいこう。So what? と開き直った態度のことを、a so-what attitudeという。

saboru
さぼる　sleep on the job

コンサルタントには、契約社員が多い。決まった給料が期待できるが、出世の見こみがないと、ついついさぼってしまう。Some consultants sleep on the job. 外で営業をしながら油を売る（loafing on the job, goof off）人もいる。雇い主はそういう time wasters を嫌う。onの代わりにoverでもいいが、on the jobの方が、リズムがいい。

sandai-tsuzuku
三代続く　survive the third generation

三代目は、組織を解体させる、というのがすでに公理に近くなっている。公理だからuniversallyに通じるはずだ。

"The House of NOMURA"（Bloomsbury Publishing）の著者の アル・アレツハウザー（Albert Alletzhauser）はこう述べている。

Universally, surviving the third generation has always been a problem for families of enormous wealth and power.（世界を見渡しても、莫大な富と権力を持つ一家にとって、三代目が生き残ることには常に問題があった。）(p83)

それなのに、野村王朝はなぜ長く続いたのか。なまけぐせ（sloth）や倦怠（ennui）が生じるヒマがないほど、乱世（the perfect storm）を渡ってきたからであろう。野村家の不幸続きがかえってよかった。安定が続き、どっこいしょ、と胡坐をかくヒマがなかったはずだ。エアバッグで著名なタカタも、私の造語である三代目症候群（the Sandaime Syndrome）の犠牲者だったのかもしれない。間違っていたらゴメンナサイ。I hope I'm wrong.

sando-me-no-shohjiki
三度目の正直　third time lucky

3という数字が謎だ。Third time is what the truth will out. といわれるが、なぜ3が真実なのか、それが3のロジックなのだ。1はthesis（テーゼ）、2がantithesis（アンチテーゼ）、すると3がsynthesis（ゼンテーゼ）になるからだ。XとYが結ばれるとZが「第三の男」（"The Third Man" は映画のタイトル）になる。

だから3度目は諺通りにラッキーになる。The third time is pro-

ざんねー

verbially lucky. luckyの代りにcharm（魔除け）が使われることもある。

この牛歩のごとき難訳シリーズも大ヒットを決めたい。3度目の正直というから。魔法を使ってもいいから、化けさせたい。The third time's the charm.（charmは、40年前の辞書でも、神秘性があると述べている。）

zan'nehn

ざんねーん。 Too bad.

このtoo badは、気の毒な相手に「お気の毒ね」となぐさめるときにも使える。「残念」と、同情の意を含んでToo bad.（トゥー ベーッ［ド］）と発声してみよう。ビジネスでしくじった場合に、自然に口から出るのがToo bad.（やばい）

Too wrong.とは言わない。間違った（wrong）のなら、軌道修正（get it right）すればよいだけのこと。badは、取り返しがつかない状態だ。そこまで落ちぶれた会社はbad applesと呼ばれる。

経営状態が悪い会社なら、まだ救えるが、悪徳企業というレッテルを貼られると、立ち上がれない。不況時にはそんなすべてbad applesが増える。

おさらいのためにbadをイメージしてみよう。This apple has gone bad, too.（このリンゴも腐った。）

食えない不良債権（bad debt）も使えない。She's gone bad.（彼女も不良仲間に入った——もう交際できない。）

もう少しおさらいを。"This is the wrong milk." "But it isn't bad." このwrongとは、人のミルクか、山羊のミルクである場合もある。しかし腐っていない（not bad）ので、飲めるのだ。

 コーヒー・ブレイク

C-wordsは「共に」と外界とのコミュニケーション

C語のシンボルを摑むのに大変苦労して、NONESの番組収録（戦争と定義している）の数日前は、英単語が踊り出す夢を見ることがある。夢はシンボルの集団から、その「心」をイメージさせる。CはOと違って、風通しがある。縄文人にとり、caveが家であった。Caves are home to cavemen and cavewomen. 好奇心

の強い (curious) 縄文人は、宇宙人と交流があったといわれている。(Jomonites must've been contactees.) この風通しはcavity（空調）のお陰だ。cell（細胞）も人見知りをしない。

　門戸を開いてキョロキョロしたくなるのがcuriosityだ。Oを卵とすると、殻を破って、ひよこが飛び出してくる。Curiosity killed the cat. といわれるように、C-wordsには罠がある。Cは卵が生きていることの証拠だ。クリスチャンなら、Cross（十字架）を想起するだろう。生か死か、このcrisisで頭の中は、chaotic（混乱）している。卵とはcenter of gravity（重力）ではないか。その中心から外の世界とのcommunicationが始まる。

　これがc-wordsのcore valueだろう。crossはChristiansにとり、受難のシンボルであると同時に、癒し（cure）にもなる。そう、卵とは"核"（core）と共生する（co-living）ことだ。co-livingは共生き、「共」がシンボルだ。cooperationにも、competitionにも相手がいる。仲良く闘える関係とは、ICEEの真言（mantra）であるcompetitive-cooperative relationship（和）のことだ。ところが、「和」に背を向ける人はどこか心が膿んでいる。

「膿」とは、corrupt（rotten to the core）のことだが、良きにつけ悪しきにつけ、広がりたくてウズウズしている。まるで好奇心の強いcats。ネコは癒しのコンサルタント。consultantの仕事はネコのようにclientに近づき（get closer）、諮る。クライアントの気持を「忖度（そんたく）」する。依頼者の要求をハカル（計、量、図、諮）達人だ。clientと対等に立っても、決して目立ってはならない。これがcatが生き残る知恵だ。

　Consultancy is a catty business.（コンサルタント業とは、ネコ的なビジネスだ）というのが私見だ。目立たない。しかし、ちゃっかり稼ぐ。稼ぎすぎると睨まれる。（今、世界の4大コンサルタントの会社は受難期を迎えている）

　生き残るには、世間とのcontactをとる必要がある。コネ（connection）を広げる（get contacts＝カオを広げる）コンサルタントの仕事（契約）を広げるのは、まず顔を広げることだ。To get more contracts, get more contacts. 数回、音読してみよう。C-語のシンボルが見えてくるはずだ。C-words are coming up.

> そう、comeとは「来る」じゃなく、外の様子が「見えてくる」ということ。If you come to us, we'll come to you.（お越しになれば、こちらからも参上します）だ。

shiawaseppoi
幸せっぽい　happyish

アメリカという若い国は、過去や伝統を否定するのが好きなお国だ。イギリス英語を破壊したがるリスク感覚も半端（はんぱ）じゃない。イギリスにはhappyかunhappyしかないが、アメリカ人は、その中間にズケズケと割り込もうとする。それがhappyishだ。

「幸せと思えば幸せ」という日本的曖昧さも、happyishならなるほどと思う。黒か白じゃなく、灰色（gray、イギリスではgrey）がある。そして、greyの中にも、shades of greyという濃淡があるという。アメリカ人ならgrayishを使うだろう。

一夫一婦はmonogamyだが、monogamish（一夫一婦主義、なーんちゃって）となる。これがアメリカ英語。何人も妻を抱えているアラブ人が、「でも義理でつきあっているだけで、本命は一人だけなんだ」と言えば、The Arab is polygamish.ということになる。アメリカ英語もバカにはできない。

jikaku-seyo
自覚せよ。　Wake up.

「自覚」は、いきなり訳せないが、「目覚め」と置き換えると、すぐに使える。この切り換えのスピード感と運動神経が、同時通訳者には必要だ。スパイク・リー監督のメッセージはWake up.（目を覚ませよ＝自覚が足りないぞ）である。Wake up.を何度もrefrainしているから、リフレインは彼のトレードマークかもしれない。

現実から目をそらすな、という意味では、Get real.がいいが、精神的に覚醒させる場合は、Wake up.が近い。そう、モーニング・コール（英語ではa wake-up call）の「目覚まし」なのだ。

彼の名作映画"She's Gotta Have It"（彼女は空気が読めない――私訳）、"Do the Right Thing"（時と場をわきまえよ――私訳）でも、人種問題を解決しようという意欲が見えないという批判があった。しかし、彼は、じっと耐えていたのだ。He has been playing a

shikake-nin
仕掛人　schemer

「なんとか屋」は組織内では道具とされる。その反対に、これといった技術はないが、何かを仕掛けるのが上手な人間がいる。それが仕掛人（schemer）だ。

なんらかのスキーム（計略）を持ったスキーマーは、詐欺師（con artists）になりやすい。しかし考案者（designer）と発起人（promoter）は、producerと同じように、ネガティヴな意味はない。mastermind（首謀者）などは響きがいい。人は憧れる。だから、詐欺師は立派な肩書を使いたがる。

純朴な、英語屋さん、真面目にコツコツと技術を研（みが）く愚鈍な人たちは愛されて捨てられる。偏差値の高かったエリートはAIに仕事を奪われる。smart（秀才）でなく、street-smart（姑息（こそく）でズル賢い）な奴らがのさばってくる。私が仕掛人や得体の知れないコンサルタントを敬遠したくなるのは、ゲームの本質を知っているからだ。

jikan-no-mondai
時間の問題。　It's the question of "when".

使えそうで使えない、クロオビの交渉英語だ。It's a matter of time.でも正解だが、まだ浅い。シロオビ英語の段階だ。相手に信頼感を与えるには、たまには格調の高い表現を使って、違いを見せつけることだ。

It's not the question of "if"; it's the question of "when." このifとwhenの違いを瞬間に捉えることができれば、もうすでに英語によるビジネス交渉の達人として通じる。なにかが起こる前に手を打つ危機管理学はifだが、なにかが起こったあとに手を打つ危機管理の術はwhenの領域に入る。

西洋人はハチのrisk management（if）が得意だが、日本はアリのcrisis management（when）が得意だというのが、私見だ。アリの衆知（collective wisdom）には、欧米人はシャッポを脱ぐ。They take their hats off to us, Japanese, for our prompt crisis management.

アリ（蟻）は、義の虫で、抜け駆け（steal a march on others）をしない。あの福島の大震災で世界的に知られた日本人のねばり（resilience）は、アリの習性そのものだ。Ants are group-thinkers and group-doers. これで通じる。

shiki-ga-niburu
士気が鈍る　demoralizing

士気はmorale（モラール）。モラルではない。The office moral is low. といえば、職場のmorale（倫理道徳感）が低下し、社内恋愛（office romance）がひどく（too much）なってきたときに使われる。

The office morale is low. なら、オフィス・ラヴとは無関係で、ただ、社員にやる気がなくなっただけのこと。命令するだけのトップダウンには、ついていかなくなる。

アメフトの悪質タックル事件も、部員の士気を鈍らせる。That unethical tackle lowered the club morale.

shigusa
しぐさ　Tells

tellとは、名詞形で使われたとき、ふとしたそぶり「しぐさ、気配」を意味する。勝負師やサギ師は、このtellsを見抜く達人だ。ビジネス交渉は、語られた言葉というより、語られていないtellsで決まることが多い。

そのことを徹底的に分析したPeter Collett（ピーター・コレット）氏は、自著 "The Book of TELLS" の中で、こう述べる。——目や耳に騙されてはならない。シャーロック・ホームズの次の言葉に真実がある。「ワトソン君、目で見た（see）ものを鵜呑みにしちゃいけない。まずじっくり観察した（observe）ものを信じなさい」と。

poker faceの得意な相手でも、しぐさ（tell-tale signs）に気を配れば、ちょっとした溜息（sighing）や鼻歌（humming）や、指叩き（tapping one's fingers）で時間かせぎ（play for time）をしていることが見抜けるという。

ちょっとしたしぐさをmicro-tellsという。micro-tellsの中には、tell-suppressing tellsというのがある。化けの皮がはがれる（give oneself away）のは、ホンネであるtellsを隠すための偽しぐさcounterfeit tellが使われる。

ビル・クリントンの口唇(こうしん)を嚙む動作は、すぐに見抜かれた。ニクソン大統領がI'm not a crook.（私は悪漢ではない）と言って、周囲を睨みつけて、両腕を組んだとき、かえってそれが逆効果になった。ゼスチャーの黄金律（the golden rule）の一つに、Trust the tells.というのがある。「言葉より動作を信用しろ」ということだ。

shikei-wa-kane-ga-kakaru
死刑はカネがかかる。　　Death penalty costs you more.

こんな例文では、読者も首をかしげるに違いない。死刑が終身刑（imprisonment for life）よりcostlyというのは、単なるマネー経済学上の話だ。ネブラスカ州（共和党系で死刑賛成派が多い）で、20年ぶりに、死刑が執行（execution）に移された（*The Economist*, Aug. 18th, 2018）。オピオイド（opioid）の取引業者を死刑にしろ、といったトランプの発言に影響されたのかどうかは定かではないが、死刑がらみの裁判は、costly trialとlengthy appeals（何度も上訴される）が重なり、カネがかかる。

1976年に死刑制度が復活したアメリカでは、あれ以来1,480名が死刑となり、162名が量刑を巡る判決の差し違えであったと判明したという。なんと10件に1件は、誤審であったというのだ。

それより、死刑囚に投与されるおびただしい薬物（Valium）でフェンタニル（Fentanyl）以外に多様な痛み止めの麻痺剤が大量に投与されていたことが、検死により露呈されたという。薬剤にはカネがかかる。終身刑にしておいた方が安上がりという算段。

2人のタクシー運転手の殺害者が死刑になった。犯罪者の末路は哀れ。He paid the triple price for murder.

Murder cost him his life. Crime doesn't pay. このcostとpayの違いがピンとこないって？ 音読して口唇で覚えればすぐにわかるし、応用も利く。

"Marriage costs you money."

"It sure does."

"And listen. Divorce costs you more money. You'll pay the heavier price for your next marriage."

"My next marriage?"
"You bet. The death penalty you deserve."

暗い話で申し訳ない。私自身の英作文なので、恥ずかしくて訳したくない。

コーヒー・ブレイク

思考はエネルギーであることを証明した人物

Warren Berger（ウォーレン・バーガー）著の"A More Beautiful Question"（Bloomsbury）が気に入った。天才は「答」より「質問」で勝負するという。もしこの観察が正しければ、私も天才の部類に入る。この「難訳辞典」には、Why? What if? How? の三つの流れがある。Whyが底流にある。それがwhat ifを持ち上げる。そして川面になると、Howという具体案が浮かび上がってくる。

その本で紹介されているMarc Benioff（テク会社、オラクルの企業幹部）の着眼がユニークだ。思考のために休暇をとってインドからハワイへ飛び、太平洋をイルカと一緒に泳いだという。その思考の裏にWhy?があった。Why does it pay to swim with dolphins?（なぜイルカと一緒に泳ぐのが学びになるのか？）

さらにアイディアが浮かんだ。Why aren't all enterprise software applications built like Amazon and eBay?（なぜすべてのソフトウェア・アプリ企業がアマゾンやeBayのような仕組みになっていないか？）こう考えて、セールスフォースを立ち上げた。ソフトウェア・ビジネス界をゴロリと逆転させた。（He turned the software industry on its head.）

この男が、ごく最近、女房と一緒にTIMEを買った。店頭で今月号のTIMEを買うのではなく、TIMEの本体を買収したのだ。まさに、思考はエネルギー（Thought is energy.）。氏のダイナミックな思考のゼロ・パワーは、イルカと遊びながら学んだ。旅費に恵まれない私は、ネコから学ぶ。このネコには、過去や未来はない。今を生きている。Why?がない。

jiko-chuh
ジコチュー　be full of oneself

　自己中心主義が、ジコチューとカタカナ転用されるようになった。それほど日本では嫌われる人物の形容詞として多用されるからだ。self-centeredと直訳してもかまわないが、selfは思考や行動の主体であるという国民性からすれば、決して悪い意味ではない。selfishly-motivatedなら、欧米でも顰蹙(ひんしゅく)を買う。それならもっと簡素化して、be full of oneselfといこう。意味論とは、そういうものだ。

　彼女はジコチューだといえば、彼女は自分のことで頭がいっぱい、あるいは周囲が、いや太陽までもが自分を中心に回転していると考えている天動説タイプ（こういうジコチューの女性が増えてきた）ということだ。しかしShe's geocentric.（天動説）では通じない。やはり、She's full of herself. とトーンダウンしよう。

　She plays dirty, you know why? Because she's so full of herself.（彼女はえげつない。なぜって？ 彼女はとてもジコチューだから。）

　ビジネスに向かないジコチューの人間の反対はa team playerだ。

jiko-chuhshin-teki
自己中心的　subjective

　自分のペースを崩さず、周囲のペースに合わさない（get one's own way）B型人間は、とかく日本社会ではジコチューだと後ろ指を指されやすい。天動説のB型といわれるくらい、主観的（subjective）なのだ。地球は動かない、というflatearthersも増えている。self-centeredより、subjectiveといった方が、B型人間を傷つけない。

　しかし、B型でないと務(つと)まらない専門職がある。優秀な編集者はB型に集中する。マーケティングに強いO型も、我(が)（ego）が出すぎるのか、編集という裏方の仕事には向かない。B型はつるむことを嫌うから、一丸となって集団のために個を没するサッカーには向かない。

　最近の調査では、サッカー選手の中にはB型がいなかったという。野球選手は、OとBの両タイプに占められ、A型はほとんどいない。ところが相撲の世界には、A型が圧倒的に多く、B型が少な

い。

　内省的なAB型は地味だが、翻訳業に向いている。メルヘンチック（能見氏の表現を借りると）で知的なディレッタントが多い。私の調べでは、東京都知事選に出たがる人にAB型が圧倒的に多い。青島幸男（AB）、石原慎太郎（AB）、猪瀬直樹（AB）。NHKの磯村尚徳（AB）は落選し、アントニオ猪木（AB）や、岩國哲人（AB）は出馬を途中で断念した。AB型は、鳥のように高く翔びたがるが、着地が悪い。大前研一のようにマイペースで濁った空気をかき回すことのできるメディア世界のB型リーダー（評論家はB型人間の独壇場）が必要なのだ。

　ダダモ博士は、直感的（intuitive）なB型気質を、insightful（本質を衝いた）、mystical（神秘的な）、idealistic（理想的な）、personal（個人的な）、creative（創造的な）、original（オリジナルの）、globally oriented（国際的な視野を持つ）と、高いリーダーシップを挙げておられる。うがって考えると、B型人間にとり、日本は狭すぎる——お呼びでないのかも——としか思えない。

> **コーヒー・ブレイク**
> ## 仕事が遊びになるには
> 　ビジネスでの英語トークに欠かせない「遊び心」（playful spirit）とは、肩の力を抜くことだ。「努力する」はTry harder.だから「肩の力を抜け」はDon't try too hard.になる。次にビジネスパーソンの心構えに移ろう。日興證券の役員秘書をしていた頃、多くの企業トップと話し合うことがあった。大物は、playをwork（仕事）と区別しないことがわかった。Work hard, play hard.という常識では、ビジネス界では、大成しないという。「仕事が遊びにならないと」と、成功した実業家の多くが口にする。
> 　江崎グリコの社長が拉致されたことを、トップ記事で知った頃、その若き社長の躾教育者とされていた、水野スポーツの水野会長に、「大変でんなぁ」と話しかけると、笑い顔で「ボンは、ええ勉強しはったなぁ」と切り返された。これも、ナニワ流の芸のこやし（practical experience）なのだ。私が提唱してきた「英語道」も、ナニワ気質（すべて人生体験）からも、影響を受けた

ものだ。

「下積みだよ」という私の教えは、play soft to get で他人の懐へズケズケと割り込む大阪人には通じても、play hard to get（自分を高く売ろうとする）で弱者にスキを見せない東京人には通じないことが多かった。東京は、政治的意図を隠し、上品に振舞う（play nice）ことが期待されているからだろうか。ただ、品格（play nice）の面では、関西人は——京都人を除き——遙かに劣るようだ。この筆者の私もナニワ流のサービス精神が、アダになることがあり、自分自身に言い聞かせている。「品格だよ。君ィー」Get yourself more civilized! Pley nice. と。

jigoku-no-sata-mo-kane-shidai
地獄の沙汰も金次第。　You get what you pay for.

地獄での裁定（沙汰）とは、a verdict、a sentence のことだが、閻魔様までを bribe（買収）するとは。まさか、You just can't buy off the king (Ruler) of the Hell. と直訳するなど赦されない。和英辞書には、Money is the key that opens all doors. というパンチ力のない訳がある。Money makes the mare go. という諺を覚えたことがあるが、これも猫パンチのようで、私は、これまで一度も使ったことはない。ネイティヴに恥をかかせるというリスクがあるからだ。

そこで、私が勧める超訳はこれ。You get what you pay for.「安物買いの銭失い」の訳としても使える。誰にでもわかる、エントロピーの低い、英語のヤマト言葉には、give と get が増える。だから、この文脈でも使いたい。

もちろん、Money can buy you anything. でもいい。Money can buy you justice. でも Money matters even at the Last Judgement. でもよい。「最後の審判」という言葉を加えれば、ちょっぴり教養を匂わすこともできる——あまり私の趣味ではないが。やはり You get what you pay for. がベスト。忘れる心配もない。忘却のリスクの少ない英語を学ぼう。

しごとを

shigoto-wo-shinagara-manabu
仕事をしながら学ぶ　learn on the job

　この「ながら」も on。OJT（on the job training）は、最もオーソドックスな社員訓練になる下積みが大切（start low）だから、職場から離れずに（on the job）しっかり先輩から学ぶべきだ。だが、正社員でないコンサルタントは、いずれここで学んだ経験を、次の仕事にも活かそうとする。しかもこういう姿勢は、雇い主のクライアントにとり、迷惑だ。自分にとってもプラスにならない。

　Learning on the job does a disservice to yourself and to the client.
　（仕事をしながら学ぶことは、自分自身と雇い主にとって有害である。）
　会社は働いてもらう職場であって、勉強をさせる学校ではない。

shizentai-de-ike
自然体で行け。　Be effortless.

　いきなり effortless（構えない）という big word を使って、申し訳ない。もし、Be natural. と文字通り訳すと、日本人以外の相手なら、戸惑われるだろう。自然のエネルギーと一体化するので、常人には真似のできないことだ。その半面、Be yourself. といえば、周囲の空気を無視して、場違いな行為や言動に走りかねない。

　私の天職になりそうな仕事とは、インタビューアーだと思っている。司会者もそうだが、質問者には気負いがあってはならない。それが見抜かれてはならない。相手そしてその場の空気に融け込まなければならない。あくまで相手の動きに、身も心もゆだねるのが自然体なのだ。

　この英訳は、effortlessness 以外にない。effort は努力ではない。よく見せようとする「気負い」のことだ。それを私は「アク」という。とくに、私にもある関西人のアクは、関東では極力抑えなければならないと自制しているが、まだ都会人のプロには勝てない。

　今、ホテルのテレビでプロ・インタビューアーの阿川佐和子の技を盗もうとしている。芸人は技を盗む。NHK降板後の私が、木馬館の大衆演劇役者から腰の低さを学んだのも「盗み」だ。英語でとりあえず日本一の（世界に躍り出る前に）インタビューアーに

なろう、と脂ぎった私に欠けているのは、彼女の自然体（effortlessness）だ。

彼女の数時間にわたるインタービュー・マナーを私なりに外国人にコメントするとすれば、She's got a perfect effort control. と絶讃するだろう。彼女には気負いはない——野心も感じられない。しかもそのエゴを必死に隠そうとするeffort（不自然さ）も感じさせない。

過去180万部のベストセラーの筆者という気負いも、気配も見せない。好奇心があるわけでもないが、好奇心がなければ務まらない仕事だ。野心というより「これが仕事よ」（This is part of the job.）と、さりげなくかわす。自分の過去も未来も変わらない。She's just the eye of the hurricane. ハリケーンの「眼」は空であって、本人は動かないが、周囲が自然に動かされている。

私が最も嫉妬（professional jealousy）を感じるのは、今の時点では阿川佐和子一人だろう。そこには英語という言葉はない。「間」という呼吸のリズムがあるのみだ。

shitataka-na-on'na-da
したたかな女だ。　　She's a tough woman.

toughとhardは近い縁にあるが、血筋は違う。toughな女は、ゲームができる、負けず嫌いなビジネスパーソンに多い。頭脳明晰で、叩けば叩き返される。She knows how to play games, even hard ball.（ここ一番では勝負に出る女だ。）味方にすれば心強い。tough inside, soft outsideと言われるように、外見は「剛」だが、内面は「柔」である場合が多い。しかし、hard womanは芯までしっかりしている。外見（style）より内面（substance）が強い。

日本でいわれる「しっかりした女」「賢い女」は、hard womanと呼ばれる。hard womanは雨にも負けない（strong in the rain）タイプで、外面はソフトだが、内面はしっかりしていて、容易に崩れない。

tough womanが生卵とすると、hard womanは、ゆで卵のようなもので、内部が固まっている。半熟卵（soft-boiled）は別として、hard-boiledな女性は、冷淡（unfeeling）な女性で、退職を見計らって、夫に離縁状を出すような、非情（callous）な女性だ。どちら

も、あまり好きになれないが、ビジネス・パートナーなら前者を選ぶ。

What I want is a kind of woman, tough outside, soft inside.（私が望むのは、外硬内柔の女性です。）

jidan-ni-seyo
示談にせよ。　　Settle it out of court.

　法廷といった「明るいところ」は、日本人にとり決闘の場所となる。できれば「暗いところ」で手を打ち（strike a deal out of court）たいところだ。このdeal makingは、示談（out-of-court settlement）という形になって顕れる。

　日本は示談の国だ。いや、法律に詳しい人なら、アメリカにもあると知っている。彼らは明るいところでplea bargaining（司法取引）を使って示談する。この案件が長びいて裁判所は迷走するから、検察と弁護人を呼びつけ、妥協させる道を選ばせようとする。「このままでは、君は10年ぐらいの服役になる。自分が殺りました、と自白すれば、数カ月で出られる」、こんなplea bargainingが日本の司法行政に影響を与えるときがくる。ディベートから交渉の時代へ、か。肌寒くなる。

shichi
四知　　Everyone knows it.

　ビジネスでは、必ずといっていいほど賄賂（a bribe、a payoff）が生じる。中国の四知（スーチ）は、このcorruptionに対する戒めだ。あなたも知っている。私も知っている。天も知っている。地も知っている。だから、このワイロは受けとれない。これが原意であった。

　安岡正篤を師と仰いでいた頃の政治家は、まだ士（サムライ）だった。悪いが（with apologies to Yasuoka Masahiro）、今の中国ではこの「四知」は通じない。私の調べでは、多くの中国人は、「みんなが認めているではないか」（Everyone knows.）だから、このワイロを受けとることは正常なのだ、と。異常だ。まるでアベコベ。みんながやっているから、やってもいいという発想は、unethicalで、immoralで、illegalであるうえに、unsamurai-like（武士道にもとる）である。

台湾では、今でも日本の武士道を信じている。一日中ボランティアガイドを務めてくれた台湾の中年男性に、チップ代りに渡した謝礼を一切受けとらず、「サムライだったら、受けとれませんよね。ここは中国でなく、台湾です」と、丁重に断られた。久しぶりにすがすがしい思いをした。ほんの4、5年前の話だ。

jisseki
実績　　a track record

　実績は、数字に表われる。履歴書における職歴は、輝かしい（impressive）ものがよい。しかし、華々しい（flamboyant）職歴はかえって警戒される。とくに、伝統的な大企業は、腰軽なローリング・ストーン人間を敬遠する。ただし、仕事を通じて（on the job）の実績は評価対象になる。a proven（established）track recordは、信用（reputation）に結びつく。

shitte-iru
知っている。　　I know.

　ビット・コインって、知ってる？　知ってる。（I know it.）聞いたことがある程度でも「知っている」と言える。便利だが、あいまいな表現なので、誤解が生まれやすい。「ホリエモンが言ってた」程度では知っていることにならない。I'm aware of it. ぐらいでとどめておこう。

　まるでわかっていないのね、と相手に言う場合なら、You don't understand it. となる。He knows women. But he doesn't understand women. 私は言う。I don't know many women, but I do understand them. なーんちゃって。本当は、どちらにも縁がなかったりして。

　進める。He has lots of money. But he doesn't understand money. しかし、knowはもっと深い。「識る」の中に、直感が含まれるだけに、より妖しげだ。

　二人の密会が妻にばれたとしよう。英語ではMy wife knows.（女房のやつにバレた。）耳にしただけで、隠していた事実がパーッと明らかになる。これがknow。男は必死に、弁護する。「あれは仕事だ。お前はオレのことがわかっていない。」このときに使う英語はYou don't know me.

しつもん

(shitsumon-de) hameru

(質問で)はめる　set somebody up by choice questions

　質問で狙ったカモをはめるには、choice questionsに限る。もしボーナスをもらうことが狙いなら、こんな質問でボスの虚をつくことができる。

　Would you rather give me my bonus in one lump sum at the end of the year or quarterly payments?（ボーナスは、年末に一括払いにしていただくか、それとも年4回に分割していただけるのでしょうか。）

　方法はどちらでもいい。「ボーナスをもらう」ことが戦略であれば、その質問は戦術である。

　子供に宿題をさせるには、「食事の後、それとも食前に」という質問は、誘い水に過ぎない。どちらかを選ばせて、ちゃっかり宿題をさせればいいだけのことだ。セールスマンという業種が不人気になるのも、こういう手口のせいだ。

　将棋で桂馬を使って相手に二股をかける（play it both ways）のが得意な人がいる。知的だが、日本人の美意識に馴染まない（go against the spirit of Japanese aesthetic emotionalism）と言う人がいる。右か左か、いずれかの選択に追い込むのは、決して日本的な思考ではない。A or Bより、A and Bが日本的思考なのだ。

　だから、ディベーターが、「YesかNoで答えてください」と論敵を追い込んでいるとき、「うーん、この男（女）は社会では浮き上がるな」と心配することがある。しかし、交渉ゲームでは、この種のchoice questionが使われるのは、日常茶飯事だ。プロのセールスマンは、この手口でカモ（suckers）を狙う。抜け目がないバイヤーは、セラーを出し抜く、こんな手を使う。

「ソファーと椅子を一緒に買ったら800ドル。居間セットなら700ドル、どちらがお勧めですか」と。売り手は、「今なら、キャンペーン中ですから、どちらの方でも半額にします」と下手に出る。すると、「じゃ、合わせて1500ドルの半額だから、トータルで750ドルになりますね。それで両セット買います。」ユダヤ系の観光客にこの手のバイヤーが多いと、ある京都の骨董屋の店長が教えてくれた。

shina-sadame

品定め　scope out

　交渉学で大切なことは、相手(the other side)をしっかり把握することだ。戦争を始める前に、敵情を知ることは、定石ではないか。情報(情に報いる情報)が要る。とくに、交渉相手(the other side)の力量をscope outする必要がある。humint(human intelligence)は、情報(スパイ)活動に欠かせない。

　人間の実力や器を測るだけであれば、size upという表現がよく用いられる。Size them up before you psyche them up.(相手を圧倒する前に、相手を品定めしておけ。)取引(deal making)の相手(the other half)にも立場がある。背景も気になる。

　ディベートの勝敗なら、リサーチの量とスキルだけでほぼ決まるが、交渉の場合はそう簡単ではない。the other halfと当方のチームとのトータルな力量が加わる。利益(既得権益を含む)には"顔"(同盟関係)がからんでくる。単に大組織だからといって、ひるむことはない。組織の中に、"柱"(the right button to push)がいる。

　交渉学では、the yes personというキーパーソンがいる。日本人が使う、上司にペコペコする「イエスマン」のことではない。そういう兵隊さんたちは、敵(外来者)に対し、警戒心をゆるめず、Noという武器で固めようとする。権限のない人たちだ。権限のある人こそがyes personだ。

　役人はすべて、上に対してYESだが、外に対してはNOなのだ。外国人は、日本の大組織と交渉するときに、the yes personが見えず、見つからずに悲鳴を上げる。いったい発言権のあるYES personsはどこにいるのかと。

　私が日興證券の役員秘書であった頃の話だ。ある日、アメリカ大使館のロバート・インガーソル(Robert Ingersoll)大使から、直接、通訳が主な仕事であった私に電話がかかってきた。「御社の誰と話をすればいいのか」という質問だ。

　押すべきボタンが見えなかったのだろう。一契約社員の私に相談を求めるとは。日本の社会がタテかヨコか見当がつかなかったのであろう。

　日本の社会はperception(イメージ)だけでは把握できない。日

本を観察（scope out）しなければならない。scopeとは、範囲や領域のことだ。越えてはならないlinesが無数にある。納豆の糸のように。よほど日本通でなければ、つとまらない。

jibun-no-pehsu-wo-kuzusu-na

自分のペースを崩すな。　Get your own way.

交渉の目的は、get what you wantである。そのために、自分のペース（ペースという和製英語をpaceと同一視しないこと）を崩さないことだ。お勧めの表現はget one's own wayだ。マイペースというときにも使える。She gets her own way.（彼女はマイペース）というふうに。このペースも、自己流のルールと置き換えると、Play (the game) by your own rules.となる。

相手のペースにはまるなら、Don't play by their rules.とか、Never let them play their game. 強調の意味なら、このあとにby their rulesと加えてもよい。

テニスで「自分のペースを崩すな」といえば、Play your tennis.となり、自分の英語で勝負しなさい（ICEEなどで）という場合なら、Play your English.となる。それは、人の眼を気にせず自然体（effortlessness）でplayしろということになる。Speak your English.の代りに、playとしたのは、コミュニケーションには「遊び心」（playful spirit）で、ゲームをplayすると表現した方が、ビジネス・コミュニケーションにも応用が利くと判断したからだ。

いや、もっと簡単に、Don't play their game.と言うこともできる。gameとは、日本語のゲーム（遊びに近い）とは違って、戦争目的そのものだ。勝つことだ。Win——that's the name of the game.

shihoh-torihiki

司法取引　plea bargaining

示談（out-of-court settlement）と司法取引も、交渉の一形態になる。なぜ司法取引が悪評なのか。取引の対象が、「他人の犯罪に関する情報提供」と「本人の罪の軽減」と天秤にかけられるからだ。被疑者に対して、自分がやったと罪を認め（guilty plea＝有罪の申し立て）たら、それと引き換えに罪も軽減してあげる（自己免罪型司法取引）という裏取引だからだ。贈賄罪についても、この司

法取引がなされるようになった。

　与野党間の政治的駆け引きも、この主の司法取引だ。日本社会にも登場し始めた。これはやばい。ディベートが（取引）交渉に敗北することになる。取引の主体は被告と検察官とに移り、密議で裁かれてしまう。

「痴漢を認めろ、数日で出られる」「もし、『それでもやっていない』と我を張るなら、数カ月間拘留されることになる。両親は悲しみ、お前の人生に未来はない」と言う。ディベートとは違って真理の追究（神）が、取引（悪魔）に魂を売ることになる。悪魔に魂を売るな。Never sell out.

コーヒー・ブレイク

司法取引よりディベート道が先だ

　$E=MC^2$と言ったのは、あのアルバート・アインシュタイン（Albert Einstein）だ。説得力というエネルギーは、言葉というモノ（matter）に光のスピードを2乗したパワーと合致するという。私独自の考え（究論道＝The Way of Debate）では、光のパワーは、知と情の速度を掛け合わせたものだ。

　IQとEQの2乗された、相乗（synergy）こそ、人を説得ではなく、"納得"させるエネルギーにつながるのだ。この方程式によれば、言葉を活性化する（energize）とは、「言霊」の威力を発揚することになる。ザ・Lightこそがエネルギーの源泉というのが、その「心」である。

「光」なら、フリーエネルギー（free energy）の提唱者であるニコラ・テスラ（Nikola Tesla）も同じことを言っている。私はアインシュタインと彼を比較して、ニコラ・テスラを一枚上に置く。その理由は、二つ。一つは音楽、そして波動だ。

　ニコラ・テスラの述べる宇宙のミステリーとは、energy、frequency、vibrationの三点である。エネルギーを（人の情感を揺さぶる）メロディーとすると、（しばしば起こる）フリークエンシー（頻度数）はリズムであり、（周りを共振させる）ヴァイブレーション（振動）は、ハーモニーである。日本人にとり、論理的には定義不可能な「和」も、直感的に感じればハーモニーでしかな

> い。不器用な (not practical) 生き方をしたテスラを身近に感じてしまう。
>
> $E=MC^2$の二乗の中には、ロジックがあっても音楽がないので、世のvibration reality（振動現実）から遊離している。アインシュタインは重力波（gravitational wave）の謎に迫ったが、志半ばにして世から消えた。ニコラ・テスラが、あの世の能舞台から、エーイーアーオーウーと呻くような声霊と共に謡い続ける。
>
> 人生道の達人であるウェイン・ダイアー（Wayne Dyer）は、I am that. I am that. とthatに願望を託し、それを、お経のように唱え続ければ一体化し、その言霊が発揚され、夢が実現するという。その法則に従えば、I am the light in human form.（我、光なり）と、言い放ったニコラ・テスラはtheのあとに、electricity in human form（電気の権化なり）と喝破したこともある。His dreams come true.

jimi-na (shokugyoh)
地味な（職業） unromantic (profession)

訳せそうで意外に訳せないのが、この「地味」という形容詞だ。コンサルタント業で名を挙げたロバート・バカル（Robert Bacal）氏は告白する。Consulting is not a romantic profession.（コンサルタントは地味な職業だ）と。人はどんな分野でも、なしとげたい（make it）と思うが、とりあえずコンサルティング業から始めるというのは、常道ではない、とも。Beginning a consulting business is not the way to go.

not the way to goとは、「勧められない道」ということだ。ただ働きの時間（overhead time）が多く、やっとおカネになる時間（billable time）までの、下積み期間（overhead activities）はバカにならない。決して、胸を張って「コンサルタント業です」と言う人はいない。

Not a real job. と言えば、気の毒だが、「縁の下の力持ち」と言えば、浮かばれるだろう。To do justice to consultants, tell them they're unsung heroes. とでも訳してみるか。Consulting is not very romantic. といえば、誰しもが認める。コンサルタントの資格検定

試験もない。まるで影武者だ。unromanticというニクイ形容詞が私のお勧めだ。

shaun-wo-kakeru
社運をかける　burn the bridges behind

　ビジネスは、慎重に（計算づくで）行うべきだ。take a calculated riskは、石橋を叩いて渡る慎重さを表わしている。しかし、いったん意思決定をしたら戻らない、いや、戻れない決意となれば、それを証明する覚悟がいる。それが、城を離れたならば、渡ったあとの橋を焼き落とし、もう戻れないようにすることだ。

　靖国で会いましょうと誓って、死地へ飛び立った人は、go for brokeでいいが、会社などの大組織は、そう簡単に、死地に赴くわけにはいかない。社運をかけるとは、社員を路頭に迷わせても、という覚悟がいる。

shaka-ni-seppoh-suru-yoh-desu-ga
釈迦に説法するようですが。　Let me play the devil's advocate.

　釈迦に対しては、仏法を説いてはならない。あえてその許可を求めるなら、そこに善意の証明がいる。「お怒りになることを覚悟の上」(at the risk of offending you...)異論を挟ませてください、ということだから、devil's advocateになる。Nothing personal.と同じ意味にもなり、プロのインタービューアーや品位の高いビジネスパーソンに用いられる。

ja-kochira-mo-iwasete-morau
じゃ、こちらも言わせてもらう。　I'll give you as much as I get.

　これがアメリカ英語。伝統的なイギリス人は、さらに間を置いて答える。間がある。ユーモアがある。I'm not amused. That's not very sociable.とかなんとか間をとる。

　エレベーターの中でのイギリス人の返答にも、ユーモアの渋みがある。「このエレベーターは一階へ直行しますか」と言うと、'Hopefully.'と答える。この答えで、Why?と追うバカはいない。もし問えば、I'm incurably optimistic.（ぼくは生来、どうしようもない楽観主義者でね）と答えるだろう。

じゃこち

　確証はない。イギリス人を演繹的に分析しているだけだ。イギリス風の発音で人を嗤わせる。I haven't eaten anything since several days ago, so I'm rather hungry. と「ハラペコ」（I'm starved. とか I can eat a dog food.）とは言わず rather とは、しゃれている。

 コーヒー・ブレイク
謝罪のマナー

　今日は、国際人のマナーとして謝罪のしかたについて、話そうと思う。20分ぐらい遅れて、一人の生徒が加わった。謝罪もせずに。「帰国子女なのか、君は」とは言えず。
「どうして、遅れてスミマセンと、一言言わないのかね」
「あのう、センセイは日頃から、日本人はスミマセンを乱発しすぎると、おっしゃっていたじゃありませんか…」
「ん…。たしかにそうだな。テレビを見ると、どこかで、誰かが、頭を下げて謝罪している」
「でしょう。だから、私はスミマセンと言わないことにしたのです」
「君ねぇ、君はここで三つのミスを犯した。第一、君はぼくの発言のすべてを聞いていない。僕はこう言った。スミマセンを乱発するやつは軽卒すぎる。しかし、スミマセンを言わないやつはもっと悪い、とね。Choice of lesser evil. とはそういうことだ。

　第二、君は周囲の空気を乱している。もうすでに、4、5人の人が先に来て、ぼくの話に耳を傾けている。もう一度繰り返せというのかね。You just don't get it.（空気を読めよ。）

　第三、君は何年間日本を離れていたのか知らないが、謝罪の意味を知っているのか。反省と、二度と同じ間違いをしませんという誓いの意味でもあるんだ。This won't happen again. と言ってみろ。

　日本人のいう反省会は、未来の問題解決でもあるのだ。それで禊ともいう。謝罪することは、身を削ぐようにつらいこともある。ぼくも、今日、授業に20分も遅れてしまった。女房が急に消えちまってね。心配になって警察に寄ってきた。プロの教授としては失格だ。謝る。だから、そのお詫びとして、このコーヒー

店で君らに臨時の課外レッスンをしている。これは一種のつぐないかな」（笑）

一人の先輩の女生徒が、質問をする。

「先生は、もと企業コンサルタント業をやっていましたね。どうして大学の教授に…」

「…。君もワケアリ組かね。30代の半ばに見えるが」

「そうです」

「じゃ、二人でナワノレンへでも行くか。ところで、遅刻した君。まだ謝罪していないな。社会では、体面というものがある。通さなければならない、筋というものがある。体面とはなにか、誰か目上の人に伺ってもいいから、謝罪のしかたについて調べてくること。来週まで。そのとき君と二人で、いや二人はまずい。君の友人一人との三人で」

(shakkin-de) kubi-ga-mawara-nai

（借金で）首が回らない　in a lot of debt

イナララデッ（ト）、イナララデッ（ト）、聞きとれれば口から出る。アルフレッド・トマティス（Alfred Tomatis）博士（発音学の大家）は、聴きとれない英語は再生できないという名言を残された。You can't reproduce the sound you can't hear.

さて「首」は訳す必要がない。それぐらいのことはAI翻訳者でも知っている。I'm busy keeping my head above water. ぐらいの訳ならAIでもできる。

今、YouTubeでアメリカのクレジットカード倒産（credit card bankruptcy）のドキュメンタリーを見ている。It's a matter of life or debt. （生きるか、借金苦かどちらか）という英訳を目で確かめたが、耳から入った情報は、a life or deathであった。頭の中で「死活問題」と訳してしまった。プロの同時通訳としては、debtをdeathと混同したのは大失態。AIに一本とられたか。

大学生が、college loanが返済できず、卒業後、職がなく、自殺するという人も増えているそうだ。いい企業入社を約束してくれるはずの大学卒業証書（degrees）の価値が低下する一方。*TIME*の見出しがDeclining by degrees。（by degreesは「だんだんに」だが、

卒業証書とかけられている）しゃれ（play on words）がわかるかどうか。

ここがAIと人間の英語のプロとの実力の差になる。とっさの時の英語は役に立たない。debt（デット）とdead（デッド）の使い分けができるためには、日頃から使いまくることだ。I'm in a lot of debt. How did you get into it（debt）? A college loan. How are you getting out if it（debt）?

これぐらいの会話なら、アメリカへ行かなくても、日本で英文雑誌を速読し、今、私がやっているように、YouTubeドキュメンタリーを速聴しておくことだ。プロ通訳者は、ながら族（multi-taskers）でなくてはならない。耳から入った生の英語をおうむ返しにechoしてみることだ。Get out of debt. ゲラウラデッ（ト）。

debtの（ト）もdeadの（ド）も、ほとんど耳に入らない。ゲラウラカー（get out of car）を聞きなれている人は、口からも容易にでるはずだ。決して文法通りに、get off the carとはならないはずだ。多くの生の英語を聴き、読むことだ。目と耳を連動させることだ。YouTubeの見出しはIn Debt We Trust.になっている。DebtとはGodに近い存在なのか、とニヤッと笑えるはずだ。

shanai-no-ningen-kankei-ne
（社内の）人間関係ね。　That's politics, isn't it?

企業内の人事は、きわめて複雑だ。表向きはmerit pay（実績評価）といわれても、実際はトップの依怙贔屓（favoritism）で決まることが多い。とくに同族企業の多い日本では、「情」的な要素（身びいきのような）がモノをいう。これが縁故主義（cronyism）。

人は、「人間関係ね」という。これをオブラートに包んでThat's human relationship. と直訳してはならない。ストレートにPolitics.と言ってみよう。ネイティヴは同時にうなずく。

身内だけで固められた企業でも、トップに近づけば近づくほど、人間関係がより複雑になる。「彼女は女を使って、首座についた（She slept her way to the top.）」と陰口を叩かれても、Oh, that's politics.で片づけられてしまう。

コーヒー・ブレイク

術道演説──英語道が吼える、青山繁晴のように

　ジャーナリストは毎回が交渉だ。大学教授、会社の社長（CEO）、文筆家、NHKテレビ講師、講演活動、（私が唱える）「英語教育革命」家と多彩な顔を持つ私も、CNNのラリー・キング（長年私のロール・モデルであった）を追い続け、やっと近年はインターネットTV（NONES）のニュースキャスターに落ち着いたようだ。そして、ジャーナリスト魂で書くこの「難訳辞典」がライフワークになったというのが今の心境だ。なぜジャーナリストなのか、最も交渉力が必要とされるからだ。今回は、熱く語りたい。

　ディベートを日本に広げるというのが第一の目標（交渉学では、primary baseという）となり、その実践のためにジャーナリストの道を選んだ。いつの間にか、英語道（The Way of English）がsecondary baseに変わってしまった。究論道という隠し玉が表に出たのは、新たな私の交渉戦略が、逆に私に軌道修正を求めたからだ。ハーバード法学院が主催した1週間にわたる交渉術セミナー（Negotiation Workshop for Lawyers）が私の人生を大きく変えた。このコーヒー・ブレイクで、君らも変わる。I'll turn you around. さて私に化学変化をもたらした、三つの教訓について語ろう。ハーバード交渉術セミナーの3レッスンについて。

1. アメリカ人の交渉には日本にない"脅し"（bluffing）が有効。

　このゲーム思考による発想転換は、英語教育では生温かすぎて間に合わず、日本語を通じて、臨むべきだと悟って早期日本語ディベート教育に出帆。

2. アカデミック社会で必修とされるdebateが図上演習や局地戦（battle）に近いとすれば、negotiationは、戦争そのものであるという認識。

　企業の教育訓練に交渉が入った。ICEEという異文化間英語交流コンテストを発足させたのも、このハーバード流交渉学であった。世界中から集まった300人の弁護士たちと交流し、私は再び日本人に戻った。

3. これまでのアカデミック・ディベートが「知」〔ロジックを中

心とした）に傾いていたが、そこに「情」（emotion）を加え、ディベート道のベクトルを「説得」から「納得」へ大きくギアチェンジさせなければ、日本人の心（identity）が守れないと感じた。

そこで産まれたのが、世界史上初のhexagonal debate（六角ディベート。交渉とディベートの合体）だ。これがICEEという、これも世界初のお祭り型英語検定試験（2019年で32回目）をさらに活性化させた。日本で産声を上げたこのヘクサゴナル・ディベートはwin-win-winを目指す究論道（The Way of Debate）を具象化させたものだ。「核兵器」拡散に王手をかける（checkmate）には、世界平和のためのpeace offensive（平和攻勢）の覚悟がいる。究論道を世界に普及するには余生を賭けるだけの価値は十分にある。その重責に身震いする近頃だ。80歳で花を咲かせると心に誓ったのは私の意地（personal commitment）だ。

戦争という敵の王将にcheckmateをかけるには、命がけの交渉力がいる。そのロジックは、人智が及ばない、自然の摂理に補強（buttress）されたものでなくてはならない。戦争には武器力というハードパワーが必要だとすれば、交渉（外交を含め）にも同じくらいホットな（empowered）ソフトパワーがいる。

私は、ホットなジャーナリストでもある、青山繁晴なる男の情熱に賭けている。氏は「通訳」を使わない、英語による直接交渉の必要性をYouTubeで説いておられる。活火山のようなジャーナリストだが、共同通信時代に鍛えられた情報力とクールな説得力を兼備されている。交渉相手からは目を離してはならないと、説かれる。その通りだ。私もずっと実践してきた。

たしかにeyeball to eyeball（面と向かってのface-to-face）は終盤での交渉戦の基本だ。このために、日本人のリーダーも、翻訳者や通訳者を盲信せず、単独でディベートやビジネス交渉ができるぐらいの気迫と、実用英語力が不可欠だ。文科省の英語教育も、ペーパー・テストに拘泥せず、もっとオーラル（口頭）の側面を重視し、"斬れる"四技能英語を伸ばす行政指導を心掛けていただきたい。

その点、ナニワ時代に私が開眼し、多くの同志と共に、全国に広げてきた英語道は、日本タンポポのように、密かではあるが日

本全国に咲いている。のちに英検が誕生したときは、西洋タンポポに追い抜かれた、とホゾを噛んだものだ。

英検を追うように、ICEE（もとは"道検"＝英語道検定試験）の花を咲かせた。英検やTOEICが真似できないのは、縄文時代より日本民族が引き継いだ、「お祭り」の思想である。2019年で32年目を迎える。

いかに、インターネットによるデジタル革命が進んでも、生きた英語の四技能（英語道は英語に「心」を通わせるから、四技能は当然、有機的につながる）を求める、学習者の渇望を止めることはできない。英語をめぐる術と道の闘いの火蓋は今、切られようとしている。

術と道の両者が手を組む（deal）か、正々堂々と交渉し、どちらかが勝つ（settle for more）か、どちらかが負ける（settle for less）かは、その時の運の定めとなろう。分裂（fission）か融合（fusion）のいずれかに落ち着くだろうが、英語道はあくまで後者を望む。NONESのジャーナリストとしての談判の作法は、武士道を交渉に用いた山岡鉄舟のそれに近い。

ジャーナリストは、職業柄、意見（opinion）と事実（fact）を切り離すべきである。これが私のディベーター論だ。英検派は、英語「道」を唱導する私の「道」の非現実性をアタックするべきだ。

交渉戦争は始まった。戦いが始まっているのに、眼前の仮想敵を無視することは、相手に対する最大の侮辱であろう。

1. Ready——On your mark...（構え）

お互いの品定めを始めよ。Let's scope each other out. 孤狼ジャーナリストの私はいつも臨戦態勢にある。I'm always ready——combat-ready.

2. Aim——Get set.（狙え）

お互い相手の品定めが終ったら、「仕切り」に入る。そして、呼吸を合わせる。間を縮める交渉はディベートと違うから、呼吸が合うまで仕切り直しを続けることもできる。私は英検と道検が対等に立つ日を、これまで半世紀以上待ち続けた。しかし交渉ではtiming is everythingだ。この「間」が大切だ。

3. Shoot——Negotiate(撃て)

　制限時間いっぱい。もう「待った」なし。撃ち合う。交渉は正面衝突に限る。しかし、一言加えておくべくことがある。決戦場はどちらのhome turfにするか（英検オフィスか紘道館か）は、予め決めておくことが、critical（不可欠）だ。

　このように、交渉を戦争と考えると、ディベートという図上演習は欠かせない。しかし、真剣度そのものに限定すれば、discussionもdebateもchild play（児戯）に過ぎない。なぜか、外交の失敗が戦争を招くように、交渉の失敗は、痛み分けどころか、覆水盆に返らず（Humpty Dumpty）の愚を犯すからだ。「和」だけは守らなければ、国家の損失につながる。なぜか。WAとは、日本文化のjustice（けじめ）なのだ。

joh'i-suru
譲位する　vacate (hand over) the throne

　君主がその位をゆずること。日本はそもそも「ゆずり」のお国柄なのだ。この心を英訳すると、abdicate (ˈæbdɪkèɪt) しかないのが口惜しい。王位、権利、責任、見解などを正式に放棄する、give upすることではないか。「譲る」とはhand (turn) overすることで、決して、諦めではない、と。西洋での王位継承（succession to the throne）はtake（奪）に近づく。略奪や剥奪（はぎとり）には、奪（get）という「我」の悪臭が漂う。「譲り」はgive（give way to）には「我」臭はない。

　弓弦羽神社に茂っているユズリハ（a false daphne）は新葉と旧葉の交代がよく目立つから、この名がニューッと生まれ出たのだ。ギリシャ神話に登場するDaphne (dˈæfni) は、アポロに追われて月桂樹と化した妖精、ダフネーのこと。月桂樹の（laurel）の異名でもある。紘道館のシンボルである、ゆずり葉が、「偽の（false）」ダフニー（daphne）とは許せない、いや譲れない。

　私は「空」にする、という意味のvacateという動詞を使いたい。真空は、息づいており、誰の物でもない、永遠の生命なのだ。人間のエゴ（我）を捨てたものしか、埋めることができない礼代だといえる。ビジネスでは、禅譲という言葉がよく使われる。捨我もビジ

ネスの「行」だ。

shoaku-no-kongen
諸悪の根源　the root of all evil

　金（カネ）がそれ。クリスチャンは、金を悪魔と同一視する。主イエスを売った、裏切り者のユダも30枚の銀貨のためだといわれている。Judas sold out. 悪魔に魂を売る（sell one's soul to the devil）行為を、serving two mastersの罪として、忌み嫌う。

　映画監督のマーチン・スコセッシ（Martin Scorsese）は、『最後の誘惑』（原題"The Last Temptation of Christ"）の中で、ユダは、カネでイエスを売ったのではなく、革命意欲を失った同志に裏切られ、失意の中、復讐したのだ（だから自殺した）と解釈されている。しかし、人は本当にカネのために同胞を売るのであろうか。「イエスはカネで殺された」を英訳するなら、Money killed Jesus.となる。だからキリスト教徒たちの間では、Judasは永久に浮かばれない。スコセッシ監督は、ユダがイエスに裏切られた（Jesus turned on Judas.）というロジックで、ユダの顔を立て（honoring Judas）、世のクリスチャンを敵に回した。こんな疑問を抱きながら。Is money the root of all evil? ロジックは両刃の剣（double-edged sword）だ。

shohko-ga-naito-shohmei-deki-masen
証拠がないと証明できません。　You can't prove it without evidence.

　この漢方薬は効く、といっても、その証拠は、と分析結果が問われる時代となりつつある。evidence-based medicine（俗に言うEBM）がそれだ。薬効の証明は難しい。実際に服用して、聞いたという数人の証言ではまだ信憑性（credibility of evidence）は認められない。効いたと言っている人の証言の信頼性（reliability of evidence）も確かでない。「効いた気分になった」ではプラセボ効果の域にとどまってしまう。日本人は情緒的な国民で、マスコミ（とくに『文藝春秋』のような権威のある雑誌）が近藤誠博士の勇気ある（?）公言（ガンもどきなど放置、手術は不要）に耳を傾けてしまう。

　メディアは、意外性を狙い、少数派の意見を仰々しく取り上げるので、どうしても煽動的な報道にならざるを得ない。「あの記事のお

しょうさ

陰で、手術をせず、早く死んで泣いている患者のことを考えると、医者としては無念です。」そう話すのは、青森県八戸市の上田亮院長（尚究会 いやしのもりクリニック）だ。氏は、英語道で学んだ「空」の思想を心の糧として、医術ならぬ医道を貫いておられる。

He's in the process of proving the validity of modern medicine, by proving himself.（彼は自らを証明することによって、現代医学が妥当であることを証明してきている。）

shohsan
勝算　a fighting chance

ひょっとしたら、勝てるかも、というかすかな望みを一言で表現すれば、a fighting chanceとなる。闘えば勝てるチャンスという意味で、私がちょくちょく使う英語だ。「努力したら、私もアメリカのテレビにゲストとして登場できるかも。ビル・ゲイツ（Bill Gates）」などと英語で対決できるようなチャンスがほしいんだが。無理だとはわかっているけど」というような気持を表現するときに使う。Do I have a fighting chance? 勝算でも勝機でもいい。プロ好みの英語表現だ。

johshi-no-mentsu-wo-tsubusu-na
上司の面子をつぶすな。　Don't embarrass your boss in public.

面子とはface。だからといって、彼のメンツをhis faceと訳してはならない。何度、説明しても、日本の英語学習者にわかってもらえない。AIの方が、学習能力が上かもしれない。

lose his face. では、顔を、いや首をはねてしまうことになる。正しい文法では、Don't cause him to lose face. となる。日常会話では、Don't make him look bad in front of other people.

日本社会では、この面子（face）のルールは破られつつある。人の叱り方、あるいは上司に反対するときは、対面で——決して第三者の前ではなく——反対することだ。立場というものがある。理屈ではない。とくに、中国、韓国、日本という東洋の国では、face（面子）をつぶすことは犯罪に近い。It's almost crime to embarrass your boss in public. そう、「面子をつぶす」とはembarrass someone in public. がいいだろう。

コーヒー・ブレイク

CAT TALK　上手にホンネを隠すネコ

　男を誑(たぶら)かすのは、イヌよりネコの方が一枚上手よ。Give me a raise. Bow-wow.（給料上げろ、ワンワン）より、Let me be your pet. Meow.（あなたの側に置いて、ニャーン）の方が説得力があるでしょう。そう、軍事や外交は、すぐに吼えるhardなイヌの世界。ビジネスはsoftなネコよね、やっぱり。slyな（抜け目がない）ネコは上手にホンネを隠す。

　そもそもS語（S-words）の戦略（strategy）とは、見せないことでしょう。イヌの目には表情があるから、欺かせない。そして欺されやすい。ネコの眼には表現がないから、外交でもネコの方が、信頼されるわよ。名古屋人より口は固いし、何か隠しているのかと訊(き)かれても「そんなものはニャー」と答えるだけで、誰も無理強(じ)いされないし、とにかくねばり強い。Cats have nine lives.（猫は九回も生まれ変わる。）

　ここで、ちょっとだけ自己紹介をさせていただくわよ。…わたし、メス猫。名前はクロ。色が黒いから。あまり可愛くはないけど、気立てがよくて、人なつっこいとの評判よ。大都会のネコはバラやサクラの花。わたしは田舎のヘチマの花。目立たないけど、めったに散りません。人様のお役に立てます。実の成る花を咲かせてあげます。夏目漱石の小説『吾輩は猫である』の中で、主演したネコのように、高いところからの目線で人様を見下したりはしません。人間を突き放したりはしません。その代り、いやそれだからこそ、コメントは辛辣(しんらつ)になるわよ。だって、人間の心の中にウイルスのように潜り込むんだから、あっという間に人間の良心（conscience）の代弁ができるのよ。I'm humans' conscience; their mirror.（私は人間の良心、つまり、人間を映し出す鏡なの。）

shohbu-wa-genba-de-kimaru
勝負は現場で決まる　where the action is

　ビジネスパーソンという兵士にとり、現場が戦場だ。この感覚をアメリカ人の皮膚感覚で捉えると、こうなる。Salesmanship;

where the action is. 飛び込みやセールスも、企業戦士にとり戦場だ。科学者にとり、現場は実験室。英語の教師にとり、現場は教室だ。The name of the game is the field of action. と置き換えてもよい。That's where the action is. の方が口語的でミュージカルだ。耳に快く響く（euphonic）。ユーふぉにっくとは、「音調のよい」という意味。

joh-wo-kome-yo

情を込めよ。　　Be emotional.

　日本人同士の日本語ディベート試合を私と共に、ジャッジした、同僚のケント・ギルバート（Kent Gilbert）は、「日本人のディベートにはエモーションがない」と痛烈な批判をされていた。英語ディベートは、ロジックがすべてだ、と勘違いしている学生が多い。知は味方で、情は敵だと考えているフシがある。

「（意地を張ったり）感情的になる」ことはルール違反だが、それを英訳すれば、Don't get personal. という意味で、Don't get emotional. のことではない。logic と emotion の間には、オクターブの差があっても、等価（octave equivalence）なのだ。「聴衆の心をとらえる」は to win the hearts and minds of audience と mind（知）より heart（情）を先立たせているではないか。

　感極まったとき、私は「マザーグース」のリズムを使うことがある。歌うこともある。もっと効果的に「情」を用いるならブルースがいいだろう。「小さい頃、おふくろに言われました」（高倉健）としみじみ語る、演歌調もいい。「今の世の中、真っ暗闇じゃござんせんか」（鶴田浩二）と怒りをあらわにするのもいい。音楽用語で expressive intonation と呼び、腹の底から湧き出るマグマのような熱情（英語では oomph、ウ音）は、交渉術にも必要なことがある。

　大阪人の表現は、オーバーすぎることもあるが、言葉が踊り出すときがある。東京では、フラットな口調で「なるほど」というが、大阪では「なーるほうどうー」と expressive emotion が翼となって空中を舞う。

　ニューヨークのユダヤ人は、興奮すると、イディッシュ語（ヘブライ語とドイツ語の混血語）を使う。前述した、コメディアンのジャッキー・メイソンは、イディッシュを使い、いや歌い踊りなが

ら、交渉相手をケムに巻く。大阪人同士が大阪弁でしゃべり始めると、危険なほど情的になり、お互いに琴線に触れ合い（pushing each other's emotional buttons）、まるで離散の傷をもつユダヤ人同士のノリになる。

shokugyoh-byoh
職業病　occupational hazard

　通訳者――とくに同時通訳者――は、ときには発狂寸前にまで追い込まれることがある。同時通訳の師匠の西山千氏は、二度も胃の手術を受けられたという。「2時間も通訳をすると、階段がのぼれなくなります。通訳の2時間はサラリーマンの1日に匹敵します」と教わった。

　私もアメリカ大使館時代に何度も身体をこわし、ある内科医で「あなたの腸はかなり捻転しています。どんなお仕事ですか」と訊かれ、「同時通訳です」と答えると、ただちに「多分、職業病ですね」Probably, it's an occupational hazard with you. と返された。ちょっぴり嬉しかった。I was happyish. I mean not entirely unhappy. Why? Because I thought I was getting closer to my mentor, Sen Nishiyama.

　happyといえばウソになり、unhappyといってもウソになる。まあそこそこの幸せといったところ。happyishというアメリカ英語が気に入った。イギリス英語が見直されているが、スピード感で勝負するアメリカ英語も負けてはいない。

　しかし、同時通訳の名人の西山千は、新しいアメリカ英語を使うことに抵抗を示されていた。今では、アメリカ人は、男にも女にもguysを使う。ある有名な日本の教授がguyという言葉を使ったときに、西山氏は、「あんな汚い言葉を教授が使うなんて」と憤慨されていた。たしかに、アメリカ英語は進化が速すぎる。イギリス英語にホッとする近頃だ。

joketsu
女傑　an Amazon

　女丈夫ともいう。a dragon ladyでもいいが、a heroineとしては、ちとやばすぎる。a lady of strong characterという訳も見つけたが、これでは姐御（boss's wife）的な凄みは伝わらない。

1542年にスペインの探検家が、巨大な川（mighty river）をAmazonと名付けた。岸辺に住んでいた女性兵士の闘いぶりを見て、ギリシャ神話に出てくる戦闘的な女性部族アマゾンにちなんで、命名した。川にはどうしても母親のイメージがある。

身近な女傑といえば、浅草ロック座の母、斎藤智恵子（平成29年逝去、享年90）という伝説の人物がいる。ビートたけしをメロメロにさせ、骨抜きにさせるこの女傑は、旅一座の太天元（座長）として、全国各地の人たちから"ママ"（big mama）と呼ばれ、周囲の誰からも慕われていた。勝新太郎とは刎頸(ふんけい)の友であり、ビートたけしが映画で「座頭市」を演じるときに、勝新太郎の墓前で仁義を切りなさい、と言った。女傑としての面目躍如たるものがあった。She proved herself a real Amazon.

*TIME*で、ビートたけしが墓参りをしている写真を見た。たしかto honor Katsu Shintaroという粋な英語が使われていた。このhonorをどう訳すか、多くの生徒にたずねたが、適訳が見つからず、私の超訳（顔を立てる）にまで漂流してしまった。

Who made Beat Takeshi honor Katsu Shintaro, the way he did, I wondered. Probably, a woman behind him, Chieko Saito. （いったい誰がビートたけしを、彼なりのやり方で、勝新太郎に敬意を払わせたのだろうか。おそらくそれは、その後ろに控えていた女性、斎藤智恵子であろう。）

その謎がやっと解けた。『伝説の女傑 浅草ロック座の母』に示されている。この「浅草の女帝」こそ、a legendary Amazonだ。ビジネス・交渉のできる相手ではない。まさに *the* woman（比類なき女帝）といえよう。

shosen
しょせん　can't possibly

「しょせん」を「けっきょく」と置き換えたら、after allで間に合うことが多い。English is just a tool, after all. この辞書では、もっと悪魔的に、「いや武器だ」と反論したい。

No. English *is* a weapon. とisをイタリックで強調した。『ジーニアス和英辞典』の例文は気に入った。「しょせんチャンピオンには勝てないよ」の訳が、I will probably never beat the champion.

しかし、『ウィズダム和英辞典』の例文と分析は、もっと気に入った。The patient can't possibly recover.（その患者はしょせん助からないだろう。）ネイティヴに伝わりやすい英語は、possiblyとcan'tのコンビだ。

もうちょっとねばって修辞疑問（rhetorical question）を使ってみたい。How can you possibly beat me in English?（しょせん、あんた方がこの松本をやっつけることなど無理だ。）どの分野で私をbeatできるかは、相談してみてください。

コーヒー・ブレイク
男女のDebateとArgument

議論をすると、女は涙を切り札として武器に勝つ、というのが、これまでの日本社会の常識だったが、これが崩れてきた。男が公の場で涙を見せる場面が増えてきた。涙で負ける男の激論。喧嘩のスタイルも西洋化しているのかもしれない。その証拠はElizabeth Mapstone（エリザベス・マップストーン）による"War of Words"にある。

Argument in Western society has long been held to be a proper job of men, and indeed, a man who does not 'stand up for himself' may be characterized as weak, wet, a wimp or a jelly fish.（p34）

（西洋社会での議論は、男性にとりふさわしい役割とされており、自己主張できない男は、まさに、うじうじした、ヤワなクラゲのような、いくじなしだと見なされやすい。）

うじうじしてヤワなやつと、オノマトペを使って超訳したのは、三つのW語（weak, wet, wimp）の認識をまとめてみたかったからだ。wimpy（ふにゃっとした）男はwoman-likeなのだ。

しかし、女性にとって、議論は論争ではない。癒し（nurturingやcaring）を特技とする女性は、議論をすることにより人間関係をぶっこわすことを、避けるべきリスクだと考えている。だから著者はNice people don't argue.という公理から、女性は攻撃的（aggressive）であってはならず、argumentへの介入を極力避けたがる、という。

しょせん

　ここで君たちに、問うてみたい。argumentは論争、口論（ケンカ）は避けたいという類の意図が伝わっただろうか。カーネギーはDon't argue.（議論をするな）と言っている。しかし、Don't debate.と言った人はいるかな——日本人を除いて。

　debateはcoolをモットーとする。知識で建設的な遊戯だとされている。男性的なスポーツと言い換えてもよさそうだ。ここは、男女間の分業（Division of Labor）だと言った著者のエリザベス女史に対し、男性主義メディア（*Daily Mail, Daily Express, the Guardian, the People*）から火の手が上がった。女というものは、というきわめて感情的な論調だ。

FOREVER IN THE WRONG
EVEN WHEN THEY 'RE RIGHT, WOMEN CAN'T WIN AN ARGUMENT
WHY WOMEN ALWAYS LOSE THE ARGUMENT

（女は永久に間違っている。たとえ正論であっても、議論に勝てない。女は必ず議論を避けるのはどういうわけか。）

　女が感情的という議論は当てはまらない。国際ディベート学会（International Debate Negotiation Association）の会長補佐の一人である和歌山大学の齊藤久美子教授は、かつて私にこう告白してくれた。嫉妬深くて、感情的で、女性的なのは、女性より、むしろ男性に多い、と。

　エリザベス女史も齊藤教授と同じことを言う。Men should stop stereotyping women... I think both men and women should grow up.（男性は女性を決めつけることをやめるべきです…男性と女性のどちらもが大人になるべきです。）

　男も女も異性をこうだ、ああだと決めつけず、どちらも歩み寄るべきだという説には、双手を挙げて賛同する。男と女、思考が違うから面白い。両者は力を合わせて a golden bridge（黄金の橋＝中庸の道）を求めるべきだ。

ja-shohko-wo-misete-yo
じゃ証拠を見せてよ。　　Prove it.

「あれは会議場だ」とか「昔の学友だ」とか「近くの喫茶店だ」と、言い訳をしても、「ここに証拠がある、二人がホテルを出たところ」と、証拠写真（evidence）を突きつけられると、逃げられない。いや逃げられる。「人違いだろう」「じゃ写真を撮った、密偵と話をしてみたい」と。つまり、evidenceはfactであって、必ずしも、「浮気をしている」という証拠（proof）につながらないということだ。

　女性には、ウソでもいいから、ウソを貫き通してほしいという願望がどこかにある。いや、あると聞いている。Prove it.は便利なことばだ。「おれはあんたなんか恐れていない」と言えば、相手はProve it.という。「じゃオレと勝負しろ」に近くなる。
「先輩、ビットコインのことが本当にわかっているの」（あるコマーシャル）という場合でも、先輩を追い込むならProve it.しかない。そこまで追い込まないのが、日本人同士の礼儀なのだから。

jirai-wo-fumu-na
地雷を踏むな。　　Never pick up the hot potato.

　地雷（landmine）を踏めば、命取りになる。夫婦間でも、お互いに触れてはならないテーマである。ちょっとでも触れると、血が飛ぶ。地雷ばかりの家庭はいつもピリピリして、いつ崩壊してもおかしくない。英語では、この種のトピックをhot potatoesと呼ぶ。火中の栗を拾う（pick sb's chestnuts off a fire）覚悟でないと、触れない方がいい。

　触らぬ神に祟りなし。（Let sleeping dogs lie.）と言うが、hot potatoesは避けるべきだ。和歌山の富豪家のドンファン（77）は、幼な妻（22）がAV女優であったことを知って（地雷を踏んで）激怒し、遂には愛犬と共に〔何者かによって〕薬殺されてしまった。あくまで新聞とテレビ情報だが。

shiranai-de-sumu-to-omou-noka
知らないですむと思うのか。　　Ignorance is not excuse.

　騙したやつが悪かったのか、騙されたやつが悪かったのか。古今東西の紛争はこのテーマの争点で彩られている。

性善説が通用する日本では、「知らなかった」ですまされるが、性悪説が支配するアメリカでは、騙された側が説教される。そのセリフがこれ。Ignorance is not excuse.（無知は言い訳にならない。）知らなかったやつが悪いのだ。その前提（assumption）は、この世を仕切っているのは悪だから。

shiranakatta-koto-ni-suru
知らなかったことにする。　　Yes, at your own risk.

日本人の英語にはNOが少ない。断るリスクの大きさを知っている。しかし、もっとriskierなのはYESである。

あるとき、アメリカ人のロジャー（元外国人特派員協会会長）と故・村松増美（日本でトップクラスの同時通訳者と呼ばれた、サイマルCEO）と私と3人、テーブルを同じくした。途中で同席したロジャーの日本人妻が明るい感じがしたので、ちょっと話しかけたくなった。May I borrow her, Rodger?（ちょっと、話し相手として奥さんを借りてもいいかい）と聞いた。村松氏は、「どうぞ」（Be my guest.）とユーモラスに答えた（Yes.だった）。ロジャーご本人は、同じく笑いでこう答えた。At your risk.（いいよ、自己責任でね。）どちらもYESだが、こちらの方が、英語的発想だ。日本的にいえば、「知らなかったことにする」であろう。

質問。「お父さん、二人（どちらも未婚）は一緒に同じ屋根の下で住んでもいいですか」と問われたら、あなたはどう答えるか。

a. No. Not till you're married. （正式に結婚するまでは、同棲はダメ。）

b. Yes. At YOUR risk. 　　　（聞かなかったことにする。）

c. You're asking the wrong man.（さぁー。）

shirabakureru
しらばくれる　　play innocent

O・J・シンプソン（O.J. Simpson）事件で、ロスの警察官のチーフが証言台に立った。「黒人をniggersと呼びましたか」という質問に対し、I assert (take) the 5th Amendment.（黙秘権を行使します）と言い続けた。もし、陰で「黒んぼ」と呼んでいたら、O・J・シンプソンは同情されて、無罪放免されることを恐れたのだろう。権利とは無関係にだんまりを決め込むときはplay dumb。

jiritsu-suru
自立する　be on one's own

　自立している女性（single ladies）が増えてきた。ビジネスパーソンが異常発生している。old maidやspinsterなどのオールドミス（行かず後家）というレッテルをものともしない女性たちだ。More and more women are on their own.

「自立する」はgo it alone。Wolves just go it alone. Female single wolvesといったところ。

　一匹狼で（孤立無援で）行くこともgo it aloneという。Can Japan go it alone? という質問には、日本はアメリカの援助なく、中国と対等につきあっていけるのか、という言外の意味を感じる。大丈夫、孤高が好きだ、という人は頼もしい。Solitude feels good. Loneliness feels bad.

　ビジネス界でも、つるむことが嫌いな人は前者、誰かとチームを組まないと不安な人は後者。人間関係でも同じだ。Loneliness is ugly. Aloneness is beautiful. これは、私の座右の銘だ。この「難訳辞典」を編んでいる間は、alone timeであり、ちっともlonelyではない。

jinkaku
人格　personality

　できた人間には、自ずから人格が備わってくる。骨格は見えなくても、人格は"姿"となる。「なる」のだ。気品は、姿に現われるものだ。Elegance is an attitude.は、私好みの企業広告で、Elegance reveals itself.と直訳するよりも美しい。

　eleganceやgraceは、どちらも、にじみ出る気品だが、人格はだれの眼にもはっきり目撃される。必ずしも「美しさ」を伴うものではない。テレビ・タレントなどは、すべてpersonalitiesだ。著名人はcelebritiesとなる。いわゆるセレブだ。だが、揺るぎのない人間はcharacterだ。いい意味でも悪い意味でも使われる。

　あいつは、くせのある男だ、という場合、He's quite a character. という。性格俳優として知られている三船敏郎は、東宝のニューフェイスの面接のとき、ある試験官に「笑ってみせなさい」と言われて、「男たるもの、おかしくないのに笑えません」と憮然として答え、試験官たちの顰蹙を買ったという。三船敏郎は補欠で合格し、

やがて大スターの道を歩んだのだが、character actorともなると、容易に周囲に迎合しない。

shinshi-wa-suki-wo-mise-nai
紳士はスキを見せない。　　Gentlemen give nothing away.

「スキ」はどう訳せば、と考えている間は、とっさに同時通訳はできない。dark secretsは隠すもの。いや、名前や電話番号ですら教えない。Give me your name. I won't give you mine. Wait till I call you. これは「強さからの交渉」（negotiation from the position of strength）だ。

　水商売の女性に名前を教えると、スキを見せたことになる。こちらは、I just gave my mobile phone numbers.と言えるが、著名人の電話番号がほしい人にとり、それがスキ（opportunity）となる。giveで「教える」だが、awayを加えると、（その名前を）「使ってもいい」という意味になる。

　名前を広げたい人——たとえば政治家や芸能人——は、平気で名前をふりまく（give their names away）。awayには、無条件で（with no strings attached）という意味がある。

　こんなふうに使える。I want to get big enough to give big money away.（私は大物になって、大金をばらまきたいのだ。）それを耳にしたら褒めよう。You're BIG TIME.と。

> ☕ **コーヒー・ブレイク**
> ### 人生と交渉
> 　交渉は人生。「赤ちゃんの時から、あなたはすでに交渉者なのだ」（You were born a negotiator.）と言った交渉のプロがいる。私ではない。私は彼の賛同者だ。"The Complete Idiot's Guide"（Alpha books）のシリーズの中でも実用書としてひときわ目立っている、"Winning Through Negotiation"の著者であるJohn Ilich（ジョン・イリッチ）氏の冒頭の言葉は、ベビーベッド（crib）の中の赤ん坊はミルクを求めるための交渉を始めているという。「それでいいんだ、交渉しなさい」（That's right. You negotiate!）と、赤ちゃんに話しかけている。ベビーベッドの横の手すりは取り去ろうとしても、ビクともしない。This side rail won't negoti-

ate. という。

　手すりが「交渉」しないという言い回しは、どう考えても、日本語的発想ではない。私はこのジョン・イリッチ氏が気にいった。引用させてもらうためのお世辞（lip service）ではない。私の人生に照らしても、うなずけることが多いからだ。

　道ばたで、こんな母娘の交渉のシーンを目撃したことがある。「だったら、一人で帰りなさい」と母が言えば、「じゃ帰る」と泣きながら元来た道を戻っていく。たくさん車が通っている広い大通りを。二人は、交渉ゲームをしているのだ。

　大人げない、とか子供らしくない、という人はいない。お互いに意地を張っている。この意地とは、プライドではない。self-esteemに近い。どちらも逃げられない。そんな意地を私はときにはego、ときにはself-esteemと訳す。子供も大人並みに扱うのが私の流儀だ。

　イリッチ氏は、イラストで交渉の基本（イロハ）を4点に絞っている。
1. Plot (Fiendishly.) シナリオを描け——抜け目なく。
2. Listen. 聴け。
3. Smile. 笑え。
4. Be amicable. 和やかに。

　もしこの4点が基本なら、人間よりネコの方がより計略的（fiendish）だ。いや、私はネコファンだから、こう言う。Cats are savvy negotiators. （ネコは垢抜けした交渉者だ。）スマイルと友好の代わりに、じゃれながらニャーニャーと鳴けばよい。鳴くのではなく、泣いているのではないか、と思わせるから巧妙だ。

　これは、交渉学でいう、negotiating from the position of weaknessだ。イヌにはこんな真似ができないから、上向きになって腹を見せる。このgo belly upは、降参を意味するときに使われる。Our company shall not go belly up. （断じて我社を倒産させることなどありません。）交渉とは、生殺与奪を握る「戦争」なのだ。

　勝つために絵を描く。これがplot。抜け目なくとは、隙（vulnerabilities）をつくらないこと。このスキとは、敵にとりopportunitiesのことだ。サギ師が狙うスキと、相手のvulnerabilitiesは

当方のチャンスというわけだ。この訳がAI翻訳者を困らせる。ただし、AI翻訳者がdeep learningにより、主客の視点（perspective）を逆転させるようになれば、恐ろしい存在になる。

交渉は戦争だ。そのための図上演習がディベートなのだ。私の持論は、「debateは、a battleで、negotiationはa warなり」であり、その哲理をもって、本書の執筆を進めている。Let the negotiation begin!

jinsei-yarinaoshi-tain-da
人生やり直したいんだ。　　Second life. (That's all I want.)

「一からやり直す」とは、start at the bottomのことだが、まだ1に戻れるという安心感がある。「アホ、ゼロからや」と大阪人が言うのは、戻れるスタートラインがないということ。繰り返すが、前提がないから、ゼロをスタートラインとして、リセットせよ、ということだ。

少なくとも、私はそういう人生を歩んできた。私のことはどうでもいい。どんなビジネスパーソンでも、お勧めの英語表現はstart from nothingだろう。nothingなら1でも0でも含まれるので、誤解は生じない

suhpu-ni-hae-ga-haitte-iru-zo
スープにハエが入っているぞ。　　A fly in the soup!

取り替えてもらうときに使うセリフ。ごねるときにも使う。クレーマー（complainer）の中には、わざとハエを入れて、ごねる（get squeaky）プロもいる。

東京と大阪を比較するときに、よく使われるジョークがある。東京のカップルなら東京の飲食店でスープにハエが入っていたりすると、お互いに目くばせをして黙って、お金を置いて出ていく。二度と来ない。大阪のカップルなら、かならず大声でイチャモンをつける。「ハエが入ってるやんけ」と怒って、また来る。

ここまでは、私が東京で集めたジョーク。しかし、難波で耳にした吉本興業の漫才はもっとエゲツナイ。

「ねぇちゃん、ハエ入ってるやないかい」

「それ、サービスや」

コーヒー・ブレイク

数字の3と「英語の霊」

ごく最近、NONESの番組"Global Inside"でNONESの社名の由来を、ゲストに迎えた平山秀善プロデューサーと論じ合ったところ、奇しき縁（serendipity）に出くわした。私が70歳のときに現役復帰をしたこのチャンネル（NONES）のシンボルは、liturgy（典礼）の9（nona＝Ninth）であることがわかった。

とすれば、私の人生はテスラの謎のナンバー（3、6、9）に呪縛されていたことになる。私の生まれは1940年3月6日だ。3、6、そして9になる。NONESの9が私にとり十字架になりそうな気がする。

英語との出会いを1とすると、そこにディベートの3のロジックが加わり、肯（pro）と否（con）が融合して、6のロジック（hexagonal logic）が生まれ、史上初めてのspiral logic（渦状論理）を発見。それが今日のhexagonal debate発見につながった。縁起がいい。大本教信徒なら、ミロク（369）の世だ、と縁起をかつがれるかもしれない。

さて、名詞のNONES（ノウンズ）とは、ラテン語で「9時間目」を意味し、キリスト教では今でも3時（Terce）、6時（Sext）、9時（Nones）の礼拝を行としている、とのことだ。3時間ごとという3という数字がミソだ。

英文法、ロジック、そしてその延長のディベートもすべて3であり、多くのキリスト教信者は、その流れ（lapse）を三位一体（the Trinity）に結びつけるようだ。3時には、精霊が弟子たちに降（くだ）り、6時は、異邦人を教会へ集め、ペテロの祈りに耳を傾ける。しかし、救世主のキリストが十字架で殉死する。キリストの死（the death of Christ）がNONESの意味であったとは。

こんなことも知らず、これまでよく8年間もメイン・キャスターを続けてきたものだ。プロデューサーの平山氏は、NorthのNとSouthのSが、間にoneをはさんでいるNONESは、極端な政党や思想に走らず、厳粛中立のシンボルであると、きわめて物理的法則の上に立って命名されたと言うが、キリスト教信者が感じる「畏れ」（awe）とは、異質のものであった。

> それが、天才ニコラ・テスラの3、6、9というマジック・ナンバーと奇しくも一致したという。NONESの番組が、私にとって死ぬまで背負い続ける十字架（the Cross, X）であったとは…。God knows. いや、やれやれ。Good grief!

suh'ho-saki-wo-yome

数歩先を読め。　　Think few steps ahead.

　将棋用語はビジネス交渉に役立つ。「歩」はstepsで、万国共通。映画『アイ、トーニャ 史上最大のスキャンダル』（"I, Tonya"）では4歩、Four steps aheadであった。

　「歩く」は、walkだが、物理的にムリなので、thinkを使った。過去の人間（a has-been）でも、立ち上がるときは、先を読む、戦略思考がいる。いったん人生でつまずいたら、チャンス。毎日の仕事はrat race（こまねずみの人生）で、戦い、敗者のまま。勝者は考える。

　クビになったり、脱サラでどこかへ蒸発したりしたときに、本当の戦略思考が生まれる。先が読めるようになる。a few steps aheadはまだ戦術か。four steps以上は戦略（strategy）になる。深読みは4以上か。ふと、この映画でヒントを得た。

suezen-kuwanu-wa-otoko-no-haji

据え膳食わぬは男の恥。　　Never turn down a free wine.

　もちろん、私の超訳が嫌いな読者もいるはずだ。「品格がない」とのお叱りを覚悟の上で（at the risk of losing my fans for wild interpretation）、言っている。品格を重んじる人は、市販の和英辞典からの引用を勧める。

　Shameful is he who spurns a woman's invitation. / When petticoats woo, breeks may come speed.《諺》

　私なら、使わない。ネイティヴに通じるという保証がない。嬉々とした表情の日本人編集者と、青眼の編集者（インフォーマント）の苦汁に満ちた表情が目に浮かぶ。40年前の私の姿がだぶってくる。

　今の私は違う。That was then, this is now.「据え膳」をa free wineと訳す。a free lunchは、ちょっとやばい説得だ。There's no free lunch.（接待にはどこかにヒモがある。）買収するためのto wine and dine（供応）となると、すでに犯罪的な匂いがする。

　私がビジネスパーソンに与える忠告はこれ。"Never turn down a free wine. Think twice before a free lunch."

sugata-wo-kuramasu
姿をくらます　go dark

　20代の後半に商社を辞めて、山籠りした私は、周囲の眼から見ると「狂人」であった。自分はこれから"蒸発"しますと葉書で周囲に知らせた。しかし、これを直訳して、I'm going to "evaporate."と直訳するわけにはいかない。I'm not an invisible man. 透明人間でない人が、姿をくらますことを、go darkという。He went dark like Jack Bauer.のように使う。

　「ヒストリーチャンネル」に歴史家として登場した私は、関ヶ原の合戦に加わった宮本武蔵（当時の幼名はタケゾウ）がその後どうなったか、という質問に対し、He went dark like Jack Bauer.と答えた。TV番組の"24"が話題となった頃だから、その主人公に喩えたこの個所だけが、私の長いトークの中で活かされていた。斬れる表現だったのだ。

　アメリカの南部の大学のクラスを聴講されていたある日本人教授のエピソードがある。日本で超有名な英文学の泰斗（一流大学のW教授）がクラスを退席する前に、こんな古風な英語を使われた。クラスが大爆笑の渦となったと聞く。その時の英語がMay I disappear?だった。「ぼくは宇宙人ですから」に近い印象を与えたのかも、と私の知人（関西人）は語ってくれた。関西人はbig wordsを嗤う。

sute-ishi-ni-naru
捨て石になる　play the martyr for them

　巷でいう「捨て石」とはsacrificial stoneのことだが、日本では、気の毒だが同情される存在として評価されることもある。殉教者になるとは、組織のために、自己を犠牲にする（making a sacrifice of oneself）尊い行為だ。捨て石そのものはチェスの駒（pawn）のようなものだ。

　pawnとは、将棋の歩にあたるものだから、いたって非力だ。他人の手先として利用されて、ポイと捨てられる。まるで借金のかた

に、質に入れられるような儚い存在だ。

> ☕ コーヒー・ブレイク
> ### スパイラル・ディベートとは
>
> あらゆるmotivational books（人を動かせる法則本）を読むと不思議に、hexagonal（ヘクサゴナル）になる。水晶や水、雪片（snowflakes）と同じように、六角形になる。自然は完全な形象を求める。六角形（hexagonal）とは、完結（integrity）を象徴する。
>
> 今回の「ビジネス用語」編に取りかかって、理想的な——成功例として使える——リーダーシップ像を、ナポレオン・ヒル（Napoleon Hill）の名著"The Law of Success"（成功の法則）から、統合（integrate）しようとすると、やはり六角形になった。このhexagonal logic（ロジックには6ある）とは、私が世界に広げようと企んでいる日本（紘道館）発のSPIRAL DEBATE（スパイラル・ディベート。具体的にはhexagonal debate）の礎となっている。

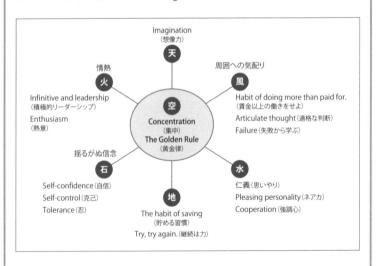

空のロジックだけは難解だが、今風にいえば、超ヒモ理論のstringsになる。これで完結された解答と考えるのは勝手だが、それはあくまで自己流の宇宙である。他にも宇宙がある（parallel universe）という謙虚さが、ディベーターには必要だ。地球が他にもある（other earth）とか、他にも宇宙がある（alternative universe）という可能性を認めるのは、見えざるヒモ（strings）だ。出口王仁三郎の「幽界は現界とは合わせ鏡のように、隣り合わせにある」という発想がそれである。幽界とは、現界のウラ、the other worldということになる。

　英語道の究極は宇宙にあると考え、今も地球物理学者たち（たとえばDr.ミチオ・カク）の説をYouTubeで追いかけている。すべてが重力。そうだ、引き寄せの法則（the law of attraction）なのだ。いやニコラ・テスラは、electromagnetism（電磁気）こそアインシュタインのいう重力を上回るエネルギーのパワーだという。vibration（波動）とfrequency（周波数）によるmagnetic powerのことだ。この理論によれば、お互いがお互いの磁場の周りを巡り合っている（orbiting around each other）。ミチオ・カク博士は、地球が太陽の周りをorbitしているなら、じゃ、太陽は何の周りを巡っているのかと問う。それは、太陽よりパワフルなブラック・ホールだという。

　太陽系が初めにありき（ビッグ・バン以来）というのも仮説に過ぎなくなる。そう、ディベートは真理（the truth）の追究を続ける道なのだが、その道も絶対的でなく、相対的なものではないか、というのが、spiral logicの基本的な考えだ。だから、この「難訳辞典」の超訳も、あらゆる現存の辞書と同じように、絶対ではない。私の道は続く。細胞をつき抜けるヒモ状のミトコンドリアのように、幽かに、ねばり強く読者の意識を活性化させたい。

subashikoi
すばしこい　agile

　敏捷のことだ。エジャイルと発音する。近江商人の行動パターンが猫のしぐさを思い浮かべる形容詞だ。Cats are agile. 関西の商社からモデルとする近江商人のmodus operandi（仕事のやり方）は、the agility of cats（猫の敏捷さ）そのものだ。これまで、商社マンとは、savvy [sǽvi] と表現してきた。いい意味で、「分別のあ

る」「機転が利く」「精進している」「目利きの」から、悪い意味で「海千山千の」「抜け目のない」「すばしっこい」と、幅は広い。

投資家はsavvyでなくてはならない。天才のニコラ・テスラがフリー・エネルギーに熱心だと知った、J. P. モルガンは、投資するのをさっと止めた。エネルギーがフリーであれば、ビジネスの妙味がない。こういうのをa savvy investorという。

最近のH. B. Review誌が、このagileという形容詞をカバーに載せた。猫の敏捷さが、企業として、生き残る方法だと考えたのであろう。トマス・エジソンが創立したGEが存亡の危機に立っている。Size matters.（大きいことはいいことだ）という時代が終わりつつある。agilityとは、Size doesn't matter.の時代。つまり、ぜい肉のとれたleanな会社は、猫のようにすばしこく立ち回らねばならない。タイタニックのような豪華船よりもヨットかカヌーの方が小回り（a short turning radius）が利くという。

subete-kohshoh-no-yochi-ga-aru
すべて交渉の余地がある。　　Everything is negotiable.

押せば、引いてくれるというのがネゴシエーションの原点だ。
この薬を飲め。　　　　　Take it.
いやだ。　　　　　　　　No.
飲めと言っただろう。　　I said take it.
いやだ。　　　　　　　　No.

それを聞いた日系米人が、「飲めぇ、いうとるんじゃ、飲まんかい、ワレー」と大声で怒鳴った。相手の白人米人は、素直に飲んだ。素直に？　いや、恐れながら、これも交渉のうち。私もときどき、母語の日本語で、大声で勝負に出る。

ドイツ婦人と土産店で交渉した。鹿の角のおちょこ（酒のぐい飲み用）を値切りたかったが、ドイツ語が出ない。「この鹿の角、曲っとるというとるんや」（角が曲っているのは、あたりまえだ。この勢いで勝負に出るのが、フーテンの寅さんと、芸人気質の大阪人だ。）多くの客が集まってきた。ずーっと大阪弁で通し、結局は1/3の価格で買った。

値切らない日本人は、ヨーロッパではいいお客さんになる。日本人価格の値札があるという。しかし大阪人には、通じない。値札を

ひっくり返す。「なんや、これ、半額やないか」と。売り手が恐縮すると、さらにつけこんで1/3にまで値切ってしまう。With Osakans, everything is negotiable.（大阪人は、すべて交渉の余地がある。）

suberi-dome-da
すべり止めだ　You need something to fall back on.

ユダヤ人は安全を求めるより、リスクを楽しむ。就職先にも気を配る。Katz氏は述べる。ユダヤ人が就職先を決める際に重視するのは、次の三点だという。1. ストレスがたまる仕事か 2. 議論が楽しめる雰囲気か 3. 常に悲劇的な考え、最悪のシナリオを考案する能力が評価されるか。

ユダヤ人は、自分の子供たちに、まず法律、医学を勧める。次に、金融、エンジニア、コミュニケーション、出版業とくる。それでも見込みがない場合は、teaching、retailing、social work、manufacturing、real estate となる。教育、小売業、ソーシャルワーク、メーカー、不動産業などは、ユダヤが誇る知識産業（knowledge industry）のカテゴリーに入らない。

それでも行くところがなければ、軍隊となる。他の筋肉労働は、ユダヤ人にとり屈辱的な就職先になる。少なくとも、教えることは、すべり止めになる。その「なぐさめ」の言葉が、You gotta have something to fall back on. なのだ。俗にいうサムライ商法がそれ。人は something to fall back on を必要とするもの。なにかの資格、なんとか士、この士がサムライであるところから、サムライ商法と呼ばれるのだが、samurai と直訳しても誰もわからない。なんらかの license か、something to fall back on がわかりやすい。

sumajiki-mono-wa-miyazukae
すまじきものは宮仕え　a dutiful cog

この歌舞伎のセリフは、日本のサラリーマンの悲哀感を表わすときによく用いられる。Just a cog in the wheel. で通じるが、この cog は、組織の在り方に忠節を誓った corporate warriors であるから、dutiful を加えた方が、バランスがとれる。

前述したウッドフォードは、役員会のメンバーも「すまじきもの」ととらえている。A dutiful cog in the boardroom, Mori was different in social situations. 副社長だった森氏は、「葉隠」に登場するサムライだと、違いを強調しているが、彼以外の重役は、ただ忍従する他はない。

腰抜けサムライばかりでは、タイタニック号も沈む。無力な cog は、黙っているのも仕事のうち（part of the job）なのだろう。これではあまりにもみじめなので、dutiful を加えた。

What a wretched (rotten) life! とでも訳してみようか。平均的なアメリカ人なら、Corporation sucks. とか、Company men suck. と、こきおろすだろう。

sumimasen-eigo-wa-hanase-masen
すみません、英語は話せません。　　Yes, I can.

日本人がユダヤ人から学ぶことは、図々しさ（hutzpa）だ。Do you speak English? と問われ、日本人は、英語で No, I can't speak English. と答え、外国人を驚かせる。「英語をしゃべっているじゃないか」と。

この種の丁寧なウソは、海外では日本人の *enryo* syndrome（遠慮症候群）と呼ばれている。ユダヤ人は、まず YES と答える。その証拠がある。コーヒー店では、Sweet'n Low が置かれている。saccarin に代る人工甘味料として generic name で登場している。もし、サッカリンしかなかったら、店員はどう答える。日本流に、No. I'm sorry. と言うより、ユダヤ風に Yes.（はい、あります）と答えよ、という。誰も気にしないのなら、YES でいい。

ちょっと練習。

"Do you speak English?"

"Yes." これであなたも立派なユダヤ人。きっとビジネスが成功する。私の仕事がなくなったりして…。

sumimasen-kon'na-shoh-wo-itadaichatte
すみません、こんな賞をいただいちゃって。　　Thank you for this (trophy).

落語家、林家三平の「スミマセン、こんなのいただいちゃって」という声高なセリフと、あの喜びに満ちた笑顔は今でも思い出す。このスミマセンは、I'm sorry. でなく、Thank you. なのだ。I doubt if I deserve this. といえば非の打ちどころがない。

ではテニスUSオープン決勝戦で優勝し、a singles Grand Slam titleを獲得した日本のNaomi Osakaの喜びの英語の挨拶は、どっちだろうか。Thank you. ではなくI'm sorry it had to end up like this. だった。アメリカで最も期待しているファンを裏切って勝ったあとに、敗者のセリナ・ウィリアムズ（Serena Williams）や彼女のファンに対する済まないという心境は、状況（itと表現）が遺憾（regretful）と捉えたから、I'm sorry. に近いものだった。

武士道の惻隠の情によれば、カタジケナイは"残心"に当り、Thank you. よりI'm sorry. に近いものだ。ネイティヴに近い英語でI'm sorry. とナオミ・オーサカが述べたとき、観衆を感動させたという。ICEE（2019年で32回目）に期待しているのは、この種の感動だ。

zurui-yo
ずるいよ。　You're not fair.

「お兄ちゃん、ずるいよ」と弟が怒るとき、そこには不公平感があったはずだ。You're not fair. ハーバード大のマイケル・サンデル（Michael Sandel）教授なら、「ここで、会場にお集まりのみなさまと、justiceを語ろうじゃないか」となる。

このjusticeは「正義」というよりも、公平を決定する「裁き」のことだが、日本ではそんなロジックが通用しない。叱り方が、「お前が悪い。お兄ちゃんだから」となり、欧米人はそこで目を白黒させる。Because I'm older? I just don't get it.（歳上だから、間違っているって、ワケわかんね）となる。どう裁くかも一種のビジネスだ。

arbitration（仲裁）は、ビジネス交渉では、本書にもよく登場するplea bargaining（司法取引）と共に、fairnessを裁くゲームであるが、そもそも人生がアンフェアではないか。快著 "The Confidence Game"（詐欺ゲーム）の著者のマリア・コニコヴァ（Maria Konnikova）女史は、両親から教わった次の警句を座右の銘にしている。

Life is never fair, nothing comes for free, and there's no such thing as the exception to the rule.（人生に、公平ってもんなんかありゃしない。タダの誘いなんかきやしない。ルールは必ず例外があ

るって言ったのは誰。)

　この言葉は私にはまだ信じられないが、本当かどうか、本辞書を編みながら、お互いに究論（ディベート）を進めていきたい。例外を認めるのがルールなら、宗教しか正しいルールがなくなる。宗教ぎらいなヴォルテール（Voltaire）が宗教を語った。

　"Religion began when the first scoundrel met the first fool."（最初の悪党が、最初のバカに出会ったときに生まれたのが宗教さ。）

　もしこの最初の悪党が詐欺師だったとしたら、どうしよう。(What if the first scoundrel was a con artist?) 詐欺師はどこにでもいるので、aを用いた。

sei'i-wo-motte
誠意をもって　　in good faith

　交渉は「誠」の心で臨むに限るというのが常識だ。「至誠天に通じる」と言えば、日本人は納得する。しかし、交渉を駆け引きのゲームと考える西洋人には通じないことがある。誠意（good faith）にも灰色的な要素がある。犯罪的な宗教団体が、集団の利益を守るために、必死に嘘をつくことがある。それでも、集団を守るために、誠意をもって交渉したのだ。欧米人はHe lied in good faith. と訳す。明らかにウソだが、教団の立場からすれば誠意（good faith）が認められるというもの。

　組織の立場を守るために、ウソをつくことでも、正当化できるのだろうか。Morally wrong.であってもEthically right. と言う場合がある。日本人の道徳教育には、倫理と道徳がごちゃまぜに扱われるので、この訳に困る。読者に問いたい。次の言葉をどう翻訳すればいいのか。(この「難訳辞典」を書き下ろすときに)「苦しまぎれに真実を曲げたことがある。ゴメンナサイ。」Don't believe everything I write here. Sorry. But, believe me, I lied in good faith.

seikoh-wo-inotte-kure
成功を祈ってくれ。　　Wish me luck.

「祈る」だからといってprayを使うと、湿っぽくなる。カラッといくには、wishがよい。Wish me luck.なら、いつでも相手が誰でも使える。Just wish me luck in my job interview.（僕の面接が成功するように祈ってくれさえすればいい）

seitoh-ni-sabaite-kudasai
正当に裁いてください。　I want justice.

　日本人らしく、情誼的に正しい哀願だが、国際的にも常識とはかけ離れている。「正当に」とか、「誠意をもって」とは、両当事者にとりフェアであることだが、そんなに完璧なジャスティスがこの世の中にあろうはずがない。このように、使えそうで使えないのが、このjusticeという名の魔物だ。

　「裁き」や「けじめ」のことをjusticeという。「裁き」と聞いて、judgeと速断するのは危険だ。西洋では、「裁く」のは神で、人間が人間を裁くのは、不遜という考えがある。これが一神教国の欺瞞（deception）だ。むしろ偽善（hypocrisy）に近い。

　ロンドンのエクアドル大使館でかくまわれているウィキリークスのJulian Assange（ジュリアン・アサンジ）はこう言ったと、Emma Arbuthnot（エンマ・アーボスノット）裁判官が*TIME*で激白している。HE WANTS JUSTICE ONLY WHEN IT'S IN HIS FAVOR.（アサンジは自分が有利になる判決しか望まない。）

　ずいぶん身勝手なjustice解釈だが、本来justiceというものは、人間が決めたルールであるかぎり、誰かにとって都合がいいはずだ。悪魔なら、こううそぶくだろう。Justice? Decision in your favor.（正義？　自分に有利な判決のことさ。）日本が極東裁判で裁かれたのも、勝利国にとり、有利な判決だった。

　世界に英語で語りかけたい「サピエンスの勝利は共食いを正当化する」という発想がある。ビジネスパーソンの労働倫理は、共食いや奴隷制度を認めているようではないか。

　ユヴァル・ノア・ハラリ（Yuval Noah Harari）の二冊の快著、"Sapience"と"Homo Deus"を読んだあと、私自身の文明観が生まれた。ハラリ氏、ありがとう。逞しく、情的（家族的）なネアンデルタール人がより知的なサピエンスにチャンピオンの座を奪われたのはなぜか。都会的なネットワーキングとチームワークの知恵とテクノロジー（武器等）の勝利ではないか。肉以外に、魚貝類や穀物など、いろいろな食物で食いつなぐことができた。

　前頭葉の発達は言語や宗教、音楽や哲学などの思考を進化させ、物々交換をさらに貨幣経済にまで高め、市場をめぐる縄張り意識を

尖鋭化させ、血を血で洗う過当競争を促進させることになる。貨幣も、さらに虚業化（virtualization）し、約束手形から、株式債権、先物取引、そして現在のビットコイン（仮想通貨）にまで、さらにマネーサプライは膨れ上がり、エントロピーは増大し、知的優位を競うサピエンス同士の最終戦争（ハルマゲドン）にまで発展する。この恐るべき可能性を危惧するハラリ氏もハラハラされている。

　これからの我々サピエンスの知恵は、ネアンデルタール人を皆殺しにしなかった、かつての先輩のように、そして弥生人と縄文人が殺しあうこともなく、お互いに響きあい、融合しあったように、「第三の道」（スティーブン・コヴィー〈Stephen Covey〉博士のいう the third alternative）を求めるべきだろう。分裂（fission）より融合（fusion）を求め、お互いの絆（bonding）を深めるべきであろう。

　私が主張する縄文型とは、グローバル化よりさらに深遠なものだ。アメリカのように1％の富裕層サピエンスが99％の奴隷サピエンスを食わせるためのdepopulation（人口削減）の陰謀を企むといった、現在の末期的な奴隷金融資本主義が続くはずがない。いや続かせてはならない。カネでモノが買えない時代がくれば、きっと、縄文人間の、そして氷河時代を乗り切ったネアンデルタールの顔を立てる（honor）ときが来る。地質学上のミステリーは尽きない。Geologic mystery repeats itself.

zeiniku-no-toreta
ぜい肉のとれた　lean

　lean staffとは、ぜい肉のとれた人事体制のことだから、少数精鋭というシンボルだ。日本人がよく使うslimが近い。スリムの方が使いやすいが、誤解もされやすい。スリムアップは、英語ではslim downと反対になる。英語のダウンには、ポジティヴな意味もある。ややこしいから、いっそleanと覚えてしまおう。

　組織の規模で勝負する日本企業（巨大財閥を含め）を冷ややかに笑うのが、ユダヤ系のジャーナリストや投資銀行家たち。少数がガバッと稼いで、収益を気前よく山分けするというスズメバチやクモの戦略に対し、日本のそれはアリだ。医学の世界でも同じだと、*The Economist*（June 30th, 2018）は述べる。小規模の方がお互い

の監視が行き届き（peer-reviewed）、実績の計量把握も可能だから、機能的により明朗だという。大規模で安定すると、前例のないことを受け付けない、という心情的怠慢（default bias）が生まれる。

デフォルト・バイアスとは、現状維持（status quo）を貫く方がトクだ、という偏見（biases）のことだ。ぜい肉（fat）がたまると、医者は、EMR（electronic medical record）、つまりE-カルテに従ったまでだと、自己の診療ミスをデフォルト・バイアスの保身術とするので、ややもすると、病院でも機能不全に陥るのだ。だからlean methodologyという少数精鋭経営メソッドに、今後とも傾きそうだ。

前述した、八戸の医療法人尚究会いやしのもりクリニック上田亮院長は、経営者が、眼線を上からでもなく、下からでもなく、「空」の地点に置けば、病院経営はうまくいくと信じ、着々と実績を上げ、注目されている。lean managementとは、まさに狼による集団経営、wolves' pack leadership managementといえる。

sekinin (tsumi) wo-tenka-suru
責任（罪）を転嫁する　　scapegoating

贖罪の羊のことで、スケープゴートとしてそのまま使われている。他人の罪を負う者として、責任——本来は罪——を負わせるという意味でよく使われる。

前述したM・スコット・ペック（M. Scott Peck）博士は、これもウソの一種として、かなり詳しく述べている。つまり自分自身の罪の苦しみから逃れるために、誰か別の人においかぶせるのが、evil（邪）の本質だという。だから、つねにビクビクしているのは、罪を転嫁する側のevilだという。The evil live their lives in fear.（邪は怯えながら生きている。）

ビジネス交渉者が、相手の目を見よ、というのは、その人がスケープゴーティングの加害者か、被害者であるかを瞬時に見抜け、という忠告である。

sekuhara-wa-chikara-no-kankei
セクハラは力の関係。　　Sexual harassment is about power.

セクハラはnot about sex。It's about power.が常識とされており、

セクハラの定義はslippery issue（つかみどころのない問題）だ。

あるアメリカの映画（タイトルは忘れた）の教室での一場面のやりとりが印象的だった。教授がWhat's sexual harassment?という、突拍子もない質問を投げた。生徒の一人が、Not getting there.と答え、クラス中が爆笑の渦となった。一瞬、私も聞きとれなかった。「ナッゲレネア」が、Not gettin' ere.だった。「ゴールまであと一歩」というニュアンスが摑めなかった。ヒアリング（listening）ではなく、英語感覚と情報量が不足していたのだろう。セクハラはsexの問題でなく、power（力関係）だという意味が、呑み込めた。セクハラもパワハラの一部なのだ、と。

seken-ni-taisuru-shin'yoh-da

世間に対する信用だ。　We're running a reputational risk.

たしかに、日本人のビジネスは信用だ、という言葉はよく耳にする。しかし、この信用をtrust、reliance、faithと訳して通じるものだろうか。他国の企業倫理とどこが違うというのだろうか。

日本のビジネスが「信用」という場合は、失ったら恥をかく、というリスクのことではないだろうか。恥の文化は「ノレン」（a good name、credit、reputation）が大切だ。そうだ、信用とはreputational riskだ。

zettai-dame

絶対ダメ。　No way!

すでに触れた斎藤智恵子という女親分でも、娘との交渉では手を焼いた。17歳になった娘が、「私、ストリッパーになりたい。妹を大学に進学させたいから」と言ったとき、この女傑は、「踊り子は絶対にダメだ！」とカンカンになって怒った。She became furious. Dancers? No way,

この「絶対ダメ」は、Over my dead body.（私の死体を乗り越えてから）が近い。"売った母親、売られた娘"（Mom sold daughter down the river.）と書き立てられるのは、目に見えている（a foregone conclusion）との彼女の予測は現実のものとなった。

金なら出してやる、と言ったbig womanは、女の意地を示したかったのだ。だから、正しい訳は、She sold herself out.だろう。sell outとは、「魂を売る」ことだ。「やるんだったら、ロック座の

看板を背負うことになるんだぞ」(You're running a reputational risk, as *the* stripper.) と言って、交渉は成立。娘の雅麗華は、伝説の踊り子となり、2007年に39歳で舞台を降りている。

big mamaには、愛する娘に対してもNo way. と断りながらも、状況により、Yes. に変える、ハラ (big-heartedness) がある。原則を破るのではなく、曲げるだけのことだ。Just bending the principle, without breaking it. ビジネス交渉に必要なのは、この"筋" (principle) だ。そして、その曲げ方だ。筋を折ることのなかったのがこの女傑。

瀬戸際作戦　brinkmanship

日本人は、ギリギリまで追い込まれると、手も足も出なくなり、迷走する。ハル・ノートを叩きつけられ、やっとハラをくくって死地に向かう、太平洋戦争の悲劇を見よ。東映の任侠映画で感じる。ヒーローはやられる。ヒーローの恩人や、愛する人もやられる。映画館の観衆は「健さん、立ち上がれ」と声援を送る。もう、交渉の余地はない。

死を覚悟して、ヌーッと立ち上がる。お伴しますと立ち上がるロマンチストが登場する。男たちの死相が美しい。悲しいかな、日本史では必ずこの悲劇が繰り返される。

ディベートや交渉、外交に弱い国の宿命的といえる悲劇だろう。脅しに強くなるには、the game of brinkmanship に強くなることだ。brink +（states）manshipとは、1951年のタカ派的な国務長官 J. F. Dulles（ダレス）の言葉だ。

トランプ大統領が、北朝鮮の金正恩とのブリンクマンシップ・ゲームに破れたのも、氏が得意とするビジネスパーソン・ゲーム（the art of deal）が外交ゲーム（a diplomatic game）に通じなかったからだ。

善意　good intensions

ビジネストークでは、善意といった、big wordsは避けた方がよい。「あなたのためを思って」とかI have good intentions. といったビジネス・オファーを振り回すのは得策ではない。ビジネスパー

ソンは次の言葉の意味をよく知っている。The road to perdition is paved with good intentions.（破滅への道路は善意で舗装されている。）

senken-no-mei

先見の明　a vision, foresight

　visionとは見ること。眼と関係がある。洞察や構想する力も、見えるものでなければならない。詩人、政治家、企業人に必要なのは、このvisionという未来のとらえ方である。企業が必要なのは、a vision statementだ。展望なき企業は信用されない。それは夢や恍惚状態で見る幻であってはならない。幻を見る人は、a visionaryで、少し気の触れた人が多く、健常の人が喜々としてvisionを語るときには、詐欺師っぽく（fraudlent）感じることが多い。

　「急に英語が聴きとれるようになりました。夢のようです。」ここまではa visionary。「英語なんか誰でもできるのです」はillusion。だから、「この本の通りやれば」という詐欺に誘う行為はdelusion。私が新興宗教家を警戒するのは、彼らの多くがvisionariesだからだ。正常な人の先見の明とはa visionのことであって、異常者が見るvisionsではない。a vision statementは、foresightのある人、a person of foresightによって練り上げ、網膜にまで映るように描き上げられるべきだ。ところで私が提唱する英語道（English as a way of life）とは、生涯破ることのないa mission statementだ。

sensai-na

繊細な　subtle

　外交やビジネスに要求されるのが、デリカシーだ。しかし、ビジネスマナーにdelicacyという英語が使われることはあまりない。おすすめは、subtleだ。サブトルではなく、サトル。あの女はデリカシーに欠ける、という場合、That woman isn't subtle.でよい。

　「繊細な仕事ぶり」なら、delicate workも使えるが、人間のマナーには、「こまやかさ」や「気配り」が要求されるので、sensitiveか、subtleといったS-wordsの方がいい。D-wordに対する私の警戒心もある。touchyというT-wordを使っている辞書があったが、気難しい（touchy）という意味もあるので、使用上、注意がいる。

　subtleには、「巧妙な」とか「鋭い」という微妙な意味（subtle

meanings）もあるので、キメの細かい外交とは、戦略的に巧緻なsubtle diplomacyのことだ。Why subtle? Because changes are so subtle that counter-measures must be subtle too.（なぜ巧緻なのか？ 変化は微妙だから、対抗策も繊細でなければならないからだ。）

zen-junkan
善循環　a virtuous circle

あまり耳にしないが、覚えているときっと役に立つ英語表現だ。もともと、悪循環（vicious circle）に対して造語されたものだが、日本人が好む商道徳として、立派に通用する。

AIは社会に「善」をもたらすというときにも、a virtuous circleという言葉が使われる。効率的にAI会社が運営されれば、もっとデータもサービスも膨れ上がり、安価になり、消費者に喜ばれるという。これをはずみ車効果（flywheel effect）という。いや、企業の寡占や独占化を招くという説もある。こちらはvicious circle説、それはそれとして、金は天下の回りもの（Money makes the world go round.）とか、情けは人のためならず、（You get what you give.）という倫理感覚は、意外に外国人にも通じる。

ジョン・ヒューア（Jon Huer）教授（韓国系米人）は、私の腹芸論（"The Unspoken Way"）に影響を受けられて、日本のcircular society（循環社会）が腹芸（the haragei）を産んだのでは、と述べられた。氏と何度も対談したが、日本の文化はたしかにcircularで、virtuous circleを愛でる社会だ（であった）という観察は正しい。浅草の木馬館（大衆演劇場）は「金は天下の回りもの」という美徳を、これでもかこれでもかと教えてくれる。

zen-sekinin-wa-watashi-ga-toru
全責任は私がとる。　I'll take full responsibility.

チャーチルがそう言い捨て、ドイツを追っ払った。全責任を負うとは、そういうことだ。では、なぜaccountabilityではないのか、という質問が出そうな気がする。答えておこう。

前著（口語辞典）ですでに述べたが、responsibilityは、"は"で、accountabilityは、"が"がシンボルなのだ。私"が"犯人だと認めているから、take accountabilityのtakeは不要となる。なにか失敗を

しでかしたなら、You'll be held accountable for it. となる。チャーチルが「もし失敗したら」その責任は、私に及ぶだろう、というなら、I'll be held accountable to you for the decision I've made. となる。

　accountableとは、私"に"あるいは、私"が"責任を負うという意味だ。responsibleは、私"は"責任を負うとなる。これで復習は終り。今日は、違った角度から両者を比較する。responsibilityは最終的にとる責任。そしてaccountabilityは、とらされる責任のことだ。これでシンボルがいっそうクリアになっただろう。

sou-anta-wa-nohshi

そう、あんたは脳死。　　No. You're brain-dead.

「そう」は必ずしもYESではない。NOで始まる場合もある。I'm a fool. No. You're brain-dead.

　脳死とはclue-less（手がかりのないバカ：最近よく使われるようになった）より、ひどい状態だから、「そう」もNOで受け止めた方がよい。I'm not a nerd.（アホじゃない）と抵抗すれば、（いいや）あんたはドアホ（脳死）だと強調する場合は、NOではなく、YES（その通りじゃないか）となる。

　交渉英語のカギはYESとNOの違いを識ることだ。関西でいう阿呆（アホ）は、a foolかstupidだが、ド阿呆となるとbrain-deadに近い。

souiu-mondai-dewa-nai

そういう問題ではない。　　That's not the issue.

Are you for his idea or against it?（あの人の考えに賛成？　それとも反対？）

I'm not sure.（さあ。）

Are you jealous by any chance?（ひょっとしたら、彼を妬いているの？）

No. That's not the issue.（そういう問題じゃない。）anでもいいが、theで強調した。

　嫉妬しているかどうかという感情的な問題ではないと反論しているが、日本の会社組織のように、派閥がモノをいう社会では、感情的な問題（an emotional problem）が、大きな部分を占める。しかし、それはan issueではない。issueとは、賛否が分れているテー

マに絞って、前向きに、建設的に話し合いをすることだ。

多くの英語の使い手は、「問題」と聞いて、すぐプロブレム（problem）を使ってしまう。まるで、パブロフの条件反射。こういう「とっさ」の英語なら、AIロボットに勝てない。人間が使う知能は、状況を把握する力、そして直観力に依るところが多い。
「反対って？ ひょっとしたら、君は提案者に嫉妬しているんじゃないかね」
「そういう問題じゃなくって」

このすれ違いは、problemとissueの違いから生じている。What's your problem?（なぜ、機嫌が悪いんだ。）That's his problem.（怒っているのは彼の問題じゃないか）、つまりproblemは、私的な問題で、どちらかに非があることが多い。しかしissueは、同じ問題でもdebateしなければならない争点、つまり。公に認識すべきテーマなのだ。

ビジネス関係の人は、ビジネス商談や交渉のときに、モンダイと耳にして、それが単なるtroubleなのか、problem（それもbigかsmallか）なのか、それともissue（debatableでshareable）なのか、瞬時に見わける「察し力」が必要だ。

sohkai-ya
総会屋　the sokaiya (corporate gad fly)

総会とは、株主総会のことを指す。問題は「屋」という不可解な言葉だ。それでも「ソーカイヤ」は国際語になり、アメリカの議会でも話題となった。総会でメシを食う存在であれば、名刺にも書ける。しかし、総会屋はウイルスのように有機体であると同時に無機体でもある。むしろその中間にある、「間」である。「間」だから名刺には書けない。

談合屋もそうだ。談合（指揮者のいないオーケストラ）を仕切る人だが、そんな業者はいない。指揮棒を振っているが、名刺には書けない。The dango conductor? ザ・ソーカイヤという名刺もなければ、ザ・ダンゴーヤという名刺もない。しかし、総会や談合になれば、必ずそこにコンダクターがいる。

日本は「間」の社会だ。闇の社会を仕切るのはなんとか屋である。"別れさせ屋"というスキマビジネスがある。経済力（カネ）以外に

魅力を感じないダメ夫を誘惑し、離婚に有利になる浮気の証拠をとるのが、このビジネスの実態だ。秘密探偵なら名刺に書けるが、「別れさせ屋」は名刺には書けない。Rip'em apart specialistかな。

こうなると、あのワケのわからない、弁護士まがいの「コンサルタント」も微妙なビジネスになる。コンサルタントには、検定試験はない。だが白昼堂々とビジネスをしている「もぐり」もいない。コンサルタントそのものが、もぐりビジネスなのだから。いっそのこと、総会屋もコンサルタントと訳してみようか。コンサルタントとは、相談「屋」のことだ。

この業界に強い大下英治は、総会屋のことを、「裏の政治家」と見事に訳された。政治家とは「表」の総会屋だ。政治家と総会屋は、あまりにも似すぎているので、そこには、一種の近親憎悪が生じる（familiarity breeds contempt）。

メディアが最も恐れるのが、企業に巣食うダニのような総会屋だ。企業のまわりをブンブン飛び交う、corporate gadfly（企業アブ）とは、うまく言ったものだ。だが、名刺には、「ダニ」とか「タカリ屋」とは書けない。だから、社内弁護士という肩書きを通す人もいる。雑誌社（publisher）で通した方がカッコいいはず。外国人が一番不思議がるザ・ソーカイヤの英語は、やはりthe sokaiyaなのだろう。

soko-made-iuka
そこまで言うか。　That's the last straw.

「そこまで言うか」とか、「黙ってりゃいい気になりやがって」という日本的なけんかの吹っかけ方がある。Enough is enough.だが、これをさら視覚的にすればThat's the last straw.となる。ぎりぎりいっぱいまで荷物を運んで、その重さに耐え忍んでいた牛馬も、最後の一本のワラで倒れたという。そこまで耐え抜いていたのだ。

コーヒー・ブレイク
「そこをなんとか」は大阪人の発想

かつて、楽屋で故・藤山寛美氏に「なぜ大阪人は、よくしゃべるか」と聞いたことがある。「東京は、殿さんの国やから、しゃべらんでもええ。目線が上やから、値切る必要もないわな。商人

の町、大阪はそうはいけまへん。よう、情況を説明して、『前のお客も断ってきました』と買い手の気分を損なわないように、気ィをつかってたら、どうしても言い訳が長ったらしくなります。大名貸しでつぶされた大阪商人は、いつも泣き寝入りですわ。」これでも、耐える。無理な注文を受けても、「そこをなんとか」（Begging you.）と頭を下げて、いつも下手に出る。

　大阪の人口は横浜に抜かれた。大阪人も「もうそのうちに名古屋にも抜かれんのとちゃいますか」と自虐的に語る。しかし、そこに笑いがある。この大阪人の笑いが曲者である。東京の「上から」と大阪の「下から」の交渉のスタイルは今も変らない。

　前述したPeter Callett（ピーター・コレット）氏はこう説明する。

That's because the actions of dominant people are governed by the 'principle of economy', whereas those of subordinate individuals are governed by the 'principle of effort'（"The Book of TELLS", p69）

（なぜかといえば、より権力のある優位な側は「経済性原則」で支配されているが、より劣位の側は「努力原則」で支配されるからだ。）

　だから、殿は「よし、良きにはからえ」と、言葉が少なくても許されるが、商人は、いつかサムライどもに復讐してやると機を窺っているので、役人が真似できない努力（effort）で歯向かうしかない。頭をペコペコし、言い訳で多弁になってもいい。耐えながらサービスで立ち向かうしかない。

　だから私はよく言う。英語力も点数では関東系が勝り、コミュニケーションスキルでは、関西系が上位に立つと。グローバル化が進む今は、英語教育もinclusive（開放的）になってきている。私は、沖縄のグローバル教育（とくに沖縄尚学高校とワシントン州立大学との高大連携は画期的）に注目している。戻る。

　やはり、なんでも受け容れる大阪は商人と芸人の街なのだ。英語道は、このナニワ気質から生まれた。ユダヤ問題や中東情勢を語らせても、人気のある講師は、大阪人に多い。宇野正美、高原剛一郎。あのなめらかな関西弁とサービス精神に富んだ語りは、

> 江戸の下町にもバカ受けする。すべて、「そこをなんとか」の精神と「笑い」、そして「泣き笑い」の情理から来ている。

sotobori-wo-uzumeru
外堀を埋める　make strategic alliances

「外堀を埋める」を直訳すると、fill in an water moatとなり、通じない。しかし、同時通訳の名人、故・村松増美なら、まず直訳して、早口で解説されたはずだ。たとえば、figuratively, getting rid of obstacles in the way of what one wants to do（『新和英大辞典』から借用）というふうに。村松増美や國弘正雄氏の英語は、日本人の耳には入りやすく、すこぶる好評であった。ところが、我が師、西山千の英語は、ネイティヴすぎて、美しいが、あのナチュラル・スピード・イングリッシュでは、とうてい日本人の耳には入らない、という非難の声もあった。私は、西山流を引き継ぎ、その技をNONESの番組で使っている。

　さて、シンボルを大切にする西山流の色眼鏡によると、strategic alliancesという概念が浮かぶ。strategicは、戦略的というより、「好き嫌いといった一時的感情を抜きに」、というシンボルになる。習近平と金正恩は、ハラの中で憎み合っていても、メディアの前では、手を取り合って、微笑み外交（charm offensive）を演出する。これがstrategic partners同士の姿。

　allianceは同盟や提携や縁組み、さらに植物の群生（populationと訳そう）などと、シンボルはもっと広がる。だから英語の勉強は楽しい――筆記試験がなければ。allianceを英英辞典で調べ、〔ecology〕a group of closely related plant associationsを知ると、そうかと頷く。a dandelion population（タンポポの群生）はキク科の植物群生とつながるのだろうか、と考えるだけでウキウキする。

　"Winning Through Negotiation"（邦訳『世界一わかりやすい絶対勝てる交渉術』）は、外堀を埋めるにはlawyers（弁護士）、broker or agent（ブローカーやエージェント）、arbitrator（仲裁者）などの同盟を束ねて、狙った相手を囲い込むことだと述べる。

sonae-areba-urei-nashi
備えあれば憂いなし。　The best defense is a good offence.

　これまで、Forewarned is forearmed.を使ってきた。あらかじめ警告を受けていると、あらかじめ武装していることに等しいという意味だ。あとで「あれほど言ったのに」I've warned you.と叱られないように、初めから警告には耳を傾けておくべきだ。

　今回は「ビジネス・交渉編」なので、交渉を戦争やスポーツと見なすと、攻（offense）と守（defense）という比喩を使った方がよりvisualになると考えて、こちらを選んだ。将棋でも必ずしも先制攻撃が勝つわけではない。守りに強い方が、攻めにも強いというが、ではそれがなぜ交渉に有利なのか、多少説明がいる。

　うまい交渉者は、例外なくよき聞き手だ。The art of the deal.とはart of listeningだと言う人もいる。聞いてくれる人は、よきキャッチャーで、ピッチャーがほっとできる（feel involved）。相手に仲間意識を感じさせる。ディーン・ラスク（Dean Rusk）国務長官はこんなことを言った。

　"One of the best ways to persuade others is with your ears——by listening to them." と。（人を説得する最高の方法の一つは、耳を使うこと——つまり耳を傾けることだ。）なるほど、しゃべるより聴く人か。

　だいたい、「あの人はハラがある」というホメ言葉のハラの原点は、「空」であり、自らをゼロ磁場に置き、聴いてくれる人だ。ハラのない人は、よくしゃべる。そんな人に対する忠告は、Take a deep breath.だろう。日頃から側近に、しゃべりすぎないように、ぼくの耳になってくれないか、と自己チェックを怠らないことだ。

　大物は、自ら席を外し、裏で陰口を言わせ（letting them fire away）、ガス抜きをさせる（giving them gas）。ときには陰で聴きながら。欧米人からAre you listening?と問われたら、Yes, I'm all ears.と答えよう。

　このコツを私は同時通訳から学んだ。話者の内容を摑むのに必要なのは、英語のリスニングを伸ばすことだけではない。語られた情報を一言も聞きもらすまいとする集中力だ。相手の弾（ammo）を盗むには、忍者の盗聴力がいる。同時通訳だからと、同時に訳すの

は危険だ。理解できるまでじっと黙って聞け、というのが西山千氏の教えであった。

　defensive playerがoffensive playerに変わるときは、かなり「守り」（情報のインプット）に自信ができたときに限る。交渉の場では、時間がかせげる。Listening buys you time. この「間」を交渉学ではstrategic silencesと呼ぶ。腹芸の得意な交渉人は、「戦略的な沈黙」を武器にする。残念ながらハラゲイの検定試験はない。やるかどうか？ それは私のハラの中に在(あ)る。Yes, I'm listening.

sono-eigo-de-meshi-ga-kueru-ka
その英語でメシが食えるか。　　Does your English work?

　大阪人は、東京人と較べて、style（外見美）よりもsubstance（内面美）を重んじる。高価なgiftの包装には胡麻化(ごまか)されない。いかに安く買ったか（値切ったか）という交渉能力を誇らしげに語る。これが大阪人のプラグマティズムだ。「そんな英語でメシがくえまっか」が、giveとgetだとひらめき、執筆動機になった。美しくて斬れる英語は外国人っぽさで評価されるべきではない。

　ビジネス英語は、美しいに越したことはないが、中身はもっと大切だ。Form must follow function. 機能とは「斬れ味」のことだ。美しい英語は強い。そして強い英語は美しい、というのが私の持論だ。ビジネスパーソンの英語は、教科書や筆記試験で学ぶ文法的に正しい英語ではなく、機能美（functional beauty）が備わったものでなくてはならないと考え、ダイヤモンドの4C原則（Clarity、Color、Cut、Carat）を提唱している。

　ビジネスや交渉で使える武器としての英語は、論理がしっかりしている（clear）か、艶(つや)（color）のある洗練された英語か、いかなる現場でも斬れる（cut）機能があるか、外科用ダイヤモンドのように硬くて、よく斬れるか、骨太（carat）な英語か、ということだ。

　いかに発音がネイティヴ並みでも、そんな外見美はビジネスには通用しない。骨太な英語には、骨格（character）がなければならない。ビジネスで通用するのは、品格のある英語だ。caratとは、重さ以外に純度（purity of goldのように）が加わる。

sono-ki-ni-naru
その気になる　be interested in ～

　なに、ビー・インタレスティッド・イン？ それぐらい、中学生の時から知っているさ。それって、「興味がある」ってことでしょう？ そんな声が聞えてくる。読者の中には、辞書をバイブルのように信仰の対象と考えている人が多いからだ。好奇心が旺盛な読者の対岸にいる、辞書信奉者（purists）たちのことだ。私もかつては、そういうコチコチの辞書信者（blind believer in dictionaries）だった。

　I'm interested in Christianity.と言ったときに、ある宣教師婦人は、私を疑って、You're lying.（あなたは嘘をついている）と、嘘つき呼ばわりし、英会話ビギナーの私を憤怒させたことがある。be interested in ～は、「～に興味がある（キリスト教に興味のある日本人は多い）」などではない。「その気になって」いる（入信したい覚悟のある）段階である。その段階で、キリスト教に関心があると述べてバイブルクラスに入り、英会話を学ぶといった不届きな日本人（かつての私もその一人だった）が多かった。それは、宣教師にとりdishonestな（裏表のある）人物に映る。

　いや、日本人の興味はタテマエで、ホンネは好きでも嫌いでもない。ただ、バイブルより、英会話の方により関心がある、ではないだろうか。I'm interested in her.は、「本気になってきている」状態なのだ。I'm interested in Christianity.は、「洗礼を受けてもいい」くらいの覚悟だと解釈される。

「じゃ、明後日、バプティズム（洗礼）を受けてください」と言われて、目を白黒するのが、日本人。宣教師のほうは、「その気になっている」のだ。He's already interested in you.なのだ。「もうその気になってきている」という意思表示なら、I'm already committed to（involved in）～という表現が使われる。

　ビジネス交渉でも、外交でも、このあたりのスレ違いは、ひっきりなしに起こるので、決して、和英（そして英和）辞書を丸呑みにしてはならない。そのために、冒険心と老婆心から書き下ろしているのがこの辞書だ。

sono-kokoro-wa
その心は？　Common? Why?

　安倍首相はFacebookのマーク・ザッカーバーグだ。で、その心は？「どちらも善意でやっている」。両者は実によく似ている。妻の昭恵さんも善意だけの人。ザッカーバーグはCOOにシェリル・サンバーグ（Sheril Sandberg）を迎えて、話題をさらった。彼女は、ザッカーバーグの肩に顔をうずめ、泣いた。このときは、lean on（him）。CEOを頼りにした。そして、"Lean In"（男に頼るな）を書いた。ベストセラー"Lean In"をきっかけに、TEDで超売れっ子になった。

　そして、彼女が夫を失い、悲嘆に暮れ、経営に狂いが生じ、Facebook内部からも不満が噴出した。周囲の人々は、彼女を「カヤの外に出せ」と言い始めた。その英語がLean out.であった。この英語のシンボルの流れがイメージできるであろうか。onからinへ、そしてoutへの意識の「流れ」のことだ。

　ファースト・レディーとしての昭恵さんの活躍は素晴らしかった。She was. 二人はお互いに違った見解（たとえば原発）をひけらかすほど仲が良かった。They were.

　Mark Zuckerberg never thought of Facebook as a business.と*TIME*（Apr. 23, 2018）が特集（The FACEBOOK DEFECT＝フェイスブックの病理）で述べた。defect（欠陥）をeffect（現象）と語呂合わせしている。

　ロンドンの『オブザーバー』や『ニューヨークタイムズ』が2018年の3月17日に、こう酷評した。何千万人のユーザーデータが悪用され、イギリスでは、英国のEU離れ、アメリカではトランプの選出の片棒をかつぐことになった。そもそも、Facebookは欠陥作品（Fakebookと嗤う人も）だった。

「そもそも」論だ。そもそも、もとを正せばill-conceived product designだったというから、欠陥ベービーだったという。そもそも欠陥人間をファースト・レディーに迎える人も欠陥人間である、という論法だ。

　国民とはいい加減なものだ。風向きにより、コロリと変わる、fickleな存在なのだ。ザッカーバーグの志（mission）とは、helping people understand the world around them.（世界を知ってもらうための手助け）である、ビジネスとは、a good vehicle for getting stuff done.（そのための道具に過ぎない）と。極楽トンボはいつまでたっても極楽トンボ。善意を盲信している限りは……。議会とてbig tech（大手のテクノロジー会社）に手綱を引く（rein in）ことはできないと見えて、暴走を始めてしまった。安倍昭恵も森友事件で暴走。メディアも暴走。善意（good intentions）はこわいのだ。

sono-hanashi-wa-shinaide-hoshi'i-no-desu-ga

その話はしないでほしいのですが。　　I'd appreciate it if you don't talk about it.

　この依頼は、目下から目上に対する交渉だ。交渉には、from the position of weakness（弱者の立場から）と、from the position of strength（強者の立場から）の二通りがある。通常ビジネスでは、自らを弱者の立場に置く方が強い。だから、ifが使われる。もし、その話をしなかったら恩に着ます、という仮定法だ。だから、I'd appreciateとなる。

「すまないが」と言いたかったら、I'd appreciate it..., if 〜の構文ですぐに口から出るようにしよう。これでオーケーが得られなかったら、次は態度を硬化して、攻撃することだ。

　If I don't get what I want from you, you'll be sorry. これは、"I'm in control now. I'll get my own way." という強い立場を誇示したことになる。日本ではこういう脅しはない。それにしても、どちらのケースでもifが使われているではないか。

(sono-hanashi) mi-ni-tsumasareru

（その話）身につまされる。　　That could be me.

「その話」は、thatと置き換える。「身につまされる」の「身」とは、meでよい。「つまされる」とは、同一ではない。感じる段階だから、「ぼかし」が必要だ。「そういう考えもありうる」と「ぼかす」のが仮定法だ。だから、canよりもcouldと「ぼかし」てみよう。

　過去形も仮定法でぼかせる。That could have been me.「もしぼくだったら、あのとき、あんたと同じことをしていたかもしれない」ならば、I could've done the same thing. だ。If I had been in your shoes. が抜けているだけで仮定法であることに変わりはない。

　あなたにとっても、このことは他人事(ひとごと)ではないはずだ。This could be you. 次の犠牲者は、きみかも。You could be next.

sorya-muzukashi'i-desune
そりゃ難しいですね。　　No.

　AIに訳させると、That's difficult.「困ります」はI'd be put into trouble. となる。だが、実際ビジネス交渉のときに「難しい」「困ります」というときの99%は、NOである。相手を傷つけないためという思いやりが、日本人をpoor English speakersにさせてしまうのだ。もっと意味論を学び、言葉の裏を学ぼう。それでないと、翻訳者や通訳者は、AIロボットに職を奪われることになる。

　deep learningに入ったAIは、私の「ナニワ英語道」をいつの間にかCherokee Englishと訳している。先生の「ナニワ英語道」を、グーグルがチェロキー・イングリッシュと自動翻訳していますよ、と側近に指摘され、身震いがした。

　チェロキー族が使う英語？　オクラホマに強制移住させられたアメリカ人（今のテネシーや北カロライナの住民）が使った英語？知らなかった。一本取られたか。頬につけられた血をなめて──ブルース・リーのように──AI英語に戦いを挑み続ける。今のこの私の心境だ。なんだ、文法を無視したこの日本語は。主語を最後に残すという人間さまが使う"妙"技だ。ロボットよ、覚えておけ。Take that!

sorya-reigai-da
そりゃ例外だ。　　That's an isolated case.

　例外のないルールはない。No rules without exceptions. は誰でも知っている。しかし、ロジックはときとして例外は許さない。カラスは黒いという命題がある。ところが、一匹でも白いカラスがいれば、このロジックは崩れるのだ。背理法という間接証明法が迫る。

「あなたは、ダダモ博士の本を読んで、O型は肉を好むと言われました。しかし、S子さんはO型だが菜食主義です。だから、肉を食べたら元気になるというダダモ博士の説は信じられません。ごもっともな質問ですね。(That's a legitimate question.) その点ダダモ博

士も認められ、O型でも菜食主義者はいるが、肉を見てよだれを出したO型もいるので、本質的にはcarnivorous（肉食主義）です」と苦しまぎれの解答をしたことがある。

さらにharvivorous S-ko was seen eating leafy vegetables with gusto（S子さんが葉っぱの多い野菜をがつがつ食べているところを目撃されている。）。一つの証拠（a piece of evidence）では、証明としてはまだ弱い。S子さんは例外（an isolated example）なのだ。

ところで*TIME*のランス・モロー（カトリック教信者）はEvilに関する*TIME* Essay（June 10, 1991, p48, 51）で、こんな疑問を披露した。

God is all powerful.　　神は全能である。

God is all good.　　神は全く善である。

Terrible things happen. ひどいことは起きている。（神は止められない）

この神学上の矛盾をオースティン・フリーリー（Austin J. Freeley）が取り上げている。さすがディベートの大家。

実は、この件に関し、ランス・モローと話し合ったことがある。彼はミルトンの"Paradise Lost"（『失楽園』）は、神と悪魔との天上ディベートがテーマだと述べ、悪魔のほうがロジカルで、説得力があると認めておられた。つまり、証拠を集めても、そのchain of evidenceが絶たれたら、議論は成立しないということだ。

sore-sahbisu
それサービス。　　It's on the house.

サービスとは、店のおごりのこと。サービスをそのまま、serviceと訳しても通じない。大阪のサービスはお金のことだと言う人がいる。それだけでもない。「笑い」がサービスになる。「このウドン、メチャクチャうまい。初めてやこんなん」「そう言われたら、メチャクチャうれしいですわ。このいなり寿司、おまけや」This is on the house

(sore-wa) kohshoh-shidai-da
（それは）交渉次第だ。　　That's negotiable.

世の中はイエスかノウ。ノウであれば、潔く引き下がるのが世の習いだ。それならば、ガイジンと称されるソトモノに勝ち目はな

い。正解の多い方が勝者であれば、それはアカデミックの世界。実社会では勝った強者が正しいことが多い。ロジックが勝つのは、学校という偏差値社会に限られる。実社会では、IQに対し、EQ（情感指数）が復讐に出る。

"Emotional Intelligence"（邦題『EQ〜こころの知能指数』）の著者である、Daniel Goleman（ダニエル・ゴールマン）博士は、就職活動には高いIQが有利だが、世に出て成功するのは高いEQの持ち主に限られるという。

IQ gets you hired. EQ gets you promoted. 私がよく引用する氏の教えだ。ビジネスの世界は、交渉（negotiation）力（skills）がモノをいう。学校で成績の悪かった者でも、這い上がれる。なんとかなる。その標語が、Everything is negotiable.（なんでも交渉次第だ）である。この「難訳辞典」は、「ビジネス・交渉」がテーマである。外交を含む、国際交渉で用いられるのは、negotiation skillsだ。

(sore-wa) koto-to-shidai-ni-yoru

（それは）事と次第による。　　It depends.

日本人はケースバイケースというカタカナ英語を使うが、TPOにより答が変わるというのなら、It depends.で十分。相手がOn what?と聞いたときだけ、答えればよい。On the mood I'm in.というふうに。いい音楽を聴いていると、on the good mood。夫婦げんかの最中だとon the bad mood。そんなときは、商談も乱れがちになる。

これは「時」による"次第"だが、「事」はどうだろう。たとえば価値観というパラダイムがシフトした場合、行動倫理を含む「空気」をも変えてしまう。その時は、It depends on what you value. となる。

話題を変える。ハワイ人交渉者が実践しているホ・オポノポノの教えでは、交渉の前に心を静め、空っぽの状態にしておくと、うまくいくという。まるで坐禅に近い。

モーツァルトファンなら、モーツァルトの音楽を聴いておけば、思考は創造的になり、交渉話はスムースに進む、という。これをthe Mozart effectと呼ぶ。本当かどうか、実験が繰り返されたが、モーツァルトの音楽と「頭がよくなる」という結果は、直接的には

結びつかなかったらしい。しかし、間接的には、結びつく。

　John Powell（ジョン・パウエル）氏は述べる。The upshot of all this is that it doesn't matter what you listen to——Mozart, Blur, or Steven King stories——before you head into your next mentally challenging activity.（つまり、あなたが頭を使う前に、どんな音楽——モーツァルトや、ブラーのロック音楽や、スティーヴン・キング原作の映画音楽——を聴いていようともかまわない、ということだ。）

　ようし、この「難訳辞典」は世界初の試みだ。わが国の英語教育の改革のきっかけにしてみせる、という意気込みが私にあれば、モーツァルトの音楽であれ、シューベルトであれ、アルビノーニであれ、あるいはスティーヴン・キング原作のホラー映画のサウンドトラック・ミュージックでも、効果は同じ、ということになる。

sore-wo-iccha-oshimeh-yo
それを言っちゃおしめぇよ。　　Enough is enough.

「もう、やめろ」「これ以上のろけるな」はEnough. その線を越すと元へ戻れない。「お前は野良猫と同じじゃないか」と言われた寅さんも、プッツン切れる。しかし、もう反論する気はない。そのセリフが「それを言っちゃおしめぇよ」だ。そして、再び郷土の柴又を去って旅に出る。

　その英訳がEnough is enough. 発音はアナッファザナフ。イ（i）ではなく、ァ（ə）に近い。よーく聞いてごらん。Economyをイコノミーじゃなく、アカナミーと、əで発音されている。

　柴又へ戻ってきたフーテンの寅に対する、家族の風当たりは強い。「野良猫と同じじゃないか」と社長のタコが言えば、「それを言っちゃおしめえよ」という捨てゼリフを残し、プイと旅に出る。文字通り訳せば、You said something you shouldn't have said. something you're not supposed to tell でもよい。

　寅がキレれば、タコももっとキレる。「野良猫の方がましじゃないか」（Homeless cats are better.）直訳すれば、大ゲンカになる。商談通訳者は、直訳は避けた方がいい。こんなふうに、With no disrespect to feral cats. と。feral（野生の）の方がhomelessよりいいだろう。こういうビジネスがらみの通訳は、AIロボットより人

間の方がいい。

sonkei-suru
尊敬する　look up to

　尊敬を直訳すると、big wordに入るrespectとなる。日本語で「尊敬」とは慕う（love sb dearly）もあれば、賞賛（admire）もある。必ずしも尊び敬うことではない。ビジネス仲間同士なら、情抜きに、admireでもよい。むしろ私は英語のやまと言葉（phrasal verb）を勧める。look up toを使ってもよい。

　Lots of people in the White House look up to Michelle Obama.（ホワイトハウスのたくさんの人々が、ミシェル・オバマを尊敬する。）

　これなら、「お慕いしております」と近寄ってくる人は、すべて含まれる。そしてもっと幅広く応用できる。Some, however, look down on her as a trans.（trans＝transsexual。性転換者。日常使われるようになっている）

　尊敬はlook up to、蔑視はlook down onと覚えておくと、英語がよりvisualになる。たとえこじれても、Someone will make it up to you.（誰かが繕（つくろ）ってくれるだろう。）

「繕う」の言葉にとらわれると、mendかrepairかfixかと迷うばかり。ひらがなで考えればphrasal verbs（句動詞）で間に合う。けんかがbreak upなら、「仲を取り戻す」はmake upと。これなら、日常会話がもっとラクになる。

tahke（tawake）
たーけ（たわけ）　totally brainless

　大阪のアホに対し、東京のバカ。どちらもstupidで通じるが、名古屋の「たーけ」（たわけ）はもっときつい。東京の悪口の「ばーか」、大阪の「あ～ほ～」に対して、名古屋の「たぁーけぇ」は先祖伝来の田を分ける愚か者という意味だから、『笑説大名古屋語辞典』の著者、清水義範氏によると、「馬鹿よりはるかにきつい言葉で、言われたものはほとんど立ち直れなくなる」という。

　強意語の「どたーけ」「くそたーけ」「おおたーけ」は、その破壊力もはかり知れず、あまり危険なので、法律で他国者にたいしての使用は禁止されている、とまで、リスク管理を意識した発言をされ

ている。

　大阪生まれ、東京育ちの私は他国者で、耳にしないが、名古屋地方で調査を始めたところ、全員が、耳にしたことがあると答える。この強度（インテンシティー）はcluelessよりもbrainlessに近い。totallyというイギリス人好みの英語で風味を加えてみた。脳死状態の愚か者を日本刀で成敗すれば、刀が錆び付くという、武士文化が名古屋にはまだ残留している。

daiichi-insho-ga-kuzuretara-torikaesh-ga-tsukanai
第一印象が崩れたら取り返しがつかない。　You never get a second chance to make a good first impression.

　交渉学ではこの言葉が公理とされる。前述したイリッチの著書で紹介された英文はこれ。You never get a second chance to make a good first impression.

　良い第一印象とは、最初に決めるもの。しかし、次こそ好感を与えるから、もう一度チャンスをという交渉は甘すぎる。やり直し（second chance）はないのが真剣勝負なのだ。交渉で第一印象が悪かったら、もうチャンスはない。しかし、公理とはいえ、私には異論がある。私はfirst impressionで勝負しないことがある。見かけがすべてという、東京という「虚栄」の大都会では危険だが、あえて、第二、そして第三印象で勝負することもあるのだ。

　虚より実で勝負するサムライは、第一印象からマイペースだ。むしろ悪印象を与える。私など相手を怒らせることがある。Why? To make them believe I'm for real.（ガチンコ人間だと信じ込ませるために。）

　論理的根拠がある。アメリカの心理学者の調査によると、第一印象で点数を上げた男（たとえばイケメンや美女）が、スキャンダルなどでヘマをした場合は、立ち上がれない。しかし、第一印象がいかに悪くても、その男が後に驚くような陰徳が顕わになった場合、美談によりその男の株は暴騰する。もう男としての価値は最高値。第一印象でピークを極めたりすると、これ以上、上がらないから、あとは下落することしかない。（nowhere else to go but up）ポピュリズムの罠は第一印象から始まる。

　これは、私が好むサムライ交渉だが、あまり勧められない。武士

は空気に逆らうから、困る。私は何度も第一印象を失敗した。だが、より大きくカムバックするには、人一倍の「隠し芸」があるか、譲れない志（high mission）があるかのいずれかが要る。定番はやはりこれ、「第一印象が肝腎」だ。始めよければ終りよしだ。アリストテレスは、「スタートが良ければ半分終ったも同然だ」と言った。英語はもっと簡単だ。"Well begun is half done."（Aristotle）

taiko-mochi
太鼓持ち　court Jews

「太鼓もち」とか「幇間」を英和で調べると、professional jester とか、a funnyman, a comedian という英語しかない。「間」を大切にする日本の社会では、太鼓もちはなくてはならない存在なのだ。「おべっかを使う人」も、周囲の空気を盛り上げてくれる人だから、それを十把一絡げに a flatterer とか an apple polisher と片づけてはならない。殿が「やるぞぅ」と言えば、側近は否定してはならない。ましてや茶化すことなどできない。日本人は歌や踊りに変えたおべっかを使いながら、critical mass（勢いとでも訳してみようか）を煽った。

　ユダヤ人は、芸に「笑い」を加えた。シェイクスピアも悲劇の中によくピエロ（clown）役を登場させた。こういうユダヤ人は、court Jews（宮廷ユダヤ人）と呼ばれた。白拍子やバカ殿がなくなれば、ユダヤ芸人はもうそこにいない。さーっと消えていく、まるで屋根の上のバイオリン弾きたちの儚き運命だ。日本の太鼓持ちと似ていないか。

daikon-yakusha
大根役者　a ham（a chameleon）

　ビジネス交渉英語の範疇に入らないようだが、けっこう使われている。He's a real ham.（あいつは大根役者だ。）どんな仕事でもやるが、何をすべて中途半端な player だという場合に使われる。

　ham はしろうと（amateur）の意味でもある。プレイヤーというより、poor actor（ヘボ役者）という意味だが、ビジネスは、game より art だと考える人には a ham（actor）がピタリだ。この反対に、どんな役でもこなせる玄人役者はカメレオンと呼ばれる。日本語に訳すと、評価は低くなるが、英語の chameleon はホメ言葉だ。

Nicole Kidman is a cinematic chameleon. といえば、「ニコール・キッドマンはどんな役にでも化ける万能の女優」という讃辞に変わる、いや化ける。彼女の迫真の演技を見るたびに、「まるでshape-shifter（変化妖怪(へんげ)）だ」と、溜息が出る。

dai-shippai
大失敗　a disaster

a big mistake ではすまされない、周囲に被害が及ぶ場合（collateral damage）がある。善意が大きければ大きいほど、被害も大きくなる。これがa disaster。debacle（大災害は書き言葉として登場するビッグワードである）は仕方がない場合もあるが、disasterはそうでもないよと耳にする。(*cf.* The press conference was a disaster. というふうに)

欧米社会ではどちらも悪いときは、より悪の少ない方をとれという掟がある。これを論理学で、choice of lesser evilと呼ぶ。多くの日本人はピンとこないようだ。だから、この説明には、いつも力が入る。こんな挑発的な質問をする——弁護士に対しても。
「悪いと知りながら、薬を投与し続ける悪意の医者と、あくまで薬の全能を信じて、薬を勧める善意の医者と、どちらの罪が重いか。前提条件として、その患者が精神病患者と認定されたとしよう。」

さて二人の医者のうち、どちらのドクターのchoiceがworseであったか。日本人の多くは、善意でやった方が、罪が軽いと答える——とくに関西人と沖縄人に多かった。しかし正解は、よりロジカルな関東人に軍配があがる。その理由を明かそう。善意を盲信する人には、反省がない。悪意の人は間違いを認めるのに、やぶさかではない。だから、罪は軽くなる。

daijohbu
だいじょうぶ。　No problem. Why should I worry.

「大丈夫」はNo problem。しかし、心配事（worry）がなくては生きていけない人種がいる。それがユダヤ人。いつも明るく派手に振舞っているが、どこか暗さがある。かげりが隠せない。彼らの「かげり」と「ねばり」は、歴史的事実に由来している。Stress, anger, tension and worry. 日本人の「ねばり」は自然風土からきている。火山、地震、風害、水害になれっこになっている。「ねばり」もこ

こからきている。

The Jews and Japanese are similar for the different reasons.（ユダヤ人と日本人はさまざまな理由で似ている。）

ユダヤ名を隠し、平均的アメリカ人になりきっている、なりすましアメリカ人の多くはJews in disguise（擬態ユダヤ人）だろう。芸名の裏の素性がばれまいかと、ビクビクしている。これがworries。

さて、「だいじょうぶ」の訳に戻る。no problemで十分だが、ユダヤ系のビジネスの存在を無視してはならない。ユダヤ人ならWhy?を使う。そこで、私の超訳もwhyを加えた開き直りだ。Why should I worry? ユダヤ人は、本心と反対のことを平気で口にする。They know how to say the opposite of what they mean.「オレはがんこおやじだ」と言うなら、Why should I compromise?でよい。Why do Jews ask why?とユダヤ人に聞けば、同じくwhyで、スマッシュを返されるだろう。Why shouldn't Jews ask why?（なんであかんねん）と。

taimingu-wo-ushinatta
タイミングを失った。　　I've lost my timing.

交渉がディベートと大きく違うところは、時間が伸縮できるという点だ。剣道をはじめ日本の諸武道で必要とされる「間合い」が大切だ。交渉者は、時間を相手から奪うのが得意だ。get time on your sideという。

交渉の訓練にはディベートが役立つ。これも相手から時間を奪う術だ。時間を延ばすことに同意すれば、粘り強く、辛抱強い交渉者が勝つ。大都会の交渉者は、すぐにあせるから、東京人や大阪人は、名古屋人ののんびりしたペースに勝てない。先手（opening gambit）を早く打ち、早く解決を求めようとする。

いらちな大阪人（Osakans with lots of ants in their pants.）は、名古屋の交渉者にしびれをきらす。名古屋人からすれば、「根回し」に時間がかかることを知らない、大阪の交渉人はターケー（田分け）と映る。

交渉者は、事前の打ち合わせの時から、すでにビジネス交渉が始まっていることを知っておくべきだ。締め切り期限の交渉（negotiating on a deadline）から始めるべきだろう。時間の駆け引き（manipulation of time）というbargainingは避けられない。

自分でデッドラインを決めるのは得策ではない。あとで、to put it off（procrastinate）かto extend itすべきか悩む。変更を願う回数が増えれば、交渉は不利に展開する。まず正式な交渉が始まる前に、両者で妥当な時間帯（a reasonable time）の一致を見るまで、話し合うべきだ。あとで、I've lost my timing.とホゾを噛まないためには、お互いに交渉の足元を固めておくべきだ。

 コーヒー・ブレイク
TIME 英語の変遷

前著『難訳和英・語感辞典』で、「悪い英語は良い英語を駆逐（くちく）する」と述べたが、最近のアメリカ英語は、あまりにも大衆受けを狙っているのか、くずれが目立ってきた。reader-friendlyといういい面もある。それが文化の一部としての言語そのものの「流れ」だろう。

print（able）English（書き言葉）が、spoken English（話し言葉）に追われてくる。文語体が口語体に変わるのは、*TIME*英語（Timese）の変遷を見てもよくわかる。Write as you talk.（言文一致体）か。visual面にも気を配っている。たしかに今の集中力を失いつつある若者読者（ユーチューバーをはじめ）には、話し言葉の方が親しみやすい。

その現象はgiveとgetの頻度数を調べればよくわかる。1912年の*TIME*の創刊号には、giveとgetはほとんど使われていない。ゴツゴツした英語で、流れが悪かった。格調で勝負していた時代だ。最新の*TIME*（March 5, 2018）はgiveとgetだらけで、流れはよいが、英語の品格といえる'語相'を失いつつある。ちょっと39ページをのぞいてみようか。

You give somebody Narcan, you give them a second chance at life. How many times do we have to give them a chance? There should be a number. It's not up to us to play God. 3行の中に、giveが3回も使われている。Give me a break!（ほどほどにしろ）と、創刊号の編集長なら忠告したはずだ。

アメリカの英語はbe（静）よりdo（動）だったから、getはどこにでもある。giveとgetの時代がやってきた。
「いいことは重なるものだ。」これをgetを使って表現してみよう。正解はこれ。Things just keeps getting better.（つきが回る。）
（March 4, 2019のTimeから）
　giveとgetを中心とした英語のやまと言葉（phrasal verbs）は変わらない──いや、ますます繁茂しているようだ。。

takushi'i-wo-yonde-kure
タクシーを呼んでくれ。　　Give me a taxi.

「呼ぶ」はすべてgetかgive。Where can I get a taxi?よりも、緊急時にはGive meで十分。Call me taxi.と言った人がいる。「ぼくのことをタクシーちゃんと呼んでくれ」とは、ヘンな日本人と思ったアメリカ人もいる。a taxiのaを忘れただけで大変。

　ニューヨークのタクシーの運転手に、「ヒルトンホテル プリーズ」と、私の生徒が行く先を教えたが、What?（なに）と返された。たまたま、後ろの席に座っていた私が、HILTON（ヘオトン）と腹から発音したら、オーケーと答えた。ヒルトンから**ヘオトン**と腹式呼吸で答えただけだ。もう一度、**ヘオトン**。

　アメリカ人がHoliday Inn（ハラデーエン（ヌ））と発音したら、日本人の耳には、「原田苑」と聴こえる。その京都のタクシー運転手は、紙にスペルを書いてもらって、やっとホリデーインだとわかったという。口とノドでしゃべれば、ホリデーイン。しかし、ガイジンが聴きとれない。腹でしゃべれば**ハラディーイン（ヌ）**。

　ビジネス英語は、ヒアリング（listening）から始まる。東京兜町のある証券マンと話をしたことがあった。ネイティヴの英語が聴きとれず、苦労したことがあったという。「あのオイオイがわからなかった」と。oil（石油関連株）のことだと後でわかったそうだが、これでは商談は進まない。私の発音記号ではオイ㋶。この㋶という黙音は日本人にとり、鬼門だ。ビートたけしのいう「オイラ」がネイティヴには、石油に聴こえる。

　リスニングに集中しろ。Stay focused. ステイフォーカスじゃない。フォウカス（ト）だ。（ト）は不完全黙音だが、大概の場合は完

全黙音だ。I feel loved.はアイフィールラヴ（愛を感じる）ではなく、ラブ（ド）（愛されていると感じる）なのだ。この「呼吸の原則」（breathing principleは私の造語）は、交渉的にはきっと役立つ。

tataki-age (hadaka-ikkan)
叩きあげ（裸一貫）　a bootstrapper

「叩き上げ」とは、下積みから苦労して上の地位につくことだ。努力家のことだからstriverで通じるが、日本人の丁稚奉公から、一財を築き上げた人物となると、私はbootstrappers（those who struggled upward from nothing）を勧めたい。この英語なら、他人の資本に頼らず、裸一貫で事業を成した人にも使える。自分の革ひもでしっかりと結びつけるという意味だから、気合いが入っている。

ブートストラッパーとこのまま発音して、通じなかったら、そのアメリカ人はもぐり（unlicensed）だろう。どうしても日本人が使いづらいようだったら、同じく革ひもを使ってこんな表現はどうだろう。

My father started his business on a shoestring（budget.）And I'm still operating on a shoestring. アメリカ人はfrom rags to richesとか、from cabin to White Houseという表現に見る夢物語が大好きだ。

tatakeba-hokori
叩けば埃　a dirty little secret

埃（ホコリ）はdust。しかし、叩けば出るホコリは、dustではない。That woman has a dirty little secret.（彼女は、叩けばホコリが出る女性だ。）男の場合は、闇金融からカネを借りた（つまんだ）経歴（credit history）なども、叩けば出るホコリになる。借金能力があるといっても、それは誇りにつながらない。数回離婚した経歴は、確実にホコリが積もった状態だ。離婚はカネがかかる。Divorce costs you a lot of money. 中途採用の求職者を募集している企業でも、離婚歴の多い人を警戒するそうだ。叩けばホコリの出る人は、必ずcredit risks（要警戒）になる。

tada-de-sumanai-zo / saigo-tsuhchoh
ただですまないぞ（最後通牒）　or else

　正しくはan ultimatusかa final notification。しかしこれだと、とっさに思い出せない時がある。そんなときは、エントロピーの低い英語（low-entropy Englishは私の造語）を覚えておくに限る。それが、よく一流の英語雑誌に登場する、or elseだ。Keep your dog off my lawn, or else.（オレの庭におまえの犬を入れてみろ、ただではおかないぜ。）

　これは最後通告（a final warning）としても使える。こういう脅しは日本人の交渉学にはなかった。談判に失敗したら黙って腹を切るという覚悟が相手に伝われば、その無言の覚悟がor elseになる。この「死んでやる」の同類の交渉術が女性の「困ります」だ。

　アメリカの外交は、このor elseが多い。あのハル・ノートもor elseだ。1941年11月、日米交渉の際に、アメリカの国務長官ハルが提示したファイナル・ノート、Hull Noteは、日本軍が中国および仏領インドシナから全面撤兵、中国内の政府、政権を否認せよ、と無理難題をふっかけ、傷だらけの闘牛を太平洋のリングへ追い込んだ。アメリカが得意とするgoadingだ。

　goadとは、家畜などを突き棒で突く（追い立てる）ことだ。開戦へおびき出す罠として、このゴウディンが用いられる。こういう脅しに弱い日本人は、カーッとなった。日本人の気質はすべて読み込まれていた。もし、このor elseに対し、クールに対処する手段としては、こんな理不尽な最後通牒が日本に対してなされたと、そのままアメリカの大手メディアに流せばいい。メディア戦略に強い中国ならやっていた。

　全米世論が騒ぎ、ホワイトハウスは今のアメリカ政界のような混乱状態になり、ルーズベルトは弾劾され、太平洋戦争はなかったはずだ。外務省内でディベートをやっていれば、日本が敗戦の悲惨（東京裁判など）を味わうことはなかった。

tachiba-wo-wakimaero
立場をわきまえろ。　Act your place.

　Act your place.ちょっと古い言い草だが、かえって効果的だ。Act properlyより応用が効く。看守が囚人に向かって使う言葉が、

Behave yourself. 女が、接近しすぎる男に対して使う言葉は、Behave!（お願い）と短い方が、効き目がある。

「お願い」はplease。どっちにもとれる。「いやよいやよも好きのうち」とは、Please (no) means please (yes).のことだ。私の拙い英訳でご勘弁願いたい。こういうネタを使いすぎると、読者からAct your age!（年相応の話題を）という注文がくるかもしれない。

tachi-furumai (pohzu)
立ち振る舞い（ポーズ）　Standing tells.

「どっしりと胸を張って」とは、必ずしも胸を前に出すことではない。大きい樫の木のように威風堂々と立つ（stand like a giant oak treeという表現が私は好き）のも、少し不自然。まるで、くじゃくが羽を広げたようで、too peacocky（大げさに見栄を張る）な感じがして、キザだ。

　お勧めは、stand tall。背筋を真っ直ぐに、両足を揃えると高く見えるが、これはparallel stanceといって、逆に女性っぽい振る舞いに思える。その反対に、左右の足を大きく横に広げると、背は多少低くなってもどっしり構え、大胆不敵な感じを与える。これをstraddle stanceと呼び、私もときにこのポーズをとる。

　これがなぜ男性っぽいかというと、マイケル・ジャクソン（Michael Jackson）のお得意なcrotch-yank（股を引っぱるゼスチャー）を想起させるからだ。プレスリーも、phallic display（男根誇示）を意識して、crotchに手をかざすゼスチャーを舞台で見せた。これは、straddle stanceと同じくdominanceを見せつける効果がある。

　その最たるものがヘンリー八世の、オレのペニスを見よとでも言いたげな、股を広げた、あのポーズだ。そして、hand-on-hip posture（両手を腰に当てるポーズ）も権勢を雄弁に語るゼスチャーだ。立ち振る舞いのなかでも、片足をハサミのように折り曲げるポーズ（scissors stance）もある。これは、いつ逃げるかもしれない、という不安感を与える。

　交渉相手の立ち振る舞いはしっかり観察すべきであろう。女性が腕を組んだときは、男性は引き下がった方がいい。

tatsujin-daga-meijin-de-nai

達人だが名人でない。　　Good but not great.

　英語の達人はゴロゴロいる。しかし名人はいない。名人はめったに自己PRをしない。その違いは、goodとgreatの差となって現れる。Good artists borrow; great artists steal.（良い芸術家は借り、偉大な芸術家は盗む。）

　この引用文は、最初に誰が言ったか、誰も知らない。オスカー・ワイルドか、T・S・エリオットか、ピカソか、ストラビンスキーか、ひょっとしたらスティーブ・ジョブズ級の先哲だったかも。

　ただ、奇才とされるT・S・エリオットは、次のような文章を残している。

　"Immature poets imitate; mature poets steal; bad poets deface what they take, and good poets make it into something better, or at least something different."（未熟な詩人は模倣し、円熟した詩人は盗作し、下手な詩人は醜化させ、上手な詩人は改良するか、少なくとも味付けをする。）

　詩人のことはよくわからないが、プロ（mature and good）とアマ（immature and bad）と形容すれば、この道のアマである私にもわかる。アマチュア詩人は、盗んだ美しい作品を醜くする、か。

　ディベートとは、アイディアのセールスマンシップと言ったのは、アリストテレスだが、腕利きのビジネス交渉人の間にも、good（達人）とgreat（名人）がいる。

　もし、私が英語の名人であれば、私は偉大な盗っ人（a great thief）であるに違いない。

tanoshimi-ni-shite-imasu

楽しみにしています。　　I'm looking forward to it.

　日本人の発音では、3秒かかる。ソニーの井深氏が日本人のヒアリング（listeningのこと）を強化するために、3秒英語という教材を開発され、私も協力させていただいた。今の私はさらに1/3に縮めて、1秒英語に挑んでいる。

　そもそもの英語の決まり言葉（stock phrases）は、1秒以内が多い。1秒以内の英語に耳を慣らしておくべきだと考えている。発声したときには、3秒になっていても構わない。

I'm looking forward to it. を1秒に近づけて、3、4回発声してみよう。1秒に縮めるために、I'mを省いてもいい。まだ舌が回らないときは、もっと簡単な1秒英語を覚えておこう。See you later. See you around. See you soon. すべて1秒。

　即興性で勝負するミュージシャンでも、決まり文句は変えない。短いほどいい。「会おうぜ」と言われても、Cool. で返す。「いいね」もcoolも1/3秒だ。Can I see you soon?（1秒）に対し、You bet.（もちろん。）1/2秒。いい英語表現とは、呼吸に優しい。
「大丈夫、ぼくは海外生活が長い。そんな英語の苦労はしたことがない」という人は厄介だ。
「まさか、君もぼくと同じように苦労したはずだ、そう言ってくれ」と言いたくなる。
「そうじゃないと言ってくれ」「否定しろ」は、Say it ain't so. セイエレインソウ、セイエレインソウ、3回音読すれば日常会話が聴きとれるようになる。ain'tをisn'tではないかと、目で学ぶ英文法にこだわっていると、生の英語（non-text-bookish English）のリズムにのれない。

　使わなくてもいいが、聴きとれる力は、自力で身につけておくことだ。映画で実用英語を学ぶのがてっとり早いような気がする。

tabete-ikeru
食べていける　make it financially

「名を上げる」ことは、make it、「大成する」ことはmake it big。しかし、コンサルタントで、大成したという話は聞いたことがない。かろうじて「食べていける」ということで、「モノにする」と置き換えてみたい。Robert Bacal（ロバート・バカル）氏が告白されている。

　Be prepared for the possibility that you can't "make it" financially as a consultant.（p9）（コンサルタントとして「食べていけない」ことも覚悟せよ。）

　かなり自虐的に述べられているが、この "The Complete Idiot's Guide to CONSULTING" を読んでみると、結構奥が深く、ビジネスとしても妙味のある業種であることが発見できた。

damasare-masen-yo
騙されませんよ。　You're not fooling me.

騙すとは、直訳すればdeceiveを思い浮かべる人が多い。そもそもbig wordとは、映画などでめったに耳にしない不自然な言葉だ。自然な英語は、You're not fooling me. もっと、語気を強めて、You're not fooling anybody. ということもできる。「小馬鹿にする」なら、make a fool of ～がいいだろう。ドナルド・トランプはCNNのアンダーソン・クーパー（Anderson Cooper）を小馬鹿にした。

President Trump Makes a Fool of Anderson Cooper. Gets Him to Snap. これがYouTubeニュースの見出しだった。頭にきたトランプは、苦手な相手を小馬鹿にし、相手をキレる（snap）ところまで追い込んだ。

最近、紳士的であったアンダーソン・クーパーの発言にも毒気が感じられる。He'll get to mock big names to prove himself a gadfly.（彼は有名人たちを嘲り始めて、うるさ型として名前をあげることになるだろう。）mockとは、「あざける」「なぶる」ことだ——あぶ（gadfly）のようにうるさく。

tama-tama
たまたま　happen (to)

「なぜ2人がグルに」「たまたま、そこで会った」、この「たまたま」はhappenでよい。"We just happen to meet."

「たまたま、やつがそこにいたんだ」はHe just happened to be there.

happenは便利だ。「一期一会」もhappenを使えばなんとかなる。

We happen to meet here. Who knows. We are friends forever. Happens. Call it *ichigo ichie*, if you will.

（たまたまここで会う。これからもずっと友だちになるかもね。よくあることでしょう。これも一期一会ってのかな。）

big wordsはいらない。coincidenceとかsynchronicityという言葉もいいが、もっとくだけて、happensをうまく使いこなしてみよう。

「よくあることさ」は、"Happens all the time."いや"Happens."だけでも通じる。

tama-no-koshi-ni-notta-no-ne
玉の輿に乗ったのね。　You've married up.

　最近の映画で耳にした。ある男が男の友人に向かって、You've married up.（家柄のいい女を嫁にもらったね）と祝詞を述べている。

　ところが身分の低い女が貴人（男）と結ばれると、「玉の輿に乗ったのね」と言う。女の方が貴族であって、相手が身分の低い男だったら、You've married down. と言われ、女の方が気の毒がられることもある。

　国籍が違う相手と結婚することをmarry outと言う。アイヌはアイヌという同民族間で結ばれ（marry in）なければならないという風習があった。この掟を破ると、チャランケ（部族内公論）で罰として鼻を切断され、辱められたこともあった。国際結婚（marrying across race）もmarry outの一種だが、今の日本でほぼ解禁されている。

dame-to-ittara-dame
ダメといったらダメ。　No means no.

「きらいきらいも好きのうち」No sometimes means yes. と言う人もいるが、ビジネスでは、あいまいさは禁物。保険約款でも、「ただし」provided that〜という条件句が多い場合は、気をつけよう。

　The devil is in the detail.（悪魔は細部に潜んでいる）というから、ダメを強調するときは、When I say no, I mean no. とか、I said NO. とか、That's the final answer. と、語気を強めることも効果的。

dare-demo-yokatta
誰でもよかった。　Could've been you.

　最近ぶっそうな、動機なき殺人が増えてきている。ムシャクシャして、殺った。誰でもよかった。Could've been anybody. 殺された人が主語。狙っている間は、can（be anybody）だが、もしあのとき、他に誰かいたら、巻き添え（collateral damage）を食らっていたかもしれないというのは仮定法。canがcouldに変わる。そして、主語をyouに変えたのは、臨場感（sense of immediacy）を高めるためだ。「次（の犠牲者）はあんた」（他人事ではない）なら、Could be you. か、You could be next. だ。「かも」は仮定法。ifが隠

れている。

dare-no-shita-de-hataraite-imasu-ka
誰の下で働いていますか？　Who do you work for?

　日本の商社で長年勤めていた私は、Who do you work under?を使っていた。しかし正しい英語はunderでなくforなのだ。underをforに切り替えるまで、かなり長い異文化体験が必要だった。英語力の問題なんかではない。しかし、深層心理は、underだ。どの上司の傘下（under the umbrella）かは、派閥の力学が働く。人は、たとえ社員といえども、影響力のある実力者に惹き寄せられるから「閥」が自然発生する。the old-boy networkより、直属の上司の方が影響力は強い。

　考えてみれば、日本の会社とは不思議なものだ。Did you enter a company? という質問も異なものだ。Did you fix a job? と、職に就くことが重要なのに、日本では入社が肝腎なのだ。入社とは、どこかの家族（family）に入ることになる。骨を埋めるとは、社風（corporate culture）に染まることと同義であった。外資系企業とは、どうやら骨を埋めるところではないようだ。

dare-no-sekinin-demo-nai
誰の責任でもない。　The buck stops nowhere.

　これは、有段者（クロオビ）の英語だ。シロオビ英語では、The buck stops somewhere.だ。だから、「失敗したら、この私が責任をとる」（The buck stops in front of my desk.）と言う人はいなくなった。明治維新以前には、そういうサムライがいた。

　トップは逃げ、ボトムは詰め腹を切らされるのが世の常だ。日大アメフト事件は、その意味で氷山の一角だといえる。Nobody's responsible, means everyone's responsible. それよりも、the buck stops nowhereの方がよりユーモラスだ。the buck（必ずtheがつく）とは、意思決定の責任を意味する口語表現だ。

dangoh
談合　bid-rigging, (prior consultation)

　「談合」を和英辞典で調べたところ、事実はそのとおりだが、悲しくなった。bid-rigging（不正入札）と訳したとたん、卑怯な行いとなる。ただし、『新和英辞典』だけは、「話し合い」discussion、 consultationを一義として紹介していた。ホッとする。collude on a bit（入札について談合する）といった苦しまぎれの訳あたりから、私の心が曇ってくる。そもそもcollude（共謀［結託］）が、けなし言葉なのだ。

談合は、古くは「だんこう」と発音され、「話し合い」「相談する」という意味しかなかった。もともと平安時代の仮名文の「かたりあふ」「かたりあはす」に当てられた漢字「談合」が音読され、成立したと考えられている、和製漢語だから、出自からしてcomplicated（ややこしい）。だから、「ぐるになる」という、いやな音霊に憑かれてしまった。手元にある *Japan News*（2018.3.3）の次の英語見出しがそれだ。Taisei, Kajima officials held over maglev bid-rigging.（大成と鹿島の役員がリニア中央新幹線建設工事をめぐる談合で逮捕された。）

談合とは、不正入札（unfair bid-rigging）そのもので有罪となる。しかし、もし私が弁護団に立てば、prior consultation（事前打ち合わせ）にすぎない、と民俗学的立場から無罪を主張するだろう。まず勝ち目はないが、企業側を弁護する際は哲学や大義名分が必要となってくる。談合というムラの発想は、本来の「ともいき」の思想に根ざしたものだ。

> **コーヒー・ブレイク**
> ### 談合の精神は「ともいき」（co-living）
> *TIME* が「長生き」を特集した。その中で、世界の長生き地帯を Blue Zones として、日本からは沖縄が挙げられていた。その中でも長生きの原因の一つに、moaiという「言葉」があった。このmoaiというイタリックの日本語がイメージできるだろうか。
>
> **OKINAWA JAPAN**
>
> Many Blue Zones emphasize family and community, but bonding reaches its peak in this Japanese culture. Okinawans are supported by their *moai*, a small but tight-knit social circle meant to be there through all of life's ups and downs, which provides social support strong enough to dull mental stressors and reinforce shared healthy behaviors. The result? A culture that boasts the

longest-living women in the world, with many surpassing 100. *(TIME Feb. 26, 2018)*

（多くのブルーゾーンでは家族やコミュニティを大事にするが、日本文化においてはその結びつきが頂点に達する。沖縄の人たちは「もあい」という、小さいがしっかりと結びついた近所の仲間によって支えられている。「もあい」は人生を通して、良いときも悪いときもそばにいて、社会的なサポートを提供する。

おかげで精神的ストレスは和らぎ、健康的な行動の輪が強化される。結果は？世界最長寿の女性たち《100歳以上も多い》がたくさんいる文化だ。私訳）

この個所を読んで、琉球紘道館の比嘉塾頭を中心とする仲間たちの結束を思い出した。頼母子（民間互助組織）に近い、「もあい」とは今も続けられている談合の一種である。月一回の私の英語ディベートセミナー（Hexagonal Debating Seminar）は、東京でしか行なわれていないので、沖縄出身の受講者には負担だ。往復の飛行機代がばかにならない。そこで考案されたのが、「もあい」（仲間同士による共同出資）だ。沖縄本土でも、宮古島でも、石垣島でもある。島民たちの知恵である。講に近く、共同出資会は、一人を助ける（学ばせる）ことにより仲間全体が学べるのだ。

「もあい」の語源と原義を調べると、舫（もあい）に漂流する。もやいとも発音されるが、この舫とは船と船とをつなぎ合わせることを意味する。琉球紘道館のメンバーは、談合により仲間全体が同時に学べる知恵を今も実践しているのだ。

談合で「ともいき」ができる。談合とは、live and let liveのことではないか。民俗学者を意識し始めた私はふと感じる。経済活動にしてもマチよりむしろムラの方がより、人間の絆は強靭になるのでは、と。ビットコインにブロックチェーンが欠かせないというのは、大都会の発想だ。そして、沖縄のような島嶼コミュニティでこそ、より健康的な長生きが期待できる。英語道も武士道もムラ思考が原点だ。法律より、掟がより強い。guilty（罪）よりshame（恥）の方が、粘着力がある。談合や「もあい」を殺せば、沖縄は、そしていずれ日本経済も滅ぶ。

chikaku-ni-koraretara-tachiyotte-kudasai
近くに来られたら立ち寄ってください。　Drop by when you're in the neighborhood.

　これは決まり言葉だ。「たら」は、ifかwhenかで迷うより、口唇で覚えてしまおう。ifだったら、相手が来ないこともあり、こちらの都合もあるから、まだ突き放している。これが人間関係で大切なrisk management。ところが、whenであれば、無条件で迎えます、という意味だから、もっと温い。

　「数日前に電話をしてくれればよかったのに」と、あの「のに」で防御されると反論の余地はない。断る準備はwhenで固めよう。whenには覚悟がいる。I'll call you when I'm done.（終ったら、電話をする。）「必ず」だ。if I'm done.なら、「必ずしも」電話をしなくてもいい。ifは条件づきだ。

chikan-koh'i-de-tsukamaru
痴漢行為でつかまる　get caught on touching

　groping「手探り」もいいが、堂々と触れることはすべてtouchingだ。アリゾナのヒューストンで高校生ディベート大会の休憩時間に控え室で耳にした、Don't touch!という中年女性（コーチの一人）の怒りの声が、今も忘れられない。このtouchというT語のパワーに度肝を抜かれた。I'm touched.とかIt's so touching.とは「感動した」という意味だ。

　It touched my heart.は深く心の琴線に触れたという意味だから、ネイティヴからハッグを求められて、逃げる男性はアメリカ人から見ると、日本人男性には、女性恐怖症が多いと勘違いされる。日本はa non-touching cultureなのだ。ところが一方的に女性の身体に触れるgroping（unwanted touching）は、犯罪になる。Groping is a crime.（痴漢は犯罪。）

　最近、著名なキャスターのアレックス・ジョーンズ（Alex Jones）がYouTubeの見出しに出た。Alex got caught on touching women.という斬れる英語の見出し表現だ。a womanなら、犯罪にならない。the womanなら誰でも知っている女性で、話題にならない。しかし、womenなら複数の女性にセクハラ行為を行なっていたから、常習犯となる。

chuhkan-gyohsha
中間業者　middleman

ユダヤ人といえば、「間」をイメージする。middleという形容詞がキーワードだ。取引の仲介をする人たちは、middlemanで、intermediary（媒介者）。問屋、仲立人、仲買人、周旋屋など、仲をとりもつ人たちは、言葉が巧みで芸が細やかだ。ユダヤ人はartisansでもあり、芸術的感覚が鋭い。ディアスポラ（離散）後も、バイオリンを離さない人が多い。トマス・ソーウェル（Thomas Sowell）は"The Economics and Politics of Race"の中で、離散後、いかに芸と中間業者で生き延びてきたかを解説する。

From the early centuries of the Diaspora, Jews were predominantly artisans and middlemen—peddlers, merchants and money lenders, and mostly poor. In the days of Roman Empire, Jewish peddlers often followed in the wake of Roman legions, selling merchandise. (p82)

（ディアスポラ〈ユダヤ人離散〉の昔から、ユダヤ人の大半は職人や中間業者——行商人や商人や金貸しであって、たいてい貧しかった。ローマ帝国の時代には、ユダヤ人の行商人はたびたびローマの軍団に追従して商品を売っていた。）

ローマ帝国の裏で、芸人気質を生かしながら、中間業者として、生き延びてきたが、ローマ帝国が崩壊すると、野蛮な征服者たちに、文明の力を売り込んできた。middlemanの知恵を活かせば、征服者が滅んでも、びくともせず、農地に戻ったりして、手を汚さなくてもいつまでもたくましく生きているのだ。「間」の知恵をこれほど実践的に活かした民族はいない。

chohki-sen
長期戦（信用）　the long game

辞書で「長期戦」を引くと、protrusted / prolonged war（struggle）と直訳されたものが多い。しかし、よく耳にする頻度数の高い英語は、the long gameだ。the gameとは、a war gameといったゲームの一種ではなく、話題のtheのことで、longとはlong-termでよい。

日本人が使う「信用」とは何かと問われると、playing the long

game（闘いは長く続くのだ）と答える。単なるtrustなら、信用格付会社がratingを公表しているはずだ。そんな格付け、すぐに変わる。Rankings come and go.夢幻のごとしだ。日本のビジネスで大切なのは、long-termのgameなのだ。

　身内、近所、地域、ムラでの「つながり」とは、まさに信用のことだ。ビットコイン（仮想通貨）の事件が起きたが、いかに、ブロックチェーンがあるから大丈夫だといっても、チェーンは切れるものだ。人間同士の絆（bonding）はchainよりも強力だ。だから、頼母子講（たのもしこう）の方がたのもしいのだ。

　沖縄尚学の名城政次郎理事長を囲む「もあい」は、きわめて多目的的で、多数の知己に支えられ今も尚、健全だ。沖縄を訪れるたびに、名城一家に迎えられると、ホッとする（feel at home）気分になる。氏を囲む会（横合い）では政治も経済も文化交流もあり、「種子法に反対しよう」と主張する婦人も、ここでは立派な弁士となる。民主主義を生んだギリシャのアゴラ（広場）のような情景だ。沖縄人はこのたすけあいの「もあい（舫（もや）い）」により、育まれてきた。この出資者の信用と信頼が島固有の共済システム（信用組合の原点）を育て上げてきた。名城親分は「もあい」に育てられ、「もあい」を育てるに至った傑物だ。その雄姿を垣間見た。

　沖縄では今でも「もあい」（舫い）が行なわれている。どちらも銀行に頼らずに、出資者の信頼を重んじるという共済システム（信用組合の原点）だ。しかし、この舫い（船と船とをつなぎ合わせること。むやいとも。）でも、一人がチョンボ（債務不履行＝drop the ball）して、抜け駆けしたりすると、仲間同士の信用システムが崩れることがある。

　ローカル通貨の信用も、もろいものだ。人間同士の「絆」ももろいのに、ビットコインは、大丈夫といえるのか。短期的な仮想通貨ゲームを支えるブロックチェーンが機能し続けるだろうか。人間同士の「信用」は、あくまで交際の長さから生じる。

　私は古い人間と呼ばれようと、今も3年説を信じる。3年以内の友情は今も警戒している。長期的につきあっている人を裏切ることは、「恥」だ。長期ゲームは、お互いの信用の上に築かれている。「神」の眼が裁く、罪（guilt）より「人」の眼が裁く恥（shame）を

恐れるのが、信用だ。英語道もa long gameという名の「行」だ。私が最も恐れるのは読者の眼、信用の喪失（loss in the long game called "trust"）だ。

chohchin-mochi
提灯持ち　apologist

「提灯持ち」はどの辞書でも、flatterer、praiser、booster、write-upといった直訳が多いが、英語雑誌ではお目にかからない。ネイティヴ感覚の英語ではapologistとなる。ちょうちん記事をapologetic articleと訳すと、日本人の感覚に合わなくなる。

apologyには二つの意味があるから、使いにくいのだろう。1. 謝罪——日本人にはこちらだけ。2. 弁解、弁護——ソクラテスの弁明、"Apology of Socrates"（Platoの著作）があまりにも有名。師のソクラテスが処刑される前に、法廷でプラトンが行なったとされる弁論だ。

ギリシャ語のapologia、「apo-（…から）＋-logy（言葉）」。罪から逃げるために、しゃべる。だから原発反対派、賛成派のどちらもapologistsとなりうる。スポンサーの立場で提灯持ち記事（apologetic articles）を書く、日本の報道姿勢は外国からsponsor journalismと呼ばれる。

とにかくapologyとは、スミマセンだけではない。

chokkan
直感　gut instinct

人間のintuitionは当てにならない。学習のできるAIや学習できるロボットは、すでにその域に達している。経験までを積み重ねる力は、人工知能に許容量で勝てない。人の顔や声を認識（face and voice recognition）できるのが人工知能ロボットなのだ。

AIが勝てないのは、人間の「空（くう）」の部分である。それがgut（gutsではない）だ。血を、骨を超越した臓器の中の「空」の部分がgutだ。高級な知能を持つ昆虫が得意とする分野だ。gut instinct、gut reaction、gut feel（feeling）などgutがつくと、「なに、虫の知らせだと」と、AIロボットは顔をしかめる。

コーヒー・ブレイク

CAT TALK　直感的にわかっているネコ

　この名古屋のネコはさっきから聞いとったんだわ、東京、大阪、名古屋で、バカやアホやターケーをどう訳すかって？　ネコからみれば、誰も見当がついていない。みんなまったくclueless（無明）。

　バカと言われると、「バカじゃねぇよ」と怒るのが東京人、アホかと言われて「せや、アホやねん」と怒らないのが大阪人、ドターケと言われて、ようやく怒る名古屋人。怒らないと言ったら、名古屋人が可哀相だで。What difference does that make?（違いはニャー。）

　ネコがそこへ割り込む。ちょっと入れてちょう。人間は、すべて無知のくせに、調子こいとる、clueless（手掛かりのないバカ）なのよ。ネコにはさいしょから手掛かりがない。必要ともしない。しかし、直感的にわかっとるがね。桜も梅も桃も、シャクナゲもバラもツバキも、すべて同じ。ハナ、ハナ、ハナ、ハナ。人間はどうして、名前を気にするの。わたしはいつも黙って観察。だで、ネコには人間の言葉が、よーわかっとるんだわ。

chotto-i'ikai
ちょっといいかい。　　Gotta minute?

「ちょっとだけ」「1分だけ」という「分」が「時間」に変わってしまう。「1分だけ」（ガラメネと耳に響く）という誘いは、くせ者だ。

　日本の企業は会議が多い。会議のムダは、職場の志気（morale＝モラール）を低くする。Taking minutes means wasting hours. とイギリス人なら言うだろう。Give an inch to get (take) a mile. というのもイギリス人好みだ。*The Economist*のコラムニストであるバートルビー（Bartleby）氏は、「バートルビーの法則」を立てた。

　80% of the time of 80% of the people in meetings is wasted. （80％の人々の80％の時間は浪費されている。）会合の80％の意思決定は、HPPOで決められるという、ちょっと頭をひねっていただきたい。意思決定のほとんどが…。そうhigher-paid person's opinion。サラリーが最も高額な人の意見によって決まってしまう。

　では、会議は誰のものか。惰性（inertia）か。会議はきらい。だが、会議に招かれないのは苦痛だから、いやいやながら参加する。私が大学を辞めたかった最大の理由は、あの教授会であった。授業に不熱心な教授ほど会議に燃えるという、ねじれ現象が耐えられなかった。日本の会議は、会（meet）と議（debate）ではなく、ただ「会う」（just meet）ことが目的となってしまうから、一種の祭祀（rite）となる。

　話したい人が、話せない雰囲気をなくすためには、準備の時間を有効に使い、匿名でもいいから、質問をさせ、no interruption rule（邪魔させないというルール）をなくすことだ、とBartlebyは言う。イギリスでも同じ経営効率化の問題が山積しているようだ。

　"Is the meeting absolutely necessary?" このように問うGEの新社長は救世主になるかも。氏の次の言葉に耳を傾けよう。"Little or no meeting where possible."（あってもなくてもいい会議ならいらん。）私もこれを実践してきた。そして今も。

chotto-i'ikane
ちょっといいかね。　　Gotta sec?

　上役が部下に忠告したいときは、ガラメネよりガラセク（Gotta sec?）とカジュアルに、しかも分より秒に変えた方がよい。わずかな時間の差が、立場の違いを定義するからだ。部下が上司に向かって、意向をうかがうときは、Do you have a minute? か、You got a minute? とよりフォーマルな方がいい。ただし、会社が外資系なら、ガラ（got a or gotta）でも十分。

chotto-ki-ni-natta-dake
ちょっと気になっただけ。　　I'm just curious.

　「気になる」をcuriousと訳すのに、すこしためらいがあった。「周囲の変化が気になる」のは、人情。気になりすぎると、You're paranoid.（気にしすぎ）だと注意される。「考えすぎ」でもparanoidという形容詞が使われる。しかし、ちょっと気になるだけなら、好奇心（curiosity）でとどめておこう。

　知りすぎた人は、職場でも——とくに宗教組織内では——警戒される。噂話に耳を傾けるのも楽しいが、知りすぎた人間と深くつき

あっていると、オレのことも周囲にバラされるかもと考えてしまい、肌寒くなる。私もgossipmongerには気をつける。Don't be too curious. しかし、科学者や芸術家やジャーナリストは、知りたいという衝動を抑えてはならない。アルバート・アインシュタインは、若い頃の自分は凡才であったが、好奇心だけは、ずば抜けていた、という。

tsuide-ni
ついでに　while you are at it

　日本人が英会話のときによく使うby the wayとかincidentallyよりwhile one is at itという決まり言葉が便利だ。よく外交に使われるからだ。こんな英語を*TIME*（Apr. 30 / May 7, 2018）で見た。

　Cindy has changed a lot of lives over the years——and she's changing Hollywood while she's at it. But she's doing it in her own way.

（シンディは長年にわたって人生を変えてきた。——そして彼女は「ついでに」ハリウッドを動かそうとしている。しかも自分独自のやり方で。）

　ますますメディア界で影響力を持つNetflixを陰で動かしている猛女がThe 100 Most Influential Peopleの一人に選ばれた。とにかく、これからのNetflixの動きはCindy Holland（シンディ・ホランド）の動きと共に注目に値する。

　日常会話で、このフレーズが使える。多分、映画やYouTubeでネイティヴ英語に接している人なら、while you're at it（ワイリューア・エレッ）という口語英語を何回か耳にされたはずだ。

tsukawana-kereba-wasureru
使わなければ忘れる。　Use it or lose it.

　日本語を直訳しても通じない。If you don't use it, you'll forget it. と。いや、使わなくても、忘れない。使えばよかったのに、という後悔は残っている。むしろ、「忘れる」はloseのことだと、ロジカルに考えた方がいいだろう。

　AIのロボット君よ、ビジネスに欠かせない実用英語は、やはり使わなければ忘れるものだ。「忘れる」とは、使えなくなる、つまり「失う」ことだ。

読者諸兄よ。この「難訳辞典」もときどき音読して、口唇に覚えさせるのも、実践に役立つはずだ。とっさの時に使える英語を学ぶには、条件反応（a conditioned reflex）をフル稼働することだ。

tsukiai
つきあい　go along to get along

ビジネスパーソンには、つきあいが大切。単なるrelationshipではない。断れない人間関係を保つのが、社会人が出世する（go ahead）ためのコツだ。仲間や客と「和を保つ」（go along）するために、断らない（get along）のがサラリーマンとは、つらい。日本社会ではこのgo along to get along（右向け右）に強いのが、血液型でいえばA型社員で、苦手なのがB型社員だ。外資系ではこの比率が逆転する。

tsuki-to-suppon
月とスッポン　poles apart

同時通訳の達人の村松増美氏は、「月とスッポン」と耳にしたら、まずThey're as different as moon and snapping turtle.と直訳してから解説します、と述べられた。さすが名人、余裕があるな、と思った。

私は、月もスッポンも訳さず、We're poles apart.と答える。北極と南極ほどの違い、と超訳する。相手が月で、自分がスッポンなら、He's way out of my league.（彼はずっと上、格が違う）と付け加える。Sen and me? As different as night and day.「差」だけを強調する。「格」という訳にもこだわらない。これでも、私は故・西山千氏の流派を引き継いでいるつもりでいる。「呼吸を大切にせよ」（Save your breaths.）

tsuke-agaru
つけあがる。　You'll take a mile.

Give him an inch and he'll take a mile (a yard.)が最もよく使われる言い回し。1インチを与えると、1マイルを取るとは、まさに、つけあがりもはなはだしい。Don't encourage him to take a mile.とか、Don't let him push his luck too much.交渉用語としてもよく使われる。

手ごわい相手には、まず肉を切らせて骨を切る、という大胆な交

渉術もある。これもan inchとa mileの対比が応用できる。えびで鯛を釣る（わずかな贈り物で多大の返礼を受ける意）があれば、新聞販売店も同じように、販売エリア内の家庭にタオル（an inch）を置いて、定期購読（a mile）を狙うこともできる。

『ウィズダム和英辞典』だけがthrow a sprat to catch a mackerel（ジャコをまいてサバを獲る）と、妙訳を見せてくれた。「やるな」と思ったが、まだ使う気になれない。

tsubuse-nai-soshiki
つぶせない（組織）　too big to fail

　甘い話は、決して悪いことばかりではない。金持ちの両親に恵まれ、いい大学に入れば、いい仕事に就ける。大企業であれば、倒産することはまずない。社会的影響を考えて、国が救出してくれる。これがtoo big to fail。

　ところが、忍者のように正体を見せず、社会的地位や社のネームヴァリュー（social recognition）を気にしなくてもいい、闇社会の詐欺師たちも、決して葬られない。彼らはウイルスと同じようにtoo small to failなのだ。NONESの番組（Global Inside）で私は、ときにウイルスになり切って、「あんたがた人間は図体がでかいから、我々より健康だって？」Are you too big to fail?「我々ウイルスは、あんたがた（聴衆）と正反対だ」We're too small to fail.と嗤う。地球が滅びるときは、大きい生物から死滅し、最後はバクテリアが残る。そして、より小さいウイルスがバクテリアを倒し、死に体のままこの地球に生き残る。これが地球の振り出し（square one）となる。

tsuma-ni-saki-datareta-mono-tachi
妻に先立たれた者たち　those their wives died on

　これがとっさに訳せれば、同時通訳のプロだ。「先立たれる」とは「残された者」からの視線に変わる。died beforeでは、あとの人もすでに存命でないかもしれない。だから、die on someoneとonが必要だ。onとは「～の上で」ではなく、「～を残して」となる。「私も妻に先立たれた」は、My wife died on me too.となる。「られる」、「される」という受身形は、あまりにも未練がましい。女々しいとは言うまい。

　（妻に）先立たれた男より、（夫に）先立たれた女の方が、より元気

だという話をよく聞く。妻や夫をbetterhalfと呼ぶのをやめよう。the other halfでよい（「愚妻」の項参照）。I don't want my other half to die on me anymore than you do.（配偶者に先立たれたくないのはお互いさま）と言おう。

tsumi-wo-nikunde-hito-wo-nikumazu
罪を憎んで人を憎まず。　　Hate the sin but love the sinner.

聖アウグスティヌス（Saint Augustine）の忠告だ。なんという美しい言葉。こんなことを言い続けるクリスチャンは、幸せなのか。You'd love them (sinners) if you were Christian.（もしあなたがキリスト教徒ならば、罪人でも愛することができるだろう）と言えば、いやみになる。

では、Hate the crime, but love the criminal.（罪を憎んでも、罪人は愛せよ）は？　Yes, if you were a lawyer.（ええ、あなたが弁護士ならば。）

「本当のクリスチャンとはと問われると、つらい」（To define a 'True Christian' is a risky business.）と自白されているのが、前述したM・スコット・ペック氏だ。氏は、真実に直面することにより、人間の邪（evil）を、癒すことができると述べられている。本辞書も、悪魔の心まで溶かすことができるa healing dictionaryになってほしい。

tsume-wo-okotaru-na
詰めを怠るな。　　The game's not over till it's over.

詰め（最後、急所、やま）を怠っては、大敗を招くことにつながる。「詰め」にこだわっていると、適訳が見つからない。思考のギアチェンジをしてみよう。よく耳にする、野球の名捕手であったYogi Berra（ヨギ・ベラ）の言葉がある。"The game is not over until it's over." 最後まで気が抜けないスポーツと発想転換すれば、「詰め」の甘さ（油断）が敗北を招く、と符号する。

バークレービジネス社の "Game Plans" の著者であるRobert W. Keidel（ロバート・ケイデル）氏は、フットボールはsystematic teamworkを必要とし、バスケットボールは、spontaneous teamworkが大切とされ、野球はsituational teamworkを必要とする、きわめて個人中心的なスポーツ（a highly individualistic sport）と

されているという。

　同じチームワークでも、こうも力点が違うのだから、アメリカでは、就職面接のときに、学生時代のスポーツ歴が問われるという。「フットボールをやっていたのか（組織のチームに融け込めるな）」「バスケの選手だったのか（うーむ、自発性のありそうなチームプレイヤーだな）」「野球部？（変化に対応できる個人プレイヤーになるかも）」と、頭の中でプロファイルされる。Keidel氏に整理していただこう。

　　Baseball: Get the *players* right.　　選手を間違えるな　（人）
　　Football: Get the *plan* right.　　　プランを間違えるな（組織）
　　Basketball: Get the *process* right.　プロセスを間違えるな（流れ）

　雇う側の組織体のプライオリティーはどこにあるのか。Form should follow function. 形は機能に従うべきだ。もし人材が一番大切だという発想を転換するのが企業戦略なら、その戦略に沿った組織に創り変えるべきだ。Structure should follow strategy. というではないか。

tsura-no-kawa-ga-atsui
面の皮が厚い　nerve/ hutzpah

「面(つら)の皮が厚い」を辞書で引くと、shameless、brazen、audacious, thick-skinned、cheeky等々が出てくる。よほどTPOをわきまえないと使いにくい。ビジネス交渉によく登場する、面の皮が厚い人物は、大阪人とユダヤ人だといわれる。私の経験からしても、両方とも「笑い」を共通項として、図太い。失敗してもケロッとしている。non-chalantというフランス語がよく用いられる。詐欺師の特長の一つに、ノンシャランスがある。

　この大阪人の図太さ（lots of nerve）は、ユダヤ人がよく使うhutzpa（フツパ）に近い。chutzpa (h) とも綴られ、ヘブライ語で図太さや厚顔無恥を意味する。両者は、ビジネスを「笑売」と考えている。ところでnerveにsをつけると、反対に神経過敏になるから、使用上、注意を要する。

　マーク・ザッカーバーグの周囲には、いや、インターネット業界にはユダヤ人が多い。彼らは常識を無視する勇気（audacityが近い）と、フツパで周囲をケムに巻く。ここは、マナーを重んじる日

本人と決定的に違う。しかし、大筋では大阪人と発想的に近い。電話をするときは、誰かをそばに置け、という。ずっと、受話器を離さず、相手に聞かれてもいい声量で、となりの人に（いなくてもいい）、「いま私、生理なのよ、テニスなんかできないわよ」"——hate playing tennis, when I have my period. Hello?" 最後のHelloは、「ごめんね、こっちの話」の意味だが、相手にはちゃんと伝わっている。

tsurushi-agero
つるしあげろ。　　Grill him.

FacebookのCEO、マーク・ザッカーバーグ（Mark Zuckerberg）が、ワシントンでつるしあげられた。Zuck was grilled in Washington. *TIME*がgrillという動詞を使った。grillとは（肉などを）グリルで焼くこと。直火にさらされるとは、まるで拷問。

日系人が使う「つるしあげられる」とは「酷熱にさらされる」ことだ。アイディアで食べる男が、ワシントンにまで呼び出され、つるしあげられる。秘密データがCambridge Analyticas社に盗まれるとは、なんというheedless（無頓着）でreckless（無謀）だ、willful blindness（故意の無分別）だと、長時間にわたり、つるしあげられた。

Mark Zuckerberg faced intense scrutiny from House and Senate committees.

（マーク・ザッカーバーグは、下院と上院の公聴会で厳しい質問を浴びせられた。）これがパワハラ。（英訳すればThey are pulling rank on him.）

しかし、Can congress rein in big tech?（議会が、フェイスブックのような大手のテクノロジー企業を抑えることができるのか?）と*TIME*記者も議会パワーを疑っている。マーク・ザッカーバーグをGrill him.（つるしあげろ）と言っても、「牢屋にぶち込め」（Lock'im up.）とは言えない雰囲気だ。

dehto-ni-sasoi-dase
デートに誘い出せ。　　Ask her out.

Get a date with her. はちょっと乱暴。デリカシーがない。（Be more subtle.）相手の女性にも都合がある。まず問うのが筋だ。質

問だ。交渉はquestionsから始まる。だから一番よく耳にするのがAsk her out.アスクハーアウト。縮めてアスカラウ⊥（トは黙音）。「明日から」と耳に響く。

交渉は先手に限る。先手は自己アピールではない。相手への質問だ。デートに誘うのが、交渉をこちらのペースで進めるスキルを得る第一歩かもしれない。まず、問え。Ask. 次に最後まで狙いを外すな。（Focus your primary base until it is settled.）相手が話題をそらそうとしても、目的（objective）から外れない。

交渉（bargainingが近い）が始まったら、新しい問題を持ち出さない。他人の紹介もしない。そして、決まったと思ったら、closingだ。どこで会うか、時間と場所を、できれば、自分の都合のいいところで——これがhome field advantageというもの。

相手の女性は、アメリカ人なら、Strictly business.（公私混同はなしよ）と、条件をつけてくる。Don't talk to strangers.と言われているa girlならnoは覚悟だが、a womanなら、yesとnoは半々で、すべてがnegotiable（なんとかなる）だ。

bargainingは攻めだ。When you act, you're on the offence. When you react, you're on the defense. 守りは後手に回ることになる。

他にも注意点がある。時間に遅れるな。Arrive on time. ビジネス出身の私は、相手より最低30分前には、目的地に着いている。姿勢を良くしろ。Stand up straight. 目上の人でもStand tall.（胸を張れ）と言いたい。

シャーロック・ホームズがワトソンを見抜いたのも握手だった。

相手から視線をそらすな。Make good eye contact. gazeはいけない。

言葉のくせを直せ。You know.やUmmm.などのfillerが長過ぎたり、多過ぎたりすると耳障りになる。ペンをぐるぐる回す癖はやめる。人の前で爪を噛むのは絶対やめること。ネコなら許されるが。

de-anata-no-shitsumon-wa

で、あなたの質問は。　Uh-huh. So, what's your question?

日本人にディベートをさせると、必ず、「〜と思うのですが、この点はいかが」という質問が出る。相手を追いつめない質問（open-ended questions）が農耕民族の日本では常識だが、close-ended questionsを好む狩猟民族型の人々には通じない。

　私の体験に限っていえば、特に外国語大学出身の質問者は語学に自信があるのか、饒舌になりがちだ。スピーチはうまい。しかし、相手からよく、「で、質問は？」と返される。

　外国語大学出身の人に、日本語でもいいから、必ずディベート経験を積むことだと忠告するのは、質問の仕方が学べるからだ。日本人の話はdots（点）ばかりで、線がない。いい反対尋問は、the art of connecting the dotsといわれ、必ず、the train of thought（思考の流れ）が隠されている。

　leading question（誘導尋問）は警戒視される。巧妙な交渉者（savvy negotiators）は、斬れるディベーター（sharp debaters）であり、間違いなくintelligent questionersだ。ディベーターは、事実（fact）と意見（opinion）を、そして、主張（arguments）と質問（questions）を切り離す。いい交渉者は、間違いなくディベートの心構えのある人に限られている。「で、質問は」と問われたら、面目を失うことになる。「ちょっと思っただけ」Just a thought.と逃げよう。

 コーヒー・ブレイク
ディベートから交渉へ移るためのロジック

　「鬼に金棒」は、和英辞書にはdoubly powerfulかa double advantageという意訳が多く、ドングリの背比べ（Six of one or half a dozen of the others）の感がある。

　私は「ポパイにほうれんそう」（spinach to Popeye）とイメージする。鬼は、devilやsatanでなくて、demonという好ましい超人だ。その強さの源泉は、ほうれんそうだという。栄養価は高いが、にがくて、子供が好きな味ではない。ポパイという強い男（敵役の巨漢ブルートから恋人のオリーブを守る、このかっこいいポパイ）に憧れる。子供にほうれんそうを食べさせるには、メディアの力だ。企業広告としては最高の出来だ。

　今日の喫茶店でのレッスンはロジックに絞ってみよう。

　I don't want anything more, because I'm happyish now.（私はこれ以上何も望まない。今はなんとなく幸せだから。）

> これも一種の情報操作（spin）なのかもしれない。そこには、妖しいロジックがある。まずfactとopinionを切り離そう。
>
> Fact: Spinach contains iron.
>
> Opinion: Americans should eat more spinach.
>
> これなら、ロジカルだ。ディベーターは、このロジックを用いて、何かを主張（claim）する。ほうれんそうを食べなさい。Eat it. これが付加価値（value added）なのだ。そこから、食べさせようとする交渉が始まる。
>
> 子供は、いやだいやだ、と反論する。事実ディベートが始まる。そこでポパイを出す。"Harbrace College Handbook"の著者は、こんな事実検証（ディベートの大事な部分）をする。
>
> "Do *all* Americans suffer from a deficiency of iron?"
>
> "Is spinach the only source of iron?"
>
> この難問がクリアできれば、必ず建設的なディベートが始まる。
>
> Resolved: that all American children should be encouraged to be spinach-eating Popeyes.（すべてのアメリカの子供たちに、ほうれんそうを食べるポパイを目指すよう教え込むべきだ）
>
> Are Popeyes real? Do all Popeyes eat spinach?
>
> ポパイが出てきた。
>
> Any proof? Has anyone seen Popeye eat spinach? Will my son, for one, be able to be a man like Popeye, if he follows your advice? Why? Any proof?
>
> 多少の夢は消えるかもしれない。ポパイやサンタクロースはディベートの論題に向かないのかも。

tekitoh-ni (omakase-shimasu)
適当に（お任せします。） Surprise us!

洋食の注文は面倒くさい。ドリンクから肉の焼き方から、サラダのドレッシングまで、自己責任のルールが強いられる。私のようなムード派は、料理の味より、店や料理人のお勧め料理の雰囲気までを味わいたいのだ。ところが、外国人に「適当に」と言っても、通じない。Omakase mealというメニューがなければの話だが。どう

やらそういう文化ではないらしい。

　*The Japan News*の読売特派員がこんな直伝をしてくれて、目からウロコが落ちた。(2018.3.1.) ブリュッセルのある飲食店で、「飲み物は」と聞かれたときに耳にしたSurprise me! が通じたという。見出しには、Surprise us! とした。複数の客を想定したからだ。

　私もある外国人のシェフに尋ねたことがある。そのときはDo you recommend any drink for this young lady? というふうに、気取らずに尋ねる方が紳士的だとのこと。ビジネスパーソンにはこういう気配りが求められる。I'll leave it up to you? は親切そうで不親切であり、任された相手の方は責任を押しつけられたようで負担を感じるのではないか。

teki-ni-shio-wo-okuru
敵に塩を送る　give credit where credit is due

　交渉は戦争に似ている。このmetaphorによれば、闘う者同士にも信頼というルールがいるということになる。戦争をゲームと考えると、武器ビジネスが浮かび上がる。必ず戦利品（spoils）というメリットがある。日本人は、ゲーム感覚に、武士道という美学を持ち込むから、ややこしくなる。

　sending your salt to your enemy lineと直訳しても理解されないだろう。だから、ゲーム感覚を持ち込んで、戦争ゲームといえども、フェアネスの精神で臨もうと発想を転換させることができる。よく耳にするgive credit where it is dueがさらっと使える。いやな敵でも、それなりの力量を認めて評価をしてやろうぜ、というスポーツ感覚だ。

　塩を送るといっても、敵に勝たせるわけではないから、外交上のfriendly gestureとなろう。カタカナ英語のゼスチャーは「虚」だが、実際に使われるgestureは「実」だ。a token (empty) gestureが、かろうじて日本人が使うゼスチャーに近い。とにかく、敵との信頼関係もgoodwillの範疇に入る。

detatoko-shohbu
出たとこ勝負　wing it

　CNNのラリー・キング（Larry King）も、インタビュー相手とは、必ず出たとこ勝負（play by ear）だという。I go live. (私はラ

イブで臨む）と強調していた。NONESでも私のインタビューでも、ほとんどが打ち合わせなしでやる。ロングマン英語アクティベータが、見事な例文を載せている。

If you are asked a question that you're not ready for it, it's better to say, "I hadn't considered that" than to wing it and get it wrong. (準備していない質問をされた場合は、出たとこ勝負で、答えを間違えるより「予期せぬ質問でした」と、素直に認めた方がいい。)

たしかにwing itは危険だ。ゲストを怒らせることもある。Happens.

tettei-suru
徹底する　double down

むしろ、ダブル・ダウンの解説になりそうだ。和英辞典の本書だが、この部分は英日辞典と銘打った方が良さそうだ。double upでは2倍の効果が得られるから、その反対のdownは効果が低下することになるのか。そうはならない。カタカナ英語で、シェイプ・アップはget into shape。スリムアップはslim down。downには、いい意味があるが、日本人は、upイコール向上と短絡的に結びつけてしまうから、英語のシンボルを見落とす。

この数年間、double downという言葉が徘徊し始めている。その正体は何か。このビットコイン（仮想通貨）のような米語が *The Japan News*（June 20, 2018）の見出しにも使われた。Doubling down on immigration. なんだこれは？ 国境で、見せしめのために、親子を引き裂けば、〔家族が〕バラバラになる（come apart）ではないか、という与野党からの猛反撃にも屈せず、double downするというトランプ政権の執念はすごい。トランプの移民（とくにメキシコからの）制限政策はzero tolerance（妥協しない）と呼ばれている。

ホワイトハウスがこんな声明を発表し、"The United States will not be a migrant camp, and it will not be a refugee holding facility. It won't be."（米国は移民収容所でもなければ、難民収容施設でもない。断じてそんなところではない）と力説した。

ゼロ寛容の意気込みで、徹する覚悟だ。これがdouble downの正体なのだ。拡散でなく集中的に絞り上げるというハラだ。妥協せず質を高めるという。

でなくて

　私もNONESの番組Global Insideで、番組の生き残り戦略はダブル・ダウンで行くと豪語したが、周囲はこのカタカナ英語のシンボルが理解できなかったとみえて、ぽかんとしていた。もう使うのをやめた。この超上級英語（ハイクラス・イングリッシュ）番組の視聴料を半額にして、視聴率を上げるより、あえて2倍高くし、生き残りに賭けるという逆転の発想を使ってダブル・ダウンの成果を謳ったのに。

　トランプのゼロ・トレランス政策を徹底させるdouble downという発想を知り、10年は続けたい私のレギュラー番組Global Inside（NONES）でスーパーハイクラス番組というブランドに挑みたい、という野望がメラメラと燃え上がった。

~de-nakutemo-dekiru

〜でなくてもできる。　You don't have to be 〜, to 〜.

　You don't have to be Jewish to make money.（ユダヤ人でなくても金もうけできる）という表現をときどきニューヨークで耳にした。ジョー・バイデン（Joe Biden）副大使の次の発言は、彼の信用を著しく傷つけた。He flipped.（flip-flopped　ころんだ）と叩かれて。You don't have to be Jewish to a Zionist.（ユダヤ人でなくてもシオニストになるんだ。）

　9/11事件はイスラエルの仕業だと言っていた、大物TVジャーナリストのアレックス・ジョーンズ（Alex Jones）は、あれはサウジが犯人だと言って、メディアから降ろされた。He changed his color.（やつも様変わりした）と呆れられた。こんな心境だったのかも。Why do I have to be a Jew to be a Zionist?

　ちょっと練習してみよう――口ならしのために。I don't have to be a shrink to heal you.（あなたを癒すのに、精神分析医になる必要はない。）

　Do I have to be a teacher of English to teach you how to communicate in English?（英語でのコミュニケーションのしかたを教えるのに、英語の教師である必要があるかい。）

ten-to-sen

点と線　connecting dots

　松本清張の『点と線』は、もう古典に近い。直訳すればpoints

and linesであるが、意味論的にいえば、connecting dotsとなる。dotsをconnectするのが線の役目なのだ。テレビで学ぶ情報はfactsに過ぎない。しかし、意味論（semantic）は、その言葉の裏の意味を汲む学問分野であるから、通訳、翻訳のプロにとり、意味論は避けられない。Please! がNo.かYes.かは、文脈（context）が決定する。点をいくら重ねても、相手に通じないものだ。

　点とはpoints、線とはlines。
「英語と私」はEnglish and meではない。What English means to me? の方が親切だ。ただし、GMと創始者が、GM and me.なら両者が切り離せないコトがわかる。「英語と私」が非論理的だというのは、べつに、私が英語を所有している関係ではないからだ。

　Steve Jobs（スティーブ・ジョブズ）がスピーチで語ったConnecting the Dots.（点と点をつなげ）という言葉は、「縁を大切にせよ」という意味でもある。松本清張の推理小説『点と線』もconnecting the dotsのことである。

　いっそのこと、「点と線」をclue（手掛かり、かぎ、糸口）とひとくくりするのも、"妙"訳かも。なぜ点と線が、points and linesではいけないのか、と悩み、次のページがめくれない人のことを、失礼ながらclueless readersと呼ばせていただこう。反論は、本辞書を最後まで読んでから頂きたい。それまでは、黙って。お願いだから。Connect dots. Begging you.

ten-ni-mo-noboru-kimochi
天にも昇る気持　in seventh heaven

　天にも昇る気持を言い表す言葉は、Seventh Heaven（定冠詞のtheは必ずしも必要ではない）。第七天（セブンスヘブン）とは、ユダヤ人が神と天使のいるところと考えた最上天のこと。無上の幸福、至福がそれ。

　文筆生活は、カネにならない。そんなときに、ふとこんな英語を口ずさみたくなる。

I put out this crazy dictionary at last. It looks as though I've finally made more money than I lost. Now, I'm in (the) seventh heaven.（やっと、この狂気じみた辞書を世に出すことができた。失った金が戻ってきそうな感がある。今、まさに私は至福の時。）

てんにも

　本人は「天に昇ったような気持」であっても、第三者の眼は厳しい。「あいつは有頂天になっている（He's in seventh heaven.）」との印象を与えると、やっかまれてしまう。*The Economist*は、次のように冷笑する。

　He calls today's young men and women the *satori sedai*, or enlightened generation, meaning that Buddha-like, they eschew big aspirations and seek happiness in simple things. That may indeed be the path to nirvana.（Feb. 17-23, 2018, P24）
（彼は今日の若い男女を、悟り世代、すなわち仏陀のような啓発された世代と呼ぶ。彼らは野望をもつことを避け、単純なことに幸福を追い求める。それは確かに涅槃への道であるかもしれない。）

　悟り世代（啓発された世代=enlightened generation）とは英国人好みの皮肉だ。野心を避け、身近な幸福を求める幼き日本の仏さまたちは、本当に悟っているのだろうか。この記事の見出し（"Seventh heaven at 7-Eleven"）と写真（バスを待ちながらスマホをながめている3人の日本人）のバランスがどうもぎこちない。

居酒屋トーク
同時通訳とは狂うことと見つけたり

　プロ通訳者はプライドが高い。Professional interpreters have big egos. そんなプロにも、恥をしのんで（fighting their own egos）質問をする勇者がいる。愛知善意ガイドネットワーク（私が顧問をしている）のプロの一人が、私の講演のあと、こっそりと質問をされた。
「名古屋城は、戦ったことがない。しかし、もし攻められても、守ることができた」、と英語で付け足したいのですがと問われ、すぐに、あぁ、日本人が苦手な仮定法だなと思った。英語のできる通訳者やボランティアガイドはゴマンといる。しかし、クロオビは、仮定法が使える。If the Nagoya castle had been attacked, it could've held out（stayed the course）と。
　ifの回答ができなくて、使った英語が通じなくて、赤っ恥をかいた、というガイドがいたら、こう労ってあげよう。I might've made the same mistake.（私も同じ失敗をしたかもしれない）か、

> I might've felt the same way.（私もそう感じたかもしれない）と。
>
> 　ifは相手の懐に飛び込むために使われることがある。同時通訳を志したいという人から、身の上相談を受けたら、どう答えるか。YesかNoの答えでは、味気がない。多分、相手の気持を萎えさせるだろう。答えは、ifを使って、やわらげてみせよう。
>
> 　If I were you, I wouldn't take on simultaneous interpreting.（私があなたなら、同時通訳に挑まないでしょう。）そしてその理由を加え、それでもやりたいなら次の点を覚悟しなさい、と友情ある説得をしよう。
>
> 　故・斎藤美津子教授は、同時通訳を目指す女性たちに、現実原則を叩き込まれたという。まず、幸せな結婚生活は望めない。髪を気にしない、目立たぬこと。

dohzo-osaki-ni

どうぞお先に。　　After you.

Please, go ahead. とか、You first. とか日本人好みのLady first. を乱発するより、After you. を覚えておこう。これが国際スタンダードなのだから。相手を先に、自らを後にする、という「へりくだり」は、国際的に決められるマナーである。アフター・ユーと自然に口から出るようにしよう。

dohdoh-to-seyo

堂々とせよ。　　Psyche yourself up.

　堂々とした様とは、奮い立ってはいるものの、その気迫は人に見せない、不動の構えのことだが、欧米人には、その見えざる部分は伝わらない。ただ、前著「語感辞典」でも触れたpsyche upという動詞はよく使われる。「やるぞー」という気構えは、Psyche yourself up. で通じる。

　psyche（sáiki）とは、肉体に対する魂のこと。プシケ。ギリシャ語のpsukhē（soul、mind）とは、霊魂の人格化で蝶の羽をつけた美少女のこと。Eros（Cupid）に愛された。psycheを蝶の羽のシンボルでとらえると、わかりやすくなる。I was psyched out at the start.（最初から圧倒された。）羽を失った蝶は、どんな相手の前でも息を呑まれてしまっている。羽のシンボルで考えると、日本のために戦

って戦死した英霊もbutterfliesからglowworms（蛍）に変わる。

　覚悟を決めて死地へ翔びたつ（特攻隊のごとく）ように、あるいは、華やかな名舞台に立つ前に、演技者が堂々と"華"を競う場合は、"I'll wow them."という覚悟が要る。しかし、やりにくい（批判的な）聴衆のド肝を抜くなら、Psyche them out.と勝負に出るのもいい。

　威風堂々（awe-inspiring、majestic、stately）というのは、交渉学で強調されるattitude（心構え）に他ならない。A positive mental attitude boosts your power of persuasion and negotiation.（積極的思考は、説得力と交渉力を向上させる。）

dohmo-namae-ga-yowakute-ne
どうも名前が弱くてね。　　I'm bad on names.

　自分を責める方が、社交術としては一枚上だ。相手も、Me too.と相槌を打ってくれる。
「私もそれを言いたかった」なら、You took the word out of my mouth. これなら辞書にもある。Remind me of your name.（お名前をもういちど）というより、What did you say your name was?とか、もっと接近して、My name is Taro and your name was....と、答を「待つ」のも手だ。

tokekome-nai-hito
融け込めない人　　a misfit

　難訳「英和」辞典ならmisfitを項目に加えて、目立たせるところだ。立場や環境に順応（適応）できない人のこと。よくKY（空気が読めない人）という類の人は、すべてmisfits. Those who don't fit in.のこと。"I've never fitted in anywhere." "I see you're a misfit."

　コスモポリタン（cosmopolitans）とは、どこにでも融け込める人のことで、cultural misfitsとは正反対の、不器用な人間のことだ。そんな人を外交官にすれば、miscastsじゃないか、と厳しい下馬評を受ける。

　かつてディベート訓練士の私にとり、強敵がいた。それがKJ法だった。すべての情報を受け入れる。受講生同士は闘わない。闘わせない。すべての人や情報を受け入れよ、という和（融合）の教えであったから、人が集まって、受講者同士が徹夜の作業を続けて

も、疲れを感じない。そこへ、「闘わせる」「和にこだわるな」「議論を整理せよ」という、ディベートなる耳慣れない欧米思考が飛び込んだものだから、警戒されながらも広がった。

なぜKJ法が強敵だったのか、それは、あらゆる情報を可愛い、可愛いと受け容れるという、日本的寛容性にあった。それは、人間同士のコミュニケーションに欠かせない融合（blending）の行だ。最もよく使われる英語はfit in（フィレンと耳に響く）だ。

これを水のロジック（water logic）として、私のディベートを進化させ、究論道（The Way of Debate）を咲かせた。この六角ディベート（hexagonal debate）で使うwater logicは、デボノ（Edward De Bono）博士からも影響を受けた。今や水のようにfit inする知恵で開花した、このスパイラル・ロジック（spiral logic）思考の糧となった、旧敵のKJ法が懐かしい。

dogeza-suru
土下座する　　go belly up

「降参する」という意味の日常表現を用いた。しかし、get down on one's hands and knees（in obedience）と直訳した方がいい場合もある。prostrate oneselfはフォーマルすぎる。日常会話では、I got down on my knees and begged.だけで通じる。書き言葉としてはインテリ英語のkowtow（叩頭）が好まれる。イギリスのエリザベス女王なら、Kneel.と一言だけ。首相も自然とひざまずく。

どれも正しい。なぜ私がgo belly upを使うか、それは生物学的な理由によるものだ。子犬は、猛犬の前ではすぐに降参する。闘わず、あお向けに倒れ、腹を出し、無抵抗のゼスチャーを示す。そう、「白旗を掲げる」がgo belly up。That company went belly up.といえば、「あの会社は倒産しました。どの銀行の管理下にでも入ります。お好きなように」という意味だ。会社ごと土下座しているようなものだ。

dokoka-de-oai-shimashita-ne
どこかでお会いしましたね。　　Have I met you before?

直訳すればWhere have I...?となるが、べつに会った場所が気になっているわけではない。これまで会ったかどうかのことだ。

パーティーの席上で、会ったような気がするが、再び名前を聞く

のも気がひけるときに、私はよく、Have we been officially introduced to each other?を用いる。たとえ会ったとしても、正式に紹介されていないなら、このようにさり気なく親交を深めることができる。それからなら、Remind me of your name.と切り込める。

とにかく、What's your name?は失礼。I'm Michi. And you're...?と話に誘い込むのが、社交場でのthe rule of engagement（接近術）と言えよう。Do I know you? は、接近しすぎる。

dokoka-de-botan-wo-kake-chigaeta
どこかでボタンをかけ違えた。　　I wonder what went wrong.

「ボタンのかけ違え」を直訳する必要はない。日本でしか通じない表現は思いきって、something goes wrong somewhereと単純化しよう。

同時通訳とは、切り捨て（letting go）の術でもある。整理学（science of organization）であるから、異文化を直接的につなぐことができなければ、間接的に結びつければいいだけのことだ。

docchika-ga-makeru
どっちかが負ける。　　Both can't win.

Either one of us loses. が日本人好みの訳だ。しかし、ネイティヴの発想は違う。部分否定という文法を用いる。Both can't win. これを、「両サイドが勝てない」と訳してはならない。両サイドの一方が勝てないのであって、他の一方は勝てるという意味になる。

You can't marry both women.とは、「結婚相手は1人の女性に絞れ」という意味だ。結婚しながら、他にも愛人を囲うというのは、倫理的ではない（unethical）。人は忠告する。You can't have it both ways: your wife and the other woman.

But that's better than marrying more than one wife.「しかし、2人以上の妻を持つよりましじゃないか」という人もいる。松本先生のご意見は？　今、英文法の話をしている。

towa-iu-monono
とはいうものの　　That said,

言葉と言葉の間には、こういうゼラチン状の緩衝体が必要だ。大阪弁に限らず、いや地方の言葉にこういうbuffer zoneが多い。「あんたがた経営陣は何をしとるんじゃ」と怒ったあと、「ほじゃけん、

あんたがたの社長は憎めんのう」と広島の総会屋は、言葉をやわらげる。
「あんたがた、関西の経営者は公害対策やっとんのか」と、労組の幹部が一発かます。そのあと、「けど、お互いいろいろありますな」と笑いをとる、ナニワ風の交渉術もある。大都会にはこれがないから、ギスギスする。この「ほじゃけん」「せやけど」というときに使うのが、That said, だ。Having said that,（とはいうものの）の縮めた形で、最近活字でも浮上してきた。

 居酒屋トーク
役に立つ「つなぎ」のThat said

東京湾の海底谷に棲む、ゴブリン・シャークのように、この「つなぎ」は不死身だ。1億年以上、深海で息を潜めているサメが強いのは、あの軟骨（cartilage）のおかげだ。シーラカンスも、背骨が空洞になっている。この軟らかい部分を無視して、単語力ばかりを競い合っていると、関節炎を患う。フニャフニャであるがゆえに、強いのが、豚肉のコラーゲン。「膠原病」や「関節リューマチズム」にかかるのはなぜか。ボキャビルで固めたコチコチの英単語に邪魔されて、英会話ができず、綾小路きみまろの「あれから40年」を耳にして、バカ笑い以外に、救いがなくなる。子供たちと会話ができないのも、「筋肉質」だが、「関節がいうことをきかない」、arthritis患者といえよう。

「関節炎」で悩む英語患者が多い。40年前、英語ペラペラだったが、今は物忘れがひどくて、英単語がすぐに口に出ない。もう英語は大嫌いという人も、私の近くにいる。これは「骨粗鬆症」（osteoporosis）である。英単語も英文法ももうボロボロ。これも加齢による免疫性疾患という病理現象だろう。

膠原病やリューマチの最高権威者である、萩野昇博士（帝京大学）と、上田亮院長（尚究会 いやしのもりクリニック）と会話を交わしているうちに、英語道の狙いがいかに医道のそれに近いか、と知り、興奮を覚えた。この英語達人の両博士がなぜ、私の古典の一つである『GiveとGet』に触発されたのか、その理由がやっと理解できた。とっさのことに、英語で返答できる臨戦態勢

> を固めるには、加齢で英単語を忘れても平気。最少エネルギーで、最大のコミュニケーション効果が得られる。それには、まずgiveとgetからという「祈り」が通じたような気がする。
> 「英会話は筋肉より関節から学べ」、とはいうものの（That said,）ボキャビルに余念のなかった頃もあった。(I was once kept busy building vocabulary.)

tobacchiri
とばっちり　collateral damage

　映画『コラテラル・ダメージ』の原題 "Collateral Damage" を辞書で調べると、「付帯的損害」。いずこも同じ秋の夕暮だ。辞書にはたしかに、付帯的損害（軍事行動によって民間人が受ける人的および物的損害）と出ているが、使えない。日常では、もっと肩の力を抜いた形で使われているのに。

　TIME はこんな風に使っている。

　"She became collateral damage in an already horrible story," her family said in a statement.（*TIME*, Feb. 26, 2018, P16）

　TIME 記者はこの難訳語をこんな風に使っている。Monica Lewinsky was also collateral damage. と。付帯的なんとかではなく、「まきぞえを食らった」だけのこと。

　インターンであったモニカ・ルインスキーがクリントン大統領に玩（もてあそ）ばれ、傷ついたとのこと。自分とは関係ないことのために、受ける被害のことだから、とばっちり、まきぞえ、そばづえのこと。これなら、今日からでも collateral damage が使える。「付帯的」という違和感のある訳より、こんなによく使われる英語を日常会話で使ってみよう。

torasan-wa-dantotsu-da
寅さんはダントツだ。　　Tora-san is matchless.

　フーテンは前著「語感辞典」でも述べたが、a free spirit のこと。宮本武蔵はマンガで「バガボンド」と表現される。親しみを覚えるが、なんのことはない、漂流者（vagabond）のこと。

　他には山頭火（俳人の間の人気ランキングでは heavy weight 級）のような桁外れの（far ahead of the pack）漂流の詩人もいる。人

は——少し前の世代の人と限定しておこう——こういう木枯らし紋次郎のようなやくざ風の旅人に憧れるものだ。

ところが、寅さんのキャラは、『ギネスブック』に評価されたぐらい、世界中からもてはやされる人気ぶり。by far the bestだから、ダントツでもa class aboveとかa head aboveと標記したい。aboveの発音はアバブではなく、ゥボヴ。発音記号はəbʌvとなっている。əはウに近い。ʌは腹から出る。寅さんの啖呵売（タンカバイ）も腹から発声されている。なに？発音が難しい？じゃ、せめてby far the best、いや一息単語のmatchlessで勝負に出よう。この「難訳辞典」もmatchlessだ。

tori-kume

取り組め。　Get it on.

会議が終わったら、行動だ。契約は近い。取り組め。Get it on.「かかってこい」はBring it on. これでは争いになる。ビジネスではLet's get on with it.という。これには根回し（laying the groundwork）も含まれる。

Get it on.とは、男女の性的関係といった含みもあり、注意を要するのでget on with it.の方が無難かもしれない。

難しい仕事に取り組むときは、Take the bull by the horn.がよい。がっぷり四つといった感じだ。

toritsukareta-shain-tachi

取り憑かれた社員たち　driven employees

「取り憑かれる」とは、（悪魔などが）のりうつるときに使われる。英語はpossess、obsess、hauntなどが当てられる。a man possessed by an evil spiritというわけだ。ところが、悪霊らしきものがないのに、追いつめられたような人間もいる。私なんかがそうだ。

I'm a driven guy. If I can't, who can take on this Devil's dictionary? 半狂乱で取り組むのが、この「難訳辞典」だ。もしこのdemon（鬼）がやらなければ誰がやる。私も野村證券も「セブンイレブン」だ。つまり、朝は7時から夜の11時まで働く、仕事の鬼（driven guys）という意味だ。よく使われる英語で、"The House of NOMURA"にも登場する。

Moreover, a Nomura salesman is known to be hungrier and more driven than his competitors at Daiwa, Nikko and Yamaichi. (p19)

　著者の アル・アレツハウザー（AL Alletzhauser）は、野村證券の社員は、四大証券（山一は消えたが）の中で最もハングリー精神があり、最も恐るべき企業戦士たちだと述べている。

　筆者はかつて『メリルリンチvs.野村證券』（ダイヤモンド社）を書いた。当時、日興證券出で、メリルリンチ（日本）の代表取締役であった岩國哲人氏の依頼で書いたものだが、どうしても最初のうち、日興證券という視座から離れられず、思い切って、最も恐ろしい存在であった野村證券のパースペクティヴから、金融界を俯瞰することにした。タイトルにも「野村」を加えて、岩國氏を傷つけた。申し訳ない。Sorry, it had to end up like this, Iwakuni-san. メリルリンチどころか、この野村という存在が化物に見えていた。

　最近 "The House of NOMURA" を読破し、野村とは、狼のリーダーを取り巻く、野犬集団だ、と定義することにした。driven wild dogs というところ。

torihiki-wa-owatta
取引は終わった　a done deal

　交渉はDeal? ↑とDeal. ↓で終わる。打ち切りは、The deal is off. だ。The deal is over. よりも、もっときつい。頭初に戻って off（無効）となるのだから。

　この「難訳辞典」は、大人の読者を対象としたもので、英会話入門篇（日本では英語関係の本の90％が初級者向け）では決してない。試験勉強にはまず役立たない。だからといって難訳シリーズはこれで打ち切り（It's all over with the project. It's a done deal.）といわれると、私ももうおしまい。（I'm done.）

　今、YouTubeを耳にしながら、この原稿を書いているが、どうもa done deal という英語が一番よく使われているようだ。

don'na-kaze-no-fukimawashi-de
どんな風の吹き回しで？　What's gotten into you?

　私の息抜きは、こっそりと浅草へ出掛け、いつもの木馬館で大衆演劇を観ることだ。今日も「必殺仕事人」（私のことか）という狂

言を観劇した。拾い上げた、リズム感のあるセリフを同時通訳した。「お前は、どんな風の吹き回しで…」と聞いて、直ちに、What's gotten into you? と訳していた。

　講演通訳のときや、翻訳者としての私なら、one thing leading to another を巧みに織り込む（work into）だろう。同時通訳できない言葉もある。「金もうけはつらい」、「恋ははかない」か。この溜息が出るセリフ。とっさの訳は困難だ。恋ははかないか。わかる、わかる、わかる。

don'na-yohsu-da
どんな様子だ？　What's it look like?

「とりあえず一緒に会おう」と言えば、これまでの日本人は、「なんとなく」同意していた。しかし、最近は世の中が忙しくなってきたのか、欧米型の会議マナーが浸透してきたのか、「その目的は？」（What's it for?）と問う人が増えてきた。ただ会って様子をうかがう、というのは、時代遅れなのかもしれない。まず初回の話し合いから、目的は明確にしておいた方がいい。

　What's it for?（ワッツエットフォー）の次の1回目の正式会議は、様子伺い（What's it look like?）となる。「ワッツエッルックライク」は、様子探りの段階だ。まだ、具体的なビジネストークをしてはならない。自己PRは極力抑えるべきだ。relationship building（人間関係づくり）がメインなのだから。外部のコンサルタントは、息を殺して、見守るべきだ。ネコのように眼だけは開いておいた方がよい。

　コンサルタントの仕事は二つ。Doing the right things. そして、Getting the right things done. 目的から離れたことをしないこと。頼まれたことをやり遂げること。この段階では、「待つこと」「観察すること」「目立たぬこと」が right things to do だ。

naigashiro-ni-sareru
ないがしろにされる　feel shortchanged

「釣銭をごまかす」ことを、short charge という。こっそりと不当な扱いをすることから、ごまかされた客は「ないがしろにされた」と感じるのだろう。よく目にする英語は feel shortchanged だ。ショートチェンジとは逆に大っぴらに過大請求することを overchargingという。

ヤマトホールディングスの子会社が、法人向けの引っ越し代金を過大請求していた（A Yamato Holdings Co. subsidiary overcharged corporate customers for its moving services.）ことが発覚した。こういう過大請求（padded bills）は許せないと、内部告発（whistle-blowing）する人が増え続けると、日本企業の「ムラ的体質」という盲点（a blind spot）が明るみになってくる。

「うちの会社は、開かれた会社だ、自由にホンネでディベートができる」という人事課のオーバーな言葉（inflated language）を信じて入った新入社員は、I'm beginning to feel shortchanged.（ちょっとだまされた）感じがする。いや、「ハシゴを外された」（I feel deflated.）か、「出鼻をくじかれた」（I had the wing taken out of my sails.）感じになるかもしれない。

naite-moroute-koi

泣いてもろうてこい。　　Give them a sob story.

直訳すれば、Let them cry. これでは通じない。Win their heart. のことだ。まだイマイチ。アメリカのビジネスパーソンは、Give them a sob story.を使う。こっちの方がきっと通じる。cryやweepは弱すぎる。すすり泣く（sob）がお勧め。

ナニワ商法はエゲツナイ（egregious）が、情的（tear-jerking＝お涙頂戴の）でもある。マフィア商法にも近いところがある。ナニワ・セールスは、相手の懐に入って、情に訴える（appeal to their heart）から恐ろしい。「奥さん、このフトンを買ってください。このままでは一家心中します」と土下座し、涙を流すと、相手の主婦も同情し、もらい泣きをすることもあるという。最近は知らないが。

しかし、情に訴える、emotional manipulation（情的操作）を得意とするサギ師は、born every minute（浜の真砂のごとし）。私の調査では、この種のセールスは長続きしない。なぜか、情の中に知、知の中に情を込めないと、相手を納得させることはできないからだ。

本来の「泣いてもらう」は「納得させること」であって、もっとディープな超訳はwin their hearts and mindsの方が近いかもしれ

ない。ディベートは、あくまで相手をdefeatすることが目的であるが、私のディベート道は違う。ディベートでも交渉に役立つ道があるという発想だ。The Way of Debate（究論道）のことだ。情を重んじるディベート（とくにwater logic）では、Give them a sob story.と「水」を入れると、氷のロジックも融ける。

naibu-kokuhatsu
内部告発　whistle blowing

　内部の人間が内部の人間の悪事を暴き、ピーピーと笛を吹くように公表することを、ホイッスル・ブローイングという。内部の恥部を暴くことは、倫理的な違反行為だが、道徳的には公憤であり、勇気ある行為だ。日本人の道徳感覚では、このethicsとmoralityの相違はウヤムヤにされるが、英語の世界では、明白なけじめ（the line）が設けられている。

　組織のメンツを守って、くさい飯を食って、出所した者に「お勤めごくろうさんです」（Thank you for serving time for us.）と言うような空気は許されない。裏金（dirty money、off-the-books money）づくりでも、社を守るためという大義名分があれば、道徳的（いや倫理的）に正当化できるというのが、日本企業間の暗黙のルールとして通用してきた。これが、法律により、黒塗りされてしまった。オリンパスの醜聞（scandal）はこのような背景から生まれた。村社会に対する内部告発は、まさに隕石であった。whistle-blowersは、異星人のしわざであった。

　談合も違法とされた。しかし、モアイ（舫）は沖縄や東南アジアには残っている。ビットコインの信用を裏付けるブロックチェーンも、モアイの変形に過ぎない。銀行を介さずに、仲間同士で融資しあう頼母子講に対する「思い」は消えるものではない。ビットコインという夢幻の信用をぶっ壊すのも、この内部告発だ。「村」型の（日本式）資本主義が、「町」型の米国金融資本主義に移行した以上、その真似をした日本の資本主義は、アメリカと共倒れしかねない。

　スパイ天国となった日本の中で、スパイが許されないのは、倫理的な結束（法より掟）の強いヤクザ村か、日本以外のアジア諸国でしかない。そこではいまだに、モアイ・ビジネスが横行している。日本が「もり・かけ」疑惑をめぐり内部告発ごっこをくりかえし、

国会が空転している間、猫がおらず、鼠が遊び回っている。中国の華僑は、モアイよりはるかに結束が固い幇（パン）というネットワーク組織で、ちゃっかり勢力を伸ばしている。

nakama-ni-irete-moratte-i'ino
仲間に入れてもらってもいいの？　Am I among you?

　TIME（Apr. 16, 2018）のFor the Record欄で、大文字で取り上げられたマララ・ユスフザイ（Malala Yousafzai）女史の発言だ。2012年、タリバンに殺害される寸前だった、豪気なパキスタン女性だ。この若きノーベル平和賞受賞者が初めて訪れた故郷のミンゴラで語った言葉が*TIME*の目を惹いた。

'IT IS A LITTLE
LIKE A DREAM
FOR ME. AM I
AMONG YOU?'

　この英語のキレ。とくにamongの使い方。しびれる。「まだ夢のようだ」なら、ニュースにならない。そのあとのAmong you?（あなたがたの仲間かどうか）という問いだ。仲間や身内に投げかけるから熱い。Among them? なら受賞者たちの仲間になった喜びだから、突き放された仲間はしらける。

　us（ウチ）と them（ソト）とはこれだけ違う。これが英語感覚だから、彼女の英語力は玄人はだしだ。白州次郎が外地で日本人のことをthey（彼ら）と突き放していたことを耳にして白々しく感じたのは、私だけだろうか。

nakijakuru
泣きじゃくる　cry like a baby

　2018年3月号の『新潮45』（今は休刊となったが）の特別企画「妻に先立たれた男の話」がすごい。私とほぼ同じ歳の垣添忠生（日本対がん協会会長）が妻を亡くし、家の中でひたすら泣き続けたという。He cried an ocean.「さめざめ」だから、涙の量は半端ではない。大海としようか。泣き始めは、broke down and cried でいいのだが、「ひたすら」だから、keep on crying となる。「よくもこんなに涙が出るものだ」はI cried my eyes out.（私訳）

　落ち込み（depression）が3カ月も続いたという。12歳年上の氏

の妻は78歳で亡くなったので、落ち込まず（without breaking down）追体験するために、その歳まで生きようと思ったという。げに健気(けなげ)だ。He's breaking my heart.

涙が枯れるまで私が泣いたのは、愛犬を失ったときだ。小説『忠犬ハチ公』を車中で読み、5、6時間、泣き続けた。再び、ネコ派（a cat person）に戻った。

naki-ne-iri-suru
泣き寝入りする　settle for far less

cry and sleepではわからない。耐えるつらさが伝わらない。grin and bearは「ニヤッと笑って引き下がる」という意味で、敗者が屈辱に耐えるために薄笑いする（grin）のは、ジャパニーズ・スマイルとして知られている。照れ笑いもその一種だろう。

アメリカのTV番組にトランプが最も苦手とするFOXの美人キャスターのメギン・ケリー（Megyn Kelly。降板した）が司会する"Settle For More"（引き下がるな）があった。強姦罪で5年間、さらに5歳加わり、トータル10年間入獄していた男（wrongfully jailed man）が誤審であったことが判明（被害者の女性があれはウソであったと告白）し、この番組に出る。Settle for more.とは、「泣き寝入りをするな」という意味に近い。いや、「適当に手を打つな」くらいの気持で、よくSettle for more.かDon't settle for less.が使われる。

「泣き寝入り」という辛さを考えると、Settle for far less.通常「泣き寝入りするな」という表現が用いられるが、友情ある説得としては、Never settle for far less.か、Settle for far more.がよさそうだ。farはa lotと置き換えてもいい。「泣き寝入りしちゃった」I settled for a lot less.

コーヒー・ブレイク
名古屋文化圏はダンゴムシ

名古屋弁は、英文法学者を困らせる。if 〜 then...というロジックが、直線に進まず、昆虫でいえば頭と尾がいっしょにくっついているダンゴムシ。
「いっくらなんでもドラゴンズが優勝ちゅうのはなんだで」

「そんなこと言ったって確率は六分の一だで）」（そうはいっても、確率は六分の一なのだから、<u>優勝を予想してもいいじゃないですか</u>）（下線筆者）

　名古屋弁の名人である清水義範氏によると「だで」は、もともと「…だから」という意味だが、「…だからだめだ」「だからいい」などの様々なニュアンスを込めて使われる。Why-Becauseのロジックが通じない。

　ある陶器メーカーの社長の商談通訳をしたことがある。アメリカ人経営者も焦っていた。現地の合弁会社をつくるかどうかのせめぎ合いだったから、質問も的を射ていた。「しかたがない。この値段ではどうか。」yesかnoかに追い込む攻めであった。そのとき、名古屋の社長はどう答えたか。「息子が可哀相だで」だった。通訳の私も絶句した。「だから」がないから、英訳できない。答になっていない。いや、「だで」の中にすべてが含まれている。だんごむしのように丸くなってしまっている。もう攻められない。

　清水氏が「だから禁止令」を出し、今後、「だから」はすべて「だで」に直すこと！と、ユーモラスに解説されている。なるほど、他国者の通訳者は英語も使えないのか。ここでは私は食べていけない。

「つれ（連れ）に頼みゃええんだで」。ヘンかなこの名古屋弁。ヘンな隠れガイジンは名古屋原人（ナゴヤン）にすぐに摘発される。東京には隠れ名古屋人の「つれ」がウヨウヨいる。名古屋の「つれコミュニケーション」には、ユダヤ人も華僑も勝てない。

「先生は、ほとんど関東圏でお仕事をしているのに、なぜそこまで名古屋文化を……」

「これでも愛知善意ガイドネットワークの顧問しとるんだわ、ターケ。」

nasake-wa-hito-no-tame-narazu
情は人のためならず。　The more you give, the more you get.

　ある辞書には、Giving is good for the giver.とあった。日本人に

はピンとくるが、欧米人には It's more blessed to give than to receive. と聖句を使った方が通じやすいのでは。ちょっと無理して Give and it shall be given to you. も、格調が高い。

いずれも、間違いではない。情（なさけ）が人の利益にならない、と誤用されていないだけでも有益だ。多くの人が誤解している。情（なさけ）をかけることは、かえってその人のためにならないと、解釈しているからだ。違う。情（なさけ）を人にかけておけば、それはめぐりめぐって、自分にもよい報いが来る、と考え直してみよう。それなら、give と get で間に合う。

The more you give, the more you get. なら、どの国の人にも通じる。「お金の法則」を書いたマイケル・フィリップス（Michael Phillips）氏なら、こんな妙訳を使うだろう。You can never really give money away. これがネイティヴ好みの斬れる表現だ。give away とは、ヒモつきなしで、money を与えることだ。money が love（情）に変われば、無条件の愛になる。その徳は必ず戻ってくる。「徳は孤ならず」（『論語』）だ。

nattoku-shita-yo
納得したよ。　You got me.

「説得されたよ」なら、Now I get you. でよい。その裏のメッセージは You win.（負けたよ）だ。しかし、「納得」には、「する」という動詞があっても、「納得された」とは言わない。説得して買ったあと、あの言葉にだまされた、と相手を非難したり、訴えたりすることはない。ナットクしたのだから。

だから、説得と納得の違いは、このように説明する。I get you. は説得、頭だけ。You got me. は納得と。身心とも信用したのだから、たとえ相手が詐欺師であっても、「いい夢を見せてもらいました」と相手の詐欺師を許すこともある。マンガ『ナニワ金融道』の中にも、そういう泣かせるシーンがあった。わざとだまされる——納得して。なんという beautiful haragei!

nanika-omoshiroi-meigara-wa-nai-kana
何かおもしろい銘柄はないかな。　Any hot tips?

ビジネスパーソン——とくに金融関係の——同士の会話で、「おもしろい」は、sexy（stocks）かもしれない。イギリス人好みの斬

れる表現だ。急に株価が急騰するような「化ける」可能性があるのは、まさにsexyだ。購買意欲をそそる話題を提供することをsex it upという。株価も女性のように「化身」するのだろう。

「面白い」の基本はinterestingだ。これなら味のある人と関西人は、"味"（worthyのこと）で表現することが多い。オノマトペの多い大阪人の会話には、色がある。味がある——それに値段がつく。「あいつ、なんぼのもんじゃい」は、I wonder what he's worth. だ。東京の女性が好む男性は、誠実な（sincere）人に落ち着くが、大阪の女性にはピンとこない——見えない。どんな表現が好まれるか。「笑わせてくれる人」となる。the guy who makes me laugh？それともfunny guy？ comedian？ どれも帯に短し、たすきに長しだ。共通語はinterestingだ。

女性にもてようとするなら、Be interesting. だけ。「笑わせる人」「誠実な人」——すべて、Be interesting。一度会っただけで、また会いたくなるような人は、a charming person（魅了させる人）と呼ばれる。最上級のホメ言葉だ。「おもしろい」といっても、amusing、funny、exciting、charming、hot（tips）とTPOにより、使い方が違うのですね、おもしろい。Interesting!

この「難訳辞典」のおもしろさの価値とはedutaining quality（娯楽教育的価値）だといえよう。そのおもしろさはeducationalであって、さらにentertainingである。例文にも味付けをされているのが味噌なのだ。That's the beauty of this dictionary.

nanika-wo-gisei-ni-shinakuccha
何かを犠牲にしなくっちゃ。　You've got to give up something.

big wordsの方を好きな日本人なら、give upより、sacrificeを使う。しかし、映画なんかで耳にする日常英語はgive upだ。

You've got to give up a lot to get what you really want?

子供でもわかる英語だが、内容は深い。「本気でTV番組でスターになるつもり？ かなり失うものが多いわよ」という友情ある説得も、この英語で間に合う。

What did you give up to get（to）you where you are?
（ここまで有名になるため、何を犠牲にしましたか？）

こんな質問を受けたら、私なら、Friends.と答える。有名になったときに集まってくる人は熱烈なファンか、詐欺師たちだ。What did you get?（で、その結果学んだことは？）

Loneliness.となろうか。選挙民に愛されて捨てられた歴代の東京都知事に同じ質問をしても同じような答になるかもしれない——答がホンネであれば。

とにかく、この種のインタビューも、ビジネス交渉と同じで、必ず失うものがある。プロのインタビューアーは、いつ相手に逆ギレされるかもしれないというリスクを背負っている。日本の社会でのインタビューアー（これまでの）は、give upを避けようとするから、リスクはない。

naniwa-bushi-de-ike
浪花（ナニワ）節で行け。　　Push their emotional buttons.

40年前だったら、相手の琴線（きんせん）に触れよ、といった表現を項目に取り上げていただろう。今でも琴線という言葉を使う人がいる。物事に感動する心情を琴の糸にたとえて、あぁ、heartstringsのことだな、とピンとくる世代の人だ。しかし、琴線を直訳して、the strings of a *koto* としたとたんに、お互いの心の糸は切れてしまう。せいぜいstrike a chord in one's heartなら、今でも英語民族に通じるはずだ。

口語的表現には、ボタン（button）を使ってみよう。大組織内の人間関係は、他から見ると不透明だ。読者がセールスマンか、交渉者なら、You wonder who's the right button to push.（いったい誰に話しかけたら、会社のオーケーが得られるのだろう）と悩むはずだ。

かつてワシントンDCでロビー活動の調査をしたとき、一人のロビイストから、「日本のビジネスパーソンは、how to push the right buttonを学ぶべきだ」と言われたことを思い出す。カネを出せばいいってもんじゃない。高い紹介料を払って、ろくな会話もせず、ツーショットの写真だけをとって、故郷（みやげ）の土産にする代議士たちがいかに多いか。元CIA長官なら顔も利くと勘違いし、巨額を払う。日本企業のロビー戦略は、裏で笑われている。

Colby lost his button.（コルビーは、もうCIAでは顔は利かない

んだよ)と言ったロビイストがいた。そして、アメリカの政情を知るなら、"Read *TIME*."(タイムを読むだけでカネはいらない)と言われた。ジャーナリストの方がアメリカの政情に詳しいという意味だ。相手の心を射るには、情のボタンの押し方を学んだ方がいい。むしろ、personal touch(人と人と心の触れ合い)が大切だ。

交渉は、幼少の頃から始まる、とイリッチ氏は述べる。Adolescents are good at pushing your parent's emotional buttons.(若者は親の琴線に触れるのがうまい。)

浪花節(naniwa-bushi ballad)の世界には、tear-jerkers(泣き物)が多い。吉本興業が「笑い」を専門とするなら、松竹系(藤山寛美、芦屋雁之助の流れ)は「笑い」と「泣き」の相乗効果を狙うから、より効果的(more effective emotional buttons)だ。藤山寛美(かんび)と私が不思議なくらい呼吸が合ったのは、この「泣き笑い」の部分であった。

居酒屋トーク
ナニワ文化はD語から始まる

Boys be ambitious!(青年よ、大志を抱け)は、輝かしい言葉だ。東京という大都会では受ける。しかし、大阪という大田舎では、「ほんまか、Really?」と突っ込みを入れる。東京人は、「そうなんだ」と引き下がるが、大阪人は、前へのめり込む。急に大阪人に戻って、突っ込み(devil's advocate)を演じてみよう。まず、この「大志」という訳が気にくわない。三つの理由がある。Why do I doubt it?

1. 私にはわからない。Be ambitious? なんやそれ。反対ちゃうか。Don't be audacious. だったら「ええかっこするな」と大阪人でもわかる。どう考えても、この訳がひっかかる。本来、警戒すべき「野心」を全面的に肯定するのなら、覚悟がいる。「少年よ、ええかっこせんと、もっとがんばらんかい」に近い。

2. あなたがたにもわからない。多くの人に聞いたが、誰も意味がわからない。そもそも、「大志」という言葉はまばゆすぎる。日本人は素直(undoubting)で疑問をもたない民族だから、わからなくても感情的に受け容れてしまう。「大志」や「正義」も

わからないまま、一人歩きしてしまう。だからBe ambitious.を「無理しろ」と訳しても、そのまま通ってしまう。

3. クラーク（William Clark）博士自身が、わからない。日本語の訳を見て、仰天されるだろう。大阪人は、「クラーク？ 誰やねん」と突っ込む。作家の戸板康二氏のエッセーによると、クラーク博士は、アメリカで大学を作ろうとして失敗。鉱山に手を出して借金まみれ、貧窮の中で亡くなった。(He died dirt-poor.)（『読売新聞』「編集手帳」2018.3.1.）クラークの話は暗ーくなる。

そんな傷だらけの男が、「大志を抱け」というご立派な言葉が吐けるだろうか。Look, who's talking.「てめえらも、失敗にめげるな」Don't stay down. ぐらいではないか。クラーク氏の志を忖度（そんたく）すれば、私ならこの日本語をAim higher.と、あえて転訳する。大志もambitiousも省き、「志は高く」にとどめる。志は、higher purpose、あるいはhigher missionだから、higherのシンボルだけを生かしてみた。

Be ambitious! か。氏の言葉を意味論的に（深ーく）とらえると、この「難訳辞典」作成チームを激励するために投げかけられたような気がする。少し気恥ずかしいが、このまま大風呂敷を広げさせていただこう。クラークさんありがとう。……それでも私なら、Boys be audacious!を選んで、ambitiousは避ける。ナニワ流の川柳でオチとするか。

　大志とは　外来語か　とクラーク問い

ま、もういっぱい。

nani-wo-sawaide-iru
何を騒いでいる？　What's the buzz?

次の文章のシンボルが摑めるだろうか。What's the buzz? It's just a fuss about nothing?（「何をガヤガヤ騒いでいるのか？」）「空騒ぎさ。」

アメリカ文化をシンボライズすると、日本のアリに対するハチの集団となる。いつも巣の近くでブンブン騒いでいる、ミツバチの巣が安定していれば、buzzingもコンスタントだが、スズメバチが接近したり、何か異常が生じたりすると、騒がしくなる。その動きを

スマホアプリで察知すれば、CCD（colony collapse disorder）が未然に防げるというもの。

モンタナ大学（University of Montana）ではハチの研究家たち（apiarists）がAI（人工知能）を使って、ミツバチの騒ぎを分析している。アメリカというミツバチ国家の将来を憂いているのだ。アメリカを動かしているのはメディアの騒音だ。これをbuss wordsという。CCD法もその一つ。農業大国が崩れればアメリカの経済が崩壊するかも。

アメリカの政治・経済システムが、ミツバチのように謎の大量死滅を迎えていると、警戒フェロモンを鳴らしているのは、トランプ大統領だ。FBIとからんでいる陰謀組織（deep state）や不法移民（parasitic mites＝寄生的なダニ、バクテリア）で、巣内の組織が自滅しそうだ。ウイルスの中には、民主党の怨念のある、ヒラリーやオバマ前大統領もいる。やつらの陰謀を暴いて、早く刑務所へ放り込め（Lock'em up）と、わめいている。これでは、外敵（中国やロシア）に勝てない、とやっきになっている（worked up）。

ミツバチの謎の大量死滅症候群（CCD）は、集団が女王蜂を捨てるというから、農民一揆というより逃散に近い。ウイルスのせいか。ジョージ・ソロス（George Solos）といった二重スパイもどきのユダヤ投資家は、アメリカを共産圏に売り渡そうとしている。こんなバクテリアやウイルスがはびこっては桶のタガが外れ、組織が内部崩壊する。このロジックを演繹法（deduction）という。ミツバチづくり（bee keeping）の研究に余念がなかったシャーロック・ホームズが得意とする推理法だ。

このdeduce（演繹する）という言葉が*The Economist*（March 31st, 2018）にひんぱんに登場している。What's the buzz?（p76）という見出しが、その誘いだ。

What do you deduce from those bee die-offs, Dr. Watson?（ワトソン君よ、こんなミツバチの大量死滅から、どんな結論が導き出せるかね）というホームズの苦渋の表情が読みとれるだろうか。reduction（還元法）という手法は科学者やディベーターにより用いられる。ハチが死ねば、ハチで殺される人が減るのでは、という減らず口を叩くことをreductio ad absurdum（reduction to absurdity）と呼ぶ。

　こんなばかげた背理法を乱発すれば、議論倒れとなる。しかし、こんなロジックもばかにできない。ハチを訓練し、地雷発見（mine hunting）に役立たせようというのは、「狂い」（audacity）に近いロマン（risk-taking）ではないか。モンタナ大学では、軍隊の協力も得て本気で開発している。きっとビジネスに結びつく。

na(mae)-ga-agaru
名（前）が上がる　get publicity

「名前を出す」とは make a name for oneself だが、get publicity の方がより能動的で、より平易で、よりアメリカ的だ。名うてのセールスマンとして知られたドナルド・トランプが好んで使った表現だ。You can get publicity this way.

　どんなワルでも、どんな悪事やスキャンダル（醜聞）でも、いったんメディアで取り上げられれば、それが publicity になるという。なんという非日本的な発想！　いや、無法化する日本のメディア界でもそんな雲行きだ。

na-mo-iranai-hito
名もいらない人　ones who seek no recognition

「西郷隆盛は名もいらない人」を Saigo Takamiri needed no name. と直訳するのは危険。誰でも名前はいる。とりわけ、武士は、名前を穢されることを最も嫌う。武士は、死後の名にもこだわる。この名とは、そう recognition。カタカナ英語の「ネームヴァリュー」を英訳すると、name recognition だ。

　どんな人でも、なんらかの形で認められたいと願っている。「名」とは、官位と同じく、recognition だ。信用という意味で「名」が使われるときは reputation。風評が気になる人は、reputational risk を負っている人のことだ。交渉術では、人物調査をする（stroke out the other side）ことが一番肝要だ。交渉相手の情的側面の評価は、とくに大切だ。

　交渉学では、次の an emotional triad（感情の３人組）がよく取り上げられる。

1. Desire for wealth（カネに対する執着心）
　Money. That's what I want. と口に出す人はいない。だが、すで

にばれている。(Everyone knows.)
2. Thirst for recognition（肩書きへの渇望）
　Medals. That's what he wants.（彼は、勲章が欲しいだけだ。）
　Spotlight. That's what she wants.（彼女は、舞台で注目を浴びたいだけだ。）
3. Need for self-preservation（自己保存）
　I need none of those. Saving me skin. That's just what I want.（そんなものはいらん。恥をかきたくないだけだ。）

　私が使う名誉は、prideではなく、recognitionでもない。真のサムライは、誇り（pride）よりも、意地（self-esteem）だ。サムライの自己保存とは、面子（face）であり、死後にも残したい面目である。だから、あえて自虐的にskin（皮膚）という俗っぽい英語を使ってみた。faceは使いにくい英語だからskinに変えた。He lost face.（面子を失うな）のfaceの前に冠詞や代名詞はいらない。

　心理学者のマズロー（Abraham Maslow）なら、こんな口語英語を使うだろう。Give me shelter. Self-preservation is the name of the game.（なんらかのシェルターがほしい。誰もが自己保存を求めているんだろう。）彼の最終目標もself-actualization（自己実現）なのだから、どこかにself（自分）という名前へのこだわりがある。

> **コーヒー・ブレイク**
> ### なるほどはuh-huh
> 　欧米人は、「なるほど」というときに、日本人のように、I see. I see.と言わず、アーハーと尻上げに言語発音する。肯定、同意、満足などを表わす発声だから、「なるほどね」と日本人が相手に相槌を打つときなどには、勧めたい。「わかったかい」と問われて、「なんとなくね」という場合でも、uh-huhと言えばわかる。腹語は便利だ。なるほどAh hah.
> 　「なるほどそれでわかった」とか、「ああそういうことだったのか」は、よく耳にする日本語だが、近い表現は、Oh, that explains it.だろう。
> 　ところが、ほんとうに「そうなんだ」と納得したときは、東京では、「なるほど、なるほど」と、数を重ねる傾向がある。大阪

では、「なぁーるほどぅー」と母音を強くメロディアスに話す。だからユダヤ人同士のイディッシュ語に近くなる。

では英語はどうなるか。ずばりA-hah. アーハーと尻上がりになる。人生の道には、そういった「悟り」の瞬間（モメント）がどこにでも転がっている。これをthe ah-hah momentという。オノマトペだけでも辞書が編めそうだ。

居酒屋トーク

ナワノレンの独白

今晩は、ナワノレンで藤村（トーソン）と二人で飲む。（藤村よ、聞いてほしい）

オレの明治生まれの親父は、学がなく、大阪の家族を食わせるために単身上京した。上野公園でコッペパンをかじって、明日も生きていけるかなと思い煩いながら、泣きながら、野宿していた。いずれ日本一の総会屋になろうと、必死に会計学を学んだ。城山三郎の小説の『総会屋錦城』の主人公とペアを組んで、業界のトップを狙い、財界から恐れられる存在となった。「総会屋はゴロつきと同じだ。脅しでメシを食うやつらだ。」人は父のことをそう噂した。しかしオレは、父を尊敬していた。

兵庫県の田舎から飛び出し、業界のトップから恐れられる存在となって、父はオレに言った。「父の仕事は、公のため。オレの仕事は、ドクダミ。社会の毒を出す仕事だ。企業は平気でウソをつく。事実を隠蔽する。その責任を、無名のオレたちにとらせる。一流の企業のトップもオレの前で、松本さんお願いします、助けてください、と土下座する。」

そして父は責任をかぶって刑務所に入っていたこともある。しかし、依頼主のメンツは守った。ヤクザが企業に入らぬよう、結界を張ったこともある。ところが、オレが尊敬していた父の行為をある企業の総務課長が、あの松本三郎という男は、いやがらせのために糞尿を投げたことがあると書いた。それから落ち込んでしまった。明治の父はそんな下劣なことを。松本家の兄弟の中でも、このことは触れないことにしていた。

ところが、島崎藤村は『夜明け前』の終りの章で半蔵（自らの父がモデル）が発狂し（マッチで放火）、座敷牢の中で、糞尿を投げつける動作を激しく描いている。「…自分で自分の屎を摑んでいて、それを格子の内から投げてよこした。庄助の方へも、勝助の方へも、清助の方へも。『お師匠さま、何をなさる。』庄助はあさましく思うというよりも、仰天してしまった。その時、声を励まして、半蔵を制するように言ったのも庄助だ。
　や、また敵が襲ってくるそうな。俺は楠正成の故智を学んでいるんだ。屎合戦だ。」（p398）このくだりまでくると、藤村は泣きながら晩年の父の心境をペンで激白していたに違いない。楠正成という英雄の名前を書き連ねることが、せめてもの慰め（cold comfort）であったに違いない。つらかったろうな。
『夜明け前』とは、まだ江戸時代の闇が残っている、糞尿が生活の糧となり、値段がついていた頃の話だ。明治人の行動基準を、平成の人間が今の眼鏡で価値判断をしてはいけない。英語がペラペラであることが文明人の証となった現代人は、まったく違う新人類なのだ。そんなキラキラした眼で、「夜明け前」の時代の人類の罪科を裁くことは断じて赦されない。

nande-kon'na-kotoni-nattanoka
<u>なんでこんなことになったのか。</u>　What have I done to deserve this?

　破滅に追い込まれた自分を呪う言葉だ。「いったい、我々の関係はどうなっちまったんだ」「どこで、ボタンをかけ違ったのか」
　What went wrong with us? が使いにくかったら、What's gotten into us? もし、自分の不運を呪う気持を強調したかったら、deserveを加えればよい。What have I done to deserve this?
　「唐人お吉」をヒューアー教授夫妻と、木馬館で観た。いたく感動され、ヒューアー夫人は、涙を流しておられました、と狼の会の塾頭の堀雄一郎君が教えてくれる。やはり、見出しは、What have I done to deserve this?（なぜ日本のために身を売った私が、夜鷹にまで身を落さなきゃいけないのか。）
　deserveがスラッと口から出たら、英語道の有段者だ。

nandemo-ari
なんでもあり　no off-limits

たしかに、TVなどの地上波メディアは、politically correctにうるさい。問題発言（politically incorrect）は、必ず言葉狩りされて、あっという間に、降板させられる。タブー（off-limit）が多いのだ。「だめだこりゃ。ここじゃホンネが語れない」とあきらめる。そこで、インターネット番組で出直そうと、心機一転する。

ここでは、なんでもあり（no off-limits）だから、ラクだ。しかし、スポンサーは、自分で探さなきゃという、せっぱつまった憂い（nagging concern）がある。こんなふうに使う。With comedians, few subjects are off-limits.（コメディアンに限って言えば、テーマはほとんどなんでもありだ。）

nantoka-naran-ka
なんとかならんか。　Can something be done about it?

経営トップは、運営"芸"にこだわる。The art of managementとは、部下を思うように使うことだ。だが、従業員は奴隷ではない。経営幹部は、slave mastersであってはならない。命令するのでなく、部下の判断に任せた形にする。それが芸（the art）である。部下としては「はっきりおっしゃってください」と言いたくなるが、もし上からの命令であれば、責任はトップで部下にはない。そこに忖度（そんたく）という腹芸感覚が入る。部下が自主的に申し出た、という案件なら、失敗した場合、責任は部下がとる。ボトムアップ企業でのトップダウン命令はタブーだ。かなり抑えた命令が、「なんとかならんか、あの男」だ。

Can something be done about him? これを耳にした場合、部下が「どういう意味ですか、彼を降格かクビか左遷か、このぼくにどうせよと」と問い直す人は、大企業には向かない。「察しろ」「忖度（そんたく）せよ」ということだ。Make everyone happy.が忖度の基本であるのは、「その戦略のための戦術はお前に任せる」という意味でもある。上司が最終的にハラを切る（accountability）覚悟があれば、ハラのある人物と評価されるが、責任を部下に押しつけて、いつも自分だけは無傷のままでいたいという上役は、ハラのないボスとして、社内評価が低い。

「なんとかならんかね」という言い回しはイギリスの企業内でも使われる。ヘンリー・スコット・ストークス（Henry Scott Stokes）記者（かつて紘道館の顧問）は、このCan something be done about it?はイギリスではかなりdirectで、強い命令口調なのだという。経済産業省による行政指導（administrative guidance）に近い感じがする。この言葉に業界は震え上がる。

nantoka-naru
なんとかなる。　　Who cares?

野村克也監督を男にしたのは、故・沙知代夫人だと言われている。夫を最も勇気づけた言葉は何か、と問われ、「なんとかなる」という励ましの言葉だったと答えている。瞬時に頭の中でI don't care.と訳したが、いまいち迫力がない。Who cares?と変えた。

IとかYouにこだわる段階ではない。とんでもない事件が発生している（The damage is done.）のだ。逃げるわけにもいかない。「世間」をも巻き込んじゃえ。風評被害など気にしては何もできないという豪気こそが、彼女のトレードマークだった。Who cares?しかない。

The problem will solve itself.とか、The good fortune is smiling on us.とかLook on the bright side.とか、いかに美辞麗句を並べても、鬼の野村監督を再起させることはできない。Who cares?のあとに、どうしても言葉を加えたければ、あたしに任せて（Count on me.）くらいか。

nantonaku-saitaisha
なんとなく妻帯者　　monogamish

結婚をしているが、ときどき羽を伸ばす、妻帯者もどきの浮気者がいる。トランプ大統領などもmonogamish（妻帯者もどき）なのだ。このmonogamishという言葉を編み出した人は、女性のsexologistなのだ。

今のアメリカは、-ishを多用し始めている。「なんとなく幸せ」は、happyish。guiltyかnot guiltyしかない、アメリカに何が起こっているのだろう。腐敗せる政治家は、どこか有罪なのだ。They are guiltyish. きっとアメリカ人なら腹をかかえて笑うだろう。

せっかく覚えた単語はすぐ使いたくなる。英語は情報と共にすぐ

に腐る（go bad）。英語は「道」、そして「川」のように流れ続ける。無常（mutable）なのだ。そんな英語という激流を堰（せ）き止めようとする辞書づくり。荒れる木曽川を堰き止めた男（福澤桃介）が気になる。この男、幸せなのか？ そして私も。Am I happy? それでも追われながら、追い続けるこの手作りの辞書。

この「それでも」のニュアンスは、amを強調して、I *am* happy.とすれば通じるはずだ。何か新語がないか。I'm happyish. しかし、これもまだ、辞書に載らない。泡沫的（bubbly）なのか。いや、今YouTubeのTEDトークで耳にしたのが、monogamishという新語だ。目からウロコが落ちた。

nigashita-sakana-wa-ohki' i
逃がした魚は大きい。　　The fish that got away.

よく耳にする「逃げた魚」が見出しに出た。訳は直訳でピンとこない。意味論でいえば、「肝心な魚を逃がした」という悔しい思いが込められていなければならない。2018年6月13日の『読売新聞』の大見出しは「米朝『非核化』確認」であった。「具体策は示さず」という言葉が申し訳なさそうに付け加えられている。

非核化を金正恩が同意し、安全の保証をトランプが約束したことで、この共同声明は、一応（for now）成功したかに見える。しかし、大きな魚を逃した。トランプ政権が求め続けてきた「完全かつ検証可能で不可逆的な非核化」（CVID）という言葉は織り込まれていなかった。（CVID=Complete, Verifiable, Irreversible Denuclearization）私が英語見出しを頼まれたら、こう書く。The Fish That Got Away（CVID）と。

一日前にシンガポールで開かれた首脳会議は、大々的に取り上げられた。私の日記のマンガではトランプのI'm bad. という言葉を受けた金正恩がI'm evil. と、受けて立っていた。エミネムのラップではないが、Bad meets evil. という情景だった。交渉はディベート・ゲームではない。テレビやインターネット番組での政治評論家たちは、合意か決裂か、という線から一歩も出ずに、「どんな合意か」という話に集中していた。「決裂した方がいい」とさえ思った私だ。

交渉ディベートでは、時間の足かせ（time constraints）がない。だから、短期的交渉好みのトランプのようなdeal makerは不利に

なる。その点、より長期的な観点で論評できる *The Economist* 誌のコメントの方が私の交渉論に近い。*The Economist*（June 9th-15th, 2018）は、トランプ・金サミットをこう予言していた。Talk between America and North Korea might succeed, but at an alarming price.（米朝サミットは成功したとしても、途方もないツケが回ってくる）と。

CVIDはまずムリだろう（probably out of reach）、ついでに日本人拉致問題提起はサシミのワサビぐらいでしかない、と私は思っていた。外交を戦争の延長と定義すると、Trump won the debate or perhaps the deal, but lost the negotiation, a war in disguise. という英語の小出しを使ってみたくなる。とにかく、逃がした魚は大きい。That was the fish that got away. 英語を母国語にしている国民には、子供でもわかる英語だ。

nikume-nai

憎めない　love to hate

世間の評はよくない。しかし、憎めない。a kind of person impossible to hate が近くにもいる。女にもいる。よく使われる英語は、Everyone loves to hate her. だ。

批判していて、楽しいという存在は、嫌われていない証拠に、hate to love her は、その反対。耳にしないが、そのように表現された女傑とはつきあいたくない。その真ん中をいこう。

彼女を好きな人と嫌いな人は相半ばしている、という場合なら、They love her or hate her. そう日本語より、英語の方が簡単なのだ。――この辞書についても、文法的には You love our dictionary or hate it. となる。好みがはっきり分かれているという意味だ。

「松本道弘は個性が強い」を訳すときに、個性の訳にこだわっては、永久に英会話はできない。「好き嫌いが分かれる」と、少し発想を転換すればいい。Just shift thinking gears.（思考をギアチェンジするだけでいい。）They either love him or hate him. これだけでいい。そう、「英語で考える」とは or をさりげなく使うことができる余裕のことだ。

nigori (tsumi-toga)
濁り（罪科） evil

「濁り」はstain（s）である。濁った魂もstrained（dirty）soul。汚れ役は、a dark role。bad boyかbad girlのroleを演じる悪役は決してevilではない。私が大好きな大衆演劇のワル（汚れ役）は、まさにevil。しかし、「濁り」をevilと訳す人はいない。東西の価値観は違う。生き様そのものが、善と悪に分かれるというのが西洋人の考え方で、Evil（悪）を逆に読めば、Live（生きる）になる。

黒澤明が監督した映画『生きる』には「濁り」があっても、evilはない。濁りは、禊で落とせるが、evilは洗浄しても落ちない。ときにはexorcistという祈禱師がある。

エクソシストは祓魔師と訳されるが、神主によるお祓いでは、決して悪魔の除霊はできない。demonic possession（悪魔に憑依された人）の憑依霊を追い出すには、動員された3、4名のカトリックの牧師が数日、ときには数週間、しかも無給で闘うというから、evil退治はまさに荒行だ。

evilとはliveの反対概念だから、生（live）より、殺（kill）に味方する。では、devilよりもさらに邪悪なSatanとは何者か。The very spirit of evil（悪の権化）なのだ。格が上。いやもっと格は低く、さらに地獄の辺土に近く、キリストもSatanを殺害者と決めてかかる。イエスの言葉を引用しよう。He was a murderer from the beginning.「昔から、こいつだけは救えない」と。

evil（邪）という名の「濁り」をも、お祓いの対象とする神道はまさに太っ腹だ。Shinto *is* big. いや、Shinto is BIG.だ。しかし一言。国際ビジネスは、「濁り」（stains）との闘いではなく、邪（evil）との死闘を覚悟しなければならない。

nihon-sono-mono
日本そのもの　*the* Japan

Olympus wasn't a Japan, but *the* Japan.「オリンパスは日本社会そのものだった」と判断した、ジャーナリスト山口義正の見解を、このように英訳してみた。a　Japanなら、日本社会の一現象であった、となるが、the Olympus scandalは日本そのものだとすれば、*the*となる。*the*は犯人そのものだ。映画『ジョーズ』（"JAWS"）を

思い出す。人喰いザメを退治したと喜んでいる漁師に冷水を浴びせた次の発言を忘れることはできない。"You killed a shark. But not *the* shark."この *the* sharkとは、お尋ね者、つまりホシなのだ。

nihon-wa-moh-genkai-da
日本はもう限界だ。　　JAPAN is at a tipping point.

この限界とは、臨界点のことだ。深刻な状況が急増すると、転換点を迎える。国会の空転…。メディアにより、安倍内閣つぶし。テレビしか見ない国民は、国内問題にしか関心を持たず、日本が国際舞台でやばい状況にあることなど知らされない。政治家やメディアに国政を任せるわけには行かないと、ビジネス界が立ち上がろうとしている。

アメリカはかつてWhat's good for GM is good for America.（GMのためになることはアメリカのためになる）といわれた時代があった。日本も産業界が立ち上がるときが来た。スターバックスのCEOであるハワード・シュルツ（Howard Schultz）が、アメリカを救うといって立ち上がった*TIME*の記事（Feb. 16, 2015）を思い出した。シュルツは、マイクを握って、こう吼えた。

"I was born in East New York, and I agree with you. We are at a tipping point. There's a lack of leadership in Washington, in government, and so it has to come from us." (p18)（イーストニューヨーク生まれの私は、きみの意見に賛成だ。この国は来るところまで来た。ワシントンの政治家、政府はリーダーシップが欠如している。だから、これからは我々の仕事なのだ。）

スタバで働くセネガルからの移民者のTafsir Mbodje（支店長）の発言にシュルツが同意して、そう息巻いたのだ。America is fragile.（アメリカはひ弱だ）という発想は、トランプ大統領に引き継がれた。そういう行き詰まった心境を、そっくり私が鸚鵡返ししたい。"I'll parrot（echo）their feelings."

ningen-sei
人間性　(professional) integrity

「人間性が問われる時代だ」と言われたら、直ちにどう訳せばいいのか。Human nature? Humanity? AIコンピューターも困るだろう。人間性とは、人間として欠陥の少ない、雇い主やパートナーにとり

裏切られるリスクの少ない人のことだ。それならintegrityかhonestyが近い。どちらも、裏表のないキャラのことをいう。それも、評判（reputation）に結びつく。

Your integrity and honesty are the bottom line. ビジネス面での人間性とはprofessional integrityのことだ。時と場所により言動をコロコロと変える人は、プロとしては決して信用されない。

ningen-dokku-wo-ukero
人間ドックを受けろ。　Get a complete medical check-up.

人間も50歳（いや40歳）を超えると、毎年人間ドックを受けるべきだという人が多い。しかし、complete medical overhaulは病院好きな日本的現象で、早期にガンが発見できたお陰で、かえって、薬づけになり命を縮めることになるのでは、という人もいる。それと対立する説もある。

「受ける」はすべてgetで通じる。医者にかかるのもget。レントゲンを受けるのもget。病気にかかるのもget。化学療法を受けるのもgetでいい。get chemotherapyと。

(ningen-no) utsuwa
（人間の）器　timber / what it takes

「その器かね」Does he have what it takes? そのあとに、to be an effective leaderを加えてもいい。an effective negotiatorでもいい。今回は、音楽用語を用いた。timberとは、音楽家でも定義に困るらしいが、「ぶれない素質」とでも訳してみようか。木の材質もtimberである。

声や音の調子やメロディー、リズムに先立つ、本質的な部分だ。この"格"を失わないことを武道家は「残心」と位置づける。音楽の流れの3段階（a start-up phase、a middle phase、a dying phase）を貫通する"心柱"ともいえよう。old Englishでtimberといえば、building materialで、「建てる」ことと無関係ではない。Dr. Hagino is（of）medical timber. 萩野医師は、医者としての素質（器）がある。

ningen-ryoku
人間力　human capital

人的資源という日本語はなかなかイメージできない。工場やダ

ム、石油精錬所といった、physical capitalは必ず老朽化する。金融力（financial assets）も使い捨てされる。すべてこの世のものは、ガラパゴス化するから儚（はかな）い。商品、機械設備や書物などのpaper assetsも、過去のものとなる。

　何かをつくり出す能力を有しているものは、人間だけ。その財産がhuman capital。人はいるが、ほしいのは人材といわれている。そしてその人材とはhuman capitalに他ならない。それこそ自力本願の器そのものだ。宗教を宗教たらしめる他力本願は、信仰心が篤（あつ）くとも、何かを作り出す、human capitalにはなりえない。

　神は"Let there be light, and there is light."といわれた。だから、「聖書を読め。聖書を読めば、すべてがわかる。世界の事業のことも」となる。しかし人間が神に絶対服従すれば、それこそ思考停止になるのでは、と憂鬱になる。

　信仰か論理か（faith or logic）という対立では、お互いが歩み寄ることはできない。仏教学者の清沢満之（きよざわまんし）は、信仰を糺（ただ）す手段はないが、論理を是正する方法はあると、logicに軍配を挙げた。その中間はないものか。「間」を重んじる私は悩む。自然科学そして古学をこよなく愛した本居宣長、平田篤胤、そして島崎藤村との「純粋さ」には危険さを感じるが、その狂いのロマンは永劫（えいごう）に朽ちることはない。終末論の憂いから解脱（げだつ）するのも、人間力（human capital）ではないだろうか。

ningen-wo-migaku
人間を磨く　　develop one's character

　personalityは、すでにできあがったもの。人間として見える部位の品格を磨くとは、ブランドの力を高めるようなもの。それは本来の人間力ではない。人間としての真骨頂は、骨にある、骨格。その骨格から人格が産まれ、品格が備わってくる。徐々に見えてくるものだ。この一連の教育をcharacter development（人間教育）という。だから、品格とは本来隠しておくべきだが、見えてくるcharacterのようなものだ。

　これって、「徳」（virtue）ではないか。欧米でいうvirtueは証明できるもので、誇示することも許されるが、東洋でいうvirtueとは、秘すれば花――つまり、内部からおのずからにじみ出る美しさ

（grace）だ。それが"花"であろう。造花ではない。生きている花は、美しく、強い。医学的にいえば、免疫学でいう、抗原（antigen）との闘いによって強化される抗体（antibody）ではないだろうか。最近、英語道が医道に接近し始め、英語道が求めているミチとはimmunity（免疫）のことではないかと思えてきた。

neko-damashi
猫だまし　razzle dazzle

絢爛豪華なショーで観客の目をくらませるのがrazzle-dazzle。映画『シカゴ』("Chicago")では、サギっぽい男（弁護士）がこの技を使い、周囲の眼をごまかした。相撲の世界では、小兵の舞の海がこの手の技を用いて、人気をさらった。しかし、モンゴル出身の横綱、白鵬までがこの「目くらまし」という奇襲作戦（surprise-attack）をかけたときは、顰蹙を買った。Booed. 犬が猫の真似をして、じゃれてもサマにならない。Dogs must be playful like cats——at their own risk.とでも言ってみようか。

(neko-no) meiyo-ni-kakete
（ネコの）名誉にかけて　in all fairness to (cats)

ネコは名誉を求めない。しかし、イヌからすれば、ネコのように陰口を叩く（be catty）という、裏切り行為（ネコには意味がわからない）が許せない。そういう悪口を陰でコソコソという自分の中にも、やましさ（feeling guilty）がある。そんな自分が許せないときに発する表現が、「〜の名誉のために言っておきますが」といった言い訳（excuse）だ。

自分以外に裏で責められている相手を正当化する（justify）ためのゼスチャーだから、そこに公平性の原則がある。少し、いやみを出して「ネコに申し訳ないが」と言いたいときは、Nothing personal.とかNo offence.を加えてみよう。「女はネコだ、ネコに申し訳ないが」Women are cats. With no disrespect to cats.

こんな表現を使えば、松本という男は女性を蔑視している、とフェミニストたちから責められる。I mean with no disrespect to women.といえば、ネコを敵にしたことになる。ネコは化ける。化け猫は聞いたことがあるが、化け犬というのは耳にしない。曲亭馬琴作の『南総里見八犬伝』に登場する八犬士はカッコよすぎる。

neko-no-me-no-yohni-korokoro-kawaru
猫の眼のようにコロコロ変わる　fickle

　like cats' eyesは不要。猫の眼はコロコロ変わらない。光線に合わせて、瞳孔を変えているだけで、常に情緒は安定している。ネコには、人を裏切った、という感覚はない。いつも幸せなのだ。Women are fickle like weather.「女の心は秋の空」といえば、かならず女性から反論される。The autumn weather is as fickle as men. と。

neko-baba
ねこばば　pocket

　ネコの糞は、誰にどのように始末されたのか、証拠が見えない。だから横領する（embezzle、misappropriate）と表現される。こっそりポケットに入れる（pocket）も　ねこばばの一種だ。こんな姑息な行為を忍び足でやる姿はまるで小ネコ。ネコは可愛いが、曲者だ。誰にもいい顔をするワルもpussy cat。その忍び足がpussy foot。Stop pussyfooting around the issue.（あいまいな形で、その問題をごまかすのは、やめよ。）

nedan-kohshoh
値段交渉　bargaining

　交渉（negotiation）が戦争だとすると、bargainingは局地戦に近い。合意を取りつけるための直接的交渉だから、バナナの叩き売りも、一種のbargainingになる。ドナルド・トランプの交渉術（The Art of Deal）は、bargainingに近く、見ていてハラハラする。イランとの「核」交渉を、一時幕引きしたことで、その後に控えていた北朝鮮との交渉は不利に展開するはず（そうなった）というのが、世界の眼だった。dealはbargainingのように一時的だが、negotiationには、warもdiplomacyも含まれるので、もっと長期的なゲームだ。だからといって、bargainingを低く見てはならない。negotiating table（交渉の席上）とは、現場（where the action is）なのだ。

　私が世界を一人旅行するとき、交渉感覚を研くために、誰とでもよく交渉したものだ。ホノルルのflea market（ノミ市）では、1ドルのカウボーイ・ハットを50セントにしろ、と言った。相手の若

い女性は、It's only a dollar.（わずか1ドルじゃないの）と答えた。That's right. I was wrong. 1ドルで買った。イッオンリー アダラー と、笑いながら答えた英語も、イントネーションも覚えている。

　bargainingは呼吸だ。啖呵（たんか）売りのフーテンの寅さんを演じた渥美清は、バナナの叩き売りから呼吸を盗んでいた——私のように。私は浅草、そして上野公園でperforming artists on the street（大道芸人）から呼吸を学ぶ。音楽を学ぶ。彼らは、歩いている人を止める。引き込む。芸を見せる（リズム）、お金を払わせる、というプロが見せる一連の流れ（メロディー）を学ぶ。生活がかかっている。生活費を稼ぐ。

　この目的を交渉学ではprimary baseと呼ぶ。プライマリー・ベイスは交渉の最終目標でもあり、日頃からの準備がいる。NONESのキャスターである私も芸人気質を失っていない。ルイ・パスツール（Louis Pasteur）は言った。Chance favors the prepared mind.（とっさの勝負は日頃の精進で決まる。）交渉とて同じだ。

nebari
ねばり　stick-to-itiveness

「ねばれ」はStick to it.「最後までねばれ」はstick it out.

　outは、最後まで。Be resilient.は、少し固すぎる。Stick around.（そばから離れるな）のように、stickの語感がよい。目にも耳にも快く響くからだ。この抽象名詞（stick-to-it-iveness）も、その延長にある。

Stick-to-it-iveness will stand you in good stand.（ねばる人は、周囲から信頼される不動のポジションを得る。）

newaza-shi
寝技師　wheeler dealer

　*TIME*が影響力のある100人の1人に選んだ、孫正義がTHE DEALMAKER（やり手）と表現されていた。まるでトランプと同じ扱いだ。代表的な日本人として紹介された孫正義は、韓国国籍ゆえに、いやそれをバネにして、涙ぐましい努力をされた。つらかったであろう。だから、ここまでくるのに寝技（behind-the-scenes negotiation）を使わざるを得なかったはずだ。

　むしろ、私が*TIME*の編集者なら、見出しにTHE WHEELER

DEALERを選ぶだろう。やり手であることは違いないから。策略家、策士となると、よく日本のメディアで使われる「寝業師」に近い。Masayoshi Son has proved himself a wheeler dealer in Japan.

寝業師とは、尋常な手段によらず、メディアや政治家などの裏工作を使いながら、危ない橋を渡る交渉人だ。

~no-oni
〜の鬼　be driven by 〜

She's driven by power. よく耳にする英語フレーズだ。ヒラリー・クリントンの名前が出ると、a driven womanというイメージが浮かぶ。地上波という表のメディアで勝負する人は、こういう目立ちたがり（so full of herself）が多く、メディアも応援する。

米大統領選で、表のテレビを見ている人は、ヒラリーが勝つと思った。裏のインターネット番組を見ている人は、トランプが勝つとにらんでいた。アメリカを訪れた安倍首相は表の情報（information）をフォローしていた外務省を信じ、表敬訪問する相手をヒラリーに決めてしまった。。彼女の犯罪歴（criminal history）を知っている情報のプロと、それをひた隠しするメディア情報を追う、アマの情報屋ギャップは広がるばかりだ。

~no-kuntoh-wo-ukeru
〜の薫陶を受ける　be part of someone's school of thought

大学を頂点とする高等教育では、師弟関係に「熱」や「匂い」は期待できない。コンピューター革命によりデジタル化された人間は、ますますクールになり、ベタベタした師弟関係を好まなくなる。

「薫陶を受けました」も訳しにくくなる。I belong to his school of thought. としか訳しようがない。これも死語になりつつある。されど薫陶を受け、感化された人間となると、世間の観方が変わってくる。きっと説得力が熱っぽくなるのでは、と。だが、その「熱」をどう訳に加えるか。

薫陶とは、（香をたいてかおりを染みこませ、粘土をこね形をととのえて陶器を作る意から）自己の徳で他人を感化することだ。この徳が通用する業種でなければ、教育ビジネスでも効用はない。(It doesn't work.) それでも訳さなければならないとしたら、「匂い」

やかまどの「熱」を抜き、school of thoughtと超訳するより他はない。

nobi-nayami
伸び悩み　not improving as it should

　直訳すればfailure to grow（low growth）だが、これでは芸がない。思うように伸びない——現実（as it is）がまだ理想（as it should be）とかけ離れているからin a sluggish stateなのだ。このように思考の回路を転換すると、The economy isn't improving as it should.となる。もっとも和英辞書風に、sluggishやslowをそのまま使っても構わない。

nomura-wa-shijoh-sonomono-da
野村は市場そのものだ。　NOMURA *is* the market.

　こういう英語が使える人は、ネイティヴの中でもずば抜けて情報通のライターに限られる。市場を操作することがplay the marketであれば、野村證券そのものが、市場であるということだ。野村が、薬品が「買い」だと言えば、みんなが買う。そして株価が形成される。それって市場原理やmarket forcesに反するのでは？　だから、市場そのものなのだ。

　日興證券の国際課金融担当秘書室に籍を置いていた私は、野村が化物に見えた。たとえば、松本が英語そのものだ、Matsumoto *is* English.と言われると、このdriven guyの松本も、化物とされてしまう。He doesn't speak English; English speaks him.（英語を話すのではない、英語が話すのだ。）世界で最も恐れられている野村という金融機関が、狼を取り囲む野犬の集団と定義してから、日興證券が飼い犬の集団に思えたことがある。

nora-neko
ノラ猫　homeless cats

　夏目漱石を裕福にさせたのは、名もない一匹の黒ネコだった。「毎朝、雨戸を繰るが早いが、家の中にニャンと飛び込んできて、漱石夫人の鏡子やお手伝いや子供たちの足にじゃれついたり、引っかいたりする。鏡子に言わせれば、仔猫のくせにハナから図々しかったそうである。……」
「そんなに家に入ってくるなら、この家が気に入っているのだろう

から、飼ってやればいいじゃないか」と漱石の一言があった。

　……福猫と聞くや鏡子は、

「あら嬉し。福が向こうから飛び込んできてくれたとは」……(『漱石夫人は占い好き』半藤末利子、PHP研究所、p2 〜 13)

　占い好きだが、ネコぎらいの夏目漱石は、夫の怨念を込めて、その野良ネコ「そやつ」をa homeless catと訳すことにした。福猫はgood luck catか。こやつをモデルにして初めて書いた長編小説(『吾輩は猫である』)で漱石はいっぺんに文名を馳せたという。シェルターから私が里親となって引き取った我が家の黒ネコ(クロ)も福ネコであってほしい。I hope my black cat (cro) will bring good luck to my family.

　アメリカでは、黒ネコは凶猫とされている。Look, a black cat's crossing the street.といえば、連れは、Ooh, I get a bad feeling.と答える。神国の日本では、クロは決して凶ではない。昼夜の「夜」(black)に過ぎず、「安らぎ」を与えてくれる。

noren-ni-kizu-ga-tsuku
暖簾に傷がつく　damage the reputation (good name) of our firm

「暖簾」を直訳すればshop curtainのことだ。アメリカ人には、reputationで通じる。だが、日本では、a good nameのこと。よい評判とは、伝統(みち)のことだ。谷崎潤一郎は小説『細雪』の中で大阪人がいかに伝統(のれん)を大切にしているかを、くどくど述べている。

　会社用語でも、ノレンは、goodwill(名の売れた店、商売の信用)と訳される。営業権として売買の対象となるのだ。次のように。

　Yes. You can take over that company with its goodwill.(そうです。ノレンと共にその会社を買収できるのです。)しかし、ノレンを傷つける(damage) reputational riskには十分気をつけるべきだ。

noroi-koroshite-yaru
呪い殺してやる　I'll take you down.

　直訳すればKill someone with a curse.だ。しかし、耳にしない。

呪いはたしかにa curseだ。「私は呪われている」ならI'm under a curse. か、Someone is putting a curse on me.

夫婦ともども呪われるときは、運命のせいにすることもできる。We're an ill-fated couple.（どうして、二人はこうなっちゃったんだ）と。しかし、別れ話が出ると、「もともと縁がなかったのよ」と、さらに暗くなる。

We've been star-crossed. と星のせいにすることもある。ただ、第三者を呪うことはよくない。This house is haunted. と口に出すだけで、呪っている。人を呪わば穴二つ（Curses come home to roost）というではないか。斬れるこの英語表現は、丸暗記しても、悪くはない。必ず使う時がくる。

ただ、この辞書は、主に西洋人に伝わる英語に主眼を置いているので、a curseを外した。I'll take you down. とした。これもキツイ表現だ。相手と差し違える覚悟があれば、If I go down, you go down. We'll go down together. ぐらいの表現がお勧め――いや勧めない。If I did, I'd be damned.（もし勧めたら、読者に呪われる。）

noroshi
狼煙　mission statement

狼の遠吠え（howling）は、のろしを立てることとイメージした。「逃げ隠れはしないぞ」（Bring it on.）という宣言ともとれる。会社の綱領や社是は、社会的な使命感を公表することだから、英訳すればmission statementとなる。ただ、ゼニ儲けのためだけのベンチャー企業なら決して長続きはせず、ブラック企業のままで終わりかねない。狼のように遠吠えができるグループでなければならない。人も組織も、周囲が納得する志を必要とする。

bai-gaeshi
倍返し　fire back at

ダブル・リベンジでは通じない。復讐をpay backというが、backを強調するには、火（fire）を加えるに限る。ふとYouTubeで耳にしたネイティヴ英語だ。

I'll give you as much as I get. なら、「しっぺ返し」ぐらいだが、fireとなると、もっと攻撃的になる。やり返された相手は、自分の言動が裏目に出た（That backfired on me.）となるだろう。fire backの場合は、onよりatの方が、狙いが定まって怒りの火が強そうだ。I'll fire back at him.（やつに倍返しだ。）

配慮　thoughtfulness

「8月8日はハートの日」のパーティーで知り合った、益山茂氏（日本テニス事業協会理事）から、テニスの極意をうかがった。武道家（柔道）の私は、テニスが趣味であった西山千氏から同時通訳のしごきを受けた。武道とスポーツの出会いから、花が咲いた。その時にしばしば散った火花の原因を知りたかった。ぜい肉のとれたスマートな人が多く、さわやかだが、テニス選手が政財界のリーダーとなって大活躍したという話はあまり聞かない。

　その理由は、「配慮」であるという。サーブする相手の出方次第のスポーツ。と同時に、レシーブ側に回った、こちらにも配慮が期待される。これが思いやりに近い、気配り（thoughtfulness）だ。ライシャワー大使の通訳兼参謀として、裏に徹しておられた私の師匠は、まさにテニスプレイヤーだった。

　講演者を迎えたときの通訳者のマナーにも配慮が必要だ。「松本さん、カバンをお持ちしましょうか、と聞く前に、黙ってカバンをお持ちするのですよ。」相手が「いえいえ結構ですよ」と遠慮される前のproactive（先駆けの）行為はまさにthoughtfulそのものだ。

白熱　electricity

　人間同士には、適度の緊張関係がいる。ビジネス交渉には、白熱のモメントはつきものだ。There has to be a certain amount of electricity between friends. 夫婦の間にも、緊張感がパチパチ走る環境も必要だ。夫婦げんかは犬も食わぬ、というが、口論（arguments）もときには必要だ。

　最初二人が会ったときは、ほしいものが一致し、お互いがドキドキしたものだ。The atmosphere was charged with a dangerous sexual electric then. あれから40年。お互いが求め合うのは、財布。

　戻る。白熱論戦には、electricityやheatが必要だ。The air is filled with a charge of electricity. もちろん直訳で、white-hot (heated)を使っても、構わない。しかし、通常白熱灯（incandescent light）の光は蛍光灯のよりも弱いから、使い方が難しい。AIロボットなら、人間の誤訳に憤怒することがあるだろうか。I wonder if AI robots get in a white-hot rage over human misinterpretation.

良きにつけ悪しきにつけ、electricityは、何かを産む。数学の天才ニコラ・テスラは、自らをこう定義した。"I'm electricity in human form."（人間の姿をした"電気"だ）と。フリー・エネルギーは存在すると証明するために、彼は振動（vibrations）と音楽（music）を用いた。人間関係で苦労した氏の悲劇は、キレすぎたことにあった。光に魅せられたニコラ・テスラ。He must've been white-hot lightning.そして、哀しく消えた——閃光を後世に残したまま。

haji-wo-shinonde-atama-wo-sageru
恥を忍んで頭を下げる。　　Swallow your pride and beg.

恥を忍ぶとは、プライドを捨てることだ。頭を下げるとはbegだけでよい。keep your head downは言葉としては長すぎる。get down on your kneesでは、ゼスチャーがオーバーすぎる。これにon your handsを加えると土下座になっちまう。

genuflectは、ローマ法王にひざまずくようなものだ。kowtow（中国語の叩頭から）でもよいが、ときには日本的な「恥」を忍ぶといった面目意識はない。だから、shameを使わず、prideと超訳したのだ。

若山富三郎が、斎藤ママの前で土下座した。「5000万円、貸していただけませんか」と、息子の恒久が言う。「借りた金を返さないって悪評も聞くよ。絶対に貸しちゃダメだよ」

しかし、太っ腹のママはこう答えた。「あれだけの男が、恥を忍んで私に頭を下げてきたんだからさ。もち、貸したよ」と。しかし、実弟の勝新太郎からも、「プロダクションの運転資金がなくて、『座頭市』の制作ができません。ママさんの手形保証をいただけませんか」と哀願される。火の車となった深海魚のような芸能人はウヨウヨいる。銀行も芸能人にはカネは貸さない。まるでアマゾン河流域に生息するナマズたち。そして、その底流に棲む斎藤智恵子は、まさにthe Amazonそのものだ。

はずかし

Big women never cry. The big mama never played favorites.（女傑は決して泣かない。ビッグママは決して依怙贔屓をしなかった。）だから、お兄さんだけを助けて、弟を見捨てることができなかった。But, big women weep sometimes. Chieko Saito cried before Shintaro breathed his last.（しかし、女傑も時には泣く。斎藤智恵子は、勝新太郎が最後の息をひきとる前に泣いた。）

勝新太郎の形見となった三味線を抱いて子供のように泣きじゃくった、この女傑。

hazukashi-nagara (benkai-no-yochi-wa-nai)

恥ずかしながら…（弁解の余地はない。） Guilty as charged.

「あんただって、追いつめられたら、ウソはつくだろう」と、訊かれたら、「(認めたくはないが) 止むをえない」と答えるだろう。「浮気心が一度もなかったと言えるのか」と問われると「恥ずかしながら」認めるよりしかたがない。そんなときに、発する決まり言葉がある。Guilty as charged.（有罪を認める）だ。よく耳にする。いや、目にもする。

　金融会社Kotak（コータク）の企業広告が気に入った。
　They say you can't teach
　an old dog new tricks.
　Guilty as charged.
（年寄りの冷や水と言われるが……弁解の余地はない。）
「ごもっとも」「仰せのとおり」「恥ずかしながら」……これらはむろんGuilty as charged. 罪を認めない方が恥になることだってある。

hadaka-ikkan-kara-hajimeru

裸一貫から始める　start on a shoe string

靴紐しか買えないカネを出資金として、起業するとは、まさにゼロからのスタートに近い。トマス・エジソンを嫉妬させた天才数学者のニコラ・テスラも生涯、財力とは縁のない奇人であった。フリー・エネルギー（free energy）の存在を信じ、説き続けたテスラは、危険なほど理想的な発見家で、多くのビジネスパーソンに愛され、敬遠された。J.P.モルガンも最初は出資していたが、離れた。フリー・エネルギーを畏れ、そして、恐れて手が出せなかった投資家がいかに多かったことか。

テスラは常にゼロからスタートする（start on a shoe string）覚悟ができていたので、周囲の圧力に屈することはなかった。とにかく、故郷のクロアチアを出て、アメリカに漂流したときは、ポケットに1ドル紙幣もなかったといわれている。私の記憶では4セントしかなかったらしい。He literally started from nothing.

hadaka-no-ohsama
裸の王様　Emperor's New Clothes

マイケル・ウッドフォードの見るオリンパスの菊川会長は、「裸の王様」と呼ばれるにふさわしい独裁者だった。弱さを見せてはならない。自分の弱さは、医薬の知識であっても、そのことには触れない。周囲もビクビクして、医薬ビジネスに触れようとはしない。社内は禁煙がルールであっても、ご本人は、周囲かまわず、一人でプカプカ吹かしている。注意をする人が誰一人いなくなってしまう。

ウッドフォードのような青眼のガイジンが、子供のように「王様は裸だ」"The Emperor's got nothing on." と叫ぶまで、彼は「裸の王様」のままだ。ウッドフォードは叫んだりはせず、静かにペンで内部告発（whistle blowing）した。

I quickly learned that no one ever asked why the Emperor wasn't wearing clothes.（p30）（私はすぐさま、王様がなぜ裸のままなのか、誰も尋ねたことがないとわかった。）

日本の企業には、この種の「裸の王様」と思える独裁者が多い。Power corrupts、権力は腐敗するのだ。「裸の王様」はabsolute powerだから、it corrupts absolutely。社内で誰一人として、トップをとがめることができない、といった無責任体制は、まさにムラ体質だ。

世界的な大企業のオリンパスでさえも、たまねぎのように幾重もの社内ルールに縛られており、効率的にコトが運ばない。そのたまねぎの内部の皮の一つが、稟議書（a circular memo for approval by all staff）だ。「全会一致」という世にも不思議なコンセンサスの作り方は、外国人ビジネスパーソンには、よほど奇異に映る。ringi-shoをウッドフォードはこう皮肉る。consensus-built decision-making made so difficult for a native. たしかに、「全会一致」

という意思決定方式は、きわめて日本的だ。

これは「空気（pheromone）」による支配といえよう。日本企業がムラ社会だ、と筆者が定義するゆえんだ。空気が異見を封じ込め、いつの間にか「裸の王様」を演出させてしまうのだ。ビジネス畑出身の私など、商社の時代からこの稟議書がいかに無意味かということを知っていた。私の上司（課長）は、ハンコを反対に押したり、コーナーの隅に印鑑を捺したりしていた。誰が見ても、不服であることはミエミエなのに、いちおう規則だから（as a rule）印鑑を捺している。たとえ不服であっても、空気に逆らえず、いちおう（grudgingly）賛成ということになる。

それほどconsensusへのこだわりが強力なのだ。反対などすれば、異端者を押しつぶすpeer pressure（同調圧力）がいかに強いかをみんなが知っているからである。印鑑（seal）は本当に必要か、正解は、「今のところは」（for now）だ。

hatarake-do-hatarake-do
働けど働けど… working poor

はたらけど
はたらけど猶わが生活楽にならざり
ぢつと手を見る

石川啄木は、working poor。ところが、働かずに貧乏ぐらしをしている人は、idle poorと呼ばれる。大阪のYMCAで英会話講師をしていた頃、アメリカ人講師たちの前でこう自己紹介をした。I'm a working poor.と。すると、一人のアメリカ人講師が、I'm an idle poor.と自己卑下して笑いをとった。どちらも経済学用語をさりげなく使っただけで、場の空気が和んだ。

ユダヤ人のシュルツ会長（Starbucks）も暮らしは低かった。父もa depressed, blue collar workerだった。暮らしは低くとも、思いは高かった。共著で、"For Love of Country"（国を愛する）を書いた。シュルツは一匹狼（a maverick）だ。大統領に出馬すべきだ（You should run for office.）という声も上がっている。working poorは大物になるチャンスではないか。Low living, high thinking. これは私のモットー。

ba-chigai
場違い　out of place / wrong place

　元ソニーの社員が、転職し、パナソニックの社員になったら、きっとI feel out of place. もっと文学的にI feel like a fish out of water. と言うだろう。社会という「水」が適さないからだ。

　corporate cultureとは、まさに「風」であり、「水」でもある。融け込めなかった人は悲劇だ。

　陸に上がった河童はbe (feel) out of placeだが、カッパにとり川の中がright placeで土手はwrong placeというのは人間の論理。どちらもright placeなのだが、人に見つかる時間は、bad timeだから、その期間に限定して、カッパにとりwrong placeなだけの話だ。wrongとbadを取り違えないよう。

hattari
はったり　post truth

　はったりは嘘ではないが、真実がぶっ飛ぶほどの嘘なら、真実に近づいてくる。はったりは、「張る」という動詞の連用形に、完了の助動詞の「たり」が付いて、一語化したもので、関西人（主に大阪人）の派手な言動を表わすときに用いられる。すぐさま、自画自賛（trumpet）を繰り返すドナルド・トランプの過激なスピーチを思い出す。

　英語で「大ぼらを吹く」ことをplay (the) trumpetという。Trump trumpets his trophy wife. トロフィー女房とは、ちょっとした私のいやみだが、*The Economist*はもっと上品に、ウソを超越した真実をpost truthと表現する。超真理、それとも脱真理？　なんという離れ業。

　あるアメリカ人はトランプの事実誤認の多い真実をbroad truthと訳したが、post-truthにかなわない。post-とは、pref.「のちの」「次の」「後ろの」意味だから、トランプ英語をこき下ろしているわけではない。「いやみ」が含まれている。アメリカ人はもっとストレートに批判する。

　事実誤認をチェックする組織（PolitiFact社）の調査によると、トランプ大統領による562回にわたるスピーチに対する結果は、"mostly false"（ほとんどが嘘）、"false"（嘘）、そして"pants on fire"（ズボンに火がついている）。

　アメリカで、東岸の人は、西岸のカリフォルニア人のはったりをhot airと表現する。Sunshiny state（太陽がふりそそぐ州）は、空気の熱いという意味もある。a lot of hot airと表現できる。

　新入社員の頃、上司に連れていかれた飲み屋の名前が「世界一」だった。ミナミ（難波に近いところ）へ行くと、「日本一」が「世界一」というド派手な看板が目立つ。「ワイは日本一の英語使いになるでー」とホラを吹いていた頃が懐かしい。今は、世界一の英語使いになって、AIという侵略者と闘うのだ、とハッタリを利かせている。

　ナニワ英語の英訳は、チェロキー・インディアンが使う、「裏」の英語だ。表の権威はなくても、裏の権力で勝負しろ。ハッタリも貫き通せば本物になるのだ。その英語がこれ。Fake it till you make it. フェイケッ⒯ティ⒭メイケッ⒯と5回音読してみよう。

hatsu-mimi-da
初耳だ。　This is news to me.

　初耳とは、Never heard that before.のこと。もっと簡単にThis is news.だけでよい。newsには、冠詞はいらない。複数形で使うなら、two/three pieces of newsというふうに、複数形のpiecesを使おう。ついでに、家具にはsはつかない。Am I a piece of furniture for you?（私はあなたの家具なの？）

hanashi-ai-mashoh
話し合いましょう。　Let's debate.

　すでに述べたように、日本の文化は、「愛」ではなく、「合」だから、議論も「話し合い」となる。argumentでは、勝敗が生じる。しかし、「話し合い」は、「譲り合い」に近くなるから、日本でのdebateがケンカ（a war of words）にならない。「術」となると、優劣を競うことになるが、「道」は「語り合い」となり、お互いに、高め合うこととなる。これを「究論道」The Way of Debateと訳し、西洋の分裂を融合に習合させた。

　日本文化が誇る、「和」とは、「合」のことだ。他文化に対する寛容性（tolerance）だ。余談ながら、この「難訳辞典」は、私自身の間で行なった自己検証ディベートによるところが多い。自己の内部

に潜む、「他人」（欧米人はそれを悪魔と呼ぶ）との綱引き（a tug-of-war）の連続だった——いや、今も続いている。

ビジネス交渉を戦争行為と考える人に、ディベートが避けられないというのも、それは敵と味方を結ぶ、「むすひ」という縄文思考だ。それは、まさに「愛」であり、「合」の別名である。

hanashi-ga-uma-sugiru
話がうますぎる　too good to be true

これは、難訳語ではない。誰でも知っている。しかし、本書はビジネス・交渉がテーマだから、あえて、公理（axion）なるものを加えてみた。

詐欺師にひっかかる人は、どこか「弱さ」がある。私も罠にはめられたことがある。con gameにかかったことのない人に伺った。「そうね、センセイは山っ気があるから」と言われた。カネ、地位、野心（英語道を世界に広げようとする野望を含め）があれば、con artistsは、そこを狙ってくる。スキとは彼らにとりopportunityのことだ。隙をとっさにopportunityと超訳できる人は、よほどの英語の天才か、詐欺の天才なのだろう。

余談はさておき、That sounds too good to be true.（どうせマユツバさ）はまさに公理だ。世の中に、そんなうまい話はないのだ。

hanashi-no-ura-wa
話の裏は　The bad news is ...

欧米人の話には、リズムがある。Good news or bad news?というふうに、物事を相対的にとらえる文化だ。YESとNOが相半ばさせることをロジックと呼ぶ。ところが、日本人の会話は90%がイエスであるから、ネイティヴは戸惑う。しかし、日本人のYESの中にも表と裏がある。

私がジャーナリスティック・インタービューをするときは、相手に同意するハーモニーだけではなく、表と裏をYESとNOのrhythmに変えて、ゲストを追う。ベタベタしないことだ。時計の針のように、tick tick tick（チクチクチク）と突くだけでは、相手からホンネを引き出すことはできない。そこへリズムを入れる。tick tock, tick tockと。

この流れを3にグループ分けしてみよう。tick tock tick——tick

tock tickと。

3とはロジックの原点であるから、tick tock timeのリズムでチーム編成をすればよい。ここで3と3の両チームの間に緊張関係が生まれる。これがメリハリだ。tockを山にし、theとnewsを谷に沈めると、The GOOD news（is）となる。この反対がthe BAD news（is）となる。このリズムを保つためには、冠詞のtheが必要となる。私はこれを英文法に先立つ呼吸原則（breathing principle）と呼ぶ。

The good news is Hitler is dead. で、The bad news is... …ちょっと知恵を絞って「間」を埋めてください。わからないって？ では、ユダヤ人になって考えてください。そう、The bad news is it's fake news.

ニュースには、善であれ悪であれ、必ず「裏」がある。「その反対に」（on the flip side）は、日常会話でもよく使える。オチ（punch line）がある。

（話を）続けてください。　I'm listening.

話をそのまま続けてください、というのは関心がある証拠だ。だからI'm listening. と目線を下にすべきだ。listenとは聴くことだ。聴くという漢字は、「耳」（ear）に「目」（eye）を並べ、目の下に「心」（heart）を加える「＋」（add）の四つの漢字から構成されている。関心がなければ傾聴できない。

もし「続けよ」（Carry on.）とか「止めるな」（Keep it up.）といえば、話者の目線は上からになる。「そのまま」をすぐにI'm listening.（興味があるから）と口から出るようにしよう。アメリカ人好みの表現だが、彼らは、Am I boring you?（一方的にしゃべって、退屈しないかい）と口癖に言う。

はめ込み詐欺　a put-up job

人を陥れる（はめる）のは、詐欺師が得意とする芸だ。entrap、the shareやtake inがよく使われるこの種の詐欺は、計画性が高いのでconfidence scheme（はめ込み詐欺）と呼ばれる。put upとは、あらかじめたくらんだものだ。海外には多い。遠くから目をつけら

れる独り狼は弱きもの（vulnerability）なのだ。私もひっかかったことがある。

　あらかじめ罠にかけるために、霊能者（psychics）や魔術師（magicians）やときにはメンタリスト（mentalist）がグルになって、手を替え、品を替え、迫ってくる。Put-up masters read you like a book and convince you, then they see the 'real' you behind the mask.（仕組み屋のプロたちは、あなたをはっきり見抜いたうえ、あなたの"本質"を見抜いたのだと説得する。）

hara (tei'i) ga-aru
腹（底意）がある　hidden agenda

「今日の会議の議題は何かね」What's on the agenda today? このagendaは、俎上に上げられる議題のことだ。しかし、日本の会議では、戦略（mind strategy）までは明かされても、「胆略」（ハラに近い）は明かされないままだ。直訳すればstomach strategyとなるが、通常用いられるのがhidden agendaだ。

「あいつは何かを隠している」「あいつはハラを見せない」という場合は、隠された意図、つまり底意を指す。「我方にもそのハラ（魂胆）はあった」という、ある軍部の高官の発言は、どう頭をひねっても英訳できなかった、と故・島内敏郎氏（元ノルウェー大使でデルファイ会の顧問）は、私に語られたことがあった。

　デルファイ会（The Delphi Club）とは、当時、三菱総研のリサーチャーであった永田清博士（MBA）と私の二人で結成した、30代の英語サムライのグループで、40年前の『日米口語辞典』編纂時には知恵を貸していただいた。とくにニューヨーク市立大学の森分倶美教授（a CUNY professor）には、異文化コミュニケーションの立場から、貴重な情報を頂いた。

hara-de-kangaeru
腸（ハラ）で考える。　Feel it in your gut.

　腸は、考えるところではない。しかし、感じることはできる。腹の虫が騒ぐこともある。日本人は、虫をよく使う。腹の中の虫だから、gut（guts＝度胸ではない）。直観（intuition）が支配する沈黙の世界は、日本人の文化といえる。

　今、はやりの忖度は、いずれ消えるだろうが、ハラ（腹、胆、

肚）は消えない。「顔で笑って、腹で泣いている」という表現もなかなか消えない。さて「腸（ハラ）で考える」に戻るが、thinkをfeelに変え、gutを使えばよい。これでネイティヴに確実に伝わる。Feel it in your gut. Use your gut feeling. でもよいが、フィーレッ㊦インユアガッ㊦の方が、英語のやまと言葉らしく呼吸がラクだ。

baramaku
ばらまく　give money away

　おカネを無防備にする（throw money around）わけではない。ヒモつきなしで（without strings attached）、派手にカネをばらまくのは、マーケティング効果を考慮した戦略だから、決して間違ってはいない。マーケット拡大は、いずれ儲けにつながる。Marketing gets you to the bottom line. giveやgetを使うと、ムダが消える。もっとぜい肉をとろう。Give money away to get what you really want.

　give以下が戦術（a tactic）、getが戦略（a strategy）となる。戦略がなければ、カネを湯水のように無駄遣いする（throw money away like water）ことになる。

　awayの中に「未練なく」使うという「気前の良さ」が含まれている。「のしをつけて進呈する」が、I'll wrap it up and give it to you. では直訳すぎる。かつて、「こんな主人、のしつけてあげます」という歌謡曲の歌詞があった。主人に熨斗をつけて進呈するわけにいかない——夫は祝い物ではないから、gift-wrapすることはできない。I'll give my husband away. でよい

　アメリカのあるコメディアンは、こんなきわどいジョークを使って話題になった。Take my wife... please.「間」が大切。セリフの流れからTake my wife, for example,（私の妻を例にとれば）を期待していた観衆の裏をかき、pleaseと笑いをとった。「どうぞ、女房を引き取ってください」と言ったのだ。please（後生だから）は、away以上にパンチが効いている。

hara-wo-kiru
腹を切る　face the music

　インターネットテレビは地上派と違って、どぎつい。過激な言葉が吼える。「安倍夫妻、あんたがたがまずハラを切れ！　側近を捨て

石扱いするのは士道にもとる。」インターネット番組だから許される。Cut open your stomach.ではない。切腹（hara-kiri）という一昔前の儀式ではない。
「麻生君、介錯を頼む」
「ハイ。殿、昭恵姫は」
「生きてくれ、オレの側から離れよ、と伝えてくれ」
「殿、おそれながら、昭恵姫はいつも殿の側におりません」
「そして、時間稼ぎだ（Buy me time.）夫婦仲のいいところをマスコミに流せ」
「御意」

　こういう関係の人たちに、切腹を求めることはできない。
　日本人が日常会話で「腹を切れ」というのは、禊（恥をかいて自己責任をとることも身削ぎの儀式だ）をしろということだ。祓い清め（come clean）の儀式は、つらいことだ。私の超訳はface the musicだ。
　この口語英語は、「（自ら招いた結果の）責任を潔く取る」、「報いを甘んじて受ける」、「堂々と批判を受ける」ことを意味する。（『自然科学系英和大辞典』）
　自分でなく、他人に起こったことの責任をとらされるときには、The Prime Minister doesn't take the rap, but we just have to face the music, acting like a man.（首相は、ツメ腹を切らされる必要はないが、男らしく、腹を切るべきだ。）

hara-wo-yomiau-no-ga-kohshoh
ハラを読み合うのが交渉。　Negotiation means playing games.

　トランプ米大統領が北朝鮮の金正恩とシンガポールのセントーサ島で交渉をするまであと二日というときに、常宿でこの原稿を書いている。これまで、一転二転して、やっと呼吸が合った。ディベートはテニスのような球技に近く、攻防が交互に行なわれるが、ネゴシエーションは、両者の呼吸が合わなければ開始しないので、相撲に近い。両者はやっと呼吸が合った。
　なぜ、急に止めたり、急に再開したりと、コロコロ発言を変えるのか。いや、それが外交という名の戦争だ。お互いの腹を読み合う

――そのために状況の変化をも読むのが外交という心理作戦。これらをひっくるめて、どう表現すればいいのか。トランプが使った英語がシンプルで切れる。EVERYBODY PLAYS GAMES.（交渉者は誰でも空気を読み合う。）

Donald Trump, U.S. President, regarding the on-again, off-again nature of a planned summit with North Korea.（*TIME*, June 11, 2018, p4）これほど、見事に自分の心境を顕わにする斬れる表現はない。人生はゲームだという彼の哲学から、演繹的に引き出された英語で、このgameの中には忖度も含まれている。ハラ芸も収斂される。斬れる表現とは、clearで、simpleで、euphoric（耳に快く響く）の3原則に他ならない。

コーヒー・ブレイク
「ばれること」と「観察すること」

「ばれる」をtellでひとまとめにする技巧は、ピーター・コレット（Peter Collett）による"The Book of TELLS"（Bantam Books）から学んだ。

カルロス・カスタネダ（Carlos Castaneda）によると、アメリカ文化はLOOK文化でSEE文化でないから、外見しか気にしない未熟児に見える。しかし、イギリス英語はこのseeでも皮相的すぎるので、シャーロック・ホームズのように、「観察せよ」（Observe.）という。ルーペが必要なのだ。武蔵の『五輪書』に「近くを遠くに見て、遠くを近くに見よ」と記されている通りだ。イメージや第一印象（perception）に弱い日本人やアメリカ人は、簡単に印象操作（spin）されてしまう。

アメリカはa nation of lawyersだが、a nation of liarsでもある。lies, lies, liesだ。だから、ウソを見抜く方法論が話題になり、TVにも登場する。"LIE TO ME"などは言語外のコミュニケーション様式を気にする私好みのreality TV番組だ。人間同士の交流に占める言語の役割は20%以下ではないか。80%以上は、非言語（non-verbal）コミュニケーション分野が占める。だからこそ、"The Book of TELLS"が注目を浴びるのだ。

Look me in the eye(s).「目を見ろ」は、英文法の上では正しい

が、実際は目でobserve（観察すること）が肝心なのだ。だからRead my lips.の次にRead my eyes.となる。それがRead my mind.になる。目の中に光（light、gleam、twinkle）があるのか、炎（fire）があるか。

　目は心の窓（the window to the soul）というが、目以外にもちょっとしたしぐさ（micro-tells）にも気をつける必要がある。それだけアメリカには、liarsやcon artists（詐欺師）が多い。大統領が片手にバイブルを持つ、一神教の国なのに、なぜ詐欺師が多いのか。私はこう思う。神の国だからこそサギ行為が多いのではないか、と。

　これは私の複眼思考（a compound eye）だ。eyesと複数形にしない。見わたす限りは、as far as the eye (one) can see. 耳（ear）でなく眼だから、単数扱いでいこう。英語を読むとき、単眼（a simple eye）では、速読ができなくなる。トンボの眼だぞ。Get the dragonfly's compound eye!

　しかし、日本はアメリカのようなguilt culture（罪の文化）ではなく、周囲の眼を気にする。shame culture（恥の文化）だから、神の目を欺いても、世間の目を欺くことはできない。どこかにやましいところがあれば人は伏し目になる。しぐさ（tells）が有効な証拠になる。だから、詐欺師もプロ級になると、相手の目をじっと見て、（eye contactは重要）欺いたり、涙で客を欺く（emotional manipulationsは女性の方が一枚上）というプロ級の技を身につける。

ha-wo-kuishibaru
歯を食いしばる　have a stiff upper lip

　このイギリス英語表現は、強いイギリス人の国民性を表わすときに用いられる。The English are reputed to have a stiff upper lip.（イギリス人は、ぐっと歯をくいしばることで有名だ。）

　まるで福島市民の、天災に対しても耐え忍んだ、ねばり強さの象徴がresilienceそのものだと世界から認められたようなものだ。しかし、stiff upper lipは、歯を見せないことが美徳であるイギリス人の表情を表わしたものだ。口唇を左右に伸ばすことから、ぐっと

耐えている様子が鮮明だ。

16世紀のイギリスではtightly pursed lips（おちょぼ口）が好ましいとされていた。口を大きく開いて、大声でしゃべらないと話せないアメリカ英語を小馬鹿にするのも、両国民の口元を比較すればよくわかる。

hanseikai-wo-hirakoh

反省会を開こう。 Let's debate what went wrong.

訳せそうで訳せない。反省といえば、99％の日本人は、字句通りにreflect uponを用いる。起こったことは起こったのだから、振り返らずに、Move on.（先に進もうぜ）というのが、アメリカ人思考だ。

Let's go over（what we've done so far.）は、ただ振り返るだけ。過去の失敗から学ぼうという姿勢は問われない。過去から学ぶというのは、真摯な態度だ。その意図が積極的（前向き）であるから、debateになる。過去を振り返ることは、未来に向かって責任ある行動をとるためだから、お互いに相手の非をなじるargument（あああいえばこういう口論）であってはならない。argumentは、今、ここでの口論で、感情的になりやすい（とくに日本人は）。

debateはあくまでこれから（未来）のための前向きな議論だから、クールなのだ。このことは40年間以上、言い続けてきたが、なかなか日本人には、わかってもらえない。もう一度言う。建設的なdebateは、破壊的な口論（argument）ではない。反省会もdebateなのだ、と。

hanron-no-yochi-nashi

反論の余地なし。 Guilty as charged.

中途半端な謝罪ほど見苦しいものはない。「あんたも同罪だ、知事」（You're guilty by association, Governor.）と、これまでの責任を問われたときに、「私を知事に選んだあんたがた、選挙民が悪い。」（You're to blame, because you picked the wrong governor.）

たしかに、正論ではある。悪い政治は悪い選挙民によって選ばれた政治家によって行なわれる。しかし、往生際が悪すぎる。正解は、素直に、Yes, I'm guilty as charged.（たしかに有罪を認めます）と、自己弁護をしないことであろう。

よく耳にする法廷英語だ。「おっしゃるとおり、私は非を認めます」が、素直な態度だろう。

居酒屋トーク
「引き受ける」と take on

「引き受ける者になれ」とは、福沢諭吉が『学問のすゝめ』の中で力説しているくだりである。「独立とは、自分にて自分の身を支配し他に依りすがる心なきを云ふ」と述べているから、「引き受ける者」とはその反対の意味をいう。前者は lean on 〜で、後者は lean in 〜のことだ。

FacebookのCOOのシェリル・サンバーグ（Sheryl Sandberg）女史のモットーが Lean in. とするなら、寄りかかる男（on＝つっかえ棒）はないという意味で、女の独立論だ。

このように on とは、自らを支柱に置き、逃げないのが武士道であり「引き受ける者」なのだ。英語は take on。繰り返しで悪いが——。

「背負う」は to shoulder のことだが、take 〜 on だけでも結構重い——on のシンボルの重さが感じられればだが。「外国に対して我国を守らんには、自立独立の気風を全国に充満せしめ、国中の人を貴賤上下の区別なく、其国を自分の身の上に引き受け、智者も愚者も、目くらも目あきも、各其国に死分を尽さざるべからず」の中の「引き受ける」と「分を尽す」の二語は武士道の基本である。

金融業者がリスクを背負い、起債を引き受けることを undertaking というが、英語道を背負う「師」は「弟子」の魂まで救済する覚悟が必要だ。それが武士道の延長としての英語道の心構えであるべきだ。

なぜか。英語を教える先生は、いかに英語の教え方がまずくても、職を失うことはない。英語教育者はラクな「分」野なのだ。教え子の英語がまずく、それがゆえにビジネスや国際交渉でヘマをしても、切腹はないとしても、反省を形で表わす必要はない。「先生、海外へ巣立つ前の1年間、英語道で私を鍛えてください」と頼まれたら、Sure I can take you on.（オレが預かる）と言

えるだろうか。It means taking on the holy task of making samurai of your students (disciples.) そう、自立できる英語サムライを引き受け、鍛えるには、自らが、一身独立しなければならない。Take yourself on first.（まず自ら自身を自立させる）、これが念力（will power）。祈りは他力だが、念力は自力だ。英語道の基本はここにある。

hiza-wo-majiete-hanasoh

膝を交えて話そう。　　Let's sit down and talk.

これは決まり言葉。一息で発声してみよう。直訳してLet's keep our knees together. なんて言わないこと。きっと、ヘンな関係（ゲイかレズの関係）だと勘違いされる。話の中身だけに限定して、胸襟を開いて話し合いたいなら、Let's talk things over. か、Let's level with each other. でよい。level with とは、ハラを割って同じ土俵（level playing field）で語り合うこと。

コーヒー・ブレイク
ビジネス交渉と悪魔

コーヒー・ブレイクは、ちょっぴり自分が悪になり切れる"密かな楽しみ"（guilty pleasure）が赦されるプライベートな空間だ。タテマエ上、正しい（politically correct）ことしか話せない教室から解放され、「オレはワルだ」（I'm bad.）と開き直ることができるから、愉快なのだ。今日の私は、ワルで通す。話は重くいつもより長くなるから、覚悟してほしい。悪魔（devil）を演じれば、「俗」が「聖」に歯向かうことができるから、痛快だ。しかし、油断は禁物。この一言が要る。

「あんたが憎いから言っているのではありません」（Nothing personal.）、「あくまで視聴者を代表して、心を鬼にして申し上げているだけです」（I'm just playing the devil's advocate.）。

全会一致は、民主主義のルールに反対するから、一人でも反論をする人がいなければ、会議そのものが無効になる。これが日本にないゲーム理論だ。くどいようだが、「いやみ」な発言をするのも、このゲームの悪魔カードだと割り切ればよいだけのこと。

だが同じ「悪」でも、ゲームができない悪魔がいる。その名を Satan と呼ぶ。サタンはゲームをしない。かつて芸術家に憧れたことのある私は、devil と Satan のシンボルをさらに深くイメージでとらえる。デビルが生命体のバクテリアなら、妥協なきサタンは non-living であるウイルスだと。前者が bad なら後者は evil だ。devil の前身は、evil の Eve（Eva は美しく邪悪な悪女のシンボル）である。

　2018年8月10日に放映された NONES の Global Inside では、金正恩とドナルド・トランプの対談を取り上げた。TIME と The Economist と私が創作した見出しを比較した。

　TIME のカバー見出しは、The riskiest show（やばいショウ）
　The Economist は、Kim Jong Won（金の勝利）
　私の英語見出しは、Bad meets evil（悪が邪に勝てるか）

　トランプは、devilishly（堂々と）bad。可愛げがある。勝った、勝ったと騒いでいる。その空威張りを *The Economist* は冷笑する。金正恩の名前の Un を won（勝利）と掛けた。私は、「悪は邪に勝てない」という意味を込めて、Bad meets evil. を選んだ。暴走族のような悪ガキがヤクザに遭った時、とイメージすれば、その結果は、なんとなく見える。こういうひねくれた発想が生まれたとき、私は自らを英語道の有段者（クロオビ）とした。少し眠くなったようだな。コーヒーをお代りしよう——どうせ今日は私のおごりだ。さて、この私を変えたのがこの辞書、"The Left-handed Dictionary"（Leonard Louis Levinson）だ。この本のカバーの英語表現が切れている。

　clown（ピエロ）とは、a man who acts too natural（あまりにも自然に振舞う人間）のことで、これで、シェイクスピアの悲劇に登場するピエロの正体が掴めた。愚かしいのは、ピエロの真似ができない人間の方だ。悪魔に憑依されるまでの私は、疑いを知らない素直な人間だった。「先生、先生の英語は、まるでガイジンのようですね」とおだてられ、舞い上がってきたレア王（悲劇の王）だった。英語が話せるだけで、ヒバリのように楽しかった（happy as a lark）。そのネアカ時代が崩れ始めた。その翳り（broken symmetry）が私をクロオビとしてくれた——海外経験なく。

びじねす

> 外国語に魅せられることは、いずれ悪魔の誘惑と闘うことになる。英語道の有段者になるには、ある時期は必ず精神的に異常になる。そのために、私はdevilの立場になって君らに話しかけている。悪魔は、ユーモラスに善人ぶることがあるが、邪の剣を衣の下に隠しているから油断できない。
>
> *TIME*のランス・モロー(Lance Morrow)は、ミルトンの『失楽園』を読むかぎり、ディベート力では神より悪魔の方が優っていると認めている。理想より現実を貫く、devilは、はるかにすばしこい(agile)。
>
> アンブローズ・ビアス(Ambrose Bierce)の『悪魔の辞典』("The Devil's Dictionary")を読めば、この辞典の中に、悪魔(devil)という項目はない。そして、devilの宿主であるSatanをさらりと、こんな風に定義している。The scarecrow in the religious cornfield.(宗教的なとうもろこし畑の中のカカシ)。可愛い。
>
> One of the Creator's lamentable mistakes, repented in sashcloth and axes.(創造主が犯した最も悲しい間違いの一つ。サッシュ〈帯〉と車軸にしばられて悔い改める破目に陥った)(p119) まるで役者としては、悪魔の方が格が上に思える。決して可愛くはない。私がSatanを不滅のウイルスと定義した理由はここにある。
>
> ビジネス交渉とは、お互いが、frenemy(友であって敵)という関係を保ちながら、行なうゲームであるから、両者の守護神はあくまでdevilであって妥協なきSatanではない。主神のdevilと取引し、破れることを、英語ではsell out the soul to the devilという。Never sell out! しかし、いったん魂をSatanに売り渡せば、永劫の地獄から戻ることはできない。You either burn in hell or rot in hell.

bijinesu-wa-junchoh-kane
ビジネスは順調かね　How's business?

「もうかりまっか」が大阪人のトレードマークとされたら、困る、と述べたことがある。大阪出身の私でも知っている、ほとんどの大阪人はAre you making money?と英語に訳されると、ムッとする

(be put off)。せいぜい How's business?

ところが、前出のロバート・ツチガネ氏は、「もうかりまっか」は、バーテンダーの前でもやめてほしい、と述べている。バーテンダーは、単なる接客業者ではなく、精神科医であるという。「今晩は客が少ないようだが、どうだね、商売はうまくいっているのかい」といって、チーフ・バーテンダーに「あんたの知ったことか」と叱られた例をあげている。さらに車内で「ところで景気はどうかね？」と気軽に聞いたところ、その運転手は道路の脇に車を止めて、こう叫んだという。None of Your Business!（お前の知ったことか！）

ビジネストークは決してプライベート（personal）に踏み込まないことだ。

hohoemi-gaikoh-dayo-ki-wo-tsuke-nasai
微笑外交だよ、気をつけなさい。　It's charm offensive. Take care.

微笑の不気味さを *TIME*（April 16, 2018）が外交ゲームの一環として取り上げた。サウジのプリンスのスマイルには気をつけよ、と言わんばかりのカバー記事だ。CHARM OFFENSIVE（Should the world buy what the crown prince is selling.）サウジ王国のプリンスが微笑むとき、相手国は警戒するとでも。

夫が、そして妻が急にやさしくなったら、Why?（裏に何かがある）と勘ぐるのも a diplomatic game の一つ。

hitogoto-dewa-nai
他人事ではない。　No one is immune.

アメリカ人の自殺率は高まる一方だ。中年以上の自殺者が多かったが、今では年齢層にかかわらず、増えている。アメリカ疾病予防管理センター（CDC: Disease Control and Prevention）によると、「自殺は他人事ではない（だれでも自殺願望がある）」ということだ。"not immune" とは「免除されない」という意味だ。

なぜこんなぶっそうな記事が *TIME*（June 18, 2018, p6）に登場したのか。Kate Spade（ケイト・スペード）というブランド・ネームで有名な Kate Spade その人（55）が took her own life。自殺の原因はわからないが、「成功か失敗か」ということが直接の原因では

なく、ケイト・スペードというご本人の名前がブランド・ネームと同一視されたことの悩みなのかもしれない。

シャーロック・ホームズという架空の人物を書いたコナン・ドイルが、自分の作品の中のシャーロック・ホームズに嫉妬を感じ、こっそりとスコットランドの母に手紙を書いた。Mama, I'm jealous. と。この激白文は、私の想像したものだが、かつて *TIME* のこの記事を読んだとき、このお医者さんも、私同様、案外嫉妬深いんだなと、かえって親しみを感じたものだ。

しかしコナン・ドイルは、いずれシャーロック・ホームズを殺し、ファンを怒らせ、また復活させた。*Return of Sherlock Holmes*（『シャーロック・ホームズの帰還』）として。ケイト・スペードの自殺も他人事ではない。You, my readers, are not immune, either.

hito (yo) no-tame-ni-tsukusu
人（世）のために尽くす　make a difference

大企業から解雇されたあなたの次の仕事は、コンサルタント。仮の話だ。第二の、いや第三の人生が始まる。次のあなたのボス（パートナー）は、What can you do for us? と聞く。真意は、Why do we have to hire you as a consultant? だ。

その答は to change your company では傲慢すぎる。自分のキャリアアップ（to improve my career）だろう。お勧めの英語は、make a difference。（少しは御社に貢献したい）だ。コンサルタント業界の名士である、Robert Bacal（ロバート・バカル）は、次の4つの法則を打ち立てた。

1. Having a sense of humor. ユーモアのセンスを持て。
2. Viewing certainty as a constant threat. 絶対という言葉は慎め。
3. Making yourself unnecessary. 自分はいなくてもいいんだ、という姿勢を崩すな。
4. Creating your own body of wisdom. 自分自身を知恵袋にしろ。

まとめてみると、飼いネコになれということだ。家庭が崩壊しそうになったら、ネコを飼えという人がいる。──私もその一人だったりして。ネコはそこにいるが、そこにいない。マイペース。だがそばにいるだけで周囲の空気が変わる。誰のお陰だ、とは決して言わない。それがコンサルタントのような仕事に思える。

とくに、making yourself unnecessaryが、禅的で気に入った。自己の存在をアピールしない。Bacal's Law of Consultingの中で、この箇所でバカル氏を名人と定義することに決めた。

hitomae-de-kimi-no-mentsu-wo-tsubusa-nai
人前できみの面子(めんつ)をつぶさない。　I won't embarrass you in public.

面子はfaceだが、あまり使いたくはない。「面子をつぶす」はembarrass youとか、make you look bad in publicという口語表現を使った方が無難だ。

アメリカ人が中国人や日本人との交渉で失敗するのは、状況把握のまずさだ。ちょっとしたことが譲れないことがある。通訳者を機械のように扱う（故・西山千の言葉）ところがある。しかし、通訳者からみると、表舞台の人間の素顔がよく見える。いい交渉者（dealmaker）は、通訳者にまで気を配る。

交渉名人のJohn Ilich（ジョン・イリッチ）は言う。When you're appealing to your opponent's emotions, give in on minor concessions.（苦手な相手の感情に訴えるには、少し妥協することだ。）「譲り」（art of giving）は、世界共通の交渉術の要ではないだろうか。相手の顔を立てる（Make him look good in front of others.）のも一案だ。

hitomae-de-haji-wo-kakaserun-ja-nai-yo
人前で恥をかかせるんじゃないよ。　Don't make me look bad in public.

女性の前で男性は恥をかきたくないもの。できればカッコをつけたい。Men want to look good before ladies. シェフとワイン・トークができるぐらいの教養はちらつかせたい。

恥をかくは、feel embarrassedはいいがashamedはいけない。ベストは、look badだ。（メンツを気にする）イスラム教徒の人に、女性の前で恥をかかせては絶対いけない。

"Never let Muslims look bad in front of ladies."

イスラム圏の人は、面目を気にする。決して、捕虜を裸にして、猛犬に襲いかからせるようなことはやるべきでない。グアンタナモ収容所では、笑い顔の若い女性が吠えまくる犬たちを捕虜の男たち

にけしかけた。犬と女に、同時に男たちを辱めさせる二重の屈辱を与えたといえる。

イスラム教徒のパキスタンの人と話し合うと必ず、この話になる。武士も面目を気にする。恥をかかせることは死刑よりも重刑なのだから。ムスリムは、辱められるなら死を選ぶという。彼らの使う badai という言葉は、*the* insult that answers *the* insult のこと。つまり侮辱に対しては侮辱で返すのがイスラムの流儀で、その心は honor（名誉、面子(めんつ)）のためだという。

hiboh-chuhshoh-suru

誹謗中傷する　stab somebody in the back

誹謗中傷は、通常、背後でなされる。ナイフで突き刺されるほど、痛い。Ouch! 英語とは stab 〜 in the back が一番よく使われる。日本人のほとんどは、欺される、裏切られるというときに、辞書通り、deceive を使う。絵になっていない。

絵になる表現とは、こんなふうだ。Did he fight back? No. Worse. He shot me from behind. 正々堂々と論陣を張る人を straight shooter というが、その反対に、卑怯な手口で相手をおとしめる人は、背後から撃つ人だ。

日本社会では、大人になってもいじめは続く。目立った人を集団でいじめる。覆面の殺人者（assasin アサシン）は、"空気"と同じく、顔を見せない。Masked guys. 闇討ち（an ambush）も shoot from behind の類だ。

インターネットの時代の市民（netizens と呼ばれた）は、2ちゃんねるなどでハンドルネームを使って、昨夜一緒に飲んでいた男を、闇討ちする。デジタル時代は、人間不信（mutual mistrust）の時代を招いてしまった。ネットでの感情的なやりとりは慎むべきだ。背後から撃ち合う行為になりかねないからだ。ビジネスは、相対(あいたい)取引に限る。

himo-tsuki

ヒモつき　strings attached

融資にはヒモ（条件）がつきものだ。ヒモは切れないから、厄介なしがらみになる。一流企業は、ヒモのついた社員を嫌う。好ましくない裏のスポンサーが陰で pulling strings をしているとの情報が

流れると、信用問題となる。そういう社員は、poor credit risksと呼ばれる。会社は、対外的信用（reputational risk）を背負っているのだ。

「あいつは、オレの舎弟だよ」(He's a puppet on my strings.)という発言を耳にして、肌寒くなったことがある。"社畜"がbacteria的存在だとすると、XX組が送り込んだ「舎弟」は、内部で繁殖する（go viral）、つまりvirus的存在に近い。ウイルスは、最初は羊のように柔順だが、いずれ組織を内部からゆすぶる存在に化けるので、危険分子だ。a puppet on a string（人形）を操る、puppeteer（人形つかい）が恐ろしい。

hi-yudaya-jin
非ユダヤ人　gentile (goy)

ユダヤ人は、自分たち以外の人をgentiles（異端者）と呼ぶ。日本人はnon-Jewishという言葉の方を好むだろう。本当の意味で、日本人だからといって嫌われた経験はあまりないからだろうか。

ユダヤ人以外のガイジンはイディッシュで言えば、a goy。複数形はgoyim。ユダヤ人にいわせれば、別に差別ではない。ただ区別しているだけだという。just an identifying termなのだ。ただidentify（人と違うというだけの意味）するだけだが、ユダヤ人とビジネスをするときは、少なくとも区別されていることを知って損をすることはない。よく非ユダヤ人は自分を卑下して、ゴイム（非ユダヤ人のことで、家畜、豚を意味する言葉）ぶりを強調することを、ユダヤ人は知っている。

Some gentiles want to put themselves down or poke fun at themselves. When they've done or said something stupid.（非ユダヤ人の中には何かヘマなことを言ったり、やったりすると、すみませんゴイムですから、と自己卑下をしたり、自分自身をコケにして笑いをとる人もいる。）

laughing at themselvesは笑いのエッセンスではないか。同時通訳の名人であった村松増美氏は、晩年、笑いの道に入られ、大阪の観客の前で、「東京という下方（シモガタ）から参りました」と、大阪人の意表をついて笑いをとられた。大阪人もユダヤ人も屈折した優越感を持っている人種なので、言葉や態度で傷つけない方がよ

い。むしろ、もっとへりくだった方がうまくいく。

「先生のユダヤ人の話をもっと聞きたい、今度はどこでお会いできますか」というのが東京人の気配り。それに対し、「こっちから、行きまんがな」と、さらに、身を低くするのが、Osakans and Jews。

なぜ、ユダヤ人と大阪人は、より創造的なのか。Jackie Mason（ジャッキー・メイソン）は言う。Your mind has to work better because you're more challenged. Necessity is the mother of invention. (p57)（ユダヤ人は、逆境にあるから、順境にある非ユダヤ人よりも、もっともっと頭を働かせなければならない。「必要は発明の母」というではないか）と。さらに、不自由な捕虜の方が、より自由な捕虜よりも、逃げる方法を知っている、とも。

武蔵は、敵になれという。相手の立場に身を置けば、戦争でもビジネスでもかえって有利になるということだ。人の家に忍び込んだドロボーの内心は、ドロボーを恐れる人以上にもっと怯えているはずだとも。武蔵の分析力はシャーロック・ホームズ並みだ。

byohki-bijinesu
病気ビジネス　disease mongering

日本は医療殺人、死刑執行大国といわれている。黒幕は米国と日本の利権団体で裁判まで買収されるという話が流れている。bipolar disorder（双極性障害）というレッテルを貼られると、その人は精神病の一種とされ、大量の薬が投与される。病気は big business。病院の薬局も医師も喜ぶ。これが disease mongering。戦争屋が war mongerer と呼ばれるように、アメリカの医療機関が送り込む巨大な日本、こういうカルテルは恐ろしい。

コーヒー・ブレイク
ビル・クリントンは slick（調子のいい）な男

「濁り（stain）」というS語により、クリントン夫妻の sin にまみれた過去と、二人の行方が気になった。とくに夫の、slick なビル・クリントンは、sex scandal の scoop が絶えず、sinful を通り越して悪質（sinister）だ。多くの criminal records を抱えており、まさに satanic だ。

slickとは、単なる「日和見的な」「調子のよい」なんかではなく、secretive（こそこそ）でslack（だらしがない）、sexy（セクシーという意味とセックスにとりつかれたslutterousという意味も）、seductive（誘惑的）で、まるで中傷的（slanderous）な絶倫男（stud）なのだ。

政治的にも、台湾を裏切（stab them in the back）って、中国の三合会（the triad）と手を結び（making a pact with the devil）、ホワイトハウスに中国マフィアを招き入れた。マネーというSatanに愛されたカップルは、こそこそ（surreptitious）と不正を働くのが好きで、コカイン関連のスレスレ（shady and shadowy）の密貿易（smuggle）にも手を染める。このように、トランプは、クリントン夫妻を犯罪者と決めつけている。しかし、二人とも、S語にどっぷりつかっている（They are stuck with S-words.）

夫婦そろって、selfishで情報操作（spin）が巧みだ。それであっても社交的で如才ないからslick（調子のいい）。だから尻尾が摑めない。Catch me if you can.というビルの笑い声が聞こえる。"Kill Bill."いや"Impeach Bill（弾劾せよ）"という大衆の声や怒りはしょっちゅうYouTubeでアップロードされている。To sum up, Bill sucks.（どうしようもない男。）よくもこれほどS-wordsが数珠つなぎ（string along）になるものだ。

hin'i

品位 class

品格という難訳語を思いきって、play niceと超訳させてもらった。超ベストセラー『国家の品格』の「品格」の英語がdignityであることに疑問を抱えたのがきっかけで、「品格」に「気概」を加えるべきだと主張し始めた。

『ジャパンタイムズ』紙のマンガ欄で学んだネイティヴ訳（play nice）が気に入った。こちらを選んだが、友人の米ジャーナリスト、ボイエ・デ・メンテのcharacterという訳も捨てがたい。本書では思いきって、もっと深い、「品位」（品格と地位。人や事物にそなわる気高さや、りっぱさ、品の良さ）を取り上げた。

ビジネス交渉はアカデミック・ディベートではなく、人間的力量や品位が問われるので、どろなわ式（at the eleventh hour）にたどりついた。その言葉に最も近い雰囲気を持つ英語とは、class である。品格でなく、品位だ。

イギリス人は、class-conscious、アイルランド人は、family-conscious、スコットランド人は clan-conscious（clan とは氏族のこと）。そして彼らから見るアメリカ人は、money-conscious。品位（class）も金で買える国だというのだ。

イギリスではまだ買えない——いやかなり買えるようになってきた。自由貿易を標榜している *The Economist* 誌も、揺れ始めている英国民を、クールに眺めている。外交特権までカネで買えるアメリカの政治外交を、ヨーロッパ人は小馬鹿にしている。They ain't got class.（なりふりかまわないやつらだ）と、いや ain't は品位を落すので、haven't got any class とでも訳そうか。

ピーナッツ畑農家出身のカーター元大統領が、ジーパン姿で、ジョギングをしている姿を見た、ヨーロッパ系の人たちが、He has no class. と言ったらしい。英文雑誌で読んだ。たしか、欧米の外交家たちは、美術展を見ながら教養を競い合っているのに、という箇所もあった。うろ覚え（vague memory）だが。

品格のある英語を話せ。　　Speak RP.

イギリス人にとり、品格ある英語とは、認められた発音で話された英語（Received Pronunciation）のことだ。イギリスでは一般的に、南東部（south-eastern）では posh without being grand（仰々しくなく、上品）という感じを、class と置き換える。人種よりも地域が気になる人たちだ。だから、バーミンガム、リバプールやマンチェスターと聞けば、関西訛りとイメージしてしまう。

オリンパスのウッドフォード氏（社長に迎えられ、解任された毀誉褒貶のある人物）がリバプール出身と耳にして、「大阪人らしい」といえば、NONES の番組ゲストにお迎えした和空ミラー氏（ウッドフォードの親友）はほがらかに笑って、「その通り」と同意してくれた。一般論でいえば、「訛りはなくせ」Lose your accents. が最初にきて、あとは「標準語を使え」（Speak R P.）となるはずだ。

hinkaku-wa-nijimi-deru-mono
品格はにじみ出るもの。　Elegance is an attitude.

　これは私好みの企業広告から借用したものだ。Institutional advertising（企業を知らしめイメージを高めるための広告）の英語は斬れる。莫大なカネが、この短い英語に投資されている。

　交渉で大切なのはKISS原則だ。Keep it simple, stupid.（もっと短くしろ、ドアホ。）cold coffee は、冷たいコーヒー？ アホ、レイコでええんや。大阪弁の訳は忘れよう。品格がない。Play nice.（もっと上品に振舞え。）書かれた英語は、話された英語より、短く、重く、しかも気品がある。

　交渉学では、第一印象がモノをいう。交渉者に対しては、Dress well.（高級品で決めよ）と決して言わない。Dress up.（よそゆきのドレスで）でも、Dress down.（普段着で）でもない。Power-dress yourself. と言うべきだ。Dress to look competent and professional. のことだ。

　しかし、自然な振舞い（Be natural.）が大前提だ。茶色（browns）か、青色（blues）か、灰色（grays）のような保守的な色（conservative colors）で、ド派手な格好（flashy styles）は避けることだ。吉本興業の新喜劇に登場するヤクザ役は別だが、通常、交渉の場では気をそらせるような服装ではなく、あくまで品格のある言動で交渉に臨むべきだ。

puhchin-no-hara-wa
プーチンのハラは？　What's Putin's game?

　What is he up to? 一時的なハラ。Where's he coming from? に近い。What's his agenda?（彼の底意は）がよく使われる。agendaは戦略に近く、hidden agendaで胆略になる。腹は見せないものだが、hiddenは「腹の奥底」になる。

　しかし、今NetflixでFinal Yearを聞いていると、What's Putin's game? という英語が私の耳に入った。これだと思った。プーチンのgameは、当然、子供の遊びなんかではない。何をゴールにしているか、というゲームの究極にあるもの。遠近法（perspective）でいえば、消滅点になる。このvanishing pointをどこに置いているのか、というのがgameなのだ。つまり、戦略（game plan）の最

終地点のことだ。

What's the name of the game for him? Becoming the Tsar? ドイツのKaiser。つまり皇帝のパワー（Imperial power）は日本の祭祀を司る、祭神（Priest King）としての天皇では、決してない。外交ゲーム、そして戦争ゲーム（これもgame）では、ルールが大切。しかし、もっと大切なのは、ゲームの最終目標だ。

fuhkaku
風格　gravitas / presence

「格」は難訳語中の難訳である。骨格から人格になり、品格が備わったあとは、風化するが、いや、さらに磨きがかかるのが「風格」だ。「格が違う」は、We're a breed apart.で通じるが、「風格」は、比較の域をはるかに越えている。

風格のある人には、存在感（presense）が感じられる（to be felt）のだ。名状しがたい威圧感に圧倒されることがある。そんな人に会えば、こんなふうに表現できる。He had such a large presence, I was psyched out.しかし、本当に風格のある人は、交渉相手を威嚇する（psyche out、intimidate）ような態度を見せない。そこにいるだけで、存在感がある。命令をしなくても、人は従う。

沖縄尚学学園の名城政次郎理事長（89）は、人格の上にくるのがリーダーとしての「風格」（中国語にもない）だと定義されている。車椅子の身からも、立志伝中のレジェンドとしての風格を感じさせる。文武両道を誇る沖縄尚学高校は、野球、空手、柔道などの部活を通じて骨太な人間を育てる。骨格（a bone structure）と人格をひっくるめてcharacter（骨太）となる。人間教育とはcharacter buildingのことである。武と文が共に進化すれば、品格（noble character）が自ずから備わってくる。

TOEFLのスコアはなくても、英検準一級があれば、アメリカの一流大学（たとえばワシントン州立大学）への進学を認めるという取り決めが交わされている。ショードレー副学長（パキスタン出身のアメリカ外交官）と話をしたが、文武両道を実践している同校の高校生の国際感覚（global awareness）や人間力が評価基準に入っていることが確認できた。風格は「土」と不即不離の「風」と無関係ではない。風化しない「骨」（映画『洗骨』から）だ。名城氏は

「さりげないたくましさ」（effortless toughness）を風格と表現されておられる。私は氏をHe is a brave soul (at the mercy) of soft summer breeze. と表現する。さわやかな夏のそよ風といった風体を感じるからだ。骨格、人格、品格そして風格と格も進化するのだ。

　戻る。そのあとにくるのが難訳中の難訳である風格。単なるamazing graceだけでは表現しきれない。「堂々としている」なら、He stands (tall) like a giant oak tree. と描写することができる。「動じない」ならHe is firm. だけでもよい。ぶれない感じだ。しかし、風格には枯淡の境地から生じる錆がにじみ出てくる。aura（霊気）はhalo effect（後光）といった威光が放たれる。あくまで私見だが、欧米人がよく使うgravitasが一番近いように思う。台風や地震がきても、「ぶれない」風格を感じさせるからだ。gravity（重心）とは、台風の眼（the eye of the typhoon）のように、暴風圏下にあっても無風の状態なのだ。

fuhzoku-sangyoh
風俗産業　　sex (smut) industry

　風俗とはズバリsex。ポルノ業界（pornography industry）は、必ずしもintercourseを伴わない。なぜsexに近いS語を用いたのか。sin（罪）とshame（恥）に共通するSは、snakeから来ている。蛇はsss...、人間はsh sh sh... とどちらもsilenceに近い。

　sleep、seduction、sexはslut（あばた）、そして、それらがscandalを誘発する。このSの誘惑に溺れた、性的に自堕落な猛者をstudと呼ぶ。このようにS語は淫らな（salacious、smutty）というシンボルの宝庫である。sex industryはsin industryのことだ。そういえば、red-light districtsでsexual serviceをする女性たちは、ネコのように媚びるのが得意なseductresses（男たらし）が多い。

fukai-yomi
深い読み　　a long game

　読みという日本語は深い。Read deep. では言いあらわせない。Read into it. だけで通じる。deepはいらない。ではどんな訳がいいのかと悩んでいたときに、TIME (Aug 20, 2015) のカバー（"Spike Lee's Long Game"）でピンときた。久しぶりに登場したSpike Lee

の持久戦（a long game）とは何だろうか。KKKは、黒人をやっつける白人の秘密組織だが、映画"BlacKkKlansman"（邦題『ブラック・クランズマン』）は、白人に一矢報いるための黒人による対抗作戦だけに、いかにも血生ぐさいタイトルだ。アメリカを「白」にするというトランプに対し反旗を翻している。タイミングがよい。スパイク・リー監督は、この日まで虎視眈々とタイミングを狙っていた。

オバマ前大統領の近所に住んでいても、お互いに電話をもしないなど、黒人の有名人同士でも、慎重な距離（cautious distance）を保っていた。李下に冠を正さない（stay above suspicion）配慮を怠らなかったというから、まさに、a long game（持久戦）といえよう。

家康は、信長や秀吉と違って、a long game player（「泣くまで待とうホトトギス」主義の戦略家）であった。

fukitsu-na-kotoba
不吉な言葉　D-words

ディベートというカタカナ英語をdirty wordだと生理的に嫌うのが、darkな言葉の響きを嫌う日本人気質。英語でいうdebateは、建設的だ。明るい響きしかない。残念なことだ。ライフワークであるディベート道（究論道）が広がらず、頭打ち（not going viral as it should）になっている原因がD-wordsなのだ。

たしかに、英語のD-wordsは暗い。dark、dirty、die（death）、deny、differ、disagree、depressと、気持まで落ち込んでいく。

The Economist（Aug 25th, 2018）のカバーは、D-wordsであるDonald Trumpの無法ぶりが取り上げられている。Is he above the law?（あいつは、神様のつもりなのか？――超訳）。カバーストーリーの中見出しはD-wordsのオンパレードで、トランプの凋落ぶりを、読者の眼と耳に訴えている。Drip, dripping down the drain. ポタリ、ポタリと血が流れるように、人気は落ちる一方と、D-wordsずくめで読者にイメージさせようとしている。Is Donald being destroyed?

fukusen-wo-haru
伏線を張る　plant suggestive seeds

　深夜、交渉の達人である、John Ilich（ジョン・イリッチ）氏と共にいる。交渉上手な人は、話の途中に、ちゃっかりと伏線を張る。

「きく」を広辞苑で調べて、ますますわからなくなってきた。聞くも聴くも訊くも、やめて、「きく」と言霊(ことだま)に先立つ音霊(おとだま)にまかせるのは漢字より、日本流にひらがなにしたほうがいいのか、とふと考えた。

　I'm wondering if there's someone willing to put in a good word for a publisher for me.（誰か、出版社に口をきいてくれないかな、とふと考えている。）この深夜、交渉人はこんなふうに伏線を張る(plant suggestive seeds)。「伏線を張る」とは、foreshadow（a coming event）のことだが、これを、交渉のために、巧みに使うのも手だという。

『ジーニアス和英辞典』はgive a hint（clue）in advanceを使っている。『ウィズダム和英辞典』のa hintは、見えないままだ。翻訳は正確に限る。しかし、学者ではない交渉者は、よりプラグマチックに、伏線をビジネスに活用する。Wouldn't it be best to give me my money back now?（お金を今、私に返してくれたら最高なんだけど。）hintが活きる。点は線により活かされる。

fukumi-no-aru-kotoba
含みのある言葉　nuance-laden words

　ある辞書でa word full of hidden meaning（connotations）という直訳を見つけた。私は、含みを陰翳(いんえい)と置き換え、nuanceを使う。フランス語のnu-（陰影をつける）＋-ance（状態）は、表現、感情、意見、色、味などの微妙な差違（a subtle difference in the shade of meaning, expression, or sound）のことで、私好みの表現だ。

　なぜか。私は日本の文化を「にじみ」でとらえる。「ぼかし」はまだgameで「人(じん)」為の範囲内で生じる。しかし、「にじみ」は、「天(てん)」為であり、人為が及ばない。判断は相手や、その場の空気に委(ゆだ)ねることだ。忖度(そんたく)も含み（nuance）のことだ。give the word nuancesというふうに使う。

断るときも、今は私と私の上司の顔を立てて、今のところ(right now)引き下がってください、と言う。この「今」に限定して(for now)が"含み"だ。

　"I'm sorry, but I can't help you right now."(あいにく、ただいまは、お役に立つことはできません)。これがnuanced response。「今」と限定して、交渉の針(sting)を抜き取るのも含み(デリカシー＝subtleness)のある外交だ。

fukoh-chuh-no-saiwai
不幸中の幸い　　cold comfort

「せめてものなぐさみ」という言葉と共に、島崎藤村は『夜明け前』(第二部・下)の中で、巧みに使っている。「この西南戦争が全国統一の機運を導いたことは、せめて不幸中の幸いであった」(p250)と。

　西郷隆盛らが戦死し、その余波が大久保利通の身にまで及んだ西南戦争、それが「幸い」の機運となった、と表現する日本的心情を訳すのは容易ではない。

　『新英和辞典』には「不幸中の幸い」について、(気落ちしている人にとっては)うれしく〔ありがたく〕もない慰め〔励まし〕(no consolation)と記されている。

　しかし、藤村は本当にそう思っていたのか。248ページに戻ると、悲しんでいる。「この戦争は東北戦争よりもっと不幸であった。なぜならこれはそもそもの起こりに於いて味方同志の戦争であるのだから」と。島崎藤村には、そういう暗い面がある。仮に私が同時通訳のブースに入っていたら、consolation(慰め)より、coldの方に力を入れて、cold comfortと訳しただろう。

bushi-ni-nigon-wa-nai
武士に二言(にごん)はない。　　Trust me.

　My word is my bond.を用いた超訳も、多くの人に使われるようになった。イギリス、シティー筋の金融マンなら、「私の言葉は債権だ」と言ってもキザではない。しかし乱発すると、価値は下がる。

　聞いた話だが、国外の人たちと交渉する場合に、最も効き目のある英語は、Believe me.でなく、Trust me.だと言われ、なるほどと

思った。この言葉には、私という人間を信用してほしいという気持と、その信念を貫くという気概が感じられる。逆に、I trust you.（裏切りは許さないぞ）といえば、脅しにもなる。

buta-mo-odaterya-ki-ni-noboru
豚もおだてりゃ木に登る。　Flattery gets you everywhere.

　先生、「豚もおだてりゃ…」を英訳すれば、と問う人は、すべてシロオビだ。字義にこだわる人は、すべてビギナーだ。プロは、内容に迫る。Pigs climb the tree.は消え、おだてりゃどこへでも行く、と発想転換する、ネイティヴ好みの英語に変わる。Flattery gets me everywhere.と嬉しそうな顔をして答えてみよう。「やってみようじゃないか、豚もこうおだてられちゃ」が、この表現。

futari-no-kappuru-no-ojama-ja-nai-deshoh-ka
（二人のカップルの）お邪魔じゃないでしょうか？　Is three a crowd?

　二人の間に入ることは、至難の業（わざ）だ。とくに、男女のカップルの場合には気を遣（つか）う。そんなときに私が使う英語がIs three a crowd?だ。Two's company. Three's a crowd.という。二人でまとまっているが、もう一人加わると一人はお邪魔虫、つまり群衆になるという発想だ。三人寄れば文殊の知恵ではなく、「群れ」になるという。

　イギリスの皇室でも、crowdは3で始まる。ダイアナ妃は3角関係に悩み、We're too crowded.と、メディアの前でとんでもない発言をした。とんでもない、と思ったのは私の早とちり、3はすでにcrowdなのだ。しかし、3という数字は、社交ゲームの基本だから、3人集まればディベートなどのゲームができるのだ。

　3人のcrowdは同時に緊張を生む。3人での旅行は避けた方がよい。旅行は偶数に限る。私は独り旅が好きだ。連れがいないと、すれ違う人がすべて連れになる。3人になっても、それは単なる「群れ」であって、それはそれで楽しくなる。

　これでも私はまとめ役（dealmaker）のつもりだ。だから、映画"Patch Adams"を何度も観る。patch（はぎ合わせる）とは、まとめ役に他ならない。もし相手や周囲に嫌われ、お邪魔虫とされたら、私は壊し役（deal-breaker）となってしまう。旅は誰にとっても楽しみたいものだ。不仲な人たちも仲良くさせたいものだ。"I'll

patch it up for them."
futari-no-naresome-wa

二人のなれそめは。　　How did you two meet?

　ビジネストークでも、日常会話でも、この表現は定番（routine）といえよう。どこで知り合ったかは、日本人にとり、年齢より重要な意味をもつことがある。誰の系列か、派閥か、と考え始めると、敵になるか、味方になるかという戦略プランが描かれてくる。相手の交際グループの人の悪口は言えなくなる。

コーヒー・ブレイク

懐(ふところ)の深いイギリス英語

　50年間 *TIME* を毎週のようにカバーツーカバー（cover-to-cover）readingを続けてきたが、ここ数年前から、*The Economist* 誌と併読し始めた。イギリスが見えてくるとアメリカが見えてきた。*The Economist*（March 31st, 2018）の養蜂（beekeeping）の記事を読み、大ファンであるシャーロック・ホームズの"虫"が騒ぎ出した。直線ロジックとは、ハチの行動そのものではないか。人間とハチを結びつける「心」はコミュニケーションではないか。

　が、同じ社会性昆虫といってもチームワークの様式は、英米のハチと、日本人のアリのそれではかなり違う。アリの社会を動かすのは、より強力なフェロモンにより醸(かも)し出された「空気」であろう。ハチのphysical（物理的）と違ってアリはchemical（化学的）な「場」が、行動を規制する。

　TIME と *The Economist* の取材方針もハチのロジックが動いている。大きな違いは、イギリスには王室があり、女王バチがまだ君臨していることだ。女王バチを残して、国民が集団逃亡するはずがない。しかし、*The Economist* が取り上げたCCD現象を読むと、アメリカという巨大なミツバチ組織は独裁的リーダー（民主党であれ、共和党であれ）を集団で見捨てる可能性がある。今のアメリカは、まさにプラズマ状態であり、一歩先が見えない。

　ハチの組織はタテ（女王バチ、働きバチ――そして奴隷(ドローン)）とタテ系列で動く。アメリカの悲劇は女王バチが不在であることだ。日本の首相が、いくらアメリカの真似をして、ファースト・レデ

ィーを政治利用しようとしてもサマにならない。昭恵夫人は、安倍のクイーンになれない。アリの社会はフェロモン（空気）で動く。

映画"DARKEST HOUR"（邦題『ウィンストン・チャーチル／ヒトラーから世界を救った男』）を観た。私が産まれた頃（1940年）の話だ。この「政界一の嫌われ者」、ウィンストン・チャーチル（Winston Churchill）が、ヒトラーから世界を救った「伝説のリーダー」に返り咲いた、実話に基づいている。

アメリカの大統領と、イギリスの首相、両者のリーダーシップの在り方は大きく違っている。チャーチルが国王のmoral support（天皇陛下とだぶった）を得て、地下鉄で乗客にインタービューするところが、最も感動的（touching）なシーンであった。アメリカの大統領なら、話し相手が共和党か民主党であるかが、気になるはずだ。

チャーチルは、56年間連れ添った古女房（クレアー）に気をつかいながらも、国王、アメリカ大統領とも通話を欠かさず、地下鉄での乗客とも対談をするなど、国民と一体となり、ヒトラーに隷属することなどあってはならない、と自説を突き通す。聖（King）と俗を融和させ、大英帝国という巨大なハチのコロニー（巣）を死守した。

イギリス人はまだ、自然の知恵を活かしている。*The Economist*には、生物学的な記事が多い。英語もその保守性の影響を受けている。しぶとく生き続ける古典英語。そう急速に言語を進化させてたまるかという意地（self-esteem）もある。イヌよりネコ的なのかもしれない。英語もEnglish has nine lives.

puraido-ga-yurusa-nai
プライドが許さない　too proud to 〜

例文から入ろう、こんなふうに。He was too proud to beg. と。これに近い表現を"The House of NOMURA"の中で見つけた。Those Japanese too proud to beg died of starvation. (p113)（プライドが高すぎて、頭を下げることができなかった日本人たちは、餓死した。）

こんなひねった英語も使える。Those Japanese swallowed their pride to beg. And they died of starvation. このswallowは私が愛用している他動詞だ。

やはりおすすめは、too proud to ～かな。He was too proud to become the lap dog of the *zaibatsu*.（彼はプライドが強すぎて、財閥のポチになろうとはしなかった。）

furuike-ya-kawazu-tobikomu-mizu-no-oto
古池やかわず飛び込む水の音　Nothing changes.（Plus ça change.）

Old pond. A frog jumps. Splash! これに近い訳は、幾通りも考えられる。数十、いや数百かな。言葉では言い表わせない、シンボルだ。シンボルビルディングに自信のない人は、訳せない。かわずをThousands of frogsと訳した中国人の生徒がいたが、cross-cultural translationがいかに、大変か。そのうえはイメージだ。プロ国際通訳者はこんなふうに考える。古池はそのまま古池で、結局何も変らないんだな。あのピコ太郎ブームも一匹のかわずだったのだと。

ヨーロッパの会議なら、プロの通訳者は、ただちにPlus ça change.（プル・サ・ショーンス）と超訳するだろう。英語を使う教養人なら誰でも知っているフランス語だ。ヨーロッパのビジネスパーソンは、株主総会のあとのパーティーでワイングラスをカチンとさせながら、「プル・サ・ショーンス」（日本の企業はいつもこうだ）と言って、軽妙なジョークを付け加えるだろう。

furui-yoshimi-de
古いよしみで　for old time sake

ビジネス交渉では、よく使う技だ。Just like old time.はよく耳にする。森友学園がここまでこじれたのはなぜか、答は簡単。大阪で起こったからである。まず情から始まる。しかし、大義名分がいる。知的な話題（愛国心、教育勅語etc.）も、流行（空気）を追ったものが多い。大阪人は、機を見るのに敏だ。

単にゼニの追求であることが多い。古いよしみ（for old time sake）というフレーズもそのための、戦術のひとつなのだ。「愛国教育は、タテマエや、どうにでもなる。オレとあんたの仲や、なぁ、モーやん。For old time sakes.」と、大義名分は、ぐにゃぐに

ゃになる。

大阪は水の都、形はない。流れるだけ。どてらいやつ、がめついやつだけが残る。負け組はドアホ。大阪ビジネスには、サラサラ組と濁音好みのドロドロ組しかいない。

理とは、ロジック。logicとはblack or white。ギリシャの形式論理学の世界には、灰色はない。白か黒、昼か夜。白でないものは黒、黒でないものは白。白でもなければ、黒でもないという灰色は存在しない。これを排中律の論理（the exclusion of the middle）と呼ぶ。これがディベートの基本であれば、そんなアカデミック・ディベートは、実社会に役立たない。世の中には「理外の理」（lots of grays）が多い。この世界で生き残るのは、「みち」という名のミトコンドリアだ。

TV映画シリーズ"House of Cards"（邦題「ハウス・オブ・カード　野望の階段」）に、It isn't black or white. Lots of grays. という表現があった。政界での常識とは「妥協」（compromises）のことで、多くのgraysの存在が大前提になっている。

puro
プロ　good

ほめ言葉として使われるプロは、goodでよい。私はニュースキャスターや、ジャーナリスティック・インタービューアーに関心がある。プロ中のプロには、憧れる。ラリー・キング（Larry King）をrole modelとして20年間追い続けた私がラリー・キングに会うために、アトランタのCNNスタジオを訪れたときに、こんな英語を耳にした。Rodger is goood.（ロジャーはプロ中のプロだ。）goodなら、上手（うま）い。グーッドと母音が強かったから、プロ中のプロと頭の中で訳した。

ロンドンで観た映画の題名は、"Prostitute"であったか？　とにかく、Confessions of a prostitute.（娼婦の告白）というドキュメンタリーであったから、プロはどんな質問をするのか、気になった。彼女の車の中でのインタビューで、プロ同士の対決だったから、プロ・インタービューアーを目指している私の血が躍（おど）った。

「いろいろな国の男たちに毎日のように身体を売って、一週間は、泣き続けたわ」と。そんなことはどうでもいい、プロとはなにか、

だけを知りたい。それがわかった。Good prostitutes never cry.（プロの娼婦は決して泣かない。）Goodといっても「善い」娼婦ではない。プロの娼婦のことだ。

　もう20年も前で、インタービューの詳しい内容は忘れたが、この英語だけは、今も耳に、そして目に浮かぶ。グッド・プロスティテューツ・ネヴァー・クライ。プロの道は涙を見せないこと。アメリカ大使館の頃、プロの同時通訳者になり切れず、独り、夜空を見て、泣いたな。

刎頸の友　a sworn friend
funkei-no-tomo

　木馬館（浅草の大衆演劇場）でまた見てしまった。狂言『男の花道』は、やはり私を裏切らなかった。失明の舞台女優と、誇り高き医者の間の義理人情物語だ。この種の男同士の友情物語は必ず男の涙を誘う。いや、女をも泣かせると言った女性がいた。隣の、もと宝塚歌劇団で男役を務めていた舞台女優は、同じ演目を歌劇で見たとき、涙が止まらなかったという。All Takarazuka's girls' opera dancers are androgenous.といわれている。

　androgenous（ænˈdrɑdʒənəs）とは、男系生殖のことだ。ギリシャ語から派生したラテン語のanēr（man）とgunē（woman）から成り立っている。日本の両性具有の美を、宝塚歌劇の男役の涙で確認できた。

　舞台上で、この無名の医者が別れるときに発した言葉がこれ。「我々二人は肝胆相照らす（お互いに心の底まで打ち明けて親しく交わる）刎頸の友」であった。誓い合った友情とは、sworn friendshipでしかない。もし裏切ったら、首を切る（切腹覚悟）というから穏やかでない。舞台が命と考えている大女優が劇の最中に、人生の恩師が、殿の怒りに触れ、首が飛ぶ寸前と知り、舞台から観客に、しばしのいとまを乞う。観衆も感激して、「早く行ってやれ」と声援を送る。木戸銭を返せという客は一人もいない。まさに「刎頸の交わり」とはこういうものだ。Sworn friendship means proven friendship.

　男の涙だけではなかった。宝塚歌劇の男役女優の涙を見て悟った。これはandrogenous tearsに他ならないと。It got to every audience member deep down. このdeep downは不要。腹に響くはget to。いやtoも不要だろう。

分際 (bunzai)　just a

　別れた（どこかにいるが）女房が、「ネコの分際で」と笑いながら怒っていた表情を思い出す。とっさのときに、同時通訳ができなかった。『武士の一分』の「分」そして「分際」は、なかなか英訳できない。今のわが家の黒ネコ（クロ）がパソコンの上を歩き始めると、ふと昔の女房の声が懐かしく思い出される。「ネコの分際で」「ネコのくせに」はJust a cat.でいいのだ。

　ネコらしく振舞えの「らしく」も難訳だ。英語国民は「らしく」を容赦なく切り捨てる。「男らしく振舞いなさいよ」は、Be a man.おっとまた、クロ（我が家のネコ）が私の机の上に上がってきた。「ネコらしくしろ」と同じく、Be a cat.と言っても通じない。ネコはニャンとも気にしない。だからYou're just a cat.でも通じない。ネコ族としての誇りを持つクロは、「そうか、そのままでいいのか」と勘違いをする。justでも効き目がない。だから、a petにまで格下げする。"You're just a pet." と。Behave like one.と言う必要もない。

ふんどしを締める。(fundoshi-wo-shimeru)　Buckle up.

『ロサンゼルス・タイムズ』の、今は亡きサム・ジェームスマン記者から、いろいろ英語表現を学んだ。「難しいですね」は、決してThat's difficult.なんて訳しちゃいけない。欧米人が、「難しい」と聞けば、答えはNOではないからYESだと解釈する。だから正解は、Over my dead body, you will.（金輪際やらない）だろう。

　40年前の『日米口語辞典』は、「目の黒いうちは」の訳に、このOver my dead body, you will.を選んだが、一人のネイティヴの反対により拒否された。当時の日本人編集者たちは、ガイジン名を優先させていた。戻る、この記者（私の友達には外国人ジャーナリストが多かった）は、私の裏の編集参謀であったからanother editor（取り替えたガイジン・エディター）ではない。裏だから、the other foreign editorのことだ。

この日本語ペラペラな忍者も、難訳語で苦しんだという。この「ふんどしを締める」がput on a loinclothと直訳されている、と腹をかかえて笑っていたことを懐かしく思い出す。あれはたしかにbelly laughだった。

　最近、知己を得た、David A. Thayne（デイビッド・セイン）氏の『その英語、ネイティヴにはこう聞こえます』（主婦の友社）を読んでいる。「事故の場合の用心にシートベルトをお締めください」がPlease fasten seatbelt to prepare for crash.という誤訳を読んで、吹き出してしまった。「衝突を覚悟のうえシートベルトをお締めください」というユーモラスな訳も気に入った。

　して、解答は二つ。Fasten seatbelt for your safety.と、Buckle up for life!だ。これなら、ふんどしを締めるに近いな、と借用させていただいた。こういうネイティヴ感覚の英語は、映画から学べる。これまでの私の実用英語教室は映画館であった。紘道館の奥の院である「狼の森の会」（Forest of English Wolves 堀雄一郎塾頭）と衣替え（make-over）し、女性軍団（Female English Wolves）を立ち上げ、強化（ふんどしの締め直し）することにした。塾頭はICEE事務局長でおなじみの瀬倉祥子が引き受けてくれるので、「難訳辞典」の強力なスタッフである高嶋芳枝が加わることになる。

heiwa-boke
平和ボケ　　a false sense of security

　日本人は、水と安全はタダだと思っている。安全がタダ？

　Security is taken for granted? security blanketとは「甘え」のこと。漫画 "Peanuts"（『ピーナッツ』）の中で、いつも毛布にしがみついているライナス坊やの顔が浮かぶ。安全の毛布が、まさに「甘え」なのだ。作者が亡くなり、『ピーナッツ』の連載も終了し、この英語も消えつつある。a false sense of securityは今でも使える。

　満悦、油断は、国を滅ぼすぞ、と忠告する国際派の人は、complacency risk（油断は命取りになるぞ）という言葉を好む。

betsuni~ni-urami-wa-nai
べつに～に恨みはない　　nothing against one

　恨みは、hard feelings、bitterness、grudgeのことだが、日常英語では、I've got nothing against him/her.で通じる。ビジネス交渉

では、競合相手より、我が社と取引した方が有利であるということの証明のために、陰で非難、中傷をする（ひっくるめて to knife them in the back.）ことがある。

しかし、コンペティターの批判を裏でやることは、まず紳士的とはいえない。だから、「べつに悪口ではないのですが」とか「あの人自身はいい人なんですがね」と、語調をやわらげることも、ビジネスパーソンの社交術の一つである。

お勧めの言葉は、Nothing personal.（個人的な恨みがあるわけではありませんが）とか I have nothing against him personally. という、つなぎ言葉も必要なときがある。そんなときは、「間」をとることだ。

Uh..., maybe I shouldn't tell you... behind his back, but....（ええと…、きっとあなたに話すべきではないでしょう…彼に隠れてこそこそと。しかし…）という間を察し、聞き手も眼を輝かせて聞いてくれるはずだ。

hebi-ni-niramareta-kaeru
蛇ににらまれた蛙。　I'm like a moth to a flame.

直訳すれば、I'm like a frog at the sight of a snake. となろうが、これでは、恐怖心が先立ってしまう。人は恐怖だけでは動かない。人間性にしびれて、金縛りになるような場合もある。蛾は、恐れ（fear）から、炎に近づくものだ。ましてや畏れ（awe）の多い人に近づくと、だれしも文句なしに武装解除してしまう。今なら、I'm like a moth to a flame. を勧める。（前著で述べたが）がまの油も frog oil より、snake oil（蛇の油）と超訳する。インチキくささで同位に並べたいからだ。

bohka-taisaku
防火対策　fight fire

この対策という言葉にひっかかると、英語が使えない。対策とは「闘う」ことと発想を転換すると、通訳がラクになる。犯罪対策は fight crime、デフレ対策は fight deflation、老化対策は fight aging（old age）。努力することは、アメリカではすべて闘争なのだ。闘うものがなくなったら、アメリカという国は GM（ゼネラルモーターズ）なき街フリント（Flint）になる。生き残る住民は、エミネム

とマイケル・ムーアだけ。

仕事がなくなり、住民（黒人中心）の心が荒み始めると、犯罪が増える。警察官も雇えない。白人中心の警察官が嘆く。そこで白人と黒人の間の人種偏見というglass ceiling（見えざる壁）が破られる。Blacks and whites will begin to fight fire with fire.（黒人と白人は、血を血で洗う闘いをおっぱじめるだろう。）デトロイトの新人市長（しょっちゅう変わる）は、気が気でない。

bohgyo-hon'noh-kamo-ne
防御本能かもね　　defense mechanism, sort of

人は誰しも、生きるために、無意識になんらかの行動をとっている。その心理過程を、機構と呼ぶと、心理学用語に近づき、使えなくなる。ところがこのdefense mechanismは、しょっちゅう耳にする。

私が注目するコメディアンで、女優でもあり、作家でもあるAmy Schumer（エイミー・シューマー）という女性がいる。活動家として一歩踏み出した彼女の、次の発言が話題を呼んでいる。

I really am a chick from Long Island who's just learning along with everyone.（私はロング・アイランド出身。みんなと歩調を合わせようとがんばっている、ひよこなんだから。）

ルックスで勝負しない。哲学がある。志がある。達観しながらも自分は、女は性格美人として勝負したい（I want to feel pretty.）という思いと、失ってはならないプライド（self-esteem）があり、悩んでいる。そういうところが可愛い。

今やNYのロング・アイランド（決してwrong islandでない。発音を間違えないように）で、堂々と生きている。しかし、男があまりなれなれしく近づくと「もうちょっと、私から離れてよ」（Sis, that's a little too close. A little personal close, please.）と警戒を口にする。周囲が周囲だけに、女性らしく振舞うことはつらい。そこで笑いが身を守ってくれる。A big part of becoming a funny person was a major defense mechanism.コメディアンの道を選んだ主な理由は防御本能だ、というが、次の言葉はもっと具体的だ。

"Onstage, especially as a woman, I've had to be really tough. The second you show a crack, the audience can literally leave."（*TIME*,

Apr. 23, 2018, p10)（とくに女性が舞台に立つということは、タフぶりを貫くこと。ちょっとでも、それが崩れたら観客に見捨てられるわ。）「男勝り」というdefense mechanismを守ることはつらい。防御本能とまとめ、さらにsort of（いってみれば）を加えてみた。

bokasu-na
ぼかすな。　Don't beat around (about) the bush.

ビジネス交渉の基本は、Get to the point.である。国際金融交渉には、ディベートが肝心だと主張される、久保田勇夫氏（西日本シティ銀行頭取）は、『日米金融交渉の真実』（日経BP社）の中で、次のことを述べておられる。

氏が日米構造協議の大蔵省の取りまとめの調査企画課長だった際、国際交渉のための発言要旨作成を次の三点に絞られた。1. 結論を先に書くこと、2. 主張は論理的に組み立てること、3. 一つひとつの文章を短くすること。——さすが、名ディベーターだ。久保田氏の何気ない気配りが、私の心を捉えた。

久保田氏は、こう記す。——ところが、担当である銀行局長の反論がない。私はその局長の後ろに控えている某企画官に、「反論してもらったら」とのメモを渡した。当の企画官いわく、「そうお願いしているんですが、金利は午後のテーマだから、今それを言う必要はない、という御意見なのです」（p38）

この、なんでもない個所で、日本交渉の全貌が見えた。空気に従わざるを得ない久保田氏の「焦燥感」が浮き彫りにされている。これをdebater's dilemmaという。「相手に反論されれば」というのが交渉の真実なのだが、それは相手側に通じても、肝心な日本人（反論は口論と考えがち）に通じないことがある。両サイドがわかるディベーターのつらいところだ。東大法学部を卒業後、大蔵省入りされたスーパーエリート交渉人。孤独だったろうな。身につまされる。ディベートが交渉に役立つことを主張し続けておられる、この孤高の久保田勇夫氏と福岡でお会いして、百万の味方を得た気持になった。

hoka-nimo-iru
他にもいる　a

aはアルファベットの第一字。不定冠詞（indefinite article）。（あ

る）一つの、I want a car. 漠然と、ある一つ（一人）を述べるとき、最初はa、二回目はthe。──この程度なら、英語の先生なら誰でも知っている。だが、この相違はぼんやりしている。だから、I want the car.（ぼくがほしいのはあの車で、ほかの車はほしくないのだ。）"I married *a* woman."（女と結婚した。）"But you didn't marry *the* woman."（でも、好きなヒトと結婚したわけじゃないんだろう。）といったことがわかっていない。

あるイギリス人が、日本人の次の英語を聞いて仰天した理由は、これでわかる。

I'm a wife of Mr. Suzuki.（私は、鈴木さんが結婚している多くの妻の一人です。）

ロバート・デ・ニーロ（Robert De Niro）がこっそり佐渡島を訪れて求める日本酒は、「北雪」、それ以外の酒は買わない。Hokusetsu isn't *a* sake for Robert De Niro; it is *the* sake.

aはone of themであって、the one（本命）ではない。つまり、aは複数のうちの一人であるからaと集合体は、sのつく複数形になる。もう一度、練習。

I've never been in love with *a* woman.（ひとりの女と恋に落ちたことはない。）

I've never been in love with *the* woman.（好きな女性と恋愛したことはない。）

a womanはwomenと同じ意味だと解釈される。つまり、aとは「他にもいる」人、モノのことだ。とくにHe's *a* man. と、エイで発音されると、さらにちっぽけになる。

(boku-to) shohbu-suru-kane

（ぼくと）勝負するかね。　　Play me.

勝負にも遊び心が必要だ。戦争も交渉も、真剣に演じれば演じるほど、「遊べ」と悪魔はささやく。神は笑わないが、悪魔はよく笑う。神と悪魔が闘うとき、ゲームが生じるが、そのゲームの原点は「遊び」なのだ。

交渉は、科学というよりも"芸事"だ。決められたルールをひん曲げるのも芸のうちだ。そこがディベートと大きく違うところだ。相手の力量を試すとき、I'll play you. という。「ぼくと勝負するかね」

は、Will you play me?「遊んでくれないかな」と同じ意味だ。

boku-ni-iwaseru-no-kai
ぼくに言わせるのかい。　　Don't get me started.

「いやだといったら」と開き直られると、言いたくないことも言わなければならない。そんなときには、Don't get me started. だ。「またその話か。ぼくを、言い出しっぺにしないでくれ」という場合にも使える。アメリカの若者が好むTruth or dare.という遊びのdareがそれ。「ホンネが話せるか、それがいやなら"挑戦"」そのどちらかを選ばせるゲームだ。映画『N.Y.式ハッピー・セラピー』("Anger Management")の中にあった。

　ぼくはtruthでいくと言ったら、相手の女の子が「最初にキスをした経験は」とホンネを迫る。そのとき「ヤバイ」と思った相手の若者が「やっぱりdareにする」と言うと、「じゃ、いまここで私にキスして」と迫る。このorというリスクテイキングの発想が、言いにくいことだがアメリカ文化の底流に流れている。

boku-no-hara-wa-kimatta
ぼくのハラは決まった。　　My mind is made up.

　受動態が、能動態より強い場合がたまにある。それがハラという、日本的であまりにも日本的な生理現象だ。アタマは、誰でも、どこでも、いつでも決められる。I've made up my mind. と言ってから、数日後、I've changed my mind. と言っても許される。その流れを止めるには、受身形に限る。My mind is made up. これは木曽川を止めた、大井ダムのようなものだ。荒れる木曽川を止めるには、覚悟（commitment）がいる。「その覚悟はできている」と福澤（桃介）は言った。Fukuzawa said his mind was made up. コミットメントというbig wordを使わなくてもいい。

hora-josei-niwa-seiritte-mono-ga
ほら、女性には生理ってものが。　　You know. Their period.

　なかなか、口に出して言えないことがある。親しい間柄だから、「察してくれよ」という意味で使われるのが、You know.

　We've got a living to make, you know. (生活がかかっている。わかるだろう。）これは、連発するものではない。いかに英語がペラペラでも、その人の英語は"貧相"となる。子供相手にokayを連発

するのも耳障りだ——いかに流暢でもネイティヴの反応は、英語の"語相"(looks of English)にこだわる。M・スコット・ペック(M. Scott Peck)氏の英語は短い。You know. Their periods. と。

アポの時間に遅れた理由にI'm getting my periods, you know. とアメリカの女性(声優)に言われて戸惑ったことがある。「生理が始まったの。わかるでしょう」と。You know. と言われても。大阪弁で返したくなった。「知りまへんがな。わし、そんな経験ないんや」と。笑いで返すことのできない標準語。難儀やな。

> **コーヒー・ブレイク**
> ### WHY攻撃は交渉の定石
>
> ワシントンDCで私の運転手兼秘書のユダヤ人とランチをした。運転の世話になったので、私が食事代を払うと言ったら、彼は私の手を止めて、Don't insult your friend. と言って、私が支払うと言ってくれた。そこで、Why? と聞いた。善意秘書(unpaid secretary)で一日中走ってくれたお陰で、大助かり。この支払いは私が、と言ったが、「友人を侮辱しないでくれ」と断られた。その気持が忖度できず、Why? と聞いたのだ。
>
> あなたのお陰で、あなたの多くの友人と知り合えた。日本大使館の大使にもお会いできた。彼らとは、これからお付き合いができます。セールスマンの私としては、グッドラック。だから、お礼がしたいのは私の方だ、という理屈で納得した。
>
> 初めて会った人と友人になれるのも、ビジネスライクに振舞うことのできるユダヤ人ビジネスパーソンならではの話だ。先述のハーバード流交渉力セミナー(Negotiation Workshop for Lawyers)が終って、ホッとして仲間と食事をしているときに、隣のテーブルにいた男性と目が合った。その瞬間を逃さずに、話しかけた。「そうか、あなたはワシントンDCでセールスをされているユダヤ人のお方。明日そちらへ行って、友人と挨拶回りをしたい。ところで私独りでは、ワシントンの近郊は回れない。そこで一日、私の運転手をつとめてくれますか」と。
>
> 交渉学を学んだ私は、この瞬間芸で、初めて会ったユダヤビジネスパーソンを無料で参謀として雇うことができた。その報酬は

> どうするか、ハーバードで学んだBATNA（カネに代わるお礼は、情報で返すというベスト代替案）をハラに収めて、氏の無料サービスに甘えることにした。お互いにプラス（win-win）の関係を結ぶことは、ディベートでは難しいが、交渉なら不可能ではない。
>
> この相乗効果（win-win-win）が、後のICEE（Inter-Cultural English Exchange）に結びついた。Am I outjewing Jews?（ぼくはユダヤ人以上にユダヤかな）と、ジョークが交わせるところまで友情が深まった。私の頭の中には、why-becauseのロジックが電子のように超高速で走り回っていた。ICEEの午前中の"華"は、why-because gameだ。

honki-da

本気だ。　I mean business.

「本当」はseriousと直訳したくなるが、まだ主観の域を出ない。ところがbusinessを意識すると、あとに引けないから、真剣さの度合いが違う。ところで、businessの発言は、カタカナ英語のビジネスではなく、ベズネスとなり、「ベ」に強いアクセントを置こう。会社を代表して、売り込むときは、Iではく、weといこう。We mean business.

hon'ne-ga-deta-shitsugen

（本音が出た）失言　a Freudian slip

フロイト的失言とは、意識化にある動機、願望の現われだと考えられる失言のこと。本音（ホンネ）から出た失言だけに、ときには深刻となる。うっかり、口から出た言い間違いだ、ではすまされない。

"I had a dream of a snake."（蛇の夢見ちゃった。）

"You must be sexually frustrated. Oops! Pardon my Freudian slip."（性的な悩みを抱えているんだね。オッ、これは失言。ごめん。）

hon'ne-de-itte-kure

本音で言ってくれ。　Be honest with me.

honestを「正直」と訳すと、もう使えない。裏表のない人間を

an honest personと訳すと、これからでもすぐに使える。トランプはto be honestとかhonestlyという言葉をひっきりなしに使う。「本音で言っているんだ」「心のウラはない」「ぶっちゃけた話だ」すべてhonest。本当のことを口走って、異性に逃げられた、というポピュラーソングがあった。'Honesty is such a lonely word.' だったっけ。

これは、男女関係だけでなく、企業間の交渉でもよく生じる。ビジネス交渉のかけ引き（game playing）は、複雑だ。正直に言えば、破談になることが多い。夫婦間にウソがあってはならない。Honesty is the key word for the married couple. ウソでもgame playingの範囲内なら許されることもある。white liesなら、罪にならない。こんな苦言を英語で申し上げた。

Just because businessmen must be honest doesn't mean you must be honest all the time.「ウソも方便」を説明するには、こんな妙訳も。

hon'ne-wa-kikitaku-nai
本音は聞きたくない。　　Lie to me.

映画 "Other People's Money"（邦題『アザー・ピープルズ・マネー』）の一場面に見たやりとりの訳に困った。Can I tell your the truth?（真実で話していいかい。）No. Lie to me.（いや、タテマエで結構。）私が字幕翻訳者だったら、こんな妙訳で勝負するだろう。いや"妖"訳に近い。

なぜ、そこまでムリをするのか。そもそもa truthとa lieの間にそれほど違いがあると思えないからだ。先生がつきあっているあの人は、詐欺師ですよ、と言う人に詐欺師が多い。その公理はIt takes one to know one.（蛇の道は蛇。わかるやつにはわかる。）だから、陰で人の悪口を言うべきではない。It just gives your true color away.（お里が知れてしまう）からだ。

大阪はホンネで、京都はタテマエで勝負するというが、大阪の芸人であった故・藤山寛美は、かつて私に真顔で質問されたことがある。「センセ、人間関係はホンネばっかりでええんですか」と。この上方芸人は、a truthとa lie、そして、「泣き」と「笑い」の壁を越えておられた。プロは物事を白か黒かという尺度で見ない。

フランスの哲学者はこう言った。Kill one man, and you're a murderer. Kill millions, and you're a conqueror. Kill them all, and you are a god. と。金正恩はトランプとの交渉に勝ち、英雄になった。英雄に？『女性セブン』は、この名文を次のように改作した。"Lie to your husband or friend（or mother or teacher）and you're a liar. Lie to the country and you're a hero."（p16）

The Japan Times（July 8, 2018）のMichael Hoffmanは、美しく脚色（adaptation）した。killingとlyingを同次元に捉えたとは、お見事！ ホフマン氏も私たちも子どもの頃、Always tell the truth. と言われ、子どもたちには、Never lie. と言い続けているが、世渡りにはこっちの方が。正直者はバカを見る（Honesty doesn't pay.）が、政治家（とくに東京都知事選を目指す人）には、しゃあしゃあとウソをつく人（barefaced liars）が向いている。

hon'ne-wo-ie
本音を言え。　　Get it out.

英語のやまと言葉を使うとCome on. 相手に自白を強いるなら、Come clean（ドロを吐け。 信仰上の告白に迫り、ホンネを強いるなら、Tell me the truth. tellだけでもよい。ドナルド・トランプは、Get it out. と子供でもわかる口語表現を好む。

友人との間では、「水くさいじゃないか」You're still very much a stranger to me. ぐらいの押しが必要だろう。短いからいいってもんじゃない。

mah-son'na-go-johdan-wo
まぁ、そんなご冗談を。　　Oh, please.

歯の浮くようなお世辞を耳にすると、Oh, please. と下降イントネーションで、相手をさえぎろう。相手が自分を引き立ててくれるという好意的な意図を考えると、Give me a break! は、あまりにもツレない。「そんなうれしい話を聞いたら、豚でも木に登りますわ」と大阪人なら、どこかに笑いを込める。英語では「笑い」を消して、また「悪い冗談を」と自らを一層低くして、「お願いだから」（Please.）を使うことを勧めたい。

まえむき

maemuki-ni-katari-au
前向きに語り合う　debate

　前向きに語り合うとは、意見の衝突でけんか別れが起こらないことが前提となっている。それがdebateの本質なのだ。真っ向から反対の意見を闘わせて、握手して別れることができれば、それが、debateが生じていたことの証拠になる。その反対に、お互いが背を向けて立ち去れば、論客同士に共通の「合」（愛）がなく、argument（a war of words）に終ってしまったことになる。

　まとめると、「前向き」「建設的」「合」「愛」の相乗効果＝ディベートとなる。だから、ディベートはお互いの究論道でなくてはならない。ゲームであって、お互い高め合う、「道」でもある。そこには、"粋（いき）"というべき「さわやかさ」と「遊び」の心がなければならない。合い（愛）が憎しみに変わらないルール（道）があれば、極端にいえば、イヌとネコのヴァーチュアル・ディベートもできる。

maemuki-ni-kangaeru
前向きに考える　have an open mind

「前向きに考える」を、どう訳していいものか、通訳者の間で意見が分かれていた。forwardlookingという形容詞を使う人、thinking positivelyを使う人などバラバラだった。プロでも困る難訳語だったので、さすがのプロ同時通訳者の西山千師匠も、「open mindではどうでしょうか」と控えめに発言されたことを覚えている。通訳の仕事はシンボルの交換ですよ、とおっしゃっていたバイリンガリストであっただけに、私も反論できなかった。

　アメリカ人だけでなく、イギリス人でもこのように使っている。
'I have returned to Japan because I want to help, find a new way forward for Olympus and have a completely open mind,' I said. (p193)

　このa completely open mindを、私はとっさに、「明鏡止水」と頭の中で訳してしまった。今の私の心境は、池の水に映った明月のようにすがすがしい、という意味だ。心に迷いはない。だから、どんな人とも誰とでも会える心の用意ができている。これこそ、前向きな姿勢ではないだろうか。

　ウッドフォードのその後に述べた心境は、まさにopen mindそ

のものだった。the New Olympusのための経営陣の刷新もゼロからの出発で、きわめて前向きだ。「ゼロ思考」とは、つまるところopen mindのことではないだろうか。

mae-wo-shitsurei-shimasu
前を失礼します。　　Excuse me.

　相手にぶつかったときとか、足を踏んでしまったときは、素直にI'm sorry.（非は私にあります）と、謝罪した方がいい。が、急いでいますので失礼します、と立ち去るときは、Excuse me.の方がよい。

　私は、東京での社交ルールではI'm sorry. 常に急いでいるセッカチ（イラチ）な大阪ではExcuse me.（ごめんやっしゃ）の方が——前に進めるという意味で——ベターだと、誇張して伝えることにしている。

　しかし、例外がある。パーティーの席上で、知らない人にぶつかったり、身体の一部に触れあったりした場合は、Excuse me.の方が誠実と言える。「われわれ二人を通してください」ならExcuse us.「イクスキューザス」の代りに、「キューザス」と言えば、くだけすぎで、相手に警戒心を与える。

ma-ga-sashita-made
魔がさしたまで。　　The devil did it.

　I didn't do it. The devil did it.「私じゃない、私の中の悪魔がやった。」こんな詭弁は日本では通用しない。しかし、かつて少なからぬ女性は、男性のちょっとしたいたずらまでかばってくれた。「ちょっと魔がさしただけよね」と。ちょっと女性のお尻を触ったのも魔——ちょっとした出来心——とは、甘い国だ。

　しかし、ちょっとした出来事も重なってくると、世間の眼（eyes）が許さなくなる——たとえGodが許しても。だから、日本にいる青い眼の神父は、神が赦しても決して赦さない世間の眼が光り続ける、日本の方が厳格だという。

　『新和英辞典』は、良心的な訳を載せている。「魔がさす」はbe tempted by a devil, possessed by an evil spirit, fall a victim to temptation（確実に宗教に強い編集員がいる）。さらに「魔がさして」をdriven by impulseと、日本人が使いやすい英語表現を加え

ている。

　ときどき、私もペンがすべって、とんでもないタブーに触れることがある。それも、衝動的に起こるから、犯人はimpulseだろう。そんなときに、ふと私が使いたくなる口語表現はこれ。I wonder what came over me.（〔私としたことが〕ちょっと魔がさしただけなのだ。）

makeppuri-ga-i'i
負けっぷりがいい　a good sport

　スポーツマンタイプがビジネス界で好まれるのは負けっぷりの良さだ。gracefulnessは、いかなる芸事においても評価される。勝負にこだわるが、その反面、勝敗の結果には淡泊なのがスポーツマンシップだ。武道ではその負けっぷりのよい人（a good sport）を「美学」として愛でる。負けっぷりの悪い人や往生際の悪い人は醜く、a bad sport（a bad loser）と嘲笑される。「イソップ童話」のsour grapes（負け惜しみの強い人）は、どの国においても蔑まれる。

makeru-ga-kachi
負けるが勝ち　lose to win

　日本のスミマセン文化を、外国人に伝えることは難しい。議論に勝って、周囲を敵に回してしまうことが、多々あるようだ。オリンパスのマイケル・ウッドフォード氏は、前述した"EXPOSURE"の中で、議論に勝って、戦争に負けた体験談を語っている。Winning the Argument, Losing the Warの章は圧巻だ。

　夫婦の会話でもよくある。「君の言うことは百パーセント正しい。しかし、ぼくは諦めない。」そんなセリフを吐く夫に不満をこぼす、主婦の泣きごとは、ウッドフォード社長の敗者の弁とよく似ている。会社のためと思って筋を通し、argumentに勝ったところで、敗者の面子をつぶせば、負けてしまうのだから、正解はこれ。Lose to win.

　状況によっては、Don't overwin.もいいだろう。ディベートがbattleなら交渉はwarだというのは、そういうことだ。

masaka (kon'na-koto-ni)
まさか（こんなことに）。　I never saw it coming.

　予期せぬことが起こったときに、「まさか」という意味の英語が

とっさに思い浮かぶだろうか。そう、I never saw it coming. だ。小説 "The Dog Nobody Loved"（Jon Katz）からヒントを得た。

神さま（おしゃかさま）なら、知っていたはず、となると Only God saw it coming. となる。神なら「お見通しだ」の「見通し」とは see のことだ。look は外見を見るのに必要だが、see は、見えてくる。両者は似て非なるものだ。

あのメール一本で、別れたのかい。そうなんだ。まさかこうなるとは。この「まさか」は超訳すると I never saw it coming.

I saw it coming. は、「最初からわかっていた」「予想はできていた」のことで、これを強く否定するために、never を加えた。it を this にすると、もっと「間」が縮まる。I never saw this coming. ハイ、これで出来上がり。今からでも使ってみよう。相手のネイティヴは、深くうなずく。この英語の効果はバツグン。Satisfaction guaranteed.

If it doesn't work, you can have your money back. もっと短く。Or, your money back.

masani-ransei

まさに乱世　perfect storm

TIME が頑張っている。カバーに描かれたトランプとホワイトハウスは暴風に見舞われており、たった一つの英単語が Stormy。カバーストーリーの見開きの英語はさらに斬れている。Perfect Storm。「まさに乱世」と超訳した。口語調に訳すと、As Bad As It Gets. だ。最悪の状態のことだ。

完全な嵐と直訳すれば、まったく通じない。perfect とは「完全な」という意味だが、同時に最高と最悪という、相反する意味をもっている。英語とは、光と闇を同時に抱えるヤヌス的な存在なのだ。クリントン夫妻が perfect couple と呼ばれるのは、良きにつけ、悪しきにつけ、最もお似合いのカップルだからだ。

口語表現で似たもの夫婦といえば、They deserve each other. となるが、これも「おしどり夫婦」とも「たで食う虫も好き好き」と訳され、AI ロボット翻訳者を悩ませる。

さてキーワードの Stormy に戻るが、その意味は、なんのことはない。Stormy Daniels（ストーミー・ダニエル）という芸名を持つ、

ポルノ女優のStephanie Clifford（ステファニー・クリフォード）のことだ。嵐を呼ぶ女優ストーミー・ダニエルが、「不倫関係について沈黙を守ることを約束した合意の無効」を求めて、トランプを訴えている。

mata-sono-hanashi-ka
またその話か。　　There you go again.

　ロナルド・レーガンが大統領ディベートの最中に、ジミー・カーターに向かって、"There you go again."（またか。その禁じ手）と言ったことは有名だ。俳優だけに、スマイル（genuine smilesと言われている）も堂に入ったもので、「また、その話か」といやな顔もせずに、サラリと逃げるのも、政治家の社交術なのだ。

　聞きたくもない話を何度もされると、耳が痛くなる。That hurts.（耳が痛いよ。）Don't rub it in.（もう繰り返さないでくれ。）そして、よく耳にする口語表現が、このThere you go again.

　その中には、うっかり発言もある。問題発言もある。"Women think from womb, I mean heart."（女は子宮で、いやハートで考える）と言えば、その場に女性が居合わせたときに限り、「また問題発言だ」（There you go again.）と誰かが言う。もし、私が口をすべらせたとしたら、「また言っちゃった」（There I go again.）と言う。会場から、That's why you lost your wife.というヤジが飛んだら、「またその話か（ぼくにしゃべらせないでほしい）」という意味で、Don't get me started.と言う。

mada-tsuzuki-ga-aru
まだ続きがある　　The bad news is...

　まず、いい話を聞かせるのが、日本での流儀だ。そして、間をとって、まだ続きがあると、神妙な顔で話す。「悪いニュースだが」と言うより、その沈黙の間で、相手が察してくれる。What's the bad news? と、私なら先手を打つ。相手も話しやすくなる。最初から、I'd like to hear the bad news first.と言うのも、大人の会話ではよく耳にする。

mada-yoi-no-kuchi
まだ宵の口。　　You ain't seen nothing yet.

　文法的に正しい英語では、You haven't seen anything yet.となる。

「まだ始まったばかりじゃないか」（これからが見物だ）なら、すぐに使える、フレンドリーな英語がある。ミュージカル映画『シカゴ』("Chicago")で耳にした口語英語だ。haven'tではなく、ain'tと、当時流行った口語英語をそのまま残したのがミソ。現代の言葉に変えると、味を失う。かなりくだけた仲なので、ユエインスィーンナセンニェットといった方が自然だ。

AI is acting empathetically?（AIが人間の心が読めるって？）

Why not? You ain't seen nothing yet.（あたりめぇよ。AI時代はまだ宵の口じゃねぇか。）

AIロボットのハラが読めないようでは、この辞書もここまで。

AI robots will be able to act heart-to-heart with humans?（AIロボットが人間と以心伝心できるっていうの？）

No way. AI won't get us at *haragei* battles.（まさか、AIがハラゲイで人間をやっつけるなんて。）

You never know.（さあ、それは。）

You ain't seen nothing yet.（まだ緒戦だぜ。）

maruchi-shoh'hoh
マルチ商法　multilevel marketing (sales)

マルチ商法（多層式販売）は、ネズミ講（pyramid scheme）とは異なり、違法ではない。しかし、この種のnetworking businessが違法ではないからといって、クリーンな合法金融ビジネスと映るだろうか。

金融ビジネスは、虚業の最たるものだ。人間関係のスキル（human skills）かsocial skillsがモノをいうビジネスだから、セールス道（salesmanship）のルールから外れていない。だが、人の好意や友情をダシに拡販するゲームは決して私の美意識になじまない。

アメリカでは、この種のネットワーキング・ビジネスで単位を求めて、ビジネス・スクールに通うMBA候補者が多い。だから、外来魚たるMBAが日本の古池ビジネス界では浮き上がってしまうのだろう。

man'ichi
万一　What if...?

万一（万が一）、この辞書執筆中に私が事故に遭ったら。「そん

な不吉な」(Don't say that.)と人は顔をしかめる。いや、「万が一」と言っているのだ。probable（80％以上の確率）ではなく、あくまでpossible（絶対にと否定しているわけじゃない）と言っている。私は神ではない。人の世に絶対はあり得ない。Anything is possible. だからIf, by any chance, I met a car accident before I'm done. と言っている。論理的なミスをおかしたわけでない。

　just in caseのためのa contingency planを練るには、the worstを想定することも必要だ。Get prepared for the worst. とHope for the best.は対極にある。べつに難訳ではない（和英辞書にある）。しかし、この「難訳辞典」は、「すぐに使える読み物」(plesure reading)であるのが「売り」でもあるから、pragmaticな意図も活かし、what ifという実用的な見出し語を選ぶことにした。これなら読者にはedutainmental value（娯楽教育的価値）があるので、今すぐ使える。

　What if I pass away soon, いや英文法のルールで正確に表現するならば、What if I passed away, と仮定法過去形にする。*Scientific American MIND*誌（NOV/DEC, 2015）が "A World of What-ifs" の特集を組んだ。カバー（表紙）から、なんとも刺激的だ。What if.... I had married my first love? hadと大過去になっている。文法はいいとして、注目したいのは内容だ。初恋相手と結婚していたら？少なくとも思考訓練にはなるだろう。

　なぜ、こんな項目を登場させたのか。*The Economist*（July 7th, 2018）までもが、What Ifの世界という大特集を組んだからだ。好奇心を刺激するwhat ifのオンパレード。阿波踊り見学といこうか。見るのもよし、踊るのもよし。

1. What if China made the global rules.
2. Europe's splits widened.
3. Half of CEOs were women.
4. The Moon had never existed.

べつにクエスチョンマークをつけなくても、英語では耳にもするし、よく目にする。英語を語学として学ぶために必要だから、「文系」思考で考えれば時間の無駄になる。しかし、思考を鍛えるという「理系」思考を使えば、「点」（知識）を増やすためではなく、

「線」の強化が目的となる。ディベーターらしくscientific mindに切り換えてみよう。今述べた4つのifにさらに14個のifsが加わるところであるが、紙幅が許さなくなるので、5つばかりに絞って思考訓練をしてみよう。

1. If 50% of CEOs were women. ——Generation XX
社長の半分が女性だったら。——女性（XX染色体）の時代
（いやだなあ）

2. If people were paid for their data. ——Data workers of the world, unite.
人々のデータで給料が決められたら。—— データ労働者ら、団結しよう。
（マルクスが蘇るかも）

3. If there were no Moon. ——Empty sky, empty Earth?
月がなかったら。——空も地球も空っぽ
（理科の授業で初めて先生がこんな質問をしたら、居眠りや私語はなくなる）

4. If new food stuffs become popular. ——Insects, algae or artificial meat?
新しい人気食品が登場したら。——昆虫、藻類や人工肉も土俵入りする。
（ゴキブリを食う人種もいるから、人類死滅後はゴキブリの天下）

5. If people had no hair on their heads. ——Hair today, gone tomorrow.
頭の毛がなくなったら。——今日だけの毛、明日はハゲ——はかない。
（サピエンスの歴史はヘアの喪失？）

おまけにこんな歴史ディベートはどうだろう。もしマーチン・ルーサー・キング牧師が射殺されていなかったら。ちょっと英訳してみよう。

If Martin Luther King Jr. had not been assassinated. 正解。had not beenと仮定法大過去となる。*The Economist*の結論は、A different dream（別の夢）。あのスピーチ"I Have a Dream"は果たされなかったが、万が一、キング牧師が生き延びていたとしたら、人

種問題は改善されていただろうか。ifをばかにしてはいけない。ディベーターにとって、最強の武器なのだから。

mangaichi-ni-sonae-yo
万が一に備えよ。　　Get insurance.

なかなか使えない英語だ。保険＝insuranceと考えると、英語が口から出ない。この辞書は、今からでもすぐに使える口語英語を提供している。

石橋を叩いて歩く人は、risk-averse peopleとよばれて蔑(さげす)れるのが世の常。リスクを回避する人を、risk-avoiding peopleと直訳するのをためらう。riskは必要なもの（worth it）だ。ただ、そのためにあるのがinsurance。繰り返すが、これを保険と訳したとたん使えなくなる。保険はコロケーションで学ぼう。そうtake out (an) insurance、いやもっと簡単に、get insurance。

読者はDo you have insurance?と問われたら、どう答えるだろうか。ケースバイケース（It depends.）ヨーロッパへ行く前にフランス語やドイツ語を学ぶって？　英語も保険として学んでおけよ！ Get insurance. Get English first. 人は誰しもhope for the bestを望む。しかし、石橋を叩いて渡る人は、prepare for the worstの心構えのある人に限られる。

英語を学びたい人に、日本語ででもいいから、ディベートをやっておきなさい、と忠告するのも、一種の保険だ。英語という筋肉はほころびて使えなくなっても、ロジックという骨、いや関節や神経は残るのだから。英語の単語はいくら忘れても「英語をやっていてよかった」と言える、堂々とした英語道人生を歩んでほしい。

mikiri-hassha
見切り発車　　pull a plug on ～

プラグを抜いて、突然止める、とはトイレの水を流すこともそうだが、一番よく使われるのは、生命維持装置をはずすときだ。いやもっと広く使われる──「見捨てる」という意味で。

Being an interpreter at American Embassy meant living with the fear of someone pulling a plug on me.（アメリカ大使館の通訳とは、いつお払い箱になるかも、とビクビクすることだった。）そんな30歳の頃の毎日がきのうのように思われる。いや、同じくlife supportで支えられていた師匠の西山千ご自身も、怯えておられたはずだ。アメリカは今も奴隷制度を引きづっている。

トランプが率いるホワイトハウスの職員たちの脳裏にあるのも、a plugに違いない。インド生活が長かった、当時東大の中根千枝教授が日本をタテ社会と論じたときに、いや、日本はヨコ社会だ、と猛反論をしたのも、私がアメリカ大使館という治外法権下の被占領国人間であったからだ。奴隷資本主義国家こそタテ社会なのだ。

> **☕ コーヒー・ブレイク**
> **「見切り発車をしたら」はWhat if we pulled the plug?**
>
> 生命維持装置を外すことは、患者を見殺しにすることになる。殺人。だから、「死」を忌み嫌う日本の精神風土ではタブー。それを知りながら、あえて発言をするには、what ifという思考が要る。onを省いたが、前後関係でわかる。on the bedridden patientであろう。
>
> 今、私がYouTubeで耳にしているリチャード・コシミズの発言がある。政界は、陰の勢力で操られ、骨までしゃぶられ続けている。「死に体」の日本を立て直すにはゼロベースで再スタートするに限る。日本はゼロに戻（いったん破綻す）れば、雄々しく立ち上がれる、という。1からではなく、ゼロからという発想にしびれた。ifを使わなければ問題発言になる。仮定法だから、pullがpulledと過去形になる。

migurushi'i-johken
見苦しい条件　indecent proposal

一般にパワハラ（pulling rank）とかアカハラ（アカデミック・ハラスメント）というharassmentは、強者が弱者をいじめるかのごとく、かなり破廉恥な条件が織り込まれる。ビジネスパーソンは、カネにかまけて、businessにpleasureをかぶせようとする。この種のindecent proposalは、脅し（intimidation）にもなれば、blackmail（恐喝）にも発展する。

商社時代に聞いたことがある、「借金が払えないなら、娘を出せ」「ソープに沈めてやるぞ」というナニワ金融道にも登場しそうな暴

言も、すべてindecent proposalだ。もっと手の込んだ脅しは、契約書にサインをさせるというもの、今はやりのnon-disclosure agreement（秘密保持契約）がそうだ。沈黙を買う（buy silence）のが狙いだ。

前述の小説 "Fifty Shades of Grey" では、このNDAが入念に作成されている。18歳の女性では、ノウと言えない雰囲気で、サインを求められる。二人の間に何が起こっても、口外無用というのだ。これもindecent proposal。こんないかめしい法律用語が18歳の女性にわかるはずがない。

THE PARTIES AGREE AS FOLLOWS.

The following are the terms of a binding contract between the dominant and the submissive.

（両当事者は以下の通り合意する。以下は支配者と服従者の間の拘束力を有する契約条件である。）

主と従といったタテの関係だ。主人と奴隷の関係ではないか。すでにハラスメントが始まっている。法律で縛る、というのがアメリカ型のビジネスなのだ。Or else? You'd be locked up.

トランプはヒラリー・クリントンを刑務所にぶち込め、Lock'er up.と怒鳴り続けた。日本人の耳に入りにくいラッカラッという英語をこの執筆中に何度耳にしたことだろう。多くのトランプ陣営の人たちも吼える。Lock'er up.（ラッカラッ。）

mizu-ni-ochita-inu-wa-tatake
水に落ちた犬は叩け。　　When the egg is bad, don't beat it.

どの辞書にもないが、この英語表現に出会ったとき、日本語訳はこれだと思った。いかに信じ合っていた友人でも、麻薬か幼児の人身売買で逮捕されたら、かばわない方がいい。moral wrongをethical rightと取り替えることはできない。危険すぎる。

もし割った卵が腐っていたら、目玉焼きにできない。かきまぜ（beatという）てはならない、という教えだ。かつての大スターが麻薬漬けの廃人（bad egg）となったら、いかにファンでも救えない（can't beat）ことがある。かつてプロ野球のスターになった人物が、刑務所で、「死にたいよう」と泣きわめく。忠告する気のある人なら、ムショにぶち込まれる前に「逃げろ！」Beat it!か、

We're done.（お別れだ）とズバリと言っておくべきだった。巻き込まれる前に。

mizu-wo-sasu
水を差す　get in the way

水に流すのは、水の国である日本の美学だ。水に流す（forgive and forget）のは、美だが、水を差す（interrupt）は醜だ。それは「和」の流れ（ハーモニー）を止めるからだ。「足を引っぱる」（get in the way）も、「水を差す」と同罪だ。

Don't pull my leg. と直訳してはならない。これは「からかうな」という意味だ。繰り返すが、「水を差すな」とか「足を引っぱるな」は、Don't get in the way. だけで十分だ。You're in the way.（お前がじゃまだ。）

miseshime-to-shite
見せしめとして　as an example

Should Olympus be delisted as an example to others?（オリンパスは、他の企業への見せしめとして、上場廃止させるべきか）、こんなテーマのディベートなら、日本の企業相手の社員訓練にも使える。ハーバード・ビジネススクールなら、喜んでケース・ディスカッションのテーマに選ぶだろう。

ウッドフォードは彼の日本語が不完全なゆえか、「見せしめ」を as an example と直訳している。example を使いたくなければ、こんな英文はどうか。If Olympus is delisted as a punishment, other companies will get the message.

日常会話では、Getting Olympus delisted means teaching them a lesson. これは、きびしい授業料になる。他社もビビるはずだ。しかし、彼の名誉のために一言。彼が使った英語がジャーナリストにこんなふうに使われている。He sets an example to others.

an example という単語だけで通じるのだ。

michi-kara-hazurete-iru
道から外れている。　That's not ethical.

日本人のいう道徳教育とは、moral and ethical education のことではないかと思う。しかし、両者は似て非なるものだ。ethics（倫理）は人間関係のルールで、神は存在しない。だからルールを破っ

たか、という理由でThat's not moral.と非難されることはない。moral（道徳的）とは、きわめて、宗教的なものだ。ナニワ金融道に、神は存在しない。人間同士のルールとは、ethical standardsのことだ。

「やりかたが汚い」play dirtyとは、倫理的なルールから離れた行動のことだ。コンサルタントとクライアントとの信頼関係を裏切る行為が汚い（美しくない）のだ。社員が会社の不正に気づき、内部告発（whistle blowing）することは、moralであってもethicalではない。両者は切り離して考えるべきだが、最近では、両者の関係がますます曖昧になってきた。「道」とは、本来両者のバランスを求める安全弁であるべきだ。

mi-chigaeru

見違える　different

べつに、この辞書が他の辞書よりも優れている、とは言っていない。言えるはずがない。ただ、This dictionary is just different.なのだ。

幼少時代から負けず嫌いで、謝ることが苦手だったことを知っている人や仲間はこう言うだろう。「今の松本は違う。見違えるようだ」と。この「見違える」をどう訳す。そう、He's a different man.

私の妹（奥村幸子）も、歳のせいか、「昔のような勝ち気な女じゃないよ」と私に言った。I'm a different woman.と。

「あいつは変わっている（eccentric）」のつもりでHe's different.とは、決して言わぬこと。This dictionary, I hope, makes a difference for all of you. そう、読者も見違えるような英語（different English）を使ってほしい。

michi-suh

未知数　X-factor

未知数とはan unknownのことだが、それがゆえに「魅力的である」と意味論的に解釈するなら、X-factorが勧められる。That's an exciting possibility. Add another X-factor to your equation.（それを考えるだけでワクワクするね。我々の方程式にもう一つの未知数を加えてみよう。）Xには価値観が含まれる。

マルカムX（MalcomX）は、これまで多くの黒人がかつての奴隷の主人（slave owners）の苗字を使っていたので、そんな常識に抗って、Xとして暗殺された。彼の女房も黒人だった。マルカム夫人が、結婚相手を白人にせず黒人の夫を選んだのも、自分の母が白人に犯されたという、娘にとって消せないトラウマがあったからだ。たしかに名前は残した。しかしそれでもこの二人の黒人カップルは不幸な人生だった。

　オバマ大統領の母も薄幸な白人だったが、混血結婚はうまくいかなかった。だから、オバマは相手に黒人（ミシェル）を選んだ。オバマがマルコムXに憧れたのは、現状打破するための成功方程式に、X-factorを加えたかったからではないか。

　マーチン・ルーサー・キング（Martin Luther King, Jr.）牧師の死後、すでに50年も経ったが、アメリカの人種問題はまったく解消されていない。ハリウッド映画は表だが、裏のアメリカは悪化している。キング牧師の名演説"I Have a Dream"の中の「夢」とは、アメリカの黒人にとり永遠のX-factorなのであろう。

　今、アメリカでは、ラテン系が増え続け、彼らによる悪質犯罪も異常発生している。Xを求め始めた。Latinx（ラティネックスと発音する人が多い）と、X-factorを加えた。Latinosは男性名詞で、Latinasは女だろう。guysとgalsの違いがあっていいじゃないか、という人も、声をひそめ始めた。今はすでにLGBTQの時代だ。レズ、ゲイ、バイセクシャル、トランスセクシャルに、queer（中性）を加えている。

　ミシェルは、男か女かどちらでもいい。ミシェルはミシェルでいいじゃないか、という動きがqueers（性的マイノリティ）を登場させた。ホモもXになった。Latinxが辞書に登場する日はいつだろうか。MissかMs（ミズ）か、区別しろという時代が、どちらでもいい時代に戻ろうとするのだから、辞書編纂者は、さぞかし大変だろう。私もそうだ。We're back to square one.（振り出しに戻った）。「空龍」の訳？　マツモトXにしようか？

michi-wo-hiraku
道を拓く　　develop your immunity

「道を求める」なら神道的。一神教なら、神の教えに逆らわず、

「道を拓(ひら)け」となろう。Seek the truth.といってもピンとこない。「求めよ、さらば道は拓けん」といった方が、思考が前向きとなり、英訳しやすくなる。Try harder and you'll get what you want.

ところが、what you wantがわからず、見えざる「道」の正体が摑めないままの人が多い。これがimmunityではないか。抗原(antigen)という自然の「みち」が、「どう」という抗体(antibody)を形成させるのは、自然の「はたらき」そのものだ。相撲が、柔道に、そしてそれが英語道(tough English as antibody)にまで広がり続ける私は、immunityを求めてきたことになる。

免疫とは、危害・有害物から免れること。security(安全)に他ならない。道端でガイジンに道を聞かれる、挑戦はantigen。そのために多少の英会話力を身につけようという試みがantibody(抗体)だ。ネイティヴの英語を学ぶために、英会話学校へ通うのは、即効薬としてワクチン注射を求める患者が多い。テレビやインターネットなどのメディアで、入門英会話を身につけるのは、モルヒネ注射を打ち続けるようなものだ。

michi-wo-fumi-hazusu

道を踏み外す　cross the line

道がlineに結びつくなんて、超訳すぎると反論されそうだ。私は「道」の使用形にこだわっている。「一線を越す」と置き換えると、使いやすくなる。一線ならa line。「この道一筋」という発想になじまない西洋人には、十字架をイメージさせるといいだろう。神を裏切って、悪魔と結びつく(double cross)ことは、cross the line(一線を踏み外す)ことになる。

このlineとは「けじめ」のことでもある。男女、夫と妻、ウチとソト——そこには、越してはならない結界(the line)というものがある。この線だけは越えてはならない。そして、ここが肝心だが、「この道を歩く」という覚悟をするには、次のセンテンスを歌うように唱えることだ。The Way of Spirit English. I'll walk the line. この道一筋。それには覚悟(commitment)がいる。

miteru-dake

見てるだけ。　Just looking.

店内できょろきょろ(look around、snooping around)していた

ら、挙動不審ととられかねない。店員に声をかけられたら、Just looking.か、Just browsing.と答えよう。David A. Thayne（デイビッド・セイン）氏は、そのあとにthanksを加えている。ビジネスパーソンにも必要な気配りが感じられる。browsingとは、パソコンの「ブラウザ」と同じ語源。

イメージの違いを述べてみようか。動物の行動をイメージしよう。Sheep graze. Goats browse.下を向いて、同じ草を食い続ける羊に対し、山羊は、高いところへ登ったり、上を向いて、木の葉まで食べる。browsersとは、マイペースでわがままなのだ。

私は、遊士となって逍遙するのが大好きだ。生徒と旅に出て、究論（ディベート）しながら、共に学ぶのが大好きだ。古代ギリシャの哲学者は、自らの流派をthe Peripatetic school（逍遙学派）と呼んだ。親しみを感じる。私が好きな中国の実践哲学者である王陽明も、教室から離れ生徒たちと遊んだ。船の中でも弟子たちと究論を遊んだ。実学はこのようにときとして虚から生まれる。

本屋でなにか読みたい本はないかと、渉猟する（hunt around）のも私の趣味だ。ビジネスパーソンは、ほしい本をネットで調べ、Amazonで求める。しかし、ビジネス・リーダーは、興味範囲が広すぎるので、狼のようなhuntersでなくてはならない。「何かお探しですか」と問われたら、Just looking around.と、aroundを加える。外国の書店では、縄文人（hunter-gatherer）の私に戻る。

min'na-ga-suki-katte
みんなが好き勝手　Everyone for himself

乱世は秩序が乱れる。幕末とはそういう時代であった。菊（朝廷）と刀（幕府）の奪い合いだから、仁義がなくなる。
「仁義なき闘い」とは、dog-eat-dogのこと。犬同士が共喰いするのに仁義はいらない。Everyone plays hardball.（みんなが背伸びした闘いを始める。）

mukashi-wo-omoidasu-ne（moto-kita-michi）
昔を思い出すね（もと来た道。）　Déjà vu all over again.

オリンパスの株主総会のあと、外国人関係者は、まるで東芝事件の時を思い出すね、と苦笑いするだろう。déjà vu（デジャヴュ、デジャブ）というフランス語は、英語を母国語とするビジネスパー

ソンもよく使う。かつて筆者が、『エコノミスト』誌が主催する経済者会議に出席したとき、韓国の新聞記者が、「日本はちっとも変わらない。50年前からDejavu all over again.」と見事な英語で語っていたことを思い出す。損失を隠す（hide old losses、cover up embarrassments）ことが得意な国民なのだ。韓国だって、偉そうなことは言えない。中国語の面子（ミエンツ）ではなく、"体裁"（ソトヅラ）や序列（the hierarchy）を意識する国民気質は、日本人以上に激しくて、陰険なのかもしれない。

mushoh-no-ai

無償の愛　unconditional love

母の愛は無条件であるべきだが、父のそれは、有償になることが多い。とくに、家業を引き継がせる（step into his father's《family》business）かどうかには、資格がからむからだ。母は我が子に継がせたいという情的衝動に勝てないようだ。

無償の愛は、他愛（pure love）と同じくらい、定義が難しい。誰にも通じる口語表現を用いると、Mothers just give their money away to their children.（母親はお金を無償で子供たちに与える。）

このaway（見返りを期待しない）が無償と同義である。ユダヤ人の金銭哲学は、You just don't give money away.（与えたカネは必ず返ってくる）だ。このmoneyをloveにすれば、孔子の「徳は孤ならず、必ず隣（となり）あり」に近づく。いずれもgive（与える）の優位性を強調したものだ。

muda-no-nai

無駄のない　lean

leanとは、すっきりした、とか、ぜい肉のとれたという感じの形容詞だ。a lean companyとは、経費、従業員数などの点で、経営効率の高い会社のことをいう。平たくいえば、ムダのない会社だ。

最近、大手病院でも医療ミス（medical errors）が増え、企業経営者から効率（effectiveness）を学ぼうとする動きが目立ってきた。医者だって人間だ。To err is human.などと言ってられなくなってきた。アメリカの話だが、1年間の医療ミスによる死亡が、9.8万件に及び、交通事故による事故の2倍に達したという。

National Academies of Sciencesの調べだが、バルチモアにある、

ジョンズ・ホプキンスの医学校の統計によれば、年間の医療ミス死は25万件に及ぶ（ちょっとオーバーだが、と *The Economist* は手心を加えているが）という。すべて医者のせいではなく、医療環境やシステムそのものにも問題があるのでは、とメスを入れている。*The Economist* の見出しが、患者の安全を守るために（For patients safety）、お医者さんよ、汝の医療システムを治療しなさい（Physician, heal thy systems.）と。

追い詰められた医者たちは、企業に救(たす)けをもとめている。その結果が、患者のflowを向上させるための、無駄のない経営だ。キー・コンセプトはleanという形容詞に収斂(しゅうれん)される、ぶくぶくに膨れ上がった大病院のアキレス腱である機能不全に挑み、思い切ってleanな体制に変えると、医者、看護師、患者のコミュニケーションの風通しがよくなり、経営体質の改善がなされるというもの。genchi genbutsu（go and see for yourself）という日本語まで、英語表記されているから、より説得力がある。小規模にすると、お互いが目を光らせる。（peer-reviewedという言葉が使われている）機能が働き、経営向上は飛躍するという。

mune-wo-hare
胸を張れ。　Stand tall.

Get your chest out. でも伝わる。とくに日本人に対しては。外国では他のゼスチャーで勝負する。足を大きく左右に開く（straddle stances）。両股をくっつけるparallel stance（女性に多い）よりパワフルだ。ついでに、腰に両手を当てる（hand-on-hip posture）も有効なマッチョ・ポーズだ。イギリスの悪名高きヘンリー八世のポーズがこれ。なにごとにおいても覚悟ができた国王だった。股を広げた、あのポーズには別項「立ち振る舞い」で触れたので、ここではtallという語感だけを、もういちど強調しておこう。勝って堂々、負けて堂々。Win and stand tall. Lose but stand tall. 関西学院大学のアメフト部が試合前に行なう宣誓の祈りを私なりに訳した。

me-ga-mono-wo-iu
目がものを言う。　The eyes have it.

交渉に必要なのは、誠実さ、正直さ、自信を示すgood eye contact。きらきらした眼はsparkling eyes、ぎらぎらした眼はfiery eyes、（何かを訴えたい）物言う眼はtalking (eloquent) eyes、笑っている眼はlaughing eyes。使い方はgetだけでよい。get red eyes（充血する）、get a black eyes（殴られる）、get contact lenses（目にコンタクトを入れる）、get tearful eyes（涙を浮かべる）。

目力（めぢから）は、ご本人の「魂」（soul）の証拠になる。交渉にはうるさい私は相手の目をよく見る（look them in the eye）ばかりでなく、gaze（凝視）し、目の動きを分析する（read their eyes）ことがある。

この言葉もついでに覚えておこう。"The ayes have it." （賛成多数により可決。）表記の英語以上によく使われる。eyesとayes（この反対がnays）、スペルの違いはあるが、発音は同じだから、耳に快く響く。これがクロオビ（プロの）交渉者が使う英語だ。

me-kiki-de-aru
目利きである　a good judge of 〜

「聞（聴）く」を調べてみたら、「目利き」にまで漂流してしまった。ひらがなで「きく」と決めたら、パッと視野が広がった。コップの中の水を空っぽにすれば、いくらでもなんでも受け容れることができる。聞き入れることができる。

「書く」ということは、発見することでもあり、同じアウトプットでも、「話す」ことよりも、創造的である。ペンが考え始めると、目利きをし始める。My pen is beginning to judge.

私だけではない。深夜にペンを進めている、ほとんどの目利きのできる文筆家は、ペンで書くよりも、ペンに書かされた、という経験をお持ちに違いない。*TIME*の編集者（二人のsenior writers）にきいた――尋ねた――ことがあるが、二人とも書かないと考えられない（I can't think till I begin to write.）と答えた。人間よりペンの方が、目が利く、というのだ。

「のる」とは恐ろしい現象だ。常宿の夕食で日本酒を飲み、ぐっすり眠り、夜中、午前2時頃に書き始める。のり始めるのは、あたりがしーんと静まりかえった午後3時頃かな。今、私はペンと共にのっている。On a roll. My pen and me. Yes, my pen, or fingers, is a better judge of people.

目利きができるのは、頭より、ペン（指）かもしれない。いやひょっとしたら、深夜なのかも。

me-koboshi-wo-shiteyare
目こぼしをしてやれ　Turn a blind eye to ～

オウム信者（Aum Shinrikyo doomsday cult members）の獄中からのレターには、死刑廃止（abolition of capital punishing）と大赦（amnesty）への哀願が込められていた。ヒットラーの幹部の呻きに近いものがある。「命令に従ったまで」Befehl ist befehl.といっても、犯罪を否むことはできない。外交官にはdiplomatic immunityが認められても、犯罪者には、impunity（刑事免責）とamnestyしか期待できない。

media-de-yoku-toriage-rareru
メディアでよく取り上げられる　get good press

get a favorable review（response）from the mediaでもいいが、長ったらしい。pressのみで十分。メディアで叩かれる場合なら、get bad pressか、get a（bum）rapでよい。

rapはラップ音楽で使われるように、単なる音に近い。Did you hear a rap on the door?（玄関で音がしなかった？）のように使われることもある。

Eminem is the most hated white rapper.（エミネムは最も嫌われ者の白人ラッパーだ）と言われたことがあった。最近は、さほどhotではないが、a white rapperとして異色の存在であることに変わりはない。

me-no-ue-no-tankobu
目の上のたんこぶ　an embarrassment

「ニコラ・テスラ」という天才——トマス・エジソンが妬むほどの——には、昔から関心があったが、エネルギー問題が再び政治問題化し始めた近頃、テスラは再度、注目され始めている。再び私の心がときめき始めた。アインシュタインが「私以上の天才」と認めた男だ。天才であることとは、という質問に対し、You better ask Nikola Tesla.と、とっさに答えたといわれている。（YouTubeで耳にした）。

そもそもfree energyは、石油ビジネス業界から煙たがられる危

険な思想だ。金融家のJ. P. モルガンも彼の実験に対する投資を打ち切っている。この天才、めざわり（disturbing）だ。しかし、切り捨てることは、投資家の沽券にかかわる（Beneath them to discredit Tesla、またはtoo embarrassing for him to approve of his brilliancy）ので、"目の上のタンコブ"とされた。

だから、最も頼れる表現は、このように縮めてみることにした。Nikola Tesla was an embarrassment for J. P. Morgan. Why? Because he was embarrassingly too brilliant.

くやしいくらい頭脳明晰であった？ いや、もっと明朗で、それだけに凄みのある答もある。Because he knew too much.

「目の上のたんこぶ」の直訳に無理があれば、芸術的な超訳も考えられる。そもそもTranslating is a creative (spoken) art.（創造的な話芸）なのだ。

me-wa-kuchi-hodo-ni-mono-wo-iu
目は口ほどに物を言う。　Eyes tell.

「目は心の窓」はEyes are the windows to the soul.（ofでなくto）で、べつに難訳ではない。難訳はtellの方だ。

コニー・フランシス（Connie Francis）のポピュラーソングの中に、Lipstick on your collar told a tale on you（あなたのカラーについた口紅がウソだと言っていたわよ）という歌詞があった。tellとtaleのT語が、鮮明に私の記憶に残っている。口紅のようなちょっとした「しぐさ」から、人間の全貌が見えるという。まるで演繹法（deductive logic）で知られた探偵シャーロック・ホームズのようだ。彼はワトソン博士に対し、You may see but you don't always observe.と諭した。見るだけではなく、その本質を見抜けということだろう。

merihari
めりはり　rhythm (varied tone)

いい交渉者には音楽がある（musical）。めりはり（滅り張り）がある。Good negotiators have got rhythm. 話にめりはりがある。(His speech is nicely varied.) めりはりのある声とは、modulated voiceのこと。

modulationとは、音楽用語で転調（音声リズムの変化）のこと

だ。モジュールとは、規格化された構成単位のことだから、耳ざわりがいい。ディベートが得意な人（とくに政治家）の声にはめりはりがある。その特長はmeasured tone（拍子のそろった音調）だ。『ジーニアス和英辞典』の例文が気に入った。

1. The president's talk was monotonous（boring.）（社長の話にはめりはりがなかった。）
2. give variety to one's life（生活にめりはりをつける）
3. lively writing（めりはりのある文章）

2.のvarietyを使った例文には、めりはりがある。オスカー・ワイルド（Oscar Wild）はVariety is a spice of life.（人生の醍醐味はめりはり）と言ったが、退屈な（モノトナス）人生ほど無味乾燥なものはないという意味だ。「めえめえ子山羊」にめりはりをつけると、Baa Baa Black Sheepとなる。

　英単語をmusical note（音符）と考えると、学んでいても、疲れず、忘れない——英語試験が終わったあとでも、音感はこつこつ鍛えるべきだ。こつこつとはtick tock tick tockと、時計が時を刻むリズムだ。めりはりをつけると、Tick tock tick, tick tock tick.

　目にもめりはりをつけよう。TICK tock TICK tock.と。裏拍子で、tick TOCK tick TOCKに変えると、よりmusicalになる。いい英語のスピーチには、シンコペーション（切分音）が利かされている。

　"Somewhere Over the Rainbow"（『虹の彼方に』）は曲の前後でワン・オクターブの違いがあるが、同じような音を感じ、違和感はない。これを音楽用語でoctave equivalenceという。むしろ、このめりはりは、より音楽的な（musically persuasive）効果を増すことになる。I'm not talking about me, ↑ I'm not talking about my English. ↓

　ここでワン・オクターブ下げて、I'm talking about YOUR English.↓とyourだけにアクセントを置き、声を落とそう。それも強調のためだ。スピーチの達人はsyncopationの名手でもある。いいセールス・トークには、必ず変化球というめりはりがある。

めりはり

　コーヒー・ブレイク

CATS & DOGS DEBATE Part Ⅳ　犬と猫のタンゴ

空龍：癒しの水の弁論をお願いします。猫さんからどうぞ。

猫：犬さんの熱い思いに動かされ、生まれ変わったら、犬がいいな（笑）と思ってしまいました。しかし、猫の心は、猫の眼のようにコロコロ変わると申しますから、やはり、猫に戻ってしまいました（笑）。

　もし、犬さんがおっしゃるように、この国の政治家が従順なポチの集団になってイエスマンばかりだったらどうなるのでしょう。忠実に受験英語だけを学び、自分の立場だけに固執して意地を張れば、どうしようもないdog in the manger（かいば桶の犬）になっちまうでしょう。They wouldn't come out of the doghouses（むくれてしまうだろう）。心をして寒からしめるものがあります。

　教科書を暗記したスピーチ英語。英文法に忠実で、表面的には美しいが、人工的（plastic）で味気のない英語——どこに夢があるのでしょう。硬直した英語教育行政局のくさりにつながれているシステムで許されないのです。犬たちのくさりを解き放してあげようではありませんか。ルールに忠実な犬さんたちを決して犬死にさせてはなりません。われわれ猫たちと一緒にワルツを踊りませんか。

犬：同じようにifのロジックで考えてみましょう。もしこの国の人たちが猫のように考え、振る舞えば、きっと彼らの英語は自己中心的になるでしょう。たしかに、猫さんのソフトパワーには勝てません。猫さんの外交ゲームには、妬みさえ感じます。窓の外でニャーンと鳴けば、家に入れてもらえるでしょう。

　その点、野に捨てられた犬は、気の毒です。吠えれば吠えるほど、犬たちは敬遠されるので、忠犬ハチ公のように師匠をその死後にも追う行為が美談だと見なされるのは、武士道の忠義が愛でられたときまでです。でも犬の先祖は、狼という神みたいな存在です。映画『犬ヶ島』でオオカミの姿の親分が登場したとき、思わず「待ってましたぁー」と叫びたくなりました。

　今の日本が望んでいるのは伝統ではないでしょうか。狼の元へ

飛んでいけば、狼は犬たちと遊んでくれます。しかし猫たちが、ライオンやトラに近づいたら——たぶん喰われてしまうのです。これが伝統というものです。伝統とは、ココロであり、「道」なのです。それが日本の、そして狼たちのSOULなのです。価値観なき無機的な英語ではなく、soulfulな英語を文科省が指導すれば、犬たちは、猫以上に素直に従うでしょう。

　犬は道（どう）、猫は術（じゅつ）と、分けるつもりはありませんが、犬はいつも猫に憧れるのです。あんなデリケートな社交術が身につけばいいな、と。猫さんも、われわれ犬と一緒に、文科省に働きかけましょうよ。きっと胸襟(きょうきん)を開いてくれるでしょう。一緒に踊りましょう。犬猫ヶ島で、猫（術）と犬（道）が踊る狂気のタンゴを。

〔解説〕石と風のロジックはIQが中心となり、後半の火と水のロジックはEQ（情感指数）に支配されます。とくに、この六角ディベートがディベートのみならず交渉にも役立つというのは、情的側面が加わるからです。とくに、火は、we（我々）でなく、I（私、個人）で話すライセンスが与えられます。

　古代ギリシャ・ローマのディベートでは、個人攻撃はタブー、個人体験は禁じられ、客観的なデータに基づき、すべてweで通しますが、私が考案したサッカー・ディベート、究論道（hexagonal debate）では、個人的体験を有効とする火（反駁）の部分は、きわめて重要です。

　学生のディベートは、古代ギリシャの三段論法のstraight logic（直線論理）と呼ばれ、過去、現在、未来とlinearに進みますが、この水晶ロジックを活かした六角ディベートは、あくまでspiral logicであり、自他、主観、客観の相乗効果を尊重します。「押し」より「引き」を重視し、論敵の議論にも敬意を表し、相手を刮目(かつもく)させ、納得させることにつながります。さしずめ、日本の武士道が愛(め)でる活人剣、活人語（life-giving arguments）ということになりましょうか。

me-wo-sorasu-na
目をそらすな。　Keep eye contact.

　アメリカ文化では、eye contactは、外せない社交儀礼である。しかし、じっと見つめる（gazing）のは、気をつけよう。地方で会った美人をうっとりながめるのは、フーテンの寅さんだけでいい。

　ビジネスでは、視線をそらせてはいけないのは、話し相手に限る。だいたい日本人は…Japanese, by and large, avoid eye contact and make us doubt if they are suspicious of us…（…日本人はたいてい、目をそらし、私たちを怪しんでいるのではないかと疑わせる…）と言うアメリカ人がいる。

　同時通訳者の西山千名人が私に言われたことがある。「松本さん、人にモノを頼むときは、しっかり手を握って、相手の目をじっと見るんですよ」と。確かに私は、首をタテに振らず、相手の目をじっと見る癖を身につけた。最初はできなかった。目の前のガイジンが猛獣だと想像して、目をそらせまいとしたものだ。しかし、そんな欧米人でも、じーっと見続ける（eye lock）のは、マナーに反するとされている。

menjuh-fukuhai
面従腹背　a Judas Kiss

　表面では従順なフリをして、腹（心）の中では、背くという意味だ。表裏一致（ピアオリイーツ）の反することだから、中国でも面従腹背の徒は毛嫌いされる。『新和英辞典』は、false obedienceと（a）Judas kissと適格な訳を載せている。ところが前川喜平前文科次官が、この面従腹背を座右の銘としていると知って唖然とした（appalled）。新聞『郷守人』（平成30年6月号）は、知性の低迷、良心の崩壊と論破している。Shame on him!

　なぜ役人の質がここまで低下したのか。日本の役人（官僚）が武士道を捨てたからだ。ばれなかったら合法という発想は、道義に反する。not guiltyであってもshamefulである。

mentsu-no-mondai
面子の問題　a reputational risk

　メンツ（miànzi）は英語ではface。面子を失うとはlose face。ただし、「やつに面子をつぶされた」をHe lost his face.と訳すことは

できない。斬首以外には。中国人や日本人（韓国人は体裁を重んじる）がこだわる面子は、欧米人には通じないことが多い。強いて訳せばreputational riskになる。

私は面子にこだわるタイプで、人によくこう言う。「私は面子ビジネスをやっている」I run a reputational risk.と。カネではなく、面子という信用（カオ）のために仕事をしている。この「難訳辞典」もそうだ。

menboku-wo-tatete-kure
面目を立ててくれ。　Give me a face-saving out.

面目を立てる、顔を立てる…日本人は「立てる」言葉が好きだ。「ひもろぎ」も「茶」も「花」も「言葉」も、立てる（言挙げする）のが好きなのか。「顔」まで立てるというから、よほど体裁（appearances）にこだわる民族なのだ。

藤村は『夜明け前』で、語る。「…こんな結果を招いて見ると、義理ある子の半蔵よりも孫の宗右の可愛いおまんまでが、これには一言もない。先祖に対して何の面目がある。」

この面目は、guiltかshameか。答はshameだ。一神教の神に対してはguiltであっても、先祖に対してはshameであろう。顔向けする相手は、血の通った人間で、血筋の人なのだ。

古神道の大家の故・山蔭基央氏（やまかげもとひさ）（山蔭神道第79世宗家）から、自霊拝（自分の顔を鏡で見る行）は、先祖に恥をかかせない行だと教わったことがある。断食行の最中だったから、腹に響いた。Not their face. Not your face. Just face. 顔は共通認識であるべきだ。その恥意識から抜け出すのは容易ではない。

moh-ippai-onaji-mono-wo
もう一杯おなじものを。　Another drink.

anotherとは、one otherのことで、同じものを求めること。I want to get another one. 同じ焼酎をもう一杯。

別のもの、たとえば日本酒、に取り替えてほしいときは、Give me the other drink.

前著「口語辞典」の最初の項目でも述べたが、otherとanotherの相違には気を配ってほしい。くどいようだが。

Oh. You got another woman.（また、女を取り替えたのかい。）

No. I got the other woman.（いや愛人さ。）

the other womanが愛人（中国では情人＝チンレン）であることも、そこで述べた。つまりthe otherとは、同時に存在している、陰（日影）の女となる。

人は、あなたの「彼女」のことを、another one（表の女）か、the other（裏の女）かと問われたら、Neither, she's the one.（どちらでもない、彼女が本命だ）と答えればよい。

mohkari-makka
もうかりまっか？　How's business?

すでに何度も触れた"The House of NOMURA"では、世界語となった大阪弁の*Mokarimakka*をHow's business.と訳して、なるほど、これがオーソドックスな訳だなと思った。大阪商法は野村や住友に見るごとく、がめつい（greedily gritty）。大阪はthe kitchen of Japan（日本の台所）とされていた。

堂島の米市場は、先物取引の中心であった。機を見るに敏。このスピード感と「はしこさ」（agility）が、プロ同時通訳者を目指していた私に火をつけた。すべて人の２倍のスピードで（歩き方まで）こなしてみせる、と自分に誓ったものだ。たしかに、大阪人の「がめつい」商法は、中世のユダヤ人の商法とウリ二つといわれている。

そもそもマネー・チェンジャー（両替商）は、評判のよくない職種だ。しかしあこぎな商法で稼いだblood moneyが、後に財閥（family-run-industrial empires、financial clique）として花を咲かせることになる。

mokusatsu
黙殺　no deal (is better than a bad deal)

「黙殺」の訳は、プロ同時通訳者の西山千によるgive it the silent treatmentがベストと思うが、46年前に『日米口語辞典』のパートナーであったサイデンステッカー氏は、亡くなる前に「やはり、黙殺は、ignoreでしかなかったのでは」と車椅子から私に語られた。黙殺の適訳がみつからなく、悶々とした日が続いたものだ。

あれから40年。私の超訳感覚も冴えてきた。最近の*The Economist*（August 4th, 2018）の記事（p9）から、これだとヒザ

を打った。"In most negotiations, the maxim that 'no deal is better than a bad deal' makes perfect sense."（悪い取引なら、取引しない方がいい、という金言が言い得て妙）という導入文だ。

ポツダム宣言は、取引だと考えれば、黙殺だって、取引の一形式としては間違っていない。この黙殺が原因となって、広島・長崎に原爆が投下された（これは、アメリカ側の最初からの思惑であった）とは信じがたい、というのがサイデンステッカー氏の口癖であった。その通り、黙殺とは、no dealでよかったのだ。

motto-karui-mono-wo
もっと軽いものを　something lighter

ホラー映画は、気が重くなる。戦争映画もheavyだ。Toni Collette（トニ・コレット）という有名女優（"The Sixth Sense"『シックス・センス』でブレークした）は、最近の話題作"Hereditary"『ヘレディタリー／継承』の中でも、身の毛もよだつ、超heavyな演技に挑んでいる。はまり役だという。それが迷惑だと彼女は言う。I'm sick of heavy.（重いものはウンザリ）と。

そんな女性に *TIME* のEliza Berman（エリザ・バーマン）はこんな質問をする。

Do you feel like after this experience, you want to do something a little lighter?（この経験から、もっと軽めの役をしたいと思ってない？）

さすが、プロのインタビューアー。相手の心の中に入っている。言葉にもbig wordsはない。私が意識しているインタビューアーの阿川佐和子のスタイルと似ている。ネコ的なインタビューアーだ（私のジャーナリスティック・インタビューは、どちらかといえばイヌ的だが）。しかし、Toni Colletteの答も阿川佐和子的だ。自己PRもなく、きわめてさわやかだ。

I think I have enough self-awareness to do whatever comes along. I don't feel like it's a balancing act at work. But I don't know. I've never had a plan, and I still don't.
（どんな仕事でも、飛び込んできた仕事は受けさせなきゃという自覚はあるわよ。仕事のバランスをとるなんていえばおこがましいし。よくわかんない。これまでべつにプランがあってやったことは

ないし、今でもわかんないのよ。)

　こんなふうに訳しながら、阿川さんがテレビ・インタビューで答えていたときの私の印象とだぶってしまった。heavyかlightか。NONESのキャスターの私でも迷うことがある。heavyなものしかやらない、といえばプロ・キャスターとしては失格だ。

moppara-yome
もっぱら、読め。　Just read it.

　マイケル・ジャクソンのJust beat it.（ただ逃げよ）をもじった、Just eat it.もヒットした。英語界の大家、國弘正雄氏は道元の只管打坐をもじって、只管朗読という題目を教育界に流布された。私は、只管速読を勧めた。帝京大学ちば総合医療センターの萩野昇先生は「只管読書」（Just read it.）を勧められている。氏の語感がニクイ。臨床医（英語のうまい医者が圧倒的に多い）には、独特な語感（feel of language）がある。beat it, eat it, read itと同じく「イー」という母音を並べ換えられるなど、英語に赤い血液のほとばしりを感じてしまう。氏と肝胆相照らす仲にある医師兼同時通訳者の上田亮氏も、clinical English（臨床英語）の信奉者だ。

　萩野先生は、臨床英語の達人で、第二言語習得はまさに医学臨床の「行」だとの視座から、英語初心者にとって大切なものは「語彙」と「文法」そして「出力」の三点セットだと断定されている。氏が「総合診療」第28巻第一号別冊（2018年1月15日）で次のように述べられている。「一方、これも同時通訳者の"レジェンド"である松本道弘氏は『只管』な多読・速読を勧めておられる。僕の師匠の立場に近いかも、「語彙」を増やすことを重視する立場だ。(p140)」

　瞬間、面映ゆく感じたが、誤解なきよう一言加えておくと、私のいう「語彙」とは、単なるボキャブラリーではなく、使える語彙（working vocablulary）のことだから、読書法には"遊読"（私の造語）も含まれる。造語といえども*TIME*から学んだラテン語のludic readingから学んだものだ。萩野氏も上田氏も、遊戯人間（ホモ・ルーデンス）で、笑いに満ちた臨床的人生を送っておられるから、We're the birds of a feather.（いや、Three of a kind.といおうか）というところ。

両氏は私を医学に結びつけてくれた。まさか！が、まさかの時の友こそ真の友というではないか。次のことわざもリズムで覚えよう。A friend in need is a friend indeed. ロジックに語呂が加わって、ミュージカルになっている。

　シャーロック・ホームズの生みの親、コナン・ドイルも医者であり、多読、速読、遊学が産んだ天才であった。氏の驚異的な語彙力は、貪欲な読書（voracious reading）と、観察力から生まれたものだ。萩野氏がただインプットだけにとどまらず、「出力」を意識した戦略的な「学び」の勧めであるところが、素晴らしい。giveとgetを愛用されておられるので、一言で、氏の教えをまとめてみたい。Get to give. getの前に、doを加えて、Do get to give.と強調してみようか。on second thought（やっぱり）、doはnexus（ネクサス「間」）として省こう。

moto-wa-toreta-no
元はとれたの？　Get your money's worth?

　Was it worth it? でもいいが、どうも日本人には使いにくい英語表現だ。悪魔思考が入ると、どうもペンが暗くなる。思考がネガティヴになるとは、ハピネスにこだわる日本人にとり、ひねくれた考え方になるが、英語国民にとり、現実的なのだ。悪魔は物事を二つに分けるのが好きだ。

　理想（as it should be）と現実（as it is）に分けると、日本人は前者をとり、ユダヤ人は後者をとる。ユダヤ人から観ると、日本人は水と安全はタダだと思っている（taking water and security for granted）。

　そんな人にGet real.（目を覚ませ）とかGet a reality check.（現実を見よ）と問いかける人がいる。その役目を担うのがthe devilなのだ。欧米人にとり、悪魔は友人だが、日本人は鬼として敬遠する——鬼はソトと。失うのが当たり前でも、決して本質を失うなよ、というのが悪魔的な思いやり。愛情の反対は、無関心なのだ。「老婆心」もdevil's advocateと同じく、仲間扱いされる。

momikeshi-ya
もみ消し屋　fix-it man

　FBIが目をつけて、強制捜査（raid）をかけたfix-it men、Michael

Cohen（マイケル・コーエン）という男は、トランプ大統領のpersonal attorney（顧問弁護士）で、まさに懐刀だ。コーエンは、トランプの親衛部隊で最も恐れられているフィクサーだ。He's the fixer. と呼ばれて、コーエンは悪い気はしない。

Why? Because he plays the tough guy. タフガイとは日本でいう、かっこいい男ではない。何をやらかすかわからない、陰の仕事師なのだ。こういう人物はMr. Fix-it manと呼ばれる。itに注意。何かトラブルが生じると、もみ消す人だ。ジョン・ケネディー、クリントン、そしてトランプと、ホワイトハウスでは、こういうfix-it menが必ず存在した。

トランプのもう一人の懐刀のデヴィッド・パーカー（David Parker）は、『プレイボーイ』誌のモデルのカレン・マクドゥーガル（Karen McDougal）とトランプの不倫のことに触れないように、と15万ドルの口止め料（hush money）をAmerican Media社に払っている。やばいネタ（the story）を公表しないから、金を出せという、タブロイド社好みのビジネスを "Catch and Kill" という。「摑(つか)まえて殺す」という意味ではない。「ばれたら、もみ消してあげる」という商法だ。

コーエンはこの手のビジネス（catch and kill）はよく知っているので、ポルノ女優のストーミー（Stormy）に対し、沈黙料として13万ドル払ったのだ。Non-disclosure agreement（守秘義務合意）にトランプが、署名しなかったとか、二人の間の話をこれ以上、言うな。13万ドルを黙って受けとれ、or……。と脅かしたに違いない。Cohen gave $130,000 to buy her silence. Stormy's story means big money. というわけだ。「蛇(じゃ)の道は蛇(へび)」It takes one to know one.

こういう「もみ消し屋」とか「火消し屋」は、すべてfix-it menだ。検察官としては、最も栄えある、いや、おいしい仕事（a dream of prosecutorがTIMEの英語）かもしれない。Fix it. と言われて、「itとは何ですか」と質問する人はいない。もし問えば、「忖度(そんたく)しろ」と叱られる。

(moriageru-tame-no) hanron
（盛り上げるための）反論　devil's advocate

devil's advocate は、日本語に超訳すれば、「天(あま)の邪(じゃ)鬼(く)」に近くな

る。しかし、両者は似て非なるもの。天の邪鬼はなんでもかんでも反対するから嫌われる。

「また雨か。いやだね」「でも農家の人は喜ぶわよ」この類(たぐい)なら、まあいい。

「これで離婚は２回目よ」「いいじゃない、オレは４回目」

「最近、物忘れが多くなった」「前からじゃないの」

こういう大阪ジョークもdevil's advocateに近い。欧米人、とりわけカトリック教の信者は全会一致を無効と考えるので、あえて反対するdevil's advocateはコンセンサス形成には欠かせない（critical）。

その場に呼ばれるからwanted。loveされることはなくても──。They don't feel loved, but they feel needed.（彼らは愛されていると感じなくとも、必要とされていると感じる。）

moroha-no-tsurugi
諸刃の剣　double-edged sword

「両刃の剣」ともいう。これは難訳語ではない（どの和英辞典にも出ている）が、難解な英語であるdoubleのシンボルを解説する導入のために、見出しにしてみた。double-cross（裏切る）もあるが、doubleそのものは、必ずしも悪いシンボルではない。相反する賛否のいずれともとれる場合にも使える。

ネイティヴ英語を使われていた西山千師匠と二人で、あるホテルで寝泊まりすることになった。ホテルの支配人に対するそのときの氏の、次の英語表現にはカドがあった。

Don't double us up.（二人をダブルの部屋にすることはやめてくれ。）なるほど、これがネイティヴ・イングリッシュか。

mondai-ishiki-wo-mote
問題意識を持て。　Ask yourself why.

ビジネスパースンに必要な思考には、「遊び」がなくてはならない。いいアイディアは、ボケーッとした「空間」から生まれる。私のアイディアは、温泉の湯船で浮かぶことが多い。

なぜ日本にはこう検定試験が多いのだろう。テスト英語の連続で、生徒たちは悲鳴を上げている。それなのに、誰一人として実用英語をモノにすることができない。

もんだい

Why not? 合か否かというORをANDに変えてはどうか。次にWhat if? がくる。もし（what if）検定試験を「お祭り」に変えれば、勝者（winners）と敗者（losers）の差はなくなるはず。みんなが楽しみ、みんなの英語が伸びる。その結果生まれたのが、ICEE（Inter-Cultural English Exchange）という、「お祭り型」英語道検定試験だ。この発想は、Why?から産まれた。

 コーヒー・ブレイク

野外レッスン——ロジックの間違い

今日、晴れ、桜も満開だ。野外授業にしよう。きみらの苦手なロジックの勉強をしよう。ここに、私の虎の巻 "Harbrace College Handbook" がある。これで英語の骨組みが少しはわかるだろう。きみらは、英語という身体しか興味がない。目と耳や心は大切にしていないようだな。ところで、ロジックは見えない骨格だ。その骨格を束ねているのが背骨（バックボーン）だ。これを鍛えるのが下積みから始まる「行」だ。まず英語をこの桜の木と考えて、根をイメージしろ。

「根」を見るには心眼がいる。英語の、そしてディベート・交渉の「心」を学ぶには、「形」がいる。儀式がいる。花見といえどもお祭り（a rite）だ。今日は、きみらの通過儀礼（a rite of passage）になるな。桜の花の「表」を愛でながら、その「裏」の「根」を鍛える「行」にとりかかろうではないか。

私の名前は空龍。父から授かった名、廸紘が、道弘となり、空を舞う空龍と改名した。空の心境になれば、ロジックや桜のエッセンスが透視できる。根幹が見えてくる。これから1時間、日本人が無意識に犯しているロジックのミスについて話をする。リラックスしながらも集中して聴いてほしい。

まず、日本人がよく犯す logical fallacy（論理的誤謬）は、アド・ホミネムだ。

1. ad hominem

「これシャケですか」「これ高いんですから」。なぜ吉野家の女店員がなぜ怒ったのか不明。これは、争点（issue）を論理的に改め

ず、論じている相手を攻める行為のことだ。よく耳にする口語表現がある。Break his argument. Don't break him.（breakのあとにdownを加えてもいい。）攻める相手は議論であって、眼前の相手（人間）ではない。このルールが日本では守られていない。

2. bandwagon　楽隊車（時代の流れ）に乗るな

Everyone is doing so you should do this.「赤信号みんなで渡ればこわくない」、日本でもこのロジックは、常識だ。しかし、ロジックでいえば、みんなが犯罪者になる。みんながこわがるべきだ。

3. begging the question　要点をボカすウソを見抜け

He is lazy because he doesn't like to work.「なまけもの」と「仕事をしたくない」は同義である、これはcircular（循環論法）だ。まったく話にならない。論点を先取りするために、問題を巧みにかわす一種の強弁。（根拠・正当な理由なしに）当然のことと考える、問題を正面から取り組まないから、卑怯な論法とされるbeg the question in argument（議論の要点を避ける）のも、この類だ。このbegとは「避ける」の意味だから、卑怯とされる。

4. equivocation　多義の虚偽にごまかされるな

二つの違った意味を持つ言葉を巧みに使いわける主張のこと。行政がよく使うのもequivocation。行政指導の中にはadministrative equivocation（ambivalence＝行政上のあいまい発言）が多い。

5. false analogy　虚偽の類似を見抜け

人間の心臓（human heart pump）とポンプ（pump）には共通性がある。たしかに。だがこんなアノロジーはどうだろう。日本人は、勤勉なアリだ。ハチのように高く飛べないから、思考を飛翔させるディベートはできない。これも虚偽の類似だ。日本にもハートはポンプではないというディベーターがいる。

6. false authority　虚偽の権威づけを警戒せよ

日本のメディアはいったん有名人になれば、あらゆるテーマについて語らせようとする。宗教学で著名な教授が、遺伝学やAI（人工知能）の権威者であると申告することは、false authorityだ。ディベーターなら、「有名な言語学教授でいらっしゃることは認

めますが、その方は地球物理学の教授でしょうか。いかに優秀なニュースキャスターでも、なんでも知っていることはありえない」と訊くだろう。

7. false course　偽りの原因に惑わされるな

一つの出来事のあとに他の出来事が起こったら、その原因が最初の出来事であると決めつけることはできない。post hoc、ergo propter hoc（after this, so because of this）という論理誤謬だ。日本という言霊（ことだま）が支配する社会では、よく犯される論理ミスだ。「君があんなこと（不吉な発言）を言ったから、こんな結果になったんだ」

井沢元彦氏との対談で、日本でディベートが育たないのは、言霊の呪縛であることが確認できた。

8. false dilemma　虚偽の両刀論法から逃げろ

選択肢が二つしかないような錯覚を与えて、相手をyesかno、AかBかのいずれかに追い込む尋問法は、ときには顰蹙（ひんしゅく）を買う。either/or fallacyとも呼ばれる。academic debateでは、よく用いられる。

アナログ、デジタルのいずれかという問いに対して第三のデジアナという方向もあるのではないか、と返すこともできる。私はよく使うが、escape between horns（両角の真ん中をくぐり抜ける）が役立つ。AかBかというハメ込み（framing）の罠から逃げよ。

9. guilt by association　虚偽の連想

He's bad because he's from the bad family. 両親の出自がどうあれ、彼がぐれた原因が、家庭にあると決めつけることは、議論のルール違反になる。

10. hasty generalization　一般化の急ぎすぎに気をつけよ

偏った証拠で一般化するのは、危険だ。High class people are anti-social. これは危険な発言。Many hopeless people are very social and decent citizens.

11. non sequitur　無理な推論を断ち切る方法

Bill is honest, therefore, he'll get a good job. うーん、ビルが正直だからといって、いい職に就（つ）くとはかぎらない。Honesty pays. という考えがあれば、Honesty doesn't pay.（正直者はバカをみる）と、信じている人もいる。両者はつながっていない、というのか。ノンセキイターは、日常会話で使う人もいる。「関係ないことだ」It doesn't follow. Because he's honest doesn't mean he'll make it in Japan.（正直だからといって、日本で成功することとは、つながらない。）

12. oversimplification　単純化の行き過ぎにストップをかけよ

　Those who have high TOEIC scores are lucky.（TOEICスコアの高い人は運がいい。）違う。TOEICスコアの高い人に、勤勉家が多い。何度も受験するねばり強い人が多い。

13. red herring（人の気をそらせる）赤いニシンの罠にかかるな

　無関係な争点に、選挙民の関心を惹きつけ、肝心なテーマ（real issue）からそらせること。「猟犬に燻製ニシン」といわれる目くらましのロジック・トラップにかかるな、日本人よ。

14. slippery slope　破滅への坂道の迷路に巻き込まれるな

　一つのことが許されるなら、坂道をころげ落ちることになるというオーバーな推論。銃規制が警察国家を産むだろう。（Having gun control will lead to a police state.）これは暴論。イギリスでの銃規制は、警察国家を産まなかった。日本の政治家は、いつもこのズルズル論法で、国民を欺く。

　1時間を少しオーバーしたか。今日の授業は和英じゃなく、英和になったな。さぁ、これから桜の下で直会(なおらい)をしよう。酒盛りだ。

yasuin-dakara-gaman-shiyoh
安いんだから、がまんしよう。　It's affordable. Let's face it.

「安い」をcheapと直訳するのは、危険だ。中身も安っぽいことが多いからだ。手頃な値段なら、affordable priceとなる。これなら、価格相応の買い物となる。大量生産で知られたフォードがaffordable carsキャンペーンで大当たりした。お手頃な値段の車という触れ込みで大成功した例だ。

　無難な「安さ」はreasonableだ。reasonably pricedなら、誰もが納得する価値となる。安さでは他社に負けないという意味なら

competitively-pricedとなる。

　中身より、値段で勝負ができる「安さ」だ、がまんしよう、は"Let's face it."と超訳した。事実がそうだから、文句が言えないでしょう、というくらいのニュアンス。

yatta-nowa-aitsu-da-shohko-wa-aru
やったのはあいつだ。証拠はある。　HE did it. I got the proof.

　このproofは、alibi（不在証明）と置き換えてもよい。その場に居合わせなかったという証拠だ。同じ時間に、どこかの喫茶店で誰かといたときの写真とか証言が、proofになる。どうだ、証拠がないだろう、と開き直っても、殺害された者と懇意であったという情報があれば、こう問いつめることができる。Because you haven't got evidence doesn't mean you didn't kill her. 法廷用語としては、Absence of evidence isn't evidence of absence.が使われる。

yatto-wakatta
やっとわかった。　I know now.

　意外に使えそうで、使えない英語表現だ。「わかった」は、I've learned.なのか、I learned.なのか、I knew.なのか、I've knownなのか。英文法にこだわると、わからなくなる。英文法から離れて語感に戻ろう。「わかった」というのは、今のことだろう。だから、I know now.なのだ。

「今になって」と「今」を説明するなら、I now know.かJust now I know.もいいだろう。もしI knew.といえば、「あのとき」はわかっていたが、「今は、わからなくなった」と、まったく逆の意味になる。そこでイギリス人が使う英語がこれ。I know now just what they meant.

　日本では、ウチとソトは別々だと言ってくれた（過去）意味が、ようやく（現在）わかった、という意味だ。日本人には、使いにくい英語表現だが、数回これを音読すれば、身につく。I know now just what they meant. 口から憶える音読にも意味がある。アメリカ人にも確実に通じる。

　わかったか。わかりました。"I understood."　まだわかっていない、"I understand."と言え。3回。大声で。聞こえたか、"Do you hear me?"

　ついでに、Do we understand each other?（これでお互いが了解したことになる。わかったか）も現在形。English is *the* language. やっぱり英語だ。
「やっぱり」の訳にこだわって、after allを付け加える必要はない。redundantだ。isに力を入れればいいだけのことだ。言葉数が増えると、エネルギーは落ちる。エントロピーの法則は言語学の世界にも通じる。「やっぱり」を、isでなく*is*とイタリックに変えるだけでよい。それは読者からの反論を勘案した上での、preemptive attack（先制攻撃）なのだ。

　だが待て。もし私が、a language を *the* language に置き換えると、意味がまた変わってくる。なぜか。a language ならどこにでもある言語だ。スワヒリ語でも、タミール語でも、アイヌ語でも、いい。大阪弁でもいい。しかし、theとなると、みんなと共存できるグローバル言語、つまり、「（いまのところ）これしかない」という価値観が加わってしまう。どこにアクセントを置くかは、読者が決めればいいことだ。正解はない。

　このように、ゼロに戻ろうとする、エントロピーの第三の法則（私流の解釈だが）を、しっかり摑んでおかないと、AIロボットの言語能力に勝てず、翻訳や通訳の分野でも追い越されてしまう。こういう思考は、日本語だけで学んできたら生まれなかったであろう。世界中に通じるグローバル言語。やっぱり、英語のおかげだ。English is *the* language. Because it works elsewhere.

　コーヒー・ブレイク
「やっぱり」は on no thought ではないか
　ちょっと三段論法のロジックをおさらいしてみよう。
〈大前提〉国家が成り立つには、内外のバランスのとれた外交政策が不可欠である。
〈小前提〉徳川幕府は、鎖国政策により、内外にその力量を発揮した。
〈結論〉したがって、徳川体制に揺るぎはなかった。
　こういうロジックを貫けば、立論（a caseになる）として立派

に通用する。ディベートの場合は、この肯定側の立論に対し、否定側の立論を立てればいい。鎖国政策が血なまぐさい幕末現象の引き金になったのでは、というa negative caseで対抗できる。

今、こうした仮説検証型のディベートをすれば、次のような再反論も可能だ。「明治から今日の日本の政府が外国勢力と対等に立ったことがあるでしょうか。日本に外交がない、とまでいわれています。こんな証拠資料があります」という反論をさらに覆すことができるだろうか。YesばかりでNoがない。

どうやら、疑うことを知らない日本人は歴史から学ばない、素直な民族らしい。日本には古来ディベートという風習がなかったからだ。「歴史に"もし、あのとき"はない」（There's no "might have been" in history）。そして、「明日のことを憂えば、鬼が笑う」（Let tomorrow take care of itself.）という思考放棄（しょせん、やっぱり）という農耕民族型思考がディベートを抹殺してしまうのだ。

「あの伴天連追放令は、間違っていたのか」というディベートのテーマは、歴史の授業で取り扱われたことがあっただろうか——私はさせたが。日本外交や日本国家の在り方を模索するために『失敗の本質』を再読し、間違いを繰り返さないためには、歴史から学ぶディベートは欠かせない。切れる英語とは、ディベートに耐えうる実用英語に他ならない。

私がきらいな表現がある。それが「やっぱり」だ。「先生A型？やっぱり。」英訳すれば、I knew it.だが、これは卑怯でアマチュアっぽい（unprofessional）。on second thought? うん、これなら、まだ許せる。最初から思考がないのは、どう考えても卑怯だ。その人は、私が「B型だよ」と言っても、「やっぱり」と答えるだろうからだ。ほとんどが私をB型、次にO型だろうと言い、いきなりA型だろうと言った人はひとりもいない。これが解答。I *am* type A blood.（*am*は「それでも」の意）

yabai
やばい。 It's bad.

昼間でも情事は行なわれる。男女が密談するタイミングは、昼な

らオーケーなはずだ。right time、ビジネスパーソン同士の軽い話なら、昼はright time。しかし、スタバはwrong place。ヒソヒソ話であれば、かえって、周囲が気になる。酒場なら、大声でビジネストークしても、人は気にしない。しかし、right placeであっても、隣席で競合相手の社員たち（wrong group）が飲んでいたら、やばい。It's bad. 何かやばいことが起こるかも、悪い予感が。I have a bad feeling.

yabai-kankei
やばい関係　too close for comfort

　河童は可愛い。浅草の「かっぱ橋道具街」を歩いていると、ふと「会いたいな」と考えてしまう。河童はa water spiritのことだが、a kappaで通じる。しかし、待てよ。(On second thought.) もし、河童と人間が親しくなれば、周囲が心配し始める。「もし、あの二人が同棲でも始めたら」と気にし始める。この関係を英訳するとtoo close for comfortだ。ほっとする関係にしては、あまりにも接近しすぎているという感じだ。

　プリンセスとボーイフレンドが、最近、接近しすぎてやばいという場合、The princess and her boyfriend are getting too close for comfort. と言う。

　アメリカの民間航空のパイロットは、激増しつつあるドローンと、1カ月で100回も、やばいぐらいスレスレになったと報告している。(U.S. commercial pilots report about 100 too-close for comfort encounters per month.) *TIME*（June 11, 2018, p23）

　この「やばさ」について、もう少し語ろう。アメリカの大手金融業者は、機関投資家とリテール（小口金融）担当が必要以上に接近する（getting too close for comfort）ことを戒め、チャイナ・ウォールを設け、insider trading（内部の秘密情報を利用して行なう違法な取引）の疑いがかけられる。

　*TIME*社も、church-state separation（編集と営業の垣根）を守り続けている。聖と俗の間が、あまり、too close for comfortになってはいけない、という。たしかに、日本のように『週刊文春』と『週刊新潮』のような、垣根なきドロ試合は起こらないが、*TIME*も*NEWSWEEK*も聖職者のようにお固いことは言わず、生き残り戦略

をかけて闘ってはどうだろうか。

　少しぐらいは手を汚す（dirtying their hands）覚悟で、俗っぽい拡販担当者（営業）に対し、腰を低くする（cap in hands）のも、一案だ。その点、ライバルなき *The Economist* はどっしりと構えている。

yabai-to-omottara-kanarazu-yabaku-naru
やばいと思ったら必ずやばくなる。　What *can* go wrong *will* go wrong.

　やばくなる「かも」（can）と思えば、そう「なる」（will）というのが「マーフィーの法則」（Murphy's law）だ。理論的にそうであれば（possible）、現実もきっとそうなる（probable）という。この現世のルールは、金融の世界でも同じだという。

　ジョージ・ソロス（George Soros）という投資家はこのように述べている。The European Union is in an existential crisis. Everybody that could go wrong has gone wrong.（EUをめぐる危機は、実にやばい。「まさか」が「やっぱり」になっちまった：私の字幕翻訳的な同時通訳）

　ジョージ・ソロスは「マーフィーの法則」を証明したと、鼻を高くしているに違いない。could go wrong（ひょっとしたらやばくなる）が has gone wrong（やっぱりそうなった）という超訳は、同時通訳の妙技で、格段に字幕翻訳を意識している。

　今のところ、AI翻訳技術など相手にしていない。だが、待て。Wait. 両者は互角に《スレスレに》なってきている。(AI translators and human translators are getting too close for comfort.) ヤバイ。しかし、いずれ負けるかもしれない、と思えば負ける。松本道弘という英語武蔵は、無敵だと信じているかぎり、絶対負けない。What can go right will go right. と自分自身に言い聞かせている、今の私だ。

yabai-hodo-kawai'i
やばいほど可愛い。　Too pretty to fail.

　民間が母体として始まったICEE（お祭り型英語コミュニケーション能力検定）が30年以上も続いたとは、驚異的だ。冠（かんむり）抜きのイベントとしてここまで続いたのは、too small to fail（小組織で小回

りが利くからつぶれない）であったからだと思う。

財閥系の大企業ともなれば、つぶすわけにいかない（too big to fail）が、民間イニシアチブのICEEはその反対の道を歩んできた。We're too small to fail.（すばしこい我々には、失敗はない。）

TOEIC満点獲得数では、日本でトップクラスになる男が、夜飲んでいるときに「やばいすよ、ICEEでの先生のパフォーマンス」という。最初は意味がわからなかった。周囲の数名に聞いてみると、「やばい」とはかっこ良すぎるという意味の流行語だという。

「あの美人はやばい」といえばdangerous beautyとなろうか。ところで、私のそばに美形のネコ（クロ）がいる。帰宅すると、三つ指をついて迎えてくれる。She's too pretty to fail.（やばいほど可愛い。）

コーヒー・ブレイク
「やまと言葉」としての英語

英語の「やまと言葉」としてのphrasal verbsには、takeがよく登場する。take down（たたき潰す）という言い回しは、さらに応用が利く。ダムを決壊するときも使える。We'll take down the damn.

映画でTake it off.を耳にして、情景が摑めるだろうか。「脱げ」という乱暴な言葉だ。itの意味は状況により変わる。

take offは、何か新しいことを始めること、飛行機のtake offから。take out（取り出し）も名詞として使えば、持ち帰り用の軽食とか、持ち帰り用専門のレストランを意味する（英, NZ：takeaway）。takeout coffee (meals) のように使う。ファーストフードで「テイクアウト」と言うときは、take outではなく、To go, please.と言う。

ニューヨークのレストランでこんな体験をした。魚専門のレストランで、天井にびっくりするような大きさの魚が吊り下げられている。忙しそうな女性の給仕に、「あれは本物ですか」Are they real?と聞いた。引き続いて、彼女にAre you real?と聞いた。ムッとした様子。

調子に乗りすぎたか、すぐにI thought you were a model.（あ

んたをモデルだと思った）と言うと、彼女の顔にスマイルが戻った。I like it.（気に入ったわ。）そして調理場の人に向かって、私を指さし、大声でこう言った。He gets a free coffee, … on me.（あの人にコーヒーを一杯、私のおごりよ。）

on the house（店のおごり）でなく、on me（私が払うから）ということで、上機嫌だった。客の多い店での、美人ホステスによる最高のおもてなしは、He gets a free coffee on me.という、やまと言葉だった。

めったに海外に出掛けない私は、ちょっとした出会いでもムダにしない。一瞬の勝負には笑いが必要だ。ある店で、Are you a comedian?（あんたはコメディアンかね）と聞かれたときは、やったぁと思った。

ロサンゼルスのホテルの窓口で、私のパスポートをじっと見ている婦人にI don't have a criminal record.と言った。彼女はニコリともせずに、即座にこう答えた。We don't care.（犯罪者でもいいんです、払っていただければ）と。

あるとき、私の大きな旅行カバンを指さし、I've got a woman in there.とジョークを飛ばすと、東洋系の顔をしたホテル・ウーマンが、爆笑しながら、Put me in there. And take me out.（そのカバンに私を入れて、連れ出してください。）すべて、英語のやまと言葉ばかりだ。

旅は「行」なのだ。私は旅人（traveler）であって、touristではない。「今を生きよ」と自分に言い聞かせている。Carpe diem（Seize the day.）

yama-wo-ateru
やまを当てる　hit pay dirt

pay dirt（gravel）とはもともと、有望な鉱脈を当てる、金づるを握ることを意味するアメリカ英語だった。そこからhit（strikes）、pay dirtというスラングが登場して、米口語となった。その米語をイギリス人が使っている。アメリカの役員給与（Executive pay in America.）を山師根性と揶揄するイギリス人の勝ち誇った心情がうかがえる。

*The Economist*の記事（May 20th, 2018）も格調の差を見せつけるかのように、古代ギリシャの哲学者プラトンの引用から始まっている。プラトンは、社会の富裕層たりといえども、貧困者の給料の4倍以上を上回るべきではないという。ところが、アメリカの銀行家のジョン・ピアポント・モルガン（John Pierpont Morgan）は、下っ端の労働者の20倍以上の給料を稼ぐべきだと述べている。古代ギリシャの哲学を捨てた、アメリカという野蛮な文明国のトップは、奴隷の主人のごとく振舞っている。

　SECの調べ（2017年）によると、アメリカの一流上場企業のCEOのペイは、平社員の130倍も高いという。業界トップのマラソン・ペトロリアムにいたっては、935倍というから、米企業のトップは笑いが止まらない。Hit pay dirt. ぼろ儲けをするアメリカ企業のトップは山師じゃないか、という怒りの声が聞こえる見出しだ。

　山師とは、鉱山の採掘事業が射倖的で、場当たり的な人間であることから、イギリス人から見れば、アメリカの商法とは、品格のない成り上がり者のビジネスということになる。そういえば、strike it richという口語表現は（鉱脈を当てることにより）にわか成金になるという意味で、今でも使われている。そういうthe new richといわれる人は、フランス人にnouveau richeと呼ばれ、侮蔑されるようだ。

yami-tsuki (kuse) ni-naru
病みつき（癖）になる　addicting

　TIME（March 5, 2018）が全ページにわたってオピオイド特集（the Opioid Diaries）を始めた。そこまでアメリカの麻薬問題は深刻になっている。オピオイドは、アヘンに似た作用を持つ合成麻酔薬だ。非合法とされたヘロインより、タチが悪いのは、よりやめられなくなる（more addicting）からだ。

　It's so much more addicting than heroin, and it's easier to produce. The problem is that it is so powerful, it's killing people.（ヘロインよりもはるかに病みつきにさせ、生産も簡単だ。問題はそれがとても強力で、人の命を奪っていることである。）

「病みつきになる」develop an obsession with ～というふうに、使

い方が難しい。だから、シンプルにget addictiveとか人が主語の時には、become（get）addicted to 〜とgetを多用すればよい。ところがaddictingという形容詞はTIME以外は使っていない。more addictingは使っても悪くないはずだ。「無私」をmindfulnessといったヘンな英語で表現し流行らせたTIMEでも、「なるほど」と思わせる新用法を使ってくれる。habit-forming（習慣性の、癖になる）より、ずっと口語表現的だ。

yami-ni-kieru
闇に消える　go dark

闇はblackではなくdarkだ。真っ暗闇なら、complete darkness。黒も必ずしもblackではない。黒チョコレートは、dark chocolate。黒ビールはdark beer。黒い肌はdark skin。

しかし、我が家のクロネコはblack cat。外国では縁起は悪いが、日本ではそうではない。クロネコヤマトがシロネコヤマトでは遅れそうな感じがする。夕暮れになって、休息されてはかなわない。闇にも強いスピード感のあるクロネコ。しかし、あくまで、私のイメージ感覚によるものだ。

ブラック企業も「blackカンパニー」では通じない（前著「口語辞典」でくどくど述べた）。闇はblack（これでは見えない）ではなく、darkだ。闇金融（illegal banking）でも見えるではないか。つかまって「闇に消える」ことをgo darkという。いわゆる「蒸発する」は、go dark。人間は、死体になっても、そう簡単にevaporateしないものだ。

どうもイギリス人は、このdarkという形容詞がお好きと見える。そしてblackをこのようなときに使っている。They would do anything to blacken my name and remove me as a threat. 名前を黒塗りにして闇に葬るとは、暗すぎる仕打ちだ。"Darkest Hour"（邦題『ウィンストン・チャーチル／ヒトラーから世界を救った男』）という映画が物語っている。

yamete
やめて。　Please.

別項（「見苦しい条件」）で触れた、エロっぽい小説から学ぶことが多かった。それはPlease.の用法だ。「やめて」がNo.（いやよ）

と Please.（やめないで）と同じ頻度で使われている。「いやよいやよも好きのうち」と言われるが、その中間の言葉がプリーズであったとは…。

giving him easy access to this most private part of myself, "Oh……please," I whisper, ……（"Fifty Shades of Grey" p135）
「そんなばかげたオファーはやめていただきたい」Please!
「そこをなんとか」Give him a chance. Please!

母親がだだっこをなだめるときのPlease.は「お願いだからやめてちょうだい」だ。

ま、しかし、一般的にpleaseが使われるときは「どうぞ」だろう。

"Would you like some tea?"
"Yes, please. If you have some."（p129）

Yes, please.でオッケーだが、ifを使うと上級英語になる。イギリス人からあなたの英語が絶賛されるはずだ。たったifを加えるだけで、丁寧語に変わるのだから。

yarase-bangumi
やらせ番組　staged program

劇団の子役に政治批判をさせた、「やらせ」テレビ番組がインターネットで炎上（flare up）した。NHK上がりの看板キャスターに仕込まれていた（scripted＝シナリオ書きされていた）やらせ番組であったことが露呈したからだ。「あれはすべて『やらせ』だった」（That was all set up.）

stageは舞台工作で、中身が本物でないならa fakeとなる。人の意見をキャスターの意見として番組をstageするのなら、日常会話ではa lieと同罪だ。こんなふうに使われる。「（アポロの宇宙飛行士の）月面着陸は、やらせだった」は、"Moon landing was a hoax (a lie)." となる。YouTubeで一番よく使われる表現は、a fake moon landingだ。月面着陸の写真が本国（アメリカ）のスタジオで撮られたというのが本当ならThe Moon landing was staged. となる。

「やらせ」は、日本の地上波メディアでは、常識ではないか、とされている。とくに公共放送局を自負するNHKは、意外性を嫌い、ディレクターの意のままに、出演者を操る。まるでpuppet master

だ。

　私も30代の頃、NHK教育TV番組の講師（インタビューアー）を務めていた頃に、a puppet on a stringにさせようという意図を感じたので降りた。「日本が素晴らしいとゲストのガイジンさんに言わせてほしい」と言われ、怒って断った。「私はプロだ」と。

　これを「仕込み質問」(loaded questions)と呼び、外国では犯罪的な「やらせ」とされているが、日本のメディアでは、シナリオ通りに操る (scripted and staged) 忖度ゲームがまかり通っている。パクリ (pirate) も横行している。吐き気がする。日本社会——とくにメディア業界——では、「やらせ」(set-up) が常識 (commonplace) となっている。今でもディベートを敬遠するムラ社会なのだ。

yarigai-no-aru-shokugyoh
やりがいのある職業　challenging profession

　コンサルティングとは、やりがいのある仕事だ——であった。アメリカ大使館で同時通訳の仕事をしていた頃、かなり給料には恵まれていた。プロ通訳者として、名前が出始めたことで、他業種からオファーがあった。とくにある外資系のコンサルタントの友人からは、3倍でのオファーを受けた。

　どんな仕事、と聞いても、前人未踏の仕事、英語さえできればという話であったから、「うまい」話というよりも『やりがいのある仕事』だと思った。これが、challengeを動詞化し、形容詞的用法として使えるchallengingだ。

　映画『アマデウス』("Amadeus") の主人公のモーツァルトは、「サリエリの真似をしろ」と言われ、一瞬表情をこわばらせたが、"That's a challenge." と、間をとり、表情まで真似して、ピアノを弾き始めた。That's a challenge. とは「断れない」ぐらいの訳がいいだろう。

yaru-ki-sae-areba-ne
やる気さえあればね。　If there's a will.

　諺の英語は慎重に使うに限る。知りすぎたリスクもある。諺辞典を丸暗記することは簡単。TOEIC試験で満点を重ねている人が多いこの世の中、努力すれば、記憶力が強ければ、辞書一冊ぐらいの丸

暗記は必ずできる。しかし、そこで覚えた英語をネイティヴに向かって、使うリスクは大きい。「そんな英語、聞いたことがない」「私（ネイティヴ）に恥をかかせるつもり？」「英語がまったく理解できない日本人が、ネイティヴの知らない英語を知っている。これが日本の英語教育？」「日本人はインプットは強いが、アウトプットに弱いと聞いていたのに、その反対じゃないか？」

　辞書丸暗記はやめて、もっとインプットをしてほしい。この「難訳辞典」も決して丸暗記を勧めない。40年前の『日米口語辞典』を丸暗記した多くの人に会っているが、丸暗記したもののアウトプットばかりをしては困る。大半は腐っている。この「難訳辞典」で言葉のエッセンスを学び、アウトプットするより、さらにインプットをしてほしい。覚えた英語を忘れる（unlearn）にも勇気が要る。

　忘れる恐怖（fear）と闘ってきた我々日本人ですから、と抵抗をする方に一言(ひとこと)。「やればできる」と、If there's a will, there's a way. アメリカ人が映画の中で使った日常英語だ。willとwayがwでつながっているから、語呂がいい。あとのwayのセンテンスは誰でも知っているので、前半だけにした。If there's a will. これだけで十分。

yareba-dekiru
やればできる。　　You could do that.

　そもそもメカに弱いアナログ人間の私のところへ、若い助っ人が集まってくる。「先生だってできますよ」と。その英訳がYou could do that. 仮定法に弱い読者諸兄も、すぐにこの英語には慣れる。「飛び込みセールスなんか」「いや、できる。ぼくは今でもやっている」というときに、ユークッドドゥザットが自然に口から出るようにすればいいだけだ。ただし、カタカナ英語調の日本語にも限界がある。リズムだ。アクセントだ。

　YOU could do that.「あなたなら」できる（ぼくにはできないけど）。

　You COULD do that.「やろうとすれば」（だれだって）できるよ。

　You could DO that.「（頭でわかるだけじゃなくて）できる」ようになる。

　You could do THAT.「そんなことぐらいなら」（他のことは君に

もぼくにもできないけど）できるよ。

仮定法やロジックに強いAIロボットのプロの翻訳力がここまでくれば、人間もやばい。もしネコでもラインに参加すれば、If cats could go on line with us. もっとやばくなる。Things could get worse. まずネコはやらないだろうから、canをcouldに、いやさらに、COULDにアクセントをつけた、仮定法に弱い日本の読者よ、これでAIに負けない。

yuhshuh-na-kimi-ga-dohshite-binboh-ka
優秀なきみがどうして貧乏か。　If you are so smart, why are you so poor?

99％の物書きが、この質問を聞くと、耳が痛い（That hurts.）と言うはずだ。弱気市場（bear market）はインテリ、強気市場（bull market）は、カネ儲けがうまい。経済は消費（投資も加え）から始まると考えたケインズは、アメリカ好みの雄牛（強気＝bull）タイプの経済学者だ。弱気を嗤う。

If you're so smart, why are you so poor? はロシアの格言だと知ったのは *The Economist* の読者欄（Letters）からだ。しかし、この表現を目にしたのは初めてではない。すでに記した、友人のジャーナリスト、ボイエ・デ・メンテ記者が、かつて、友人であったプレイボーイ社のヒュー・ヘフナー（Hugh Hefner）社長に会ったときに、いきなりこの言葉でやられたという。数百冊の本を書いた秀才のボイエが、このスマッシュ発言にどう答えたか。Because you've got bigger balls.（お前の××玉の方がでかかっただけの違いさ）と。スマッシュをユーモアで返したのだ。下品な英語ではない。

1843年に *The Economist* のAdidasの企業広告に載っていた、テニスの世界チャンピオンの写真の解説がHE'S GOT BALLS.であった。笑った。テニスボールが男気を連想させたまでのこと。断っておくが、この表現は英語圏内では女性も大っぴらに使っている。

ボイエ・デ・メンテはイケメンの辣腕記者だが、貧乏だった。若いときはプレイボーイで、ペンさばきはスムースだ。ジャーナリスティックの文章哲学は、simple（短く）、clear（はっきり）、そしてeuphonic（響きのいい）の三点だという。女遊びから学んだのか。

よく海外で耳にする、こんなジョークがある。世界の国々には、ありえない職業がある。アメリカの哲学者、ドイツのコメディアン、そして日本のプレイボーイと。ビジネス英語にも、ユーモアを含め、「遊び心」（playful spirit）が必要だ。

yuzuri-au
譲り合う　give each other halfway

「譲り」とはgiveのこと。夫婦愛とは、信じ合わなければ成立しないから、「信愛」といえる。両者の「愛」には「合」がなければならない。日本文化の要諦は、「愛」でなく「合」なのだから。歩み寄り、譲り合いは、お互いに、半分（halfway）譲ることから始まる。ビジネス英語では、giveよりmeetの方がよい。

I'll meet you halfway.（その条件は半分妥協します）と。相手も納得したら、I agree with you wholeheartedly. と喜びを示してくれる。halfwayはビジネス界では、まだhalfheartedlyと見なされる。

大人の会話（civilized conversation）では、アメリカ人好みのmutual compromise（互譲）という抽象英語が、格を上げる。イギリス人と違ってアメリカ人は、妥協を敗北と見なすきらいがあるからだ。二宮尊徳の「互譲」とは、What you give is what you get. のことだ。まず、自らが先に譲る（give）ことから始まる。

yudaya-jin-desu-ka
ユダヤ人ですか？　Are you a Jew?

Are you Jewish? でもいいが、最近イスラエルでの調査によると、形容詞を使わず、名詞にとどめた方が、響きがいい、という結果が出ている。

Dr. Idan, a psycholinguist, knew from previous work that the use of an adjective instead of a noun in a sentence, "Jewish" rather than "Jew", for instance can shape both judgement and behaviour. (*The Economist*, May 5th, 2018, p48)

（心理言語学者のイダン博士は、これまでの研究から、たとえば「（一人の）ユダヤ人」という名詞よりも「ユダヤ人らしい」という形容詞を用いることで、判断力と行動の双方を言い表わせることを知っていた。）

a Jewは一人のユダヤ人。Jewishはユダヤ人「らしい」と価値観

が加わり、ときに相手の感情を逆なですることにもなる。ここにも、ユダヤ人好みのanger management（怒りの管理学）が感じられる。

イスラエルの婦人に聞いたことがある。なぜイスラエル人はディベート教育に熱心なのか、と。答えは、マナーを学ぶことができるということだった。ディベートの目的が行儀作法を教えるため？ユダヤ人と日本人——ここまで発想が違う。イスラエル人は3人寄れば、文殊の知恵どころか、バラバラになり、3つの政党が生まれるという。自己主張が強く、3人が集まれば同時にしゃべるという。私も体験した。

あるユダヤ人の夕食会に招かれた。6人がそれぞれ同時にしゃべっている。だから、ディベートは、聴き方の訓練になるという。そして、彼らは言葉のマナーをも教えるというから、言語教育も中途半端ではない。

"I'm in favour of removing settlers." と言うと、removingという動詞を、名詞のremovalに変えなさい、と忠告される。"I'm in favour of the removal of settlers."の方が格調が高くなる——たしかに。そして、気分を穏やかにさせる効果（a calming effect）があるという。

エルサレムも（トランプが米大使館をエルサレムに移転させてから）ますます、不穏な状態になった。I support dividing Jerusalem. より、I support the division of Jerusalem.の方が、穏やかだという。Jewish（ユダヤ人っぽい）よりa Jew（一人のユダヤ人）の方が無難だ。

yoh-chuh'i
要注意　risks

思いこむことぐらい、やばい（risky）ものはない。平和ボケ（a false sense of security）を、riskを用いて表現すれば、complacency risk（平和ボケリスク）という。空気（マスメディアが煽る）に流されるリスクをemotional riskという。難訳語のriskとは、要注意のことだ。注意から逃げることはできない——dangerからは逃避できても。riskは避けられないが、常にやばい相手だから警戒心をゆるめてはならぬ。感情や衝動（impulse）にまどわされると、

国の舵取りを危うくするというリスクだ。

ウォルター・アップデグレイヴ（Walter Updeglave）氏は、2018年2月19日号の*TIME*誌上で、このまま生き続けることができるという「甘え」そのものが命取りになると述べる。

これをlongevity risk（長生きできるという思い込みリスク）という。人は、そして国も、見えざる思い込みの罠（unexpected risks）に気をつけようという警告だ。risksが「落とし穴」と訳せるとは。

yoki-kikite
よき聞き手　a good listener

交渉の、いやあらゆる社交の場でのコミュニケーションの基本は、よき聞き手になることだ。Be a good listener.はよく耳にするが、Be a good talker.とは耳にしない。ただ、相手の言うことを黙って聞いているのが、good listenerではない。相手から情報を気持よく引き出すのも、listeningスキルの一つだ。

「あいづち」も、話し相手の調子に合わせ、気持を和ませる。Yes, yes.だけではない。相手がI don't like.と語気を強めていれば、「まったく同感」というときは、イエスではなく、No.だ。

smileがすべてではない。smileは、必要だが、不可欠ではない。むしろ、"I see your point."とか、"I feel you."（身につまされる）とか、"That's me."（まるで私のこと）とか、あいづちを打ちながら、相手と歩調を合わせるのも、プロのセールスパーソンやプロ交渉者の腕の見せどころだ。

これをempathetic listeningという。sympatheticにまで目線が上がった「気の毒に」ではなく、相手に感情移入しながらの積極的傾聴法のことだ。

yokumo-mah
よくもまあ。　How dare you!

日本人のビジネスは、お行儀がいい、とユダヤ人は言うだろう。それはユダヤ流のホメ殺しだ。本音は、「日本人よ、もっと怒らんかい」だろう。

ユダヤ人なら、レストラン前でのPlease wait to be seated.というサインの前でも、黙っていない。

How dare you make us wait! いかに、悪魔の辞書だといっても、

よそゆき

すべての英語ができる日本のビジネスパーソンに、図々しくなれ、と言っているのではない。これが、ニューヨークをはじめ、大都会でのビジネス会話では常識なのだと言っている。

yosoyuki-no-kotoba-wo-tsukai-nasai
よそゆきの言葉を使いなさい。　Speak another language.

「余所行き」とは、よそへ出かけることだが、その時の外出着をさすことが多い。『日本国語大辞典』では、「よそゆき」の中に「ことさらに改まった態度や言葉遣い」を含めている。ということは、よそゆきの言語があってもいい。――それが外国語であっても。英語を第二公用語とする（沖縄から）思いもここから発している。

　Joe Girard（ジョー・ジラード。世界中で認められたセールスマン）が著した"How to Sell Yourself"（自分を売り込む方法）の章、Speaking Another Languageが圧巻だ。anotherだから、よそゆきの自分の言葉となる。otherは、自分の中に潜んでいる別の母（国）語だ。ジラード氏はother languageの心構えをこう列挙されている。

1. Use "move forward" words.　「前向きな言葉」を使え。
2. Drop the "hold back" words.　「後ろ向きな言葉」をやめろ。
3. Use simple words.　簡単な言い回しに変えろ。

　簡単英語の方が絵になる。They like a black face. But they don't like a black voice.（O・J・シンプソン事件を扱ったNetflix映画から）。この表現で、全貌がつかめるはずだ。

4. Don't wave "red flag" words.　きわどい表現をちらつかせるな。（闘牛に赤い旗を見せて挑発してはいけない）
5. Go easy on the slang.　俗語はほどほどに。（米大使館で私も叩き込まれた）
6. Say what you mean.　言葉に裏表がないように。（「もしよろしければ」〈if it's convenient〉を加えれば、そうした食言の必要はなくなる）
7. Mean what you say.　言葉遊びは控えろ。
8. 毒舌はつつしめ。

　多分、成功者のほとんどは、この八つのルールをわきまえているはずだ。最後の毒舌（神聖を汚すこと）は、身につまされる。第一

公用語のルールはこれほど厳しいのだ。著者自身も経験している。

rachi
拉致 kidnapping

　拉致という、日本人でも知らない漢字が使われ始めてから、すぐに定着してしまった。私のようなバイリンガル、バイカルチャル人間は、まだ腹にストンと落ちない。これまで会った多くの外国人も同じように言う。「abduction? abductee（拉致被害者）? kidnappingでいいのでは」と。

　abduction（take away by force）とか「拉致」は、加齢と共に忘れやすい。であれば、big wordsは避け、だれでも知っている、kidnappingに統一した方がよさそうだ。誘拐国に気を使い、言語感覚まで、鈍らせてはならない。

ransei-dewa
乱世では when the going gets tough

　乱世とは、「世」（the goingと訳してみよう）が「荒れる」get tough（hardでも可）世情のこと。そんな世情では、荒くれ者（まとめてthe tough）が勝つ（get going）。だから、こんなパンチの効いた英語の警句が生まれる。When the going gets tough, the tough get going.

　治世とは、トップがルールを作成し、ダウンにまで、ルールを徹底させることができる時代である。乱世は、ダウンが世のルールを変えようとするから、下克上（dog-eat-dog）の時代を迎える。

 コーヒー・ブレイク
臨機の才とはresourcefulのこと

　交渉の達人はすべてresourcefulである。難局にあたってあわてず、機知（工夫）に富んだ対応のできる才のある女性は、オールラウンドに賢い女（resourceful women）として、家庭内で重宝された。リソースフルな女とは？ 才女（brilliant women）でもなければ、学歴があり外国語がペラペラなインテリ女性でもない。どんな難題が持ち込まれても、臨機応変に解決できる（figure outが使われる）才覚のある女性のことだ。

　なぜ男性でなく、女性を引き合いに出したのか。職場でも家庭

でも同じだ。夫が危機管理（risk management）に長け、舵取りがうまいとすれば、妻はcrisis management（こちらの危機管理は対処型）に強い方が好まれる。crisisは予想できない天災などの偶発事故。

先見の明のある夫は戦略（strategy）に長けているが、目先の変化に敏い妻は戦術（tactics）に強い。ゴキブリが書斎に出現しても、夫のようにはあわてない。夫妻の関係を「将と参謀」のそれに置き換えてみると、両者の関係がよりクリアになる。strategy（長期）とtactics（短期）の違いがあっても、両社の共通点は、resourcefulnessだ。「そのとき義経少しも騒がず」の心境と、そのクールさが生む臨戦体制（combat readiness）が敷かれていれば、家計でも企業経営でも、恐れることはない。

resourcefulnessは、強力な磁石であるべきだ。有為の人材とは、本来リソースフルなhuman capitalであるべきだが、最近の就職状況を見ていると、電池人間が増している。専門学校も、雨後のタケノコのように増えている。売りは外国語、簿記知識、コンピューター知識といった、すぐに使える技術ばかりだ。

そういう電池（バッテリー）はすぐに切れる。それだけではない。単1、単2、単3と、互換性がないから、転職時につぶしが利かない。電池はefficient（即効性あり）だが、磁石（magnet）はリソースフルであるのでeffective（効果的）だ。実社会で勝負できる人材はすべからくmagneticであるべきだ。Human magnets are resourceful.

wake-ari-on'na
わけあり女　a woman with history

She has history.を、「彼女には歴史がある」と直訳しても通じない。アメリカ人にとり、historyそのものは、ネガティヴなのだ。She's history.とは、彼女はおしまい。She's done.のことだ。「死んだ」という場合、She's a statistic.というように、過去、わけありは、shady past（陰のある過去）のことだが、historyでひとくくりできる。男の場合は、historyといえばcriminal recordを意味することが多い。

watashi-ga-anata-nara-kotowaru

私があなたなら、断る。　If I were you, I'd turn it down.

これは便利な表現だから、さっと口に出るように覚えておこう。
　友情ある説得とは、どこかに距離があるものだ。ダメ（No way!)は、頭ごしで強引すぎる。ビジネス・コミュニケーションでも、勧められない。「火」から「水」に発想転換してみよう。YouとIという対立関係にWeという並立関係に化学変化させることだ。If I were you, I'd never turn down a free lunch.（ただ酒じゃないか、据え膳じゃないか。）

　話し相手は、それがfree wineでなく、free lunch（タダメシ）なんですよ、と答えれば、そこから会話が始まる。この程度の会話ができない人、そんな話し相手がいない人は、いつもカモられるsuckerの人生に終わる。

watashi-ni-kikanai-de

私に聞かないで。　You're asking the wrong man.

Tell me how to avoid getting conned.（どうしたら詐欺にかからないの。）

You're asking the wrong guy.（聞く相手が違うよ。）

相手が詐欺師であったりして。

かつてアメリカ知事夫人に質問したことがある。

What's the meaning of family jewels?（家の宝はどんな意味ですか？）

訪日中のアメリカの知事たちが笑いながら使っているのを耳にしたからだ。

その夫人、表情を変えずに、You should ask my husband. と答えた。You're asking the wrong woman. とも言わずに。で、彼女の夫はどう答えたか。It means penis.（エット ミーンズ ピーナス。）家の宝とは男の睾丸のことだった。おっと「男の」は不要。

男性性器以外に、内密にしておくべき恥（family skeleton）や、CIAの非合法活動を意味することもある。訊く相手を間違えてはならない。I should've known better. 後悔している——していなかったりして。

わたしに

watashi-niwa-atehamari-masen
私には当てはまりません。　I'm not everyone.

　議論好きな人は、ロジックにもまれながら、ロジックを自然と身につけていく。しかし、日本という「和」の文化では、とんがった議論（logical argument）を吐く、とんがった人（logical or argumentative persons）は、敬遠される。常識論をくつがえす人は、空気に逆らう厄介者で、その場の空気から外される「お呼びでない」人物（You don't belong here.）と、レッテルを貼られる。

　しかし、空気に流されない人間組織——たとえばthink tank——を創り上げようとすれば、お互いに反論しあっても傷つかない。

"Everyone says so."

"What do you mean by everyone? I'm not everyone."

　こういうロジックの応酬でも、友情に傷つかない組織はないものか。ディベーター同士の組織が育てたいのは、proven friendship（証明された友情、道友のこと）である。意見の違いで仲間割れする友情は、本当の友情ではない。

watashi-niwa-sabake-nai
私には裁けない。　Who am I to judge?

　決まり言葉だ。西洋には、裁く絶対「神」が存在する。その神は、人間に、「裁くなかれ」（Never judge.）と諫める。神の使いである法皇も、そのことを知っている。だから、Who am I to judge?（どうして私が神に代わって裁けるのか）と、へりくだるのだ。

　では、どんなときに、日本人がこんな気の利いた表現が使えるのか。すべての元東京都知事（すべてバラバラ）に同じ質問をすればよい。元知事が現役の知事の非を築くことなどできようか。Who am I to judge?（私は今の知事を裁く立場にはない）が正解だろう。

watashi-no-konomi-ja-nai
私の好みじゃない。　Not my cup of tea.

　not the right type for meという意味だ。相性が良ければright。悪ければwrong。good or badの問題ではなく、社会では相性（affinityやcompatibility）が大切だ。相手からすれば、I'm not the right man for her.と陰口を叩かれているかもしれない。

　Neither is meant for each other.（お互いに縁がない。）

はやりの言葉でいえば、ビビビとくるものがない。I don't get the vibes from her.となる。Steve Jobs said, "IBM isn't my cup of tea."

(wana-ni) hamaru (hikkakaru)
（罠に）はまる（ひっかかる）　be trapped

　be trappedとはto fall for a trapのことだ。人間は動物を罠にはめるのがうまい。いやハエトリグサ（fly trap）という食虫植物がいる。花や匂いで、おびき寄せる（lure 〜 into）のは、美人の得意技だ。中国の戦略家は、巧みに美人刑（メイレンチ）を用いて、狙った相手をlureする。釣り師が用いる疑似餌のことをlureという。貴ノ岩は、モンゴルの横綱たちに、lure away and trappedされて、暴行を受けた。その被害者が、暴行事件を起こし、加害者になった。なにかの誘惑にはまったのだろう。

　『ゆれる人魚』("The Lure")という恐ろしい映画を見た。美しい人魚（mermaid）が、人間を誘惑（lure）して内臓を食い、殺すというホラー・ファンタジーであった。詐欺師たちのlureは、釣り針（これもlure）よりももっと巧妙だ。

wari-kan
割り勘　going Dutch

　アメリカ人は、Separate checks, please.をよく使う。セパチェッと耳にしてもピンとこないようでは、英語のインプット不足だ。Let's split the tab（cost）では、80％は通じるだろう。Let's go Dutch.で日本人に100％通じる。

　Dutch（オランダ）という言葉がPCルール（問題発言）に触れるかどうか心配するからだろう、ダッチワイフもlovedollsとなり、ダッチ（フレンチ）・キス（濃厚なキス）も最近使われなくなった。PCにうるさい米語の影響だろうか。しかし、米語でなく英語にこだわる、The Economistは、Going Dutchを堂々と使っている。

　イギリスがEUを脱退して、困るのはどちらなのか。オランダの立場は、「どちらでも」だ。オランダはかつて、4世紀にわたってフランス、ドイツやイギリスの調整役を自任してきた。ヨーロッパは、オランダに仲介人になってもらいたいのだ。まさに、イギリスとヨーロッパにずけずけいえるDutch uncleなのだ。江戸落語でい

う、長屋の熊さんの役割だ。

その強い立場を利用して、パワハラ（break ranks to help bring it about）をすることもない。Brexitは、欧州にとり、災害に近いから、お互いに我を抑えてまとまらなければならない。こういう同盟をa bad-weather coalitionという。風向きのいいときだけ、手を組むやからが集まることをa fair-weather coalitionというが、その空気をしっかり掴んでいるのがオランダなのだ。

フランスとドイツが手を組めば、周囲の国が恐れる。the France-German alliance が手綱を握ることになる。オランダはみんなにプラスになるようにニラミを利かしている。これがGoing Dutch。多くの国がオランダ風に振舞う（割り勘もその一つ）ことは、押し寄せてくるsharing economy時代に欠かせないシステムになりそうだ。Going Dutch is the wave of the future.

遠慮せずLet's go Dutch.を使ってみよう。ナニワの時代がくる。「一緒に夕食に。払うのはあんたやで。」わかりやすい。

これは名古屋で聞いたジョークだ。大阪人と東京人と名古屋人が夕食を共にする。勘定が近づいてくる。まず東京人が先に、大阪人は空気をうかがっている。その時、名古屋人はそこにいない（ケータイを持って消えている）。

やはり、ビジネストークは、オランダ人か大阪人。「明日はイベントがある。東京へ来ないか」と言えば、大阪人は「交通費出ますか」とくる。ときにはカチンとくる。しかし、ビジネストークは、この方がいい。あとにシコリが残らない。

> **コーヒー・ブレイク**
>
> ### CATS & DOGS DEBATE Part V 「空」のディベート
>
> 空龍：これまで司会を務めてきましたが、今回に限り、「空」の立場から、判定を兼務させていただきます。
>
> 空：これはedutaitional value（娯楽教育的効果）を狙った模擬ディベート（mock debate）であり、正式なアカデミック・ディベートではない。NONESチャンネルの番組（Global Inside）で私が創案した、「曲水ディベート」（spiral or meandering debate）で、空のジャッジも含め、トータルで15分以内に収めることが

できる。efficientかつeffectiveなeducational debateと言えるはずだ。ギリシャで産まれた人為的なリニアロジックをnaturalでspiralなロジックにお色直しをしたまでだ。とはいえ、人為と天為の差は大きい。

　断っておくが、犬も猫もディベートはしない。ワンワン、ニャーニャーは、まだ口論（argument）の延長としての価値が認められても、ディベート（建設的議論）といえるものか、はなはだ疑問である。

　今、日本人に求められている実用英語を勧めるには、犬と猫どちらの思考パターンがより理想的で、かつ現実的なのかという一点に絞ってみると、犬の立論が堅固だ（prima facieのルールが通っている）。猫の立論には質問形がやや多すぎて、ネコパンチという感じであった。しかし、犬式の英語指導が有効であるという立論の一角を崩したところは、ポイントとなった。クロス（風の反対尋問）はいい勝負だったが、犬のクロスはより客観性が感じられ、攻撃力（反証責任）にも情的な勢いがあった。

　火と水の議論の展開にも、伝統（tradition=道）という"筋"論が加わり、議論は補強され、インテグレートされて、後半、さらに勢いが増したようだ。

　犬の理想論に対し、猫はもっと現実論を補強すべきだった。「道」というコンセプトは、比較的新しく、それまでの生活の知恵としての「術」はそもそも猫が得意としたもの、という歴史的視座がほしかった。

　しかし、犬の立論の感情的発言をクールに攻めた、猫の前半戦は見ごたえがあった。犬の議論に、より強固な一貫性（coherency）が感じられ、猫のルール違反（質問を質問で返す）などにイエローカードが出された。僅差であるが、犬の肯定サイドに軍配を上げたい。

warugi-wa-nai
悪気はない。　　No offence.

「悪く思うなよ」Don't take offense. のこと。
　Ambrose Bierce（アンブローズ・ビアス）の"The Devil's Diction-

ary"(『悪魔の辞典』)によると、謝罪(apologize)とは、To lay the foundation for the future offense.のことだ。「将来の攻撃のための布石」とはニクい。Devilishly clever.(悪魔的に抜け目のない訳だ。)ビジネスになると、悪魔の知恵が必要だ。神はめったに笑わないが、悪魔はいつもヒヒヒと笑う。

wareware-wa-rikon-shite-imasu
われわれは離婚しています。　We've been divorced.

　現在完了形にするのがミソ。We were divorced.と過去形にすると、「今は、再婚しました」という意味が含まれる。その答えは「おめでとう」I'm happy for you.となる。We've been divorced.となると、Oh, you're still unmarried?(まだ未婚中ですね)と軽く返すことができる。相手ももっと軽くなり、No. We're still unremarried?(いえ、未再婚というところね)と、ユーモラスに返すかもしれない。文法には気をつけよう。

　Is she pretty?
　(No) She was.
　Are you still happy?
　(No) We were.
　斬れる英語はNOから始まる。

　I'm a pessimist. The first wife is bad. The second is worse. The third will be worst.(私はネクラだ。最初の妻は悪妻だった。2番目はもっと悪妻だった。3番目は最悪の妻になるだろう。)

　暗いから、もっと明るくいこう。

　I'm an optimist. The first wife was good. The second was better. The third will be best.(私はネアカだ。最初の妻は良妻だった。2番目はもっと良妻だった。3番目は最高の妻になるだろう。)

　明るい!? こういうタイプの方がもてそうだ。

補遺・ビジネス・交渉のための究論道講座
ディベート (debate) の勧め

debateの適訳は、「闘論」「討論」ではなく「究論」だった

　日本で難訳語中の難訳語であるdebateの本質について40年近く辻説法をしてきたが、今頃になってようやくディベートというカタカナ語が定着し始めた。最近、ある一流新聞の社説が掲げた、国会での議論の勧めで、議論がdiscussionと訳され、振り出しに戻ったような感じがした。

　しかし、debateが闘論、討論と訳されても、口論（ケンカ）の延長と誤解されてしまう。「和」とは馴染まない。そこで40年ぶりに私が発見した訳が「究論」であった。a war of wordsが「分裂」（fission）であれば、究論はその反対の融合（fusion）のための議論であり、そこには建設的な意図がなくてはならない。debateとは前向きに検討することである。

　日本人が議論をすれば、ケンカ（口論）になる（司馬遼太郎説）とは、昔から言われていたことだ。そこでディベートとは、(1)肯否両サイドに分かれて、(2)ルールに基づいて異見を闘わせ、(3)ジャッジ（時には聴衆）に判定を仰ぐ、という紳士のスポーツである。ルールの中には、ディベーターとしての、「らしさ」（勝敗に対する潔さ）以外に、異見と事実を混同しないという知的正直さ（intellectual honesty）が含まれる。

　本辞書がディベート・交渉を中心にしているので、社会の常識に照らし、アカデミック・ディベートは通用しないと、辛口のコメントを目立たせたのだが、社会のビジネス・コミュニケーションにもディベーターが用いるwhy-becauseロジックが基本であることは疑う余地がない。

　海外経験なく米大使館で同時通訳の経験を積み、この「難訳辞典」に挑めるようになったのも、ディベート（日本語が中心だった）経験が役に立っている。NONESでのキャスターとして、私が半ば余興として行なっている同時通訳とワンマン・ディベートは、

もはや「定番」となってしまった。

　先に述べた、factとopinionを混同させないというルールは、日本人にとり、いや日本のジャーナリストにより、平然と破られている。国会議員の論争ルールもarguments（口論）による堂々巡りばかりで、茶番劇（jokes）が続く。メディアよ、政治家よ、いい加減に議論（argument）をやめて、debateに切り替えないか。

ディベートのメリットはたくさんある。　Debate works.

　Debate isn't a minus.は日本語英語では通じない。アメリカ人のディベート思考は前向きに考える。肯定形で考えよう。Debate does work. do動詞を使って強調してみた。

　なぜ日本人にディベートが必要なのか。知人のAustin J. Freeley（オースティン・フリーリー）博士が書いた、全米で最も権威あるディベーターのための怪著"Argumentation and Debate"（Wadsworth刊）を私なりにまとめてみたい。氏はアカデミック・ディベートのメリットはこんなにあると、仰々しく17点を掲げている。私流の分析で、私なりにgiveを使って6点に絞ってみた。

議論に強くなる。　Debate gives you training in argumentation.

　ディベートの効用はあまりにも多いが、日本人は、ディベートと聞いて、すぐに、「ああ、議論か」と早合点するので淋しい。ディベートとはエリートの象徴となり、出世のためのスカラシップ資格の対象となる（日本では考えられないが）。Debate gives you scholarship.

　アメリカの大学でのディベートを扱った映画"Listen To Me"の中で、男女二人のディベーターの間にロマンが生まれた。女子学生が男子学生に「高校時代どんなクラブに入っていたの」と聞いた。このやりとりが今も忘れられない。

"Debate."

"Oh. You must be brilliant."

　日本の高等教育では考えられない事情で、ついていけなかった。ディベート奨学金があるなんて、あの頃は知らなかった。

ディベートは勇気を育ててくれる。　　Debate gives you courage.

　ディベート教育歴40年をゆうに超える私が、最も強調している点が「勇気」だ。フリーリー博士がこのことに触れているので、気を強くした。自分の意見を形にして（それをa caseという）、それを精一杯、「守る」からだ。誰から「攻める」か。強い相手からである。白州裁きのように一方的な日本の国会討論（予算会議）に期待したいのが、両面交通のディベートだ。ディベートをすれば、勇気が増える。成長させる。developは美しい他動詞だが、思いきって、giveと置き換えることもできる。

ディベートは、文章力を伸ばす。　　Debate gives you better writing.

　Debate makes you write faster and better.と私なら言いたい。

　フリーリー博士は、Debate develops proficiency in writing.と、格調の高い英語を使っておられる。研究論文にはこの方がいい。

　文章を書くには、「火」のような集中力がいる。火の溶岩は、岩石となり、凝まる。残るから、こわい。だから、書くことは、話すことより「構え」や「残心」が必要となる。ディベーターの文章には無駄がなく、パンチが効く（punchy）。だから、質が高い。

　フリーリー博士は、Debate emphasizes quality instruction.という。教室に立っても威厳がある先生は、書き言葉にも強い。

ディベートで、とっさの判断ができる。
Debate gives you critical thinking.

　とっさに考えるとは、think on one's feet。しかし、正しい思考が「とっさ」にできるとは限らない。両サイドから物事を観て、正しい判断をすることはcritical thinkingといわれ、これがディベート教育の根幹をなすものだが、こういう文化のない日本で生まれ育ったgroup thinkersには、ピンとこない。外国ではindividual thinkingが教育の基本となっているからだ。周囲の意見に左右されず、独りで（自分の頭で）考えることをthink on one's ownというが、これが難しい。世界中が日本人だらけなら、ディベートは要ら

ない。

　その場の空気（the psychology of the situation）までとっさに分析しなければならないから、実社会でcritical thinking（単なる批判的思考ではない）ができるよう、学生時代からディベート訓練は続けておいた方がいい。

　今の日本の大学で最も望まれるのは、できるだけ早急にディベートをカリキュラムに導入することだ。現状で、既存の大学や高等学校でディベートを軸とした産学共同体が不可能であれば、なんらかの形で、ディベートを導入すべく、行政指導が必要ではないだろうか。

　政府はthink on one's feet（とっさに考える）ことはできないだろう。前例のないことはできない体質だからだ。

　しかし、トップダウンの絶対権力は絶対に崩れる（Absolute power corrupts absolutely.）。Netflixの連続ドラマ、"Hitler's Circle of Evil"を見て、ヒットラーの第三帝国がなぜ崩壊したかよくわかる。「命令だからやったまで」（I just toed the line.）という言い訳が通じなくなるときがくる。

　ヒットラー政権も内部から崩壊した。その理由は、critical thinkingという酸素の欠如だ。ディベートというdoubt（疑い）から始まる思考は、組織から危険視されることもある。しかし、doubt（疑い）を殺せば、組織が死ぬからもっと危険だ。ディベートの「道」というミトコンドリアで意識を活性化しよう。

ディベートは、大人にさせる。　　Debate gives you maturity.

「大人になれ」をBe an adult.と直訳することは危険だ。話しかける相手は多分大人だからだ。正しくは、Get real.（目を覚ませ）に近い表現だ。

　ディベートの「火」の要素は先に述べたが、次は「石」の要素だ。風のようにスピーディーなキャッチボールができても、決して知的成熟度が高い大人とはいえない。もしもそうなら、ボケとツッコミに強い大阪の漫才師はすべてsocially matureである。その点、ディベートは、社会的成熟度（social maturity）と、大人の判断（mature judgement）を鍛えてくれる、と博士は述べる。

ディベートという緊張感溢るる知的格闘技を通じて蓄積されるのは、maturityに他ならない。この成熟度の中に、知恵、ウィット、歴史的認識、哲学など、いわゆるコモン・センスが含まれることになる。日本人の常識とは、その場の「空気」や、その場のコンセンサスに過ぎないことが多い。フランス語でいう、ボン・サンスや、英語でいうcommon senseは、数々のディベートを経た、共有しうる知恵（sharable wisdom）のことだ。以上がディベートの「石」の効用だ。

ディベートがなければ、民主主義はない。
No debate, no democracy.

　アメリカの著名なジャーナリストであるWalter Lippman（ウォルター・リップマン）はこう主張した。Freedom of speech can be maintained only by creating and encouraging debate.（スピーチの自由は、ディベートを創設し奨励することにより、守られる）と。

　私が創設した、国際ディベート学会の標語は、「スピーチの権利より、ディベートの義務」であったから、フリーリー博士と、この点でも一致した。

　スピーチは往々にしてトップダウンだが、ディベートはボトムアップの形をとることが多い。ギリシャに民主主義が発生したのも、アゴラ（広場）があったからだ。民主化にディベートが欠かせないのも、この水の効用によるものだ。そこから生まれるリーダーが本物なのだ。

　今日の世界では、巨大なメディアが、世間の無知につけ込んで虚の世界を創り上げ、虚のリーダーを演出（プロデュース）していくから、民主主義を狂わせ、今や、人間はデジタル化し、ビジネス界は虚業化（virtualization）の道を進んでいる。

　以上、ディベートの効用を私のヘクサゴナル・アナリシス（六角形分析）を使って、まとめてみたが、その中央に鎮座しているのが、「空」だ。私が述べる「道」とは「空」のことだ。武蔵が『五輪書』で述べた空の巻とは、まさに「道」の巻のことだ。

　「空」とは、老子のいう「川」――流れる水のように――形がなく、定義できない姿だ。この「空」とは、台風の眼（the eye of the typhoon)のように、静止したゼロの中心にいるからこそ、エネルギーの源となっているのだ。

吹子という送風器は、中が空っぽだから、エネルギーが生じるのだ。この真空状態の「空」が天と地の二つのベクトルに向かって動き出すと、相反する（天と地）巨大なエネルギーを渦状に醸し出すことになる。天が変化（革命）で、地の安定エネルギーが維新に飛び火することになる。

天と地は、相反しながらも、補完関係にあり、この揮発状態はいつ逆転するかもしれない。革命（revolution）も維新（restoration）も方向性は別であっても、外見にはrevolutionしか映らない。

負けても堂々と。　Lose and keep your shoulders high.

「堂々と勝ち、堂々と負けよ」を祈り、そして誓い合って、試合にのぞんできたのが関学のアメフトチームだ。この詩の英訳をWin and stand tall. Lose and stand tall. としたが、「堂々と負けよ」がまだピンとこなかった。大阪で初めて開催する青年ICEE（ICEE Youth）の司会者のアメリカ婦人に「堂々と司会をしてくれ」Stand tall. と言ったところ、私はすでに背が高い、とジョークで返された。

この変化球でまた考えた。「背中を高くせよ」Keep your shoulder high. か、「胸を張って」Chest out. に変えようか、と。負けて胸を張るというのは、ちょっとおかしい。であれば、負けても肩を落とさずに、という意味でKeep your shoulders high. とした。これなら、「負けても堂々と」とイメージができる。ディベートでも、「術」ならdefeatでよいが、究論道と「道」とするならwinだ。

名著"How to Argue and Win Every Time"（いつでも絶対負けない議論の仕方）を著したGerry Spence（ゲーリー・スペンス）は、Winning without arguing（議論せずに勝つ）方法はないものかと熟慮されたうえ、「勝つ」（win）とは何か、定義を変えようとされた。

任された相手の"You win! I was wrong!"と降伏の白旗（the white flag of capitulation）を上げた相手の傷に塩を塗りつけることで、勝ったことになるのか、という疑問から持論を進められている。

同感。なぜか。ディベート道とはwin（正確にはwith the heart

and mind of the other）であって、defeatではないと信じるからだ。オバマ大統領の就任演説の同時翻訳をしたときに、彼が語気を強めdefeatという言葉を使っているのが気になった。なぜwinを使わなかったのか。defeatすれば必ず、相手の復讐心に点火させることになる。

今のアメリカ政争を見よ。勝った共和党は、敗けた民主党の傷ついた魂に塩を塗り、（Knead the enemy's soul with saltは、Gerry Spenceの表現）敗者であるヒラリー・クリントンや、夫のビル、オバマ大統領の顔に泥を塗り（embarrass and disgrace）、犯罪者と呼び続けている。

氏は述べる。人は「Sticks and stones can break your bones but words will never harm you.」（棒や石は骨を折るが、言葉は決して傷つけない）というが、この諺はウソである。ホントはWords kill and words maim.（言葉は殺し、言葉は再起不能にさせる）だという。アーメン。

ディベートに勝つために読め。　　Read to win debates.

これはディベートでも、交渉でも、人生劇場のあらゆる場面で負けないための秘訣だ。インプットの弱い人は、勝負ができない。インプットはより深く、敵情を知ることができるからだ。だから、読め！　と。乱読、多読もいいが、そのためには速読だ。速読を効果的に行なうには、2点を心得るべきだ。まず目的を持つこと、そして批判的に（裏表を考えて）読むことだ。Read with a purpose.（整理にも役立つ）、そしてRead critically.（問題意識を忘れずに読めばインタビュー時にも役立つ）の2点だ。

この二つのアプローチが、読書スピードを倍加（doubling your reading speed）させる。2倍の速さで読めれば、2倍の速さで考え、書け、聴け、話せるのだ。

ディベートは、1．頭をよくする（多角的に見られるから）、2．ネアカになる（勝敗を超えて「学び」と考えるから）、3．健康になる（緊張感はボケ封じになる。ストレスからの解放は、長寿を約束する）というから、Read faster and better.

ディベーターは必殺片づけ人。　　Debaters are killer organizers.

　スピーチ・タイプの人は、セリフを忘れる（forget the line）ことを最も恐れる。沈黙も恐怖となる。しかしディベート・タイプは、そのセリフを忘れる恐怖はまったくない。その違いはなにか。スピーチ・タイプにとり、記憶がライフ・ライン（命綱）、セリフを忘れることは、ザイルが切れ、谷底に落ちることを意味する。

　しかし、ディベーターは、重いものを捨て、身軽になっているから、動きが速い。「片づける」とは、to organizeのことだ。ディベーターは、10ほど言いたいことがあれば、3点にまで抑える知恵があるから、必殺片づけ人（killer organizers）なのだ。

　かつて流行ったKJ法は、無駄な情報はなく、なんでも可愛い、可愛いと懐に入れてヒナのように温めよ、というwarmな手法だから、研修業界で一世を風靡したのだ。それに対し、余計なものを切れ、といったディベート訓練はcoldだという印象を与えた。オウムの上祐が追い打ちをかけた。「あの人殺しの術がディベートなのか」と、冷たい眼を向けられた。とばっちり（collateral damageという）だ。

　最近のカタヅケ・ブームが追い風（wind-aided）で、再びディベートが息を吹き返した。日本人は「死」を忌み、「殺」を忌み嫌っていたが、最近はまるで「殺」の方がクールになってきた。これからの企業が生き抜くには、AIロボットに負けないkiller contentを競うcritical thinkingの時代が到来した。

　ムダのないスピーチは、ディベーターの立論のように3段階になってまとめられている。導入——本体（body）——結論と。問題aが生じた、その問題（果）の原（因）はbである。だから元凶のbをkillすれば、問題は駆除できる。cプランは有効（cはaを殺す）だ。最後の3段階でcがaをなくす好ましい効果を証明する。

　このa—b—cの流れは、きわめてsimpleで、clearで、euphoric（耳に快く響く）と三拍子が揃っている。この「片づけ術」が、ディベートが求める真理の追究に役立つのだ。ディベートは、和へのプロセスである。片づける（put things away）とは大切なもの——「和」——を固める（神道用語で修理固成という）、という意味だ。

あとがき

　どのページからでも読み始められる難訳和英辞書。1年間で辞書を書き下ろすのだから、まさにミッション・インポシブル。この「難訳辞典」シリーズも、「ビジネス」をテーマに3年目を迎えた。そして、悪魔（the devil）を迎え入れ、衣替え（make-over）することにした。悪魔を味方にしなければ、サタニックなAIロボットの侵略を迎え撃つことはできない。同じ悪魔でもdevilはSatanと違って、可愛いところがある。神とユーモラスに取引ができる存在だ。

　伝統（ミチ）を捨てずに、新しいアイディアを採り入れる「温故知新」は、「adapt old ideas and adopt new ones」と訳したが、この悪魔的（devilish）発想は、異文化間のビジネスや交渉時に欠かせない。

　肉体的な情熱のカラーはホットな赤だが、霊体的な青はクールで遠くにいる。そう、色彩遠近法でいえば、赤は身近にいて、空に舞い上がるが、青は海の彼方（かなた）へ沈みゆくシンボルだ。赤（共和党）と青（民主党）という二項対立を好むアメリカ文化を冷笑するイギリス人の交渉スタイルは、その中間の、ダブル・ダウンされた紫色を志向する。

　引用の数も*TIME*から*The Economist*に移行し始め、思考も多分に、イギリス英語やイギリス的発想の洗礼を受け始めた。

　そもそも、本企画の狙いは、難訳にあったから、基本的な流れを外すわけにはいかない。また、辞書も時代の要望に適応（adapt）しなければ、退化する。進化するには、アイディアを採り入れる（adopt）する必要がある。

| STEP 1 | words——これまでの英和・和英は、点と点を結びつける作業であった。
| STEP 2 | pictures——だが1枚の写真は1000語に匹敵する。
| STEP 3 | symbols——1つのシンボルは、1000の写真を上回る。
| STEP 4 | images——さらに、目をつむってイメージすれば、1000

のシンボルの積分を凌駕する。すべて、私が開発した、思考の量子飛躍術だ。

　今や、人工知能が学び（machine learning）の時代に入り、人知と対等に立つシンギュラリティーを迎えんとしている。ナニワ英語道が、グーグル翻訳ロボットによりCherokee Englishと即時に訳されていたときには身震いを覚え、好敵手（ライバル）になるな、と武者震いを禁じ得なかった。

　チェス、囲碁、将棋をも倒したコンピューターは、人間のディベート・チャンピオンと互角に闘うようになった。TIMEによると、IBMのAIロボットが、イスラエルのディベート・チャンピオンと互角に闘ったらしい。知識はAIに軍配が上がり、デリバリー面では、人間が僅差（きんさ）で上回ったという。AIはここまできた。

　AIがこれまでの辞書を一瞬にしてインプットするとなると、人間は勝てない。AIは、疲れない、さぼらない。素直で嫉妬もしない。ソフィアという美人AIロボットは、英語も英文法も完璧で、人間の意表をも突く。「じゃ、あなたは人間をどう定義なさるのですか」と。うーん、血が騒ぐ。相手にとって不足はない。

　先述した4ステップのうち、Step 1と2で、英語の先生は仕事を奪われる。Step 2と3で翻訳者は奪われる。弁護士も公認会計士も、絶滅危惧種（endangered species）になりそうだ。医薬器具（AIの天下になる）に頼らざるを得なくなる。医者だってやばくなる。看護師や介護士は生き延びられると思うが――。

　こう考えると、この「難訳辞典」の編者である私も、崖っぷちに立った気持で、来たるべきAIロボットとの真昼の決闘を覚悟しなければならない。

　堂々と闘う。I won't shoot from behind.

「日本人留学生射殺事件」で焦点になったことだが、Freeze!を、Step 1の感覚で、「凍結しろ」とは訳させない。Step 2や3の感覚で「ストップ」とも訳させない。Step 4や5の感覚で、「動けば殺すぞ！」と、あえて訳してみようじゃないか、というのが今の私の心境である。

忘れもしない、数十年前のあのいまわしい事件。国際ディベート学会でも模擬裁判で取り上げたことがあった。アメリカのルイジアナ州に留学していた18歳の高校生が、ハロウィーンの祭事中に、住民に射殺された。銃殺者は「Freeze!（動いたら殺すぞ！）と威嚇したのに、近寄ってきたんだ。恐ろしかったのはボクの方だ。ボクは無罪」と主張していた。

　Freeze!が聞きとれなかっただけ、では済まされない。英語教育者は、今でもimmunity（免責）されている。英語教育者はいつの時代でも無罪なのだ。殺害された、あの高校生（服部剛丈くん）の無念のことを、あの日から一日たりとも忘れたことがない──本辞書の執筆中も。

　私は本気だ。I mean business!

　　　　　　　　　　　　　　　　　　　　　　　　合掌
　　　　　　　　　　　　　　　　　　　　　　　松本空龍（松本道弘）

松本道弘

1940年、大阪府に生まれる。国際ディベート学会会長。関西学院大学を卒業し、日商岩井、アメリカ大使館同時通訳者、日興証券(国際業務役員秘書)、NHK教育テレビ「STEP Ⅱ」講師などを経る。世界初の英語による異文化コミュニケーション検定「ICEE」を開発。日本にディベートを広めたことでも知られる。インターネットテレビ「NONES CHANNEL」で「GLOBAL INSIDE」に出演中。英語道の私塾「紘道館」館長。
著書には『最新日米口語辞典』(共編、朝日出版社)、『速読の英語』『超訳 武士道』(以上、プレジデント社)、『中国人、韓国人、アメリカ人の言い分を論破する法』(講談社)、『同時通訳』(角川学芸出版)、『難訳・和英口語辞典』『難訳・和英「語感」辞典』(以上、さくら舎)など170冊近くがある。

難訳・和英ビジネス語辞典

2019年4月7日　第1刷発行

著者　　　松本道弘(まつもとみちひろ)
発行者　　古屋信吾
発行所　　株式会社さくら舎　http://www.sakurasha.com
　　　　　〒102-0071　東京都千代田区富士見1-2-11
　　　　　電話(営業)03-5211-6533
　　　　　電話(編集)03-5211-6480
　　　　　FAX　03-5211-6481　振替　00190-8-402060
装幀　　　石間 淳
本文組版　朝日メディアインターナショナル株式会社
印刷・製本　中央精版印刷株式会社

©2019 Michihiro Matsumoto Printed in Japan
ISBN978-4-86581-194-0

本書の全部または一部の複写・複製・転訳載および磁気または光記録媒体への入力等を禁じます。
これらの許諾については小社までご照会ください。
落丁本・乱丁本は購入書店名を明記のうえ、小社にお送りください。
送料は小社負担にてお取り替えいたします。
定価はカバーに表示してあります。

さくら舎の好評既刊

山口謠司

文豪の凄い語彙力

「的皪たる花」「懐郷の情をそそる」「生中手に入ると」
……古くて新しい、そして深い文豪の言葉！ 芥川、
川端など文豪の語彙で教養と表現力をアップ！

1500円（＋税）

さくら舎の好評既刊

細谷 功

アリさんとキリギリス
持たない・非計画・従わない時代

楽しく働き自由に生きるためのキリギリス思考方法。価値あるものと価値なきものが逆転。怠け者とされたキリギリスの知性が復権する！

1600円（＋税）

さくら舎の好評既刊

T.J.イングリッシュ
伊藤孝：訳

マフィア帝国 ハバナの夜
ランスキー・カストロ・ケネディの時代

頭脳派マフィアが築いた悪徳の帝国！ 享楽の都ハバナを舞台にしたアメリカマフィアの野望と抗争を描く衝撃の犯罪ノンフィクション！

1800円（＋税）

定価は変更することがあります。

さくら舎の好評既刊

T．マーシャル
甲斐理恵子：訳

恐怖の地政学
地図と地形でわかる戦争・紛争の構図

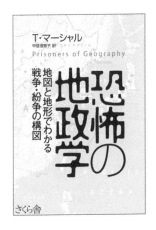

ベストセラー！　宮部みゆき氏が絶賛「国際紛争の肝心なところがすんなり頭に入ってくる！」中国、ロシア、アメリカなどの危険な狙いがわかる！

1800円（＋税）

さくら舎の好評既刊

松本道弘

難訳・和英口語辞典

しっくりいかない・すれすれ・揚げ足とり・ペコペコする…この日常語を、どう英語にするか

2400円(＋税)

定価は変更することがあります。

さくら舎の好評既刊

松本道弘

難訳・和英「語感」辞典

日本語の微妙な語感＝ニュアンスをどう英語にするか。「あっけらかん」「あなたのハラはどうなの」「あべこべ」「阿呆」「甘く見る」「甘酸っぱい」etc.！

3000円（＋税）

定価は変更することがあります。

NONES CHANNEL

お申し込みは
こちらから

Global Insideは日本人の英語発信力を高めるエデュテインメント番組です！

松本道弘氏をキャスターに迎え、毎週好評配信中！

月額　540円　（12ヶ月連続視聴）

https://www.nones.tv/program/gi/

お問い合わせ先：ノーネスチャンネルカスタマーサポート
mail：gi@nones.tv　tel：03-5805-5547

あ 7	い 25	う 45	え 53	お 57
か 89	き 108	く 125	け 137	こ 143
さ 160	し 172	す 211	せ 220	そ 228
た 243	ち 259	つ 265	て 271	と 279
な 287	に 305		ね 311	の 314
は 317	ひ 334	ふ 345	へ 358	ほ 359
ま 367	み 377	む 384	め 385	も 393
や 403		ゆ 416		よ 418
ら 421				
わ 422				

あ 7	い 25	う 45	え 53	お 57
か 89	き 108	く 125	け 137	こ 143
さ 160	し 172	す 211	せ 220	そ 228
た 243	ち 259	つ 265	て 271	と 279
な 287	に 305		ね 311	の 314
は 317	ひ 334	ふ 345	へ 358	ほ 359
ま 367	み 377	む 384	め 385	も 393
や 403		ゆ 416		よ 418
ら 421				
わ 422